ナチが愛した二重スパイ

ベン・マッキンタイアー
訳◆高儀進

英国諜報員「ジグザグ」の戦争

AGENT ZIGZAG

白水社

ナチが愛した二重スパイ　英国諜報員「ジグザグ」の戦争

ナチが愛した二重スパイ　英国諜報員「ジグザグ」の戦争……目次

装幀……日下充典

主要人物一覧

エディー（エドワード）・チャップマン…英独の二重スパイ。英国でのスパイ名「ジグザグ」、ドイツでのスパイ名「フリッツ（フリッツヒェン）」。生来の犯罪者

アントニー・ファラマス…チャップマンの友人。理髪師

ジェームズ・ハント…チャップマンの犯罪者仲間。金庫破りの名人

ヒュー・アンソン…チャップマンの犯罪者仲間。重罪人

アントニー・ラット、別名ダーリントン（ダリー）…チャップマンの犯罪者仲間

シュテファン・グラウマン博士（本名シュテファン・フォン・グレーニング）…国防軍諜報部《アプヴェーア》ナント支部の部長。騎兵大尉

ヴァルター・トーマス（本名ヴァルター・プレトーリウス）…アプヴェーアのナント支部の副部長。中尉

ヘルマン・ヴォイヒ（本名ホルスト・バルトン）…アプヴェーアのナント支部の諜報員

レオ・クロイチュ（通称「レオ」）…アプヴェーアのナント支部の諜報員

フランツ・シュミット（本名フランツ・シュテーツナー）…アプヴェーアのナント支部の諜報員

アルベルト・シェール（綽名ジョリ・アルベール）…アプヴェーアのナント支部の諜報員

ジョニー・ホルスト…アプヴェーアのノルウェー支部の諜報員

ジョン・マースタマン…ＭＩ５の二十委員会委員長。オックスフォード大学の学者

ロビン・「ブリキ眼」・スティーヴンズ…英国の秘密尋問センター、収容所０２０の所長

ター（トマス・アーガイル）・ロバートソン…ＭＩ５のＢ１Ａ主任

ロニー（ロナルド）・リード大尉…チャップマンのケース・オフィサー

ローリー・マーシャル…ロニー・リードの補佐

ポール・バックウェル伍長…チャップマンの世話係

アラン・トゥース勤務伍長…チャップマンの世話係

マイケル・ライド少佐…ロニー・リードの次のチャップマンのケース・オフィサー

ベティー・ファーマー…チャップマンの恋人。のちのチャップマン夫人

フリーダ・スティーヴンソン…チャップマンの恋人。チャップマンの娘、ダイアンを生む

ダグマール・ラールム…ノルウェーでのチャップマンの恋人。ノルウェーのレジスタンスの一員

著者からひとこと

実話である本書は、公式文書、書簡、日記、新聞記事、当時の関係者の話、および回想録にもとづいている。

私が英国人、エディー・チャップマンの存在に最初に注意を惹かれたのは、『ザ・タイムズ』の訃報によってである。傑出したこの人物はある偉大なことを成し遂げたが、従来、善《よ》しとされてきたやり方とはまったく異なるやり方でそれを成し遂げたのだ。その訃報は、チャップマンの第二次世界大戦の功績のいくつかについて触れていないことでも興味深かった。なぜなら、そうした詳細はMI5（軍事情報部第五課）の秘密公文書の中に封印されていたからである。当時は、エディー・チャップマンに関する情報のすべてが得られることは決してないように思われた。

だが、MI5は情報公開という新しい方針のもとで、これまで機密扱いだった文書の中から、生存者に迷惑をかけたり国家の安全を損なったりしないものを選んで公開し始めた。最初の「ジグザグ・ファイル」は二〇〇一年に国立公文書館で公開された。機密扱いを解かれたそれらの公文書には、チャップマンに関する千七百頁以上の文書が含まれている――尋問転写、無線傍受の詳細、報告、説明、図表、内部メモ、覚書き、手紙、写真。ファイルは詳細を極め、さまざまな事件や人物だけではなく、このスパイの生活の細部、変化する気分と感情、希望、恐怖、心の葛藤も記述している。チャップマンの勤勉なケース・オフィサー（自分の監督下のスパイの工作活動、すなわちケースの全般に責任を持つ諜報機関の士官）たちは、彼の行動の丹念な記録（時には一時間ごとの）を作成して、その全体像を描き出そうとしている。チャップマンに関する追加の公文書の機密扱い解除の求めに応じてくれたMI5と、その補足的公文書の公開を実現するのに手を貸して下さった国立公文書館のハワード・デイヴィスに、とりわけ感謝したい。

エディー・チャップマンの回想録は戦後に公刊されたが、公職秘密法によって、彼は二重スパイとしての自分の功績を書くことはできなかった。また、彼自身の語るさまざまな事件は面白くはあるものの信頼性に欠けている場合が多い。彼のハンドラー（スパイの工作活動の指揮をする者）たちが述べているように、年代順に物事を思い出す感覚が彼にはなかった。本書の中の引用は明確にするために綴りを標準的なものにし、場合に応じ、間接話法を直接話法にした。本書はまた、扱われている個人や事件に直接、間接に関係のある現存する人たちの思い出にも負う。そして、英国、フランス、ドイツ、ノルウェーでインタヴューに応じてくれた何十人もの方に感謝したい——ベティー・チャップマンもその一人である。それらの方々は、喜んで何時間も話して下さり、半世紀以上も前の過去を思い出して下さった。当然ながら、チャップマンの人生の秘密の部分に関わった方々の何人かは、匿名にしておいてもらいたいと申し出た。

MI5は本書の原稿が印刷に付される数週間前、以前、公共の公文書館に移されるときに見逃されていた秘密文書の全部を発見し、寛大にも、その内容をすべて閲覧する機会を与えてくれた。そのファイル（国立公文書館で間もなく見ることができるようになる）は、チャップマンのケース・オフィサーが見た、チャップマンの性格に対する心理学的洞察力を示している。それはたぶん、「ジグザグ」のジグソーパズルの最後の欠けた嵌《は》め絵であろう。

ジグザグ　名詞、形容詞、副詞、動詞――「……平行線の狭い間隔を辿る、数多くの小さな鋭角で出来たパターン。ギザギザとも言えるし、かなり規則的とも言える」

「われわれを偵察しに来た敵の密偵を見つけ出して買収し、われわれのために働かせるようにするのが肝要である。彼らに指示を与え、世話をするのだ。かくして、二重密偵を確保し、利用するのである」

孫子『兵法』

「戦争は盗賊を作り、平和は盗賊を縛り首にする」

ジョージ・ハーバート（一六三二年に没した英国の詩人）

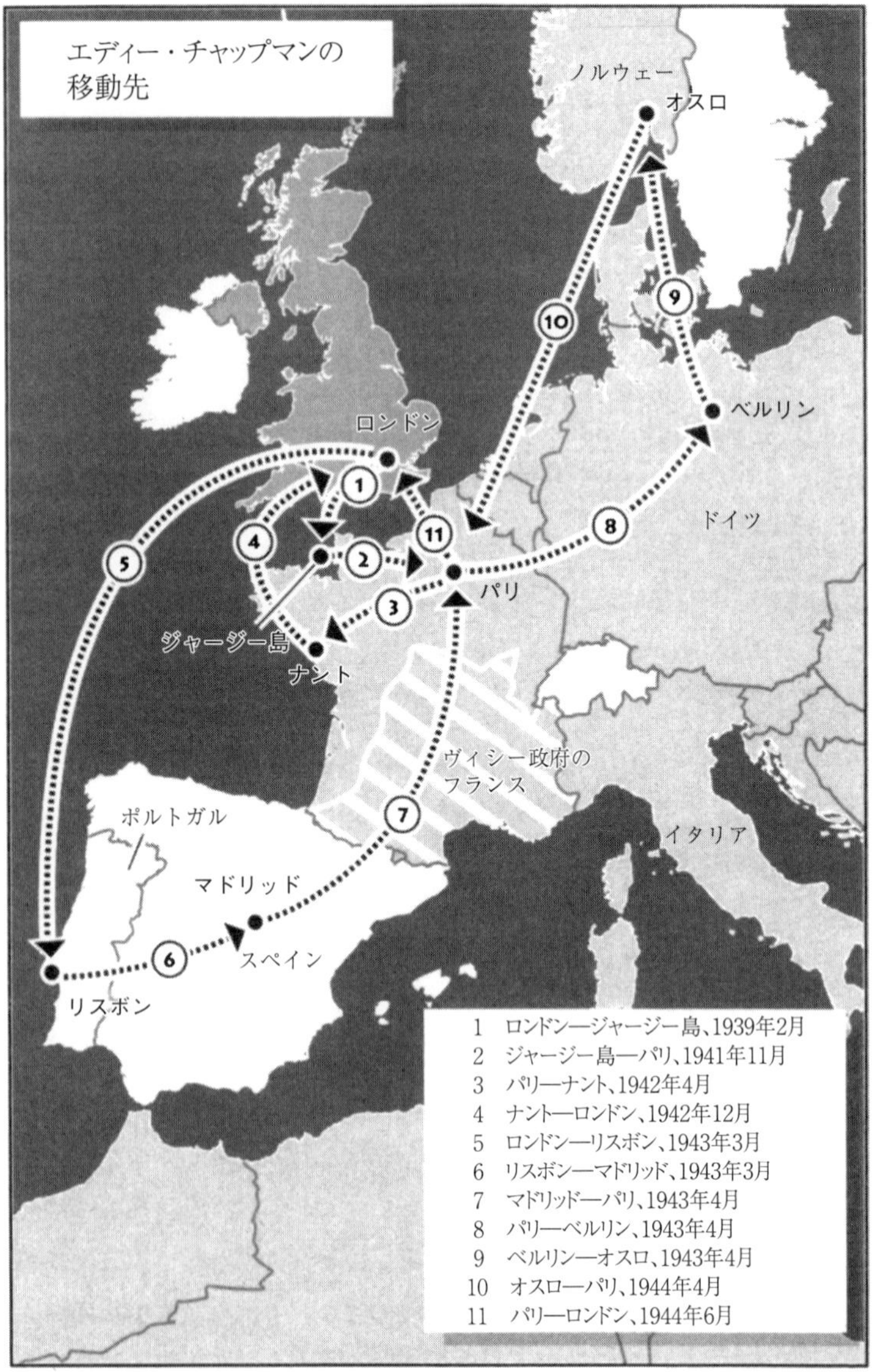
エディー・チャップマンの
移動先
ノルウェー
オスロ
ロンドン
ベルリン
ドイツ
パリ
ジャージー島
ナント
ヴィシー政府の
フランス
ポルトガル
イタリア
マドリッド
スペイン
リスボン
1　ロンドン—ジャージー島、1939年2月
2　ジャージー島—パリ、1941年11月
3　パリ—ナント、1942年4月
4　ナント—ロンドン、1942年12月
5　ロンドン—リスボン、1943年3月
6　リスボン—マドリッド、1943年3月
7　マドリッド—パリ、1943年4月
8　パリ—ベルリン、1943年4月
9　ベルリン—オスロ、1943年4月
10　オスロ—パリ、1944年4月
11　パリ—ロンドン、1944年6月

プロローグ

一九四二年十二月十六日、午前二時十三分

一人のドイツのスパイが、ケンブリッジシャー上空を飛ぶ一機の黒いフォッケ＝ヴルフ偵察機から降下する。絹製のパラシュートが、サラサラという音を立てて開く。そして彼は十二分間、静かにゆっくりと降りてくる。星は出ているが、戦時中の灯火管制のせいで下方の地面は真っ暗だ。鼻血が夥しく出る。

スパイは装備が万全だ。英軍支給の着地用軍靴を履き、英軍支給の鉄兜をかぶっている。ポケットには四ヵ月前にディエップで戦死した英軍兵士の持っていた財布がある。その中には偽の二枚の身分証明書と、女友達から来た一通の手紙（それは本物だ）が入っている。背嚢にはキニーネを浸み込ませた「秘密筆記」用のマッチ、無線受信機、軍用地図、さまざまな金額の九百九十ポンド分の使用済み紙幣、コルト式自動拳銃、塹壕掘削用具、変装用の度なしレンズの眼鏡が入れてある。四本の歯は新しく金で作ったものだ。その費用はヒトラーの第三帝国が支払った。飛行用のオーバーオールの下に民間人のスーツを着ている。昔は流行の仕立てだったものだが、今ではやや着古されている。ズボンの右脚の折返しには、一服分の自殺用青酸カリの錠剤の入った小さなセロハン包みが縫い込んである。

スパイの名前はエドワード・アーノルド・チャップマン。英国の警察は彼をエドワード・エドワーズ、エドワード・シンプソン、アーノルド・トムソンとしても摑んでいた。彼のドイツのスパイ

指導者《マスター》は、彼に「フリッツ」、あるいは愛情を籠めて「フリッツヒェン」、すなわち小さなフリッツという暗号名を与えた。英国の諜報機関は彼に対するなんの名前もまだ持っていない。その夜、ケンブリッジシャーの警察署長はホワイトホールから緊急電話がかかってきたあと、「スパイX」としか呼ばれていない人物を探すよう全署員に指示した。

エディー・チャップマンは午前二時二十五分、耕されたばかりの畑に降りるが、すぐさま泥濘《ぬかるみ》にうつ伏せに倒れる。気が遠くなりながらもパラシュートを外し、血が飛び散っている飛行服を脱ぎ、丸めて埋める。そしてリボルバーをポケットに押し込み、背嚢に手を突っ込んで地図と懐中電灯を取り出そうとする。地図はない。闇の中でどこかに落としたに違いない。四つん這いになって捜す。深い闇の中で罵りの言葉を吐き、冷たい地面に坐り、自分はどこにいるのか、自分は何者なのか、自分はどっちの側なのかいぶかる。

第1章　オテル・ド・ラ・プラージュ

一九三九年、ジャージー島には春が早くやってきた。オテル・ド・ラ・プラージュの食堂の窓を通して燦々《さんさん》と射し込んでくる陽光は、海を背にしてベティー・ファーマーの正面に坐っている男のまわりに、めくるめくような暈《かさ》を作っていた。男は、「付け合せの揃った」六シリングのサンデー・ロースト・スペシャルを掻き込むように食べながら笑っていた。十八歳のベティーはシュロップシャーの田舎から家出をしたばかりの農村の娘で、その男のことをこれまでに出会ったどんな男にも似ていないと思った。

それ以外、エディー・チャップマンについて彼女の知っていることは、やや限られていた。彼は二十四で、背が高くて美男子で、細い口ひげを生やし――『進め龍騎兵』のエロール・フリンそっくりの――深い薄茶色の目をしていること。声はよく透るが甲高く、イングランド北東部の訛りが少しあった。陽気で笑い上戸で、茶目っけがあった。金持ちなのは間違いない。なぜなら、「映画の仕事」をしていて、ベントレーを運転しているからだ。高価なスーツを着、金の指輪を嵌め、ミンクの襟の付いたカシミアのオーバーを着ていた。その日は粋な黄色い水玉模様のネクタイを締め、袖なしのプルオーバーを着ていた。二人はケンジントン・チャーチ通りのクラブで出合った。そして、最初ダンスに誘われたとき彼女は断ったものの、すぐに態度を和らげた。エディーは彼女の初めての恋人になったのだが、彼はスコットランドに急用があると言って姿を消した。「おれは行く」と彼は言った。

「けど、いつも戻ってくる」

その言葉通り、エディーはにやにや笑いを浮かべ、息を切らしながら、突然彼女の下宿の玄関先に再び姿を現わした。そして、「ジャージー島に行くってのはどうだい、それから南フランスへは？」と訊いた。ベティーは旅支度をしようと急いで家の中に入った。

二人がほかの仲間と一緒に旅をするのがわかって、ベティーはびっくりした。待っていたベントレーの前の座席に、二人の男が坐っていた。運転手は皺だらけの顔をした醜い獣めいた巨体の男だった。もう一人は小柄で痩せていて、黒っぽい髪をしていた。二人はロマンティックな休日の理想的な連れには見えなかった。運転手は車を猛烈な勢いで発進させた。車はロンドンの通りをスリリングなスピードで走り抜け、耳障りな音を立てながらクロイドン空港に着いた。運転手は格納庫の後ろに車を停めた。ちょうどジャージー航空の飛行機に間に合った。

その夜、二人は海岸通りのホテルにチェックインした。エディーは受付係に、自分たちは映画を撮りにジャージー島に来たと言った。エディーとベティーは宿泊者名簿にトーキー在住のファーマー夫妻と記入した。夕食後、二人はウェストパーク・パヴィリオンに行った。それは桟橋にあるナイトクラブだった。二人は踊り、ルーレットをし、もっと酒を飲んだ。それはベティーにとってこれまで知らなかった華やかで頽廃的な一日だった。

もうすぐ戦争になると誰もが口にしていたが、天気のいいその日曜日には、オテル・ド・ラ・プラージュの食堂はまったく平和な場所だった。金色の浜辺の向こうでは、散在する小さな島のあいだで波が煌めいていた。エディーとベティーは洒落た青い紋章の付いた皿からトライフルを食べていた。エディーはまたも滑稽な話をし始めたが、その途中で凍りついた。オーバーを羽織り茶色の帽子をかぶった数人の男が食堂に入ってきたのだ。そして、その一人が給仕頭に急き込んで何やら話していた。ベティーが何かをしゃべろうとする前にエディーは立ち上がってから屈《かが》み、彼女の顔に一度キスをしたあと、閉まっていた窓を突き破って外に飛び出した。割れたガラスがあたりに散乱し、陶器類が転がり、女たちが悲鳴を上げ、給仕たちが叫んだ。ベティー・ファーマーは、エディー・チャップマンがオーバーを羽織った二人の男に追いかけられながら浜辺を駆け下りて行くのを、最後にちらりと見た。

ベティーがエディー・チャップマンについて知らなかった事柄のいくつかは、こういうものだ。彼は結婚していた。もう一人の女は彼の子を身ごもっていた。彼はイカサマ師だった。つまらないハンドバッグのひったくりなどではなく、本格的なプロの犯罪者、本人の言うところでは「暗黒街のプリンス」だった。

チャップマンにとっては、法律を破るのが天職だった。後年、そういう生き方を選んだ動機のようなものを説明した際、彼は自分が小さい時に母が貧民病院の結核病棟で死んだせいで「正道を踏み外し」、社会に刃向かう人間になったと言った。また、自分が犯罪者の人生を送らざるを得なくなったのは、大恐慌時代のイングランド北部のひどい貧しさと失業のせいだと言うこともあった。だが本当は、彼は生まれついての犯罪者だったのである。

エドワード・チャップマンは一九一四年十一月十六日、ダラムの炭田の小村、バーノプフィールドで生まれた。第一次世界大戦が始まって数ヵ月経ったときである。造船技師で、戦争に行くにはあまりに年をとっていた父は、結局、ロウカーにある薄汚いパブ、〈快走帆船《クリッパーシップ》〉の店主になり、店の酒をがぶ飲みした。三人の子供のうちで一番年長だったエディーにとって家庭は、金も、愛情も、躾《しつけ》らしい躾もなく、教育もおざなりな場所だった。彼は間もなく非行の才能を伸ばし、権威への嫌悪感を強めた。頭はいいが怠惰で、傲慢で飽きやすく、まだ幼なかったチャップマンは、しょっちゅう学校をサボった。授業よりも一本一ペニーで買い取ってもらえるレモネードの空き瓶を海岸で探すほうが性に合っていたのだ。午後はサンダーランドの映画館で暇潰しをした――『紅はこべ』、ヒッチコックの映画『ゆすり』とスパイ劇『知りすぎていた男』。

チャップマンはサンダーランドの工場で無給の見習いとして短期間、意に満たない仕事をしたあと、未成年だったが十七歳で軍隊に入り、近衛歩兵第二連隊に入隊した。そして、ケイタラムで訓練を受け始めた頃、ハンドボールをしていて転び、膝に深い傷を作ってしまった。その時の傷痕が、警察にとってはチャップマンを識別する際の有効な手掛かりになった。熊皮の帽子と粋な赤い軍服は娘たちを見とれさせ、くすくす笑わせはしたが、彼にはロンドン塔での衛兵勤務は退屈だった。塔の外の都会が招いていた。

チャップマンは近衛兵の軍服を着てから九ヵ月経ったとき、六日間の休暇を与えられた。彼は家に帰ると上級曹長に申請したが、そうはせず、スーツをぱりっと着こなした男の腕にぶらさがっている小粋な女たちを物欲しそうに眺めながら、年長の近衛兵と一緒にソーホーとウェストエンドをうろつき回った。彼はマーブル・アーチのカフェで黒っぽい髪の可愛らしい若い女に目を留めた。女のほうも彼に目を留めた。二人はソーホーの〈スモーキー・ジョー〉でダンスをした。その夜、彼は童貞を失った。女はもう一晩泊まるようにと言った。結局彼は給料を二人が使い切るまで二ヵ月泊まった。チャップマンは軍隊を忘れたかもしれないが、軍隊は彼のことを忘れていなかった。女が警察に通報したに違いないと彼は思った。チャップマンは無許可外出の廉《かど》で逮捕され、オールダーショットにある軍刑務所――「営倉」――に入れられ、八十四日間、便器のこすり洗いを命じられた。不名誉除隊で釈放され、最初の刑期と最後の定職は終わりを告げた。ほつれたスーツを着、「監獄刈り」の頭で、三ポンドを懐中にロンドン行きのバスに乗り、まっすぐソーホーに向った。

一九三〇年代のソーホーは悪名高い悪の巣窟で、すこぶる面白い場所だった。そこは、金持ちと軽佻浮薄な人間が、犯罪者で向こう見ずの人間と出会うロンドンの社会の十字路、薄汚く騒々しい魅力のある場所だった。チャップマンは最初バーテンの仕事を見つけ、次に映画のエキストラになり、「三日、その他大勢の役をして」三ポンド稼いだ。その後、マッサージ師、ダンサーになり、やがてアマチュアのボクサーとレスラーになった。彼は肉体的に強靭で、猫のように敏捷で、「ワイヤーと鞭縄で出来た体」を持っていたので、ちょっとした格闘家だった。ソーホーは売春宿の客引き、競馬の情報屋、掏摸《すり》、詐欺師の世界だった。〈スモーキー・ジョー〉で夜更かしをし、〈クアリーノ〉で早朝からシャンパン付きの朝食をとる。「私はあらゆるタイプの狡猾な人間と交わった」とチャップマンはのちに書いた。「競馬場のイカサマ師、泥棒、売春婦、大都市の夜の生活の漂流物」。若いチャップマンにとっては、この騒然としたいかがわしい「飛び地」はスリリングだった。だが、金もかかった。彼はコニャックと賭博台の味を覚えてしまったので、たちまちのうちに文無しになった。

盗みはささやかな規模から始まった。偽造小切手を使ったり、スーツケースをひったくったり、空き巣をしたりした。その頃の犯罪はこれといって目立ったものではなく、いわば見習いの覚束《おぼつか》ない最初の一歩だった。

一九三五年一月、彼はメイフェアの家の裏庭にいるところを捕まり、十ポンドの罰金を科された。一ヵ月のち、小切手を盗み、また相手を騙して信用貸しをさせた廉で有罪になった。今度は前ほど法廷は寛大ではなかった。チャップマンはワームウッド・スクラッブズ刑務所で二ヵ月の重労働の刑を科された。釈放されてから数週間後、彼は再び刑務所に入った。今度は家宅侵入罪と押し込み強盗未遂で、ウォンズワース刑務所で三ヵ月の刑に処された。

チャップマンはもっとおぞましい犯罪に手を広げた。一九三六年の初め、ハイドパークで「公衆に不快感を与えるような振る舞いをした」廉で有罪になった。正確にどうやって公衆に不快感を与えるようなことをしたのかは具体的にはわからないが、どうやら売春婦とある行為をしている現場を見つけられたらしい。四ポンドの罰金を科せられ、性病検査をした医師に十五シリング九ペンス払うよう命じられた。二週間後、ホテル代を誤魔化そうとして、詐欺の廉で有罪になった。

当時のある者は、青年のチャップマンを覚えている。「好男子で、頭の回転が速く、颯爽としていて、男にとっては魅力的で、女にとっては危険な自暴自棄のようなところがあった」。その自暴自棄の気持ちのゆえに彼は、男を惹きつける魅力で金を儲けようとしたのだろう。というのも、彼は一度、若い頃に同性愛的出会いがあったことを仄めかしているからだ。女たちは彼の魅力に抗しがたかったようだ。ある話によると、彼は「社会の縁にいる女たち」を誘惑して金を儲けた。彼は共犯者が撮った身に累《るい》を及ぼすような写真で女たちをゆすり、次に夫に写真を見せると言って脅した。さらにこういう話もあった。「十八歳の少女に性病を移し、おまえから性病を移されたと両親に言うぞと脅して、少女をゆすった」

当然のことだが、チャップマンはけちな犯罪に螺旋状にどんどん堕ちて行った。売春、ゆすり。そして、刑期は次第に長くなった。その間にソーホーでの放縦な振る舞いがいくつかあった。その時、犯罪の世界での「科学的躍進」が不意に彼の運命を変えた。

一九三〇年代の初め、英国の悪党たちはゼリグナイトというダイナマイトに目をつけた。ほぼ同時に、チャップマンは刑務所に入っているあいだにジェームズ・ウェルズ・ハントと知り合った。ハントは「ロンドン一の金庫破り」で、「冷静沈着で、意志強固な人物」だった。彼は金庫の錠にドリルで孔をあけ、ゼリグナイトと水の入ったコンドームをそこに差し込む技術を完成させた。ハントとチャップマンはペアを組んだが、間もなく、アントニー・ラット、別名ダーリントン、別名「ダリー」が加わった。ダリーは半分ビルマ人の血が混じっている物に動じない夜盗で、自分の父はビルマの判事だと言った。そして一味は、ヒュー・アンソンという名の若い重罪犯人を逃走用の車の運転手役として仲間に入れた。

新しく結成された「ゼリー（ゼリグナイトのこと）・ギャング」は、ハロゲイトにある瀟洒な毛皮店〈イゾベル〉を最初の標的に選んだ。ハントとダリーは店に押し入り、ミンクの毛皮五点、狐の毛皮のケープ二点、金庫にあった二百ポンドを盗んだ。チャップマンは「恐怖で震え、手助けもできず」に車の中にいた。次はグリムズビーの質屋だった。ダイナマイトの爆発音を聞こえないようにするため、アンソンが外でベントレーのエンジンの回転速度を上げているあいだに、チャップマンとハントは隣の空き家に忍び込み、壁を壊してから中に入って四つの金庫を爆破した。ウェストエンドの故買屋を通して売った盗品は一万五千ポンドになった。その後、スイス・コテージの映画館オデオン座に鉄のバールを使って押し入り、エクスプレス乳製品販売店を襲い、オックスフォード街の商店でショーウインドー破りをした。その最後の犯行現場から逃げる際、アンソンは盗んだ逃走用の車を街灯の柱にぶつけてしまった。一味が逃げ出すと、煙を出している車を野次馬が取り囲んだ。たまたまそこにいた小物の泥棒が、うっかり車のボンネットに手をついた。その男の指紋がロンドン警視庁の記録と符合すると、その男は四年の刑を科せられた。ゼリー・ギャングにはそれが痛快極まりなかった。

チャップマンはもはや向こう見ずのこそ泥などではなく、資力のある犯罪者で、盗んだ金を湯水のように使い、暗黒街の貴族、賭博三昧のプレイボーイ、遊蕩児の俳優、アル中のジャーナリスト、不眠症の作家、高級売春婦を買ういかがわしい政治家と付き合った。彼はノエル・カワード、アイヴァー・ノヴェロ（一九五一年に没した英国の俳優、劇作家）、マレーネ・ディートリヒ、若い映画製作者テレンス・ヤング（彼は最初のジェームズ・ボンドの映画の監督をすることになる）と親しくなった。ヤングは瀟洒な衣服、高級ワインに関する知識、女誑《おんなたら》しとしての評判を誇りとする、慇懃な態度の青年だった。おそらく、その新しい友人を真似たのであろう、チャップマンはサヴィル・ロウでスーツを買うようになり、高速車を運転した。彼はキングリー通りの〈ネスト〉にいつも専用のテーブルを予約しておいて、そこでワインの瓶と若い女に囲まれて悦に入った。ヤングは言った。「彼はほとんどどんな話題についても語ることができた。われわれは誰もが彼が悪党であるのを知ってはいたが、その挙措と個性ゆえに彼を好いた」

ヤングはチャップマンを面白い人物だと思った。チャップマンは自分の商売を秘密にはしなかったが、それでも彼の性格には、その映画製作者が不思議に感じた正直な面があった。「奴は悪党で、いつまでも悪党だろう」とヤングは弁護士の友人に言った。「しかし、奴の性格には僕らのどっちよりも節操と正直さがあるようだ」。チャップマンは相手に飲み物を買ってやる、まさにその時にさえ相手の金をポケットから盗むだろうが、友人を見捨てたり、人を傷つけたりは決してしなかった。荒っぽい仕事していても平和主義者だった。「私は暴力を使うのには賛成できない」と彼は宣言した。「暴力をふるうことなく、犯罪でいつもいい暮らしをしてきた」

チャップマン――のんきで、罪の意識もなく、神も信じない男――は、暗黒街で悪名が高いことを大いに楽しんだ。彼は自分の犯行の新聞記事をスクラップブックに貼った。次のような記事が新聞に載ったとき、とりわけ喜んだ。警察は犯行現場でチューインガムが見つかったので、最近多発している金庫破りの背後にはアメリカ人の一味がいるのではないかと疑っていた（ゼリー・ギャングはゼグリナイトを金庫に貼りつけるためだけにチューインガムを使ったのだ）。一九三五年の夏までには彼らは大金を盗んだので、チャップマンとダリーは長期休暇を過ごすため、ドーセットの海岸沿いのブリッドポートに家を一軒借りることにした。しかし六週間経つと二人は退屈してしまい、「〝仕事〟に戻った」。チャップマンはメトロポリタン水道局から来た調査員に扮して、エッジウェア・ロードの一軒の家に入り、隣の店に接している壁を壊して穴をあけ、金庫を引きずり出した。そして、それを玄関まで運んでベントレーに載せ、ノッティング・ヒルのセント・リュークス・ミューズ三九番地のハントのガレージまで持って行き、そこで金庫の扉を爆破した。

作家や俳優と付き合うようになったチャップマンは、自分に教養が欠けていることを意識するようになった。彼は作家になるつもりだと宣言し、知識と指針を求めて英文学をあれこれ広く読み始めた。生計は何で立てているのかと訊かれると、チャップマンはウインクをして、自分は「プロのダンサー」だと答えたものだった。彼はクラブからクラブへ、仕事から仕事へ、本から本へ、女から女へと移り歩いた。一九三五年の末、彼はヴェラ・フライバーグと結婚すると宣言した。彼女はロシア人の母と、ドイツ系ユダヤ人の父を持つエキゾティックな若い女だった。彼女からチャップマンはドイツ語の基礎知識を得た。ところが数ヵ月のうちに別の女、フリーダ・スティーヴンソンと一緒にシェパーズ・ブッシュにある賄い付き下宿に引っ越した。フリーダはサウスエンド出身の舞台ダンサーで、彼よりも五つ年下だった。彼はフリーダに惚れた。フリーダは快活で小生意気だった。しかし彼はベティー・ファーマーにナイト・ライト・クラブで出会うと、ベティーにも惚れてしまった。

ゼリー・ギャングはチューインガムを調べて手掛かりを探している間抜けな巡査を嘲ったかもしれないが、ロンドン警視庁はエドワード・チャップマンの活動に強い関心を示し始めた。「ゼリグナイト」班が作られた。一九三八年、『警察官報』は最近多発している映画館の金庫破りの容疑者として、ハント、ダリーの顔写真と一緒に、チャップマンの顔写真を公開した。警察の手が伸びてきたのを察知した一味は、一九三九年の初め、ゼリグナイトを詰めたいくつかのゴルフバッグをベントレーのトランクに入れ、北に向かった。高級ホテルにチェックインしたあと、一味はエディンバラ協同組合の事務所に押し入り、金庫を空にした。チャップマンは天窓から這い出ようとした際、窓ガラスを割ってしまった。通りかかった警官がその音を聞きつけ、ホイッスルを吹いた。泥棒たちは裏の塀を乗り越え、線路に向かって逃げた。一味の一人が転んで足首の骨を折り、取り残された。ほかの者は車と運転手が待っているところで合流し、ただちに南に向かったが、けたたましくサイレンを鳴らす警察車両に阻まれた。チャップマンは塀越しに逃げたが捕まった。四人の夜盗はエディンバラ刑務所に放り込まれたが、今もって誰にも説明できない理由で、チャップマンは百五十ポンドで十四日間の保釈が許された。

事件番号17がエディンバラ最高法廷で裁かれることになったとき、チャップマンとその共犯者が高飛びしたことが判明した。全部署に緊急連絡が出され、顔写真が配布され、英国内のすべての警察は、エディー・チャップマンに警戒するよう命じられた——悪党、常習犯、姦夫、ゆすり屋、金庫破り、ソーホーの住人で、今や英国で最も有名なお尋ね者。一九三九年二月四日、一味はバーミンガムの協同組合小売店から四百七十六ポンド三シリング盗んだ。ダリーは一味がジャージー島に向っていることを仄《ほの》めかす手紙を女友達に送った。警察はその手紙を途中で奪い、容疑者たちはチャネル諸島に行き、それから大陸に向かうかもしれないという警告を発した。「男たちのうち少なくとも一人は武装していると思われる、また、全員が逮捕されまいと拒んで抵抗する恐れがあり、トラブルが発生する覚悟をしておくこと」

エディー・チャップマンはこうした経緯で、二人の私服警官と一人の取り乱した若い女と、食べかけのシェリー・トライフルをあとに残してジャージー島の海岸を脱兎の如く駆け下りて行くことになったのである。

第2章
ジャージー刑務所

イブニング・ポスト
一九三九年二月十三日、月曜日
ジャージー島のホテルでの驚くべき光景
警官、昼食時に急襲
二人の宿泊客に手錠。泥棒一人、窓から逃げる。金庫破りの危険な一味と思われる。

ボーンマスのある少女に送られた一通の手紙がきっかけで、昨日、協同組合小売店の金庫を「爆破」した件と、四百七十ポンド盗んだ件で指名手配されているゼリグナイト・ギャングのうち二名が逮捕された。三人目の男は、警官がアーヴル＝ル＝パのオテル・ド・ラ・プラージュを間もなく急襲するのを察知して逃亡した。

ラ・プラージュ・ホテルの宿泊客は、セント・ヘリア（ジャージー島の港市）のサントゥニエ（ジャージー島の正規の警察の補助をする名誉警察の古参）、C・G・グラントと、私服の有給警察《ペイド・ポリース》（一九六〇年に、ジャージー立法府警察と改称）の六名が中に入り、昼食をとっている者のほとんどが何が起こっているのかわからぬうちに、二人の男に手錠が掛けられ、一味の頭目と思われている第三の男が追われた。ほかの者より敏捷な男は、遊歩道を見渡している食堂の窓から、まんまと逃げおおせた。

目下精力的に第三の男の行方の捜査が続けられているが、次のような人物である――エドワード・チャップマン、別名アーノルド・エドワード・チャップマン、エドワード・アーノルド・チャップマン、エドワード・エドワーズ、トムソン。プロのダンサー、華奢な体格、背は六フィート、若々しい顔色、小さな口ひげ。白いワイシャツ、黄色い水玉模様のネクタイ、紺の袖なしのプルオーバー、グレーのフランネルのズボン、茶色のサンダル、靴下なし、という格好。彼は危険人物だと目されている。金を持っているので、もう今頃は上着かオーバーをどこかで手に入れたかもしれない。

チャップマンの捜査は継続中であり、すべての船が監視されている。この男を見かけた者、もしくはこの男の居場所について何か知っている者は、直ちに警察署に通報すること。

警察は間もなく追跡するのを諦めたが、チャップマンは一マイルほど海岸を走り続けてから引き返し、島を横切った。彼は日曜日で誰もいない学校を見つけ、中に隠れた。その晩、クロークの掛け釘に掛けてあったレインコートを羽織って襟を立て、アーヴル＝ル＝パにぶらぶらと戻った。町の外れに着くと、みすぼらしい下宿屋にチェックインし、石鹸を塗ったペンナイフで口ひげを剃り落とした。それから階下《した》に降りると、女主人のコーフィールド夫人が宿賃の前払いを請求した。チャップマンはポケットに入っていた有り金をすべて渡し、残りはあすの朝払うと答えた。文無しになった彼は進退窮《きわ》まり、いくばくかの金を盗まねばならなかった。

チャップマンは闇の中に再び姿を現わすと、ナイトクラブのウェストパーク・パヴィリオンに向かって歩いて行った。前の晩、一味はそこで過ごしたのだ。下宿人がいなくなるや否や、コーフィールド夫人はボンネットをかぶり、警察署に向かった。

チャップマンがパヴィリオンに着くと、人気《ひとけ》がなかった。彼は男子用手洗の窓を押し破って中に入り、事務所の金庫を見つけ、地下室に運んで行った。そして金庫をひっくり返し、その建物のボイラー室から持ってきた鶴嘴《つるはし》とペンチで金庫の底を壊した。中には銀貨で十五ポンド十三シリング九ペンス、銅貨で数ポンド、十シリング札が十二枚あった。チャップマンはポケットに金を入れて下宿屋に戻り、明朝、船にこっそり忍び込むか、賄賂を使って乗るかしようと心に決めて眠りについた。

イヴニング・ポスト
一九三九年二月十四日、火曜日

金庫破りの容疑者、出廷

手配の男、就寝中に逮捕、ウェストパーク・パヴィリオンに押し入った嫌疑。被疑者、「女友達」のために配慮を乞う

警察がオテル・ド・ラ・プラージュを急襲した際、逃亡した男の島全域にわたる捜索は終了した。チャップマンは通報を受けたセント・ヘリア警察によって、昨夜、サンド街の下宿屋のベッドにいるところを発見され、巡査に自分の正体を明かした。彼はまた、昨夜、ウェストパーク・パヴィリオンに押し入ったことも認めた。

チャップマンは警察の取調べに素直に応じ、自分が金庫を「ばらした」ことを自供した。

今朝、チャップマンは治安判事の前に出頭し再拘留されたあと、自分の女友達は島を出るのを許されるのかどうか訊いた。「ここに女友達がいるのです」と彼は教養のある口調で言った。「彼女は非常に厄介な立場にいるのです。彼女は警察に詰問され、目下、監視されていますが、彼女はなんで二人がここにいるのか全然知らないので、捜査が間もなく終わるのかどうかお尋ねしたい」

治安判事──「彼女は賢明ならば、もう立ち去っていることだろう。われわれは彼女にここにいてもらう必要はない。彼女に対する嫌疑はないので、彼女は好きな時にここを離れてよい」

そのあと容疑者は独房に移された。そして、名前はベティー・ファーマーだと言われている、金髪を長い内巻きにした青い眼の魅力的な「女友達」も法廷を去った。

ベティーはそれまでの四十八時間、数々の屈辱的な目に遭った。オテル・ド・ラ・プラージュの女支配人に身体検査をされ、恐ろしい刑事たちに厳しく尋問され、小さくて安く薄汚いロイヤル・ヨット・ホテルに移らねばならなかった。チャップマンが手錠を掛けられて法廷から連れ出されたとき、彼女はチャップマンに渡すよう、ホテルの名入りの便箋に書かれた恋文を看守に託した。チャップマンはそれをポケットに入れ、にこりと笑って手を振った。

ナイトクラブのウェストパーク・パヴィリオンに押し入ったのは驚くべき愚行だったが、大変な僥倖でもあった。ダリーとアンソンはすでに本土に船で送還され、ロンドンの中央刑事裁判所で数多くの容疑で取り調べを受けていた。ところがチャップマンは、古い法典があって、自治の伝統を持つジャージー島で法を犯したので、ジャージー島の裁きを受けねばならないことになった。

一九三九年三月十一日、エドワード・チャップマンはジャージー島の王立裁判所に現われ、家宅侵入と窃盗の罪を認めた。検察側のジャージー島法務長官は、チャップマンの長い犯罪歴を引用し、ナイトクラブでの金庫破りは、「相当の経験を示す用意周到さと技術をもってなされ、彼がこの種の行為によって暮らしを立てていることを示している」と指摘し、「自分に与えられたいくつかの更正の機会を生かさなかった、この危険な犯罪者は」最高二年の重労働の刑に処すべきであると論じた。陪審員も同意した。

チャップマンはすぐに気づいたのだが、ジャージー刑務所は「わびしい小さな檻」で、一握りの囚人が一日八時間、マットレスの詰め物作業をし、コンクリートの床から数フィート持ち上がった厚板の上で寝た。刑務所の管理体制は驚くほどゆるやかなものだった。刑務所長のトマス・チャールズ・フォスター大尉は退役軍人で、彼からすれば囚人は、毎日決まったように隣人たちを訪ね、日光浴をし、釣りをするという楽しい生活にとって、唯一の迷惑な存在だった。チャップマンが自分は軍人だったと言うと、所長はその新入りの囚人が気に入り、間もなく、所長付き「当番兵」としての仕事をさせるようになった。チャップマンは庭の草むしりと、病院棟に隣接する所長の家の掃除をすることになった。

七月七日の晴れた午後、フォスター大尉と夫人と十八歳の息子アンドルーは家族用の車に乗り、海岸に沿ってサント・ブルラードに向かった。島の社交の催しのハイライトである、ジャージー島スコットランド協会主催の恒例の夏祭りに出席するためだ。チャップマンは所長が留守のあいだに家の台所を掃除しておくように言われた。その日は看守長のブライアードが休みをとっていたので、看守のパッカーが業務を一切任されていた。パッカーは所長の車が通れるように正門の錠を開けた。派手にキルトを着用した所長は、車で正門を通り抜けた際、「チャップマンから目を離すな」と小声でパッカーに言った。

所長の車の音が遠ざかるとチャップマンはモップを下に置き、アンドルーの無人の二階の寝室に駆け上がった。チャップマンは若者の衣裳戸棚からピンストライプのグレーのスーツ、茶色の靴、茶色のフェルトの中折れ帽、パースのリーチ&ジャスティス社製の格子模様の二つの縁なし帽を引っ張り出した。スーツは着てみると両腕の下のところがちょっときつかったが、なんとか体に合わせた。彼はさらにスーツケースを見つけ、所長の眼鏡、フォスター夫人が貯めている六ペンス銀貨の入った瓶、所長の机の引き出しにあった十三ポンド、懐中電灯、暖炉の火掻き棒をその中に入れた。そして天窓に登って屋根に這い上がってから病院の敷地に飛び降り、てっぺんにガラスの破片を嵌め込んだ塀を乗り越え、徒歩で立ち去った。洗濯場で働いていたハモン夫人は屋根に誰かがいるのに気づいたが、職人に違いないと思った。

一時間後、婦人看守の娘のレズバードと盛んにいちゃついていたパッカー看守は、チャップマンの仕事ぶりを見ようと、所長の台所にぶらりと入って行った。家の中はひっそりしていたが、さほど心配はしなかった。「あの時」と彼は回想している、「チャップマンはふざけていて、刑務所の中に隠れているのだとすっかり思っていました」。彼は庭と納屋を捜した。それからほかの看守たちを呼んで、刑務所内の捜索を手伝ってもらった。彼は慌てふためいた。夏祭りに出ているフォスター大尉の居所を突き止めるのに、たっぷり二時間かかった。警察署長はゴルフ・クラブで見つかった。そして、息子のアンドルーが率いる捜索隊が空港を見張るために派遣された。各ホテル、下宿屋の捜索が行われ、船は港から出るのを禁じられ、島中の警官と協力者が動員された。島民の記憶では、最大規模の犯人追跡だった。

ファイヴ・マイル・ロードに住むウォルター・ピカードは、四人が脱走したことを知らなかった数少ない島民の一人だった。彼は妻ではない女と、生け垣の下でその晩を過ごしていた。密会のあと、ピカードと女友達は闇の中をそぞろ歩いて彼の車に戻った。すると、体に合っていないスーツを着た男が、開いたボンネットの上に屈《かが》み込んでいるのを見て二人は驚いた。どうやら、車を押してスタートさせようとしていたらしい。

男はぎょっとしたが、こうはっきりと言った。「私が誰だか知っているかね? 警察の者だ」。ピカードは「車泥棒」に飛びかかった。女友達は悲鳴をあげた。取っ組み合いになった。ピカードはひっくり返され、塀の向こうに投げ飛ばされた。チャップマンは夜の中に消えた。怯え切ったピカードは、茶色のフェルトの中折れ帽、懐中電灯、三本のゼリグナイトが車の助手席にあるのを見つけた。

チャップマンは目まぐるしい一日を過ごしたのだ。刑務所から一マイルも離れていないところで、A・A・ピッチャー氏が親切にもチャップマンを車に乗せてやり、公衆電話ボックスがあるところで降ろした。チャップマンは空港に電話したが、本土への最後の便はもう飛び立ったと告げられた。ピッチャーは彼を桟橋まで送った。チャップマンはミラノ・カフェで食事をしたあと、ラ・ピュラント・ホテルにチェックインし、タクシーを頼んだ。チャップマンはラクシキャブの運転手に、自分は「採石場に興味がある」と話し、島の鉱山を一巡りして、目当ての鉱山を決めた。その日の午後、ジャージー島の西端にあるレタック採石場から労働者が去ったあとで、チャップマンは門をよじ登り、爆薬の貯蔵室として使われている、鉄筋コンクリートの小さな地下壕を見つけた。彼は採石場の道具置き場から取ってきたバールでドアをこじ開けた。そして、五ポンドのゼリグナイトと、二百個の雷管を持って出てきた。その晩チャップマンが、ウォルター・ピカードが停めた車を見つけ、盗もうと決めたのは、略奪した爆薬を持ってファイヴ・マイル・ロードを歩いているときだった。

チャップマンはピカードと取っ組み合った事件が直ちに警察に通報されることをわかっていたが、歩いているうちにフランク・ル・ケーヌの所有する平屋の無人の家を見つけた。彼は中に押し入り、自分で紅茶を淹《い》れ、眠り込んだ（のちに家の持ち主は、「五十人分くらいの」ティーバッグを彼が使ったと、こぼした）。

その間、ウォルター・ピカードは適当に手を入れた報告を警察にした。

ピカードが家に帰ろうと車を運転していると、見覚えのない一人の若い女が手を振った。女はファイヴ・マイル・ロードの平屋の家まで乗せてくれと言った。彼は自分の家までなら乗せてやろうと返事をした。自分の家まで来ると、女はもっと先まで送ってくれとせがんだ。そこで道路をもう少し行くと、なぜか車のライトが消えてしまった。彼は車を止めた。すると女が、自分の行きたい家はかなり近いので、歩いて送ってもらいたいと言った。しばらくためらってから、彼は女の頼みを聞き入れた。目的の家に行く途中で振り返ると、車のライトが再び点いたのが見えた。車に近づくと、背の高い男がイグニッションの上に屈んでいるのが見えた。その見知らぬ男は振り向きざま彼を殴り、姿を消した。

警察でさえ、ピカードの入り組んだ話は「奇妙」だと思ったが、ピカード夫人がそれをどう解釈したかは想像するしかない。

翌朝早く、一人の漁師が小エビ漁用の大きな網を持って、プレモン海岸に沿って颯爽と歩いて行く姿が見られた。近寄ってよく見れば、その男が漁師用のつなぎの下にスーツを着、さらにその下に、フランク・ル・ケーヌ氏のものである縞模様の水着を着ているのがわかっただろう。チャップマンは、夏の太陽を楽しんでいる行楽客たちのあいだでは、水着は変装用にうってつけだと踏んだのだ。そして、ポケットの中にはかなりの量の爆薬が入っていた。

ゴードン・ベネット夫人は、その日の午前の遅い時間に、脱走した囚人の人相風体に多少似ている男が海岸を見渡す断崖にある自分の経営する喫茶店にやってきた、と警察に通報した。ボランティア警官のサントゥニエ、パーシー・ローリーとウィリアム・ゴールディング巡査が捜査のために派遣された。二人とも私服だった。ゴールディングは海岸で捜してみることにし、ローリーは崖にある洞窟を調べてみることにした。何人かの行楽客が砂浜でサッカーをしていて、少し離れたところから、網を手にした背の高い漁師がそれを見ていた。ゴールディングはその漁師に近づき、「おまえの名はチャップマンだね」と問い質した。

「私の名はチャップマンではない」と、漁師はあとずさりしながら答えた。「大間違いですよ」

「おとなしく来るかね?」

「連れて行ったらいい」と彼は答えた。チャップマンはゴールディングに腕を摑まれると、自分は襲われていると大声で叫び、サッカーをしている者に向かい、助けてくれと呼びかけた。ローリーが洞窟から出てきて、ゴールディングに力を貸そうと駆けつけた。数人の見物人が割って入り、乱闘になった。警官がチャップマンに手錠をかけようとすると、今度は警官が一群の半裸の行楽客に襲われた。ゴールディングがチャップマンの腹部にパンチを喰らわし、騒ぎは治まった。「あのパンチで奴は参ったらしい」とゴールディングは言った。チャップマンが参ったのは、自分のポケットに八本のゼリグナイトと、十五個の雷管が入っていたからだろう。パンチが間違ったところに当たれば、多くの者とプレモンの海岸の大半がめちゃめちゃになったことだろう。

イヴニング・ポスト
一九三九年七月六日、金曜日

囚人、刑務所から脱走
全島捜索の劇的な話
自動車運転者を襲った容疑
採石場の倉庫からゼリグナイト盗まれる
海岸で警官と揉み合った末に逮捕される

刑務所から脱走した囚人は、二十四時間足らず逃走したあと、再び捕らえられた。島の全警官が島全域にわたる捜査に終始携わった。
逃亡したのはエドワード・チャップマンで、いくつかの偽名を持ち、犯罪歴がある。彼は危険な男で、泥棒と物騒な人物たちとの付き合いがあり、ダイナマイトの使い方を熟知していると言われている。

チャップマンはプレモンの砂浜で一人の警官と格闘の末に、今日の午後二時に逮捕された。囚人護送車が到着すると、チャップマンを一目見ようと大勢の者が群がった。彼は落ち着き払っているように見え、薄笑いを浮かべながら、興味深げに群衆を見回した。

のちにセント・ヘリアの巡査は、ここ数年で最もスリリングな犯人追跡に協力してくれたすべての警官に心から感謝の意を表明した。

刑務所長のフォスター大尉は怒《いか》ると同時に屈辱的な目に遭った。刑務所の評議員は、「チャップマンのような嘆かわしい犯罪歴のある囚人に、監督なしの非常に大きな自由を許すという大失態を演じた」としてフォスターを厳しく叱責した。フォスターは怒りを看守たち、囚人たち、とりわけチャップマンにぶつけた。チャップマンは刑務所に戻され、所長に長々とお説教された。所長は、チャップマンが自分に取り入るために、かつて軍人だったという経歴をでっち上げたと厳しく責めた。「おまえは私に言ったのとは違い、軍人なんかじゃなかった。おまえは嘘つきで、鞭打ちの刑に値する」と彼は喚《わめ》いた。「なんでそんな真似をしたのかね！」。チャップマンはしばらく考え、唯一の正直な答えをした。「そもそも刑務所の紀律が嫌いなんです。それに、今の刑期を終えても英

国でもっと刑期を務めねばならないのは確かなんで、今逃げれば、どっちの刑務所にも入らずに済むと思ったんです」

独房に戻るとチャップマンは、わびしい計算をした。ここから出されれば本土に送還され、一連の罪で裁かれるだろう、ちょうどダリーやアンソンのように。今、二人はダートムーア刑務所（長期刑囚を収容する刑務所）にいる。スコットランド・ヤードが何を証明することができるかによるが、自分はどこかの刑務所にこれから十四年収監されることになるだろう。

ジャージー島の島民は固く団結していて、法を遵守した。そして法務当局は、大胆にも刑務所の所長の家から物を盗み、島民を騒がせ、警官と互角の戦いをする、その四人を好まなかった。

一九三九年九月六日、チャップマンは巡回裁判によって裁かれ、それまでの刑期に加えさらに一年服役すべしという判決が下りた。チャップマンの判決のニュースは、彼にとってはやや腹立たしいことだったが、『イヴニング・ポスト』に数行載っただけだった。というのも今では、ジャージー島の島民はほかの心配事を抱えていたからである。三日前、英国はドイツに宣戦を布告したのだ。

第3章 戦時の島

戦争というものは白と黒《モノクローム》で見られる傾向がある——とりわけその時の戦争は。善と悪、勝者と敗者、闘士と臆病者、愛国者と裏切り者。大方の者にとっては、戦争の現実はそんなものではなく、むしろ、ときおり毒々しい暴力的な色が煌《きらめ》く、さまざまな嫌な思いと妥協の単調な灰色である。戦争は、英雄と悪者を簡単に生むにはあまりに複雑怪奇である。敵側にもいつも勇敢な者はいるし、勝者の側にもいつも悪人はいる。そして、まったく普通の無数の人間は、その中間にあって、なんとか生き延び、事態を理解しようと苦闘する。たとえ戦場を離れていても、自分とは関わりもなく、まったく予期できなかった状況において、戦争は個人に不可能な選択をするように迫る。大方の者は妥協するが、いくらかの者は占領軍に協力し、ごく少数の者は、正しい道を指す、自分でもその存在に気づかなかった内なる羅針盤を見出す。

ジャージー刑務所の花崗岩の塀の中に戦争のニュースが入ってくることはほとんどなかった。食糧が配給制度になってからは、刑務所の不味い食べ物はいっそうひどくなった。看守の何人かは入隊していなくなり、残った看守は断片的で当てにならない情報しかもたらさなかった。一九四〇年四月、ナチはまずデンマークとノルウェーに電撃戦で侵攻し、次にフランス、ベルギー、ルクセンブルク、オランダに侵攻したが、チャップマンはそのことを知らなかった。彼の世界はわずか六平方フィートの世界だった。一九四〇年六月十四日にドイツ軍がパリに入ったとき、彼は三年の刑期の半ばを、やっと過ごしたところだった。

　チャップマンは刑務所内の図書室にある二百冊の本をすべて読破したあと、再読した。それから古びた文法書を使ってフランス語を独習し、ドイツ語に磨きをかけ始めた。彼はテニソンの詩を暗記し、H・G・ウェルズの『世界史大系』を読んだ。『世界史大系』は過去の歴史を説明する目的の教科書のようなものだが、筆者自身の哲学が浸透していた。チャップマンはとりわけウェルズの「連邦世界国家」という考えに感銘を受けた。「連邦世界国家」においては、すべての国家は協調して活動する。「一つの神としてのナショナリズムは、部族的神々のあとを追って地獄の辺土に行かざるを得ない。われわれの真の国籍は人類である」とウェルズは書いた。一方、ナチズムの邪悪な神は、次第に近寄ってきた。

　チャップマンはロイヤル・ヨット・ホテルの名入りの便箋に書かれたベティーの恋文を繰り返し読んだ。だが間もなく、一時ベティーのことを忘れさせる、もう一通の手紙が届いた。差出人はフリーダ・スティーヴンソンで、住所はサウスエンド＝オン＝シーだった。彼女はチャップマンがシェパーズ・ブッシュ（ロンドンの一地区）で同棲していたダンサーで、チャップマンがいまや一歳の女児の父親になったことを知らせてきた。女児は一九三九年七月にサウスエンド市立病院で生まれたのだ。フリーダは女児をダイアン・シェインと名付けた。フリーダは母娘《おやこ》の写真を同封していた。フリーダの説明によると、彼女はひどく貧しく、戦時の配給で辛うじて暮らしていた。そして、金を送ってくれとチャップマンに頼んでいた。チャップマンは彼女に返事を書く許可をフォスター大尉に求めたが、大尉は意趣返しに拒否した。その後もフリーダから手紙が来たが、返事がないので文面は次第に悲痛なものになり、やがて怒りに満ちたものになった。フリーダを助けることも、初めての子を抱くこともできないことに失望し、海に囲まれた刑務所で世間から隔絶していたチャップマンは、わびしい暗い気分に沈んだ。

イヴニング・ポスト
一九四〇年六月二十九日、土曜日

チャネル諸島に激しい空襲
港、爆撃される
両島に多数の死傷者

昨夜、少なくとも三機のドイツ軍の飛行機による爆撃と機銃掃射によって、九人が死亡し、多数の者が負傷した。港が主たる標的で、一発の爆弾が桟橋に命中し、市民の私有財産に相当な損害を与えた……

最初のドイツ空軍の飛行機が爆音を立てて頭上を飛んだとき、チャップマンは厚板のベッドに横になっていた。三日後、チャネル諸島は第二次世界大戦中にドイツ軍によって占領された英国の唯一の一部になるという、不運な栄誉を得た。最後の防衛軍が引き揚げてしまったので、なんの抵抗もなかった。島民のほとんどは島に残ることを選んだ。チャップマンは選択の機会を与えられなかった。爆弾が刑務所に命中すれば、死ぬか逃げるチャンスが生まれるか、どっちだろうと彼は漫然と考えた。ジャージー島の英国人の住民は、なんの抵抗もしないように指示され、チャップマンの裁判で裁判長を務めた行政長官アレグザンダー・モンクリーフ・クータンシュは、ドイツ軍の命令に従うと、また家に帰って降伏したことを示す白旗を掲げるよう住民に命じた。ヒトラーはドイツが戦争に勝った暁には、ジャージー島を理想的な休暇用キャンプ場にすることに決めた。

ジャージー島がドイツ軍に占領されると、刑務所の業務は警察とともに、あっさりとナチの管理下に置かれることになった。石と鉄の背後に閉じ込められていた囚人たちは、忘れられた。刑務所の食事は、ジャージー島の自由の身の島民がドイツの侵略者によって許されたわずかな食糧を競って手に入れようとしていたので、以前よりいっそう貧弱になった。フリーダからはもう手紙は来なかった。チャップマンは、ドイツ軍がジャージー島を管理している限りは、やがて釈放されても、ドイツ軍は自分を本土の刑務所に送ることはできないと考えて自らを慰めた。

ドイツ軍は在来の島の裁判所に当たる独自の法廷を持っていた。一九四〇年十二月、アントニー・チャールズ・ファラマスという、ミラマー・ホテルの若い皿洗いが、架空の扶養家族の手当、合計九ポンドを嘘の口実で詐取した廉でドイツ軍の裁判所の独房に留置されてから、ジャージー島の裁判所で裁かれた。ジャージー島の島民で、チンピラという評判のあった二十四歳のファラマスは、ジャージー島の裁判所で六ヵ月の懲役刑の判決を受けた。そのあとドイツの野戦法廷は、ファラマスが反ドイツの宣伝ビラを所持しているのを見つけ、さらに一ヵ月を追加した。

ごく細い口ひげを生やし、キョロキョロと動く灰色の眼をしたファラマスは、一風変わってはいるが愛すべき人物だった。奴は不甲斐ない悪党だった、とチャップマンは回想している。ファラマスはすぐに顔を赤らめ、「一種の根無し草の優しさ」を漂わせていた。鋭く、卑猥な機知は持ってはいたが。背が高くて細身の彼は、風がひと吹きすると飛んでしまいそうだった。彼はホテルで働く前に、セント・ヘリアの理髪店で理髪師として働いていた。チャップマンとファラマスは独房仲間になり、無二の親友になった。

一九四一年十月十五日、チャップマンは二十六歳の誕生日の数週間前、ついに釈放された。窶《やつ》れて紙のような白い顔になり、体重がちょうど九ストーン（約五十七キロ）に落ちていた。数ヵ月前に釈放されたファラマスは、刑務所の門のところで彼を待っていた。チャップマンは、ナチがギリシアとユーゴスラヴィアに侵攻したことも、ビスマルク号が沈没したことも、レニングラードが包囲されたことも知らなかったが、戦争の影響はジャージー島の変貌に見て取ることができた。チャップマンは自由の身の最後の日に、幸福そうで、栄養の十分な行楽客で賑わう海岸をぶらついた。いまや島は占領軍に蹂躙され、島民は疲弊して飢え、抵抗か、黙従か、占領軍への協力かの選択を迫られ、もろもろの道徳上の混乱に陥っていた。

ファラマスはセント・ヘリアのブロード街に小さな店を借り、数脚の椅子、いくつかの古い鏡、鋏と剃刀を用意し、チャップマンと一緒に、いささか大げさに理容サロンと名付けた店を開いた。客はもっぱらドイツ軍の士官だった。というのも、英国へのヒトラーの踏み石であるチャネル諸島はいまやドイツ陸軍最大の歩兵連隊の基地で、広大で、厳重に防衛された兵舎と化していたからである。

ファラマスはドイツの士官のひげを剃って髪を刈り、チャップマンは初歩的なドイツ語で丁寧に話しかけた。数少ない英国人の常連の一人は、ダグラス・スターリングという、バーミンガム出身の中年の元私設馬券屋だった。どの戦争でも生まれるような日和見主義者だったスターリングは闇屋で、ドイツの士官から煙草、紅茶、アルコール類を買い、地元の人間に売って儲けた。理髪店はそのための理想的な隠れ蓑で、違法な不当利益と敵のひげ剃りと散髪を結びつけた商売は、間もなく繁盛するようになった。

ある日の朝チャップマンは、ファラマスと同居していた店の上のアパートから下に降りて自転車に乗って外に出たが、自転車は道の右側を通るべしという、ドイツ軍が作った新しい法律をうっかり忘れ、オートバイの伝令兵にまともに衝突し、通りの角の向こうに跳ね飛ばされた。どちらも怪我はなかったが、ドイツ兵は激怒した。チャップマンは当然ながら警察署に呼び出され、憲兵隊の三人の士官に尋問された。ちゃんとした英語を話す、そのうちの小柄な憲兵がチャップマンを悪意を込めて見やり、こう問い質した。「いいかね。われわれにはおまえがドイツ軍の武器を所持していると信じる理由がある。ドイツ軍のライフルはどこにあるんだ？」

「ドイツ軍のライフルなんか持ってませんよ」とチャップマンは戸惑って答えた。

「何か武器を持っているかね？」

「いいえ」

「いいかね、われわれはおまえを見張ってる、だから、もしおまえが問題を起こせば、こっちも問題を起こす。警告しておくぞ」

「警告、ありがとうございます」とチャップマンは答え、足早に立ち去った。

それは警告ではなく、脅迫だった。彼は交通違反を犯した廉で八十ライヒスマルクの罰金を科せられたが、もっと心配だったのは、尋問の際、自分にレジスタンスのメンバー、さらには破壊活動分子の疑いがかけられたような気配があったことだった。憲兵隊に尋問されて動揺したチャップマンは、この監獄のような島から出る別の計画を立て始めた。そして、自分の考えをファラマスとダグラス・スターリングに話した。自分たちはナチのスパイとして働こうと申し出たらどうだろう？　もし聞き入れられれば、秘密捜査員として英国本土にやられる機会があるはずだ。少なくとも、生活は単調ではなくなる。スターリングは積極的で、その計画を息子に話してみると言った。ファラマスはもっと慎重だったが、その計画はやってみる価値があることには同意した。

何年も経ってからその時のことを振り返ったチャップマンは、一九四一年にそういう決心をした動機は曖昧で混乱していたのを認めた。そしてのちに、ドイツのスパイになろうと申し出たのは、島から逃げ出して、まだ見ていない娘のダイアンと一緒になりたいという単純で心からの願いからだったと言った。「もしドイツ軍にはったりをかけてうまくいけば、私はおそらく英国に送られるだろう」と思った、と彼はのちに書いた。しかしチャップマンは、自分の決心にはそれ以上のものがあったことを知るだけに、自分の性格をよく理解していた。「今になれば立派な話に聞こえる」と彼はのちに認めている。「その当時でさえ、インチキ臭い話だった。私は頭の中で練り始めた計画に、ほかの動機がなかったというふりはしない。私の計画は咄嗟《とっさ》に、あるいはその時の気分で思いついたものではない」。彼は英国の既成の権力組織に対して強い敵意を抱いていた。正当な理由があって投獄された多くの犯罪者同様、彼も自分を残酷な差別の犠牲者と見ていた。そのうえ彼は、粋な制服を着たドイツ兵が規律正しく、おおむね丁寧であることに感銘を受けていた。ナチは、自国の軍隊は無敵で、占領は永遠に続くと執拗に宣伝していた。チャップマンは飢えていた。退屈していた。そして、刺激を求めていた。ソーホー時代に彼は映画スターと交わり、長いあいだ、自分の人生のドラマの主人公としてのおのれを想像していた。彼はかつて放埒なギャングの役を演じたが、いまやスパイという派手な役に自分の配役を変えた。そんなやり方が正しいのか間違っているのかについては、ほとんど考えなかった。それはあとの話だった。

チャップマンとファラマスは、入念に書き上げたドイツ語の手紙を、セント・ヘリアのドイツ軍の司令部に送った。宛名はフランスおよびチャネル諸島の占領軍の上級指揮官オットー・フォン・シュトゥルプネーゲル将軍だった。数日後、ファラマスとチャップマンはドイツ軍の少佐の執務室に呼び出された。そこでチャップマンは、自分と友人はドイツの諜報機関に加わりたいと思っているということを明るい口調で説明した。彼は自分の犯罪歴を述べ、英国でいくつかの未決着の召喚令状が自分を待っていることを力説し、爆薬についての専門知識を持っていることを強調し、最後に威勢よく英国批判の大言壮語をした。「彼の目的はすべて復讐だった」とファラマスは、のちに書いている。「自分はイギリスの支配層を軽蔑していて、奴らに仕返しをする機会を求めただけだ、と彼は言った」。秘書がメモし、二人の若者の名前と住所を書き取っているあいだ、少佐は曖昧に頷いていた。この問題については「上級士官」と話し合うことになるだろう、と少佐は言った。

その後、何も起こらないように見えた。それからの数日、チャップマンは理髪店に来るどのドイツ人にも、「自分を迫害した社会を嫌悪していて、イギリスとそのやることなすことすべてを憎悪しているという話」をした。その話がドイツ当局に伝わることを期待したのだ。しかし何日経ってもシュトゥルプネーゲル将軍から音沙汰がなかった。どうやら、申し出は拒絶されたか、単に無視されたからしかった。諜報機関に加わりたいと申し出る者はすべて拒否すべしという、長年の原則にもとづいて。

チャップマンが自分の計画について忘れかけていた——そして、闇市のアルコールを供するナイトクラブを開こうという新しい計画で忙しかった——十二月のあるじめじめした晩、チャップマンとファラマスは、ドアを激しく叩く音と、張り上げたドイツ人の声でベッドから起こされた。戸口には二人のドイツ人将校が立っていた。チャップマンは、ドイツのスパイになろうという申し出が実を結んだのだと、すぐに思った。それは大間違いだった。二人の将校はドイツ課報機関の者ではなく、ゲシュタポだった。チャップマンとファラマスはドイツ軍に採用されたのではなく、逮捕されたのだ。二人は手錠を嵌められ、霧雨の降る中で待っているヴォクソールに投げ込まれ、波止場に連れて行かれた。上級将校の大尉《ハウプトマン》は、おまえたち二人は囚人で、逃げ出そうとしたら射殺されると、ぶっきらぼうに告げた。車から二人は埠頭の小さな艀《はしけ》に乗せられ、操舵室にボルトで止めてある鉄の棒に繋がれた。船はエンジンの音を響かせながら真南に向かって港から勢いよく出た。フランスの海岸が、霧雨を通してかすかに見えた。ゲシュタポの将校は甲板の下の暖かいところに坐っていたが、チャップマンとファラマスは身を切るような冷たい雨に打たれて震えていた。

その後の数時間は、瘴気のように襲ってくる恐怖と船の振動の中で過ぎた。セント・マーローの港に着いたときは、冷えびえとした夜明けだった。二人は手錠を嵌められたまま警察署の中のベンチに繋がれて二時間過ごした。すると憲兵が二人にバゲットと饐《す》えたチーズをくれた。それから、パリ行きの列車のコンパートメントの中に閉じ込められた。そしてついに北駅に着いた。そこでは、一台の軍用トラックと武装した護衛兵が二人を待っていた。ドイツ人の護衛兵は何も話そうとせず、どんな質問をしても肩をすくめるだけだった。ファラマスは恐怖で真っ青になり、頭を両手に埋めて静かに呻いていた。何も言わないゲシュタポの護衛兵と二人を乗せたトラックは、占領下のフランスの首都の広い並木道を勢いよく通った。とうとうトラックは、巨大な有刺鉄線が輪になって覆っている鉄の門のある広い出入口を抜け、別の刑務所に入って行った。

ずっとあとになってチャップマンは、何が起こったのかを知った。彼が逮捕される数週間前、島のいくつかの電話線が切断されたのだ。それは、一連の小規模の破壊工作のうちの、つい最近のものだった。ドイツの当局はジャージー警察に相談した。ジャージー警察の何人かは、いまや積極的に占領軍に協力していた。彼らは、いつも怪しまれる人物のうちで最も悪名高いチャップマンとファラマスを名指した。チャップマンは悲しげに回想している。「英国の警察は、もし何か問題があれば、おそらく私が絡んでいると彼らに言ったのだろう」

チャップマンにとって、それはまったく新しい経験だった——自分が犯したのではない罪で逮捕されたのである。

第4章 ロマンヴィル

ロマンヴィル要塞はパリ東部の郊外を睥睨《へいげい》している。禍々《まがまが》しい巨大な石造りのその要塞は、一九四一年には、ナチのもう一つの地獄図になっていた。一八三〇年代に低い丘に建てられた不格好なその要塞は、外国の攻撃から守るためにパリの周囲に作られた防御の輪の一部だったが、中には民衆蜂起の際に出動させることのできる軍隊も入っていた——それは濠を巡らした、ずんぐりとした難攻不落の怪物的建造物だった。その古い要塞はナチにとって人質収容所と同じような心理的目的に適った、尋問、拷問、即決の処刑の場所であり、威嚇、逃亡不可能の目に見える象徴だった。ロマンヴィルは「死の待合室」で、市民のための刑務所だった——レジスタンスの闘士、政治犯、著名なユダヤ人、共産主義者、知識人、スパイ容疑者、政治的破壊活動分子、「悶着を起こす人物」のほかに、フランスの新しい統治者に十分な敬意を示さなかっただけの者。

刑務所内の囚人の数が絶えず変わるということは、ナチ占領下の残忍な算術の重要な要素だった。レジスタンス活動が行われるたびに、その報復として何人かの囚人が独房から選び出され、射殺された。例えば、パリのレックス・シネマで数人のドイツ兵が襲われたとき、それはロマンヴィルの人質の百十六人の命に値すると計算された。抵抗活動によってもっと深刻な事件が起こると、人質収容所の死者の数は増えた。人質は、どういう行為の報復として処刑されるのか告げられる場合もあったが、たいていは告げられなかった。

チャップマンとファラマス、政治犯と破壊活動の容疑者は裸にされ、刑務所のつなぎを着せられ、収容所長ブリュッヘンバッハ大尉の前に連れ出された。大尉はずんぐりした小男で、分厚いレンズの眼鏡をかけ、眼は「金属製のドアにあいた二つの銃弾の孔」に似ていた。ブリュッヘンバッハは、追って連絡があるまで二人を拘置しておくようにという命令をゲシュタポから受けていると、唸るような声で言った。潔癖なファラマスは、大尉が「酒の臭いがする」のに気づいた。

それから二人は、高さ十二フィートの有刺鉄線で囲まれた兵舎に連れて行かれた。その両端は懐中電灯と機関銃を持った看守によって警備されていた。二人は裸電球一個で照らされ、からっぽの六つほどの寝棚がある暖房設備のない部屋に閉じ込められた。二人は腐りかけた藁床に横になりながら、自分たちが生き延びるチャンスについて話し合った。一人ははかない楽観的な見方をし、もう一人は底なしの暗い気分に沈んでいた。

「射殺されるっていうのは好きかい、エディー?」とファラマスは訊いた。

「おれはそれほど気にはしないと思うね」という、本心を偽った答えが返ってきた。「これまで、かなり楽しい人生を送ってきたからな」

翌朝、チャップマンとファラマスは中庭に出ると、仲間の囚人たちのひそひそ話から、レジスタンスのメンバーによってナントで一人のドイツ人士官が暗殺された報復に、今朝、十六人が処刑されたことを知った。各独房のドアには、「すべて禁止《アレス・フェアボーテン》」という掲示があった。それは誇張ではなかった。手紙を書くことも受け取ることも許されなかった。赤十字とフレンド会から送られてくる小包は押収された。囚人に対する殴打は苛烈で、その理由は説明されなかった。外部の世界から隔絶していた囚人は、歩哨の行動と、遠くのパリの通りの交通の音で時間を計った。与えられる食べ物の量は厳密に決まっていて、種類は変わらなかった。一パイントの水っぽい野菜スープ、四オンスの黒パンと一オンスの腐りかけて嫌な臭いのするマーガリンかチーズ。最初、二人の新入りはスープから蛆を取り出していた。数日経つと、ほかの者と同じように、蛆ごと飲み込むようになった。

男女の囚人は要塞の広大な中庭で一緒になるのを許されていたが、性的関係を結ぶことは固く禁じられていた。囚人が要塞に連れてこられた最初の日に、看守の一人が入念な身ぶりを交えて多言語ではっきりとさせたように。「マダム、囚人《プリゾニエ》。話す《パルレ》、散歩《プロムナード》、よし《ヤー》！　しかし《アーバー》、**駄目**《ニクス》、おまんこ《フィグ＝フィグ》、禁止《フェアボーテン》——ニクス！」。そして、そのことについて、まだ混乱があるといけないので、彼は付け加えた。「**ニクス**。なし《カイネ》、フィグ＝フィグ」。チャップマンには、それは挑戦してみろと言っているように聞こえた。

ロマンヴィルの囚人は奇妙な取り合わせだった。金持ちと貧乏人、勇敢な者と裏切り者、有罪の者と無実の者。チャップマンとファラマス以外に英国人はいなかった。ポーレットという女がいた。スパイ容疑で逮捕された、金髪の女だった。夫はスパイの廉ですでに処刑されていた。ほかの女たちは、自由フランス軍に加わっているか、レジスタンス運動で積極的に活動しているかがわかっている夫か父親の身代わりなのだ。裕福なドイツ系ユダヤ人の銀行家カーンがいた。また、タイヤの大立者ミシュラン、二人のベルギー人のダイヤモンド商、ロイチェという謎めいた人間もいた。角《つの》枠眼鏡をかけたロイチェは、ドイツ語を話すスイス人のジャーナリストで、英国の諜報機関のために働いたと言っていた。フランス人の囚人の中には、前情報大臣でラジオ・ジャーナリストのル・フランソワがいた。ドイツの宣伝放送をするのを拒否したために投獄されたのだ。モンパルナスのカフェでウェートレスをしていた女がいたが、本人の言うところでは、彼女の体をいじったSS将校にびんたを喰らわしたので投獄されたのだ。多言語を操り、水に対して病的な恐怖心を抱いているヴァイスという老人は、敗北したドイツをいかに分割するかを論じた一文を書いたので逮捕されたのだ。多くの者はただ単に侵略者の機嫌を損ねただけだった。なんで自分がここにいるのか、まったくわからないと言う者もいた。

どの囚人もそれぞれ違った話をしたが、言葉には用心していた。ファースト・ネーム以外、身分を明かそうとしない者もいた。というのも、監獄にはスパイや煽動者から本当のことをうまく聞き出して彼らの正体を暴くのが任務の密告者、たれ込み屋がうようよしていたからである。囚人のあいだでは、ボシュエというベルギー人が最も疑われていた。彼はカーディフで生まれたと自分では言い、英語を上手に話した。俗語を混ぜたけれども。最初チャップマンは、そのベルギー人に好感を抱いたが、ボシュエは「プロの告発屋」、密偵《ムーシャール》で、「黒い悪魔」という綽名がついているということを人から聞かされた。彼が裏切った結果、二十二人の囚人が死に追いやられたという噂があった。ほとんどの囚人は彼を避けたが、中には、看守が見ていない隙に彼を襲う者もいた。やがてボシュエは監獄からいなくなった。それはボシュエが密告者である証拠と見られたが、囚人は到着し、なんの警告も説明もなくどこかに移されるというのが、人を神経症にするロマンヴィルでのやり方だった。ドレフュスというユダヤ人の中年の男がいたが、彼は同名の有名な反ユダヤ主義の犠牲者の子孫だった。彼はわずかなあいだ拘留されていたが、なんの理由もなく釈放された。彼が裏切り者に変身したに違いないと、誰もがすぐに思った。「誰かと話すというのは安全ではなかった」とチャップマンは回想している。「誰が誰なのか、誰も知らなかった。誰も話そうとしなかった」

だが、恐怖と不信に満ちた、人間の心を蝕む雰囲気の中で、人と親密になろうという、やはり強い衝動も存在していた。囚人同士のセックスを禁じるという規則は、ただ無視されたのではなく、勝手放題に破られたのである。男女はあらゆる機会を探した。洗濯室、階段の下、石炭置き場、中庭の暗い隅。兵舎の部屋は独房として設計されてはいず、錠をこじ開けるのは簡単だった。囚人は性欲を解放するために手の込んだ計画を立て始めた。誰もロマンヴィルから逃げなかったが、それは束の間ではあれ逃げる手立てだった。チャップマンはロマンヴィルに着いてから数週間も経たないうちに、彼より十ほど年上の金髪のポーレットと懇《ねんご》ろになり、ファラマスはルーシーという女囚と性的関係を結んだ。振り返ってみると、二人の男が自分たちの「征服」を誇張したのは確かである。友人よりも世故にたけていたチャップマンは、セックスと恐怖の奇妙な混淆を自然のこととして受け入れていたようだが、性的にうぶだったファラマスは、それは「情熱的で真剣な本物の恋愛」だと言い張った。死がなんの警告も説明もなくやってくる、その閉じられ、裏切りに満ちた世界では、性の表出が唯一の残された自由だった。

チャップマンとファラマスが女囚との複雑な密会を企んでいるあいだに、二人がとっくの昔に忘れてしまった、ドイツのスパイになろうという申し出が、ドイツの軍当局の上層部にゆっくりと伝えられていた。二人の手紙はジャージー島からベルリンに送られ、それからハンブルクにあるドイツの諜報機関の支部に渡り、再びジャージー島に戻ってきた。チャップマンが要塞の土牢で二週間過ごしていた一九四一年十二月、手紙はついにロマンヴィルに来た。チャップマンはみなに憎まれているボシュエと喧嘩をしてカショ、すなわち地下の独房に入れられていたのである。独房にいる囚人は三日置きにパンとスープの食事を一回与えられるだけだった。チャップマンの独房は明かりがなく、凍えるように寒く、水浸しだった。彼は体温を保つために、床の隅に積んであった砂利で首まで体を覆った。

チャップマンは独房での二週間の刑の半分を過ごしたとき、土牢から連れ出され、看守に付き添われながらブリュッヘンバッハの執務室に連れて行かれ、奥の部屋に監禁された。そのあとすぐ、ＳＳ将校が入ってきて、ドアの鍵を入念に掛けた。その訪問者は背が高く痩せぎすで、蒼白い眼とこけた頬をしていた。頬には切れた赤い血管が縞になっていた。彼は話す前に、立ったまましばらくチャップマンを見つめていた。それから、なんの訛りもない完璧な英語で、自分は中尉《オーバーロイトナント》ヴァルター・トーマスだと名乗った。それから前置きも説明も抜きで机の前の椅子に坐り、チャップマンの犯罪歴、爆薬についての経験、ジャージー島での刑務所暮らし、ドイツ語の能力について尋問し始めた。彼はチャップマンの犯罪歴について詳細に知っているように見えた。チャップマンが刑を宣告された犯罪だけではなく、嫌疑をかけられただけの犯罪についても。中尉は英国について、チャップマンのソーホー時代について、チャップマンがエディンバラで逮捕され、それからジャージー島に逃げたことについて、熟知しているような口ぶりで話した。中尉は話しながら手の長い指を絡ませた。表情は変わらなかったが、チャップマンの答えに満足しているように見えた。のちにチャップマンは、尋問者は「学者のような、謹厳な」タイプに見えたと回想している。一時間ほどすると中尉は、話は終わったと言い、チャップマンは執務室から付き添いの男に、罰で入れられている土牢にではなく、兵舎に戻された。

「何があったんだ?」とファラマスは、チャップマンが独房から早くも帰されたことに驚きながら訊いた。

チャップマンは彼に秘密を誓わせてから、SS将校との面接について話した。ドイツのために働きたいというおれたちの申し出に、とうとう奴らが応えたのに違いない、と彼は続けた。「おまえはいいさ」とファラマスは不意に恐怖に捕らえられて言った。「奴らがおまえを使うのは確かだ。でも、おれはどうなる? 奴らにとって、おれはどんな価値があるんだ?」。チャップマンは自分より年下の男を安心させようとしたが、二人ともファラマスの言うことが正しいのを知っていた。ナチは、長い犯罪歴があり、英国の既成の権力組織を憎むのに十分な理由のある、身体強健で、悪賢く、海千山千の犯罪者の使い道をおそらく見つけるだろう。しかし第三帝国は、九ポンド詐取しようとして失敗したという犯罪を行っただけの、二十《はたち》の華奢《きゃしゃ》な理容師を何に使うことができるのか？

ナチがチャップマンに関心を持っているという、もう一つの証拠が数日後に出た。ライカを持った従軍カメラマンがチャップマンの正面向きの顔と横顔の数十枚の写真を撮ってから立ち去ったのだ。

一九四二年一月初旬、チャップマンはまたもや収容所長の執務室に呼ばれた。今度の尋問者は、生気のない眼をしたトーマス中尉とは正反対の男だった。所長の肱掛椅子の向こうにいたのは、なんとも愛らしい女だった。大きな茶色の眼、赤いマニキュアを施した長い指の爪をし、高価な黒のラムズウールのコートを脇に置いた女は、まるで映画のセットから歩み出たようにチャップマンには思えた。チャップマンはその姿に一瞬、呆然とした。女の横に立っていたのは私服の男だった。チャップマンは男のスポーツマンらしい体つきと、日に焼けた顔に注目した。優雅な服装をし、ほんのわずか退屈そうな表情を浮かべたその二人は、ファッション雑誌用の写真撮影のモデルと言ってもよかった。

男はドイツ語で質問し、女がそれをアメリカ訛りの英語で通訳した。二人はここに来た理由を誤魔化そうとはしなかった。ドイツの諜報機関のためにどんな仕事ができると思っているのか、また、その動機について、チャップマンは矢継ぎ早に質問された。二人は彼がどのくらいの額の報酬を期待しているのか、もし、スパイとして英国に送り返されたら何をするつもりなのかについて知ろうとした。女は長い黒いホルダーで煙草を立て続けに吸った。「仮に、ここに戻ってきたくないと思ったとしたら？」と女は不意に訊いた。

「信用してもらわないと」とチャップマンは答えた。

部屋を出ようと女がコートを取り上げたとき、チャップマンはコートの内側のラベルに気づいた。

イタリアのデザイナー、スキャパレリ。ナチのスパイが――もし、そのカップルがスパイならだが――最高のお洒落ができるに違いない、と彼は回想している。

それから数週間、判で押したような通常の収容所生活が続いた。セーヌ川越しにロマンヴィルの真向かいにあるブーローニュ＝ビヤンクール市の巨大なルノーの工場に対する英国空軍の猛爆によって、その生活は中断されるのみだった。ルノーの工場はいまやナチの軍需品製造機構の一部になっていて、ドイツ軍のためのトラックを製造していた。三月三日、英国空軍は二百三十五機の低空爆撃機を出撃させ、工場を爆撃した。それは戦時中、たった一つの標的に対して用いられた最大の数の飛行機だった。兵舎の窓からチャップマンとファラマスは、照明弾、曳光弾、高射砲の炸裂弾が夜空を照らすのを見、爆弾の破裂音が空気を震わすのを感じ、都市の空が禍々《まがまが》しいオレンジ色に染まるのを見つめた。チャップマンは友人の恐怖を感じることができた。「奴らはおまえを民間人抑留所に送るだろうな」と彼は言った。「さもなければ、ここに置いておくだろう――もし、奴らがおれを受け入れたら。いいかい、トニー、心配するな。おれに任せとけ。おれを信用しろ」

二人がロマンヴィルに来てからほぼ四ヵ月経ったとき、チャップマンはブリュッヘンバッハの執務室に呼ばれた。それが最後になりそうだった。彼を待っていたのはトーマス中尉だったが、今度はもっと上級の将校が一緒にいた。その将校は騎兵大尉《リトマイスター》の制服を着ていた。喉元に鉄十字章を着けていた。トーマス中尉はその男を「ヘル・ドクトル・シュテファン・グラウマン」だと紹介した。グラウマンはうやうやしいとも言える身振りで、椅子に坐るようにチャップマンを促し、英国上流階級の抑揚の、正確で古風な英語で尋問を始めた。声は物柔らかだった。彼はチャップマンに、ロマンヴィルでどんな取り扱いを受けたか尋ねた。ブリュッヘンバッハの命令でカショで過ごしたときのことをチャップマンが話すと、グラウマンは冷笑し、収容所長は「単なる訓練を受けた野獣」だと言った。

グラウマンは高慢だが優しさを漂わせていて、チャップマンは好感を抱いた。グラウマンは内輪だけに通ずる冗談を楽しんでいるかのように、よく独り笑いをした。彼はそり返って椅子に坐りながら、チャップマンの答えを吟味した。その際、片方の手の人差し指を制服の脇ポケットに引っ掛け、もう一方の手で、薄くなった髪を撫でた。ときおり、太い枠の眼鏡をかけ、目の前にある開いたファイルを覗き込んだ。グラウマンは「物のわかった、度量のある人物」に違いない、とチャップマンは思った。

グラウマンは過去についてもう一度チャップマンに詳しく質問した。彼の一連の犯罪、ドイツ語とフランス語の能力、ゼリー・ギャングのメンバーたちと、その現在の居所について。彼は、チャップマンがスパイを志願しているのは英国に対する憎しみが動機なのか、それとも金銭的報酬が約束されているからなのかという問題に何度も立ち戻った。チャップマンは、ドイツのスパイになりたいと思っていることには、その両方の要因があると答えた。尋問は三時間に及んだ。

ついにグラウマンは、淡い青の眼でチャップマンをじっと見つめ、要点に触れた。もしチャップマンが、破壊活動、無線電信術、諜報作業の訓練を受けることに同意し、それから英国で任務を果たすことを引き受けるなら、戻ってきたときに、相当の金銭的報酬を約束することができる。チャップマンは即座に同意した。それから、トニー・ファラマスも一緒に来ていいかと訊いた。グラウマンの答えは素っ気なかった。ファラマスはドイツの諜報機関には「無用」だった。グラウマンは慎重に言葉を選んで話した。「戦時では、われわれは用心深くなくてはならない。君たちの一人は、ここに残らなくてはいけない」。グラウマンの表現は曖昧だったが、意味は明快だった——ファラマスは、チャップマンが十全に行動するための人質として残らなければならない。

二人が握手したとき、チャップマンはグラウマンの小指に、五つの黒い点のある太い金の指環が嵌まっているのに気づいたが、手の柔らかさも印象的だった。その手は肉体労働をまったく知らない手だった。声、手、印鑑付き指輪。男がある種の貴族なのは間違いない。君はこれ以上厄介事に巻き込まれずに済んだら、あと二週間でロマンヴィルから出られるだろうと、グラウマンはドアのところで言った。

チャップマンは意気揚々と兵舎の独房に戻ったが、ファラマスに対する漠然とした「脅迫めいたもの」に心を痛めもしていた。彼はファラマスにはグラウマンの言葉を伝えなかったが、チャップマンが間もなく一人で独房を出て行くという知らせで、年下の仲間は自分が危険な立場に置かれたのは間違いないと思った。「おまえがへまをしたら」とファラマスは言った。「おれは首を撃たれる。おまえはイギリスの土を踏んだら、戻ってきたくはないだろうな、エディー？　撃たれるのは好きじゃない。おまけに、おれは死ぬには若過ぎる」

チャップマンは彼を安心させようとした。「いいかい、トニー、おれのやり方でやらせてくれ。おれだって、自分の命を賭けてるんだ、それを忘れるんじゃない」。その言葉が本当なのは否定のしようもなかった。二人はいまや一蓮托生なのだ。ロマンヴィルの犠牲者の大半は、なんで自分が選ばれて殺されるのか、まったくわからなかった。だがファラマスは、射殺されるとなれば、自分がエディー・チャップマンに裏切られたことを悟るだろう。密かにファラマスは、「エディーと調子を合わせてやっていくと、命を落とすことになるかもしれない」と思った。この「大胆不敵なはったり」は成功するだろうか？「私は彼のためにも自分のためにも、そうなることを必死に、恐怖に戦きながら願った」とファラマスは書いている。

一九四二年四月十八日、チャップマンは看守に付き添われて独房から出た。「あばよ、幸運を祈る」と彼はファラマスの背中をぴしゃりと叩いて、にこりとした。「戦争が終わったら、ロンドンでおれに会いに来い！」

「あばよ、幸運を祈る」とジャージー島の男は、できるだけ明るく答えた。

チャップマンは収容所長の執務室でトーマス中尉に会った。彼の私服と一緒に、ジャージー島から持ってきたわずかな持ち物が返された。ブリュッヘンバッハは釈放命令書に署名した。チャップマンはロマンヴィルの門から歩み出て、トーマスに導かれ、待っている車に乗った。彼は自由の身になった。しかしトーマスは、二人が後部座席に坐り、運転手が西に向かって車を走らせると、その自由が非常に特殊な自由であることを説明した。「君は今、友人と一緒にいる。われわれは君を助けるつもりだ」と、そのドイツの将校はきびきびした正確な英語で言った。「だから、逃げようとするような馬鹿な真似はしないように。私は武装しているのだから」。これからは、とトーマスは言い足した、おおやけの場では君はドイツ語でしか喋ってはいけない。

モンパルナス駅に着くと、二人はナント行きの予約済みの一等車のコンパートメントに乗った。食堂車でチャップマンは貪り喰った。禁欲的な風采のトーマスは、ほとんど食べなかったので、チャップマンは彼が残した夕食も平らげた。

夕方、列車はナントに着いた。ナントはフランスの西の港で、大きなロワール川が大西洋に流れ込んでいる。プラットフォームでは、見事にへし折られた鼻をした、私服の逞しい青年が待っていた。青年は「レオ」だと名乗り、トーマス中尉のスーツケースと、チャップマンの所持品の入ったバッグを手に取り、大型のメルセデスが待っているほうに向かって先に立って歩いた。

レオがナントの蛇行する丸石敷きの通りをスピードを出して運転するあいだ、チャップマンは革張りの座席に深く身を沈めた。車はやがて広々とした田園地帯に出て北西に向かい、整然とした農場と、リムーザン種の牛が点在する牧場を過ぎた。道端の村のカフェに屯している数人の農民が、勢いよく通り過ぎるメルセデスを無表情に見やった。七キロほど走ると、レオはスピードを落とし、右に曲がった。車は工場とおぼしきところを過ぎ、鉄橋を渡り、両側に高い塀のある緑の鉄門の前で止まった。密生しているポプラの木が塀の中にあるものを隠していた。レオは制服の守衛に向かって声をかけた。守衛は門の錠を開けた。

車は短い私設車道を通り、大きな石造りの屋敷の前に止まった。チャップマンは中に導かれ、書棚に本がびっしりと並んでいる二階の書斎に通された。そこには、細縞の三つ揃いのスーツを着た、見覚えのある人物が、椅子に坐って机の上に屈《かが》み込んで書き物をしていた。「ヴィラ・ド・ラ・ブルトニエールにようこそ」とグラウマン博士は言って、立ち上がってチャップマンの手をとった。「こっちに来て、掛け値なく上等のブランデーを飲みたまえ」

第5章
ヴィラ・ド・ラ・ブルトニエール

ロマンヴィルにいたあとでは、ヴィラ・ド・ラ・ブルトニエールは天国だった。三階建てのその建物は一八三〇年代に造られた。パリの監獄と同じ頃の建物だが、それとは大違いのものだった。フランス人が大邸宅《メゾン・ド・メートル》と呼ぶもので、メゾンより大きいが城《シャトー》より小さい。それは金持ちの隠遁所のすべての特徴をそなえていた。樫材の床、巨大な大理石の暖炉、水晶のシャンデリア、広い、手入れの行き届いた庭に通ずる両開きの扉。その家はナントの映画館のオーナーである富裕なユダヤ人のものだった。接収されて、そのユダヤ人が「移動」するまでは。樹木と高い塀に囲まれたその建物は、ナチの諜報機関に誂え向きだった。

その晩、ブランデーとグラウマンの歓迎で気分の昂揚したチャップマンは、最上階の部屋に案内された。四年間で初めて、部屋に入ったあとでドアに錠が下りなかった。彼は糊の利いたリンネルのシーツの中で眠り、雄鶏の鳴き声で目を覚ました。チャップマンはこれほどに美しい場所を見たことがないと思った。森林地帯と畑のある土地は、西に向かってゆるやかに傾斜し、エルドル川に達していた。水鳥が装飾用の池で水を撥ねかし、シェパードの一腹の仔犬が芝生の上で遊んでいた。

チャップマンはトーマス中尉に付き添われて朝食をとりに行った。食堂ではグラウマンがテーブルの上席に坐り、『ザ・タイムズ』を読みながら茹で卵を食べていた。彼はチャップマンに向かって頷いたが、何も言わなかった。(チャップマンはほどなく知ることになるのだが、貴族は朝食の際には会話をしないのだ)。テーブルのまわりには六人ばかりの男が、トースト、卵、バター、蜂蜜、淹《い》れ立てのコーヒーという、豪華な食事をしていた。それはすべて、前の持ち主の最上の陶器に入っていた。チャップマンはひしゃげた鼻のお抱え運転手レオがいるのに気づいた。レオは欠けた歯を剝き出して、にやりとした。

フランス人の女中が朝食を片付け、煙草が回された。トーマスは屋敷のほかの者たちを紹介した。チャップマンにはわからなかったが、どの男も偽名を使っていた。真珠のタイピンを着用した、赤ら顔のがっしりとした男は、「ヘルマン・ヴォイヒ」と名乗った。「ロベルト・ケラー」は二十代初めの華奢な金髪の男で、「アルベルト」は陽気な顔をした、禿頭の中年男だった。チャップマンの驚いたことに、ゴルフ用半ズボンを穿《は》き、金の腕時計を嵌めた、次に歩み出た男はロンドン訛り丸出しの英語で挨拶した。彼は「フランツ・シュミット」と名乗った。

そのあと二階の書斎でグラウマンは、一本の指をチョッキのポケットに引っ掛けるといういつもの姿勢をとりながら説明した。チャップマンはいまや、国防軍諜報部《アプヴェーア》——ドイツにおける外国の情報収集とスパイの機関——の一員で、ナント支部に配属された。ナント支部は「ヨーロッパにおけるドイツの諜報機関の最も重要な破壊工作訓練センターの一つ」だ。

これから三ヵ月間、チャップマンは自分の指導のもとで厳しい訓練を受けることになると、グラウマンは続けた。ケラーが無線技術を教える。ヴォイヒとシュミットが破壊工作とスパイの技術を教える。レオがパラシュートでの降下の仕方を教える。もしチャップマンがそうしたテストに合格すれば、ある任務を果たすために英国に派遣される。もし成功すれば、たっぷりと報酬が出る。もしチャップマンがテストに合格しなかったらどうなるかについては、何も話がなかった。

その間、チャップマンはラ・ブルトニエールの敷地を自由に探索したが、トーマスが始終同行した。チャップマンは地元の人間と仲良くなるのを避けねばならず、また、いかなる事情があっても、女を屋敷に連れてきてはならなかった。フランス人がいるところではドイツ語しか話してはならず、もしドイツ人がしつこく訊いてきたら、自分は生まれはドイツだが、これまで大方アメリカに住んでいたと説明することになっていた。公式には彼は、いまやバウシュテレ・ケルシュティング、すなわち、占領下のフランスで道路と建物の修理に当たる工兵隊の一員だった。

君は正体を隠すためにスパイ名が必要だ、とグラウマンはチャップマンに言った。英国人が決まってドイツ人に付けるあの名前は何か？ フリッツ？ それは新入りのアプヴェーアのスパイ番号V－6523の暗号名にふさわしい、と言って彼はにやりと笑った。

チャップマンは洪水のような情報をなんとか理解しようとしていたが、細縞のスーツを着たグラウマン博士は「スパイマスターよりは立派な実業家」に見えたと回想している。グラウマンの口調はきびきびしていたが穏やかで、重い瞼の下の目はキラキラ光った。話すたびに頭をほんの少し前後に揺すった。声は「ドイツ人にしては驚くほど柔らかい」とチャップマンは思ったが、グラウマンがこう言ったとき、口調がごくわずかに厳しくなった。「いいかね、君はたくさんのものを見るだろうが、われわれの部署では、物事は秘密に保つべし。あまり詮索しないように」

数ヵ月にわたってアプヴェーアは、スパイおよび破壊工作員として訓練し、英国にパラシュートで降ろすことのできる英国人を物色していた。その男は、どんなことも平然とやり、本心を隠すのに長《た》け、知的で、冷酷で、欲得ずくでなければならなかった。チャップマンがラ・ブルトニエールに来たのは、ある運命の偶然ではなかったのである。むしろ彼は、それまでの二年間、目には見えないが絶えることなく続いていた英独の諜報機関の熾烈な戦いにおいて、最新かつ最も大胆な試みにうってつけの人間だったのである。

第二次世界大戦が勃発する前、アプヴェーア（文字通りの意味は「防衛」）はヨーロッパ随一の有能な諜報機関という評判があった。連合王国と大英帝国における防諜活動を統括していたMI5は、当初アプヴェーアを「訓練と人材において間違いなく第一級の機関」と評価していた。それは明らかに過大評価だった。英独の情報機関の最も顕著な側面の一つは、いかに双方が互いのことを知らないかということだった。一九三九年の時点では、SIS、すなわち海外秘密情報部（MI6としても知られ、英国の領土以外のすべての地域で活動した）は、ドイツ軍の秘密情報部がなんと呼ばれているのかを知らず、さらには、誰がそれを取り仕切っているのかすら知らなかった。第二次世界大戦終結後に書かれた率直な自己評価の中で、MI5は次のことを認めた。「フランスが陥落する頃は、情報局保安部（MI5の正式名）の組織は全体として混乱しているとしか言えなかった……ドイツ軍の秘密情報部の組織の内部情報なしに、ドイツ側のスパイを見つける手段を考え出そうとしていた」

アプヴェーアも、やはり準備不足だった。ヒトラーは英国と戦争をするとは予期していなかったし、戦争をしたいと思ってもいなかった。そして、ナチの諜報活動の大半は東に向けられていた。アプヴェーアの英国における諜報網は、事実上、存在しなかった。英独が戦う構えで立ち上がったとき、二つのライバルの諜報機関のあいだで、互いの実情を知らぬままに奇妙な駆け引きが行われた。両者とも、相手に対して直ちに行使できるようなスパイ網を、ほとんどゼロから必死になって作り上げようとした。そして互いに、相手がきわめて優れていて、準備の最終段階にあると思い込んでいたが、それは間違いだった。

最初の重大な小競り合いは、小柄で怪しげで、厄介者のウェールズ人の電気技師、アーサー・オーエンズを巡って起こった。船舶用蓄電池の製造会社を経営していたオーエンズは一九三〇年代に商用で頻繁にドイツを訪れ、ちょっとした技術的、軍事的情報を持ち帰り、海軍省に渡していた。

一九三六年、彼は「Ｓｎｏｗ」（「Ｏｗｅｎｓ」の綴りの不完全な並び換え）、として正式に英国の諜報部の一員になった。だが、オーエンズは同時に、アプヴェーアと密かに接触していた。ＭＩ６はオーエンズの郵便物を途中で押収したが、彼は二重スパイの証拠を突きつけられると、自分は英国のために働いているのだと言い張った。ＭＩ６は当座は彼の説明を受け入れた。オーエンズはドイツからの指令で、ヴィクトリア駅の携帯品一時預かり所から無線送信機を受け取り、英国当局に差し出した。それは、ドイツの無線機器の構造に関する貴重な技術的情報を与えてくれた。それから彼はハンブルクに姿を消した。彼は「寝返った」と思われた。

英国がドイツに宣戦を布告した翌日、そのウェールズ人は再び姿を現わし、ロンドン警視庁公安部に電話をし、会う手筈を整えた。ウォンズワースに収容されたオーエンズは、処刑されるか、二重スパイとして働くか、選択を迫られた。再び彼は英国に忠誠を誓った。一九三九年九月、彼はオランダに行った。今度は、引退した元警部補グイリム・ウィリアムズが同行した。ウィリアムズはイングランドの支配をなんとか脱しようとしているウェールズの国家主義者のふりをした。二人はアプヴェーアの将校ニコラウス・リッターに会い、さまざまなアプヴェーアの無線暗号を解く鍵を含む貴重な情報を持ってロンドンに戻った。

英国はスパイのスノーに依然として疑惑を抱いていたが、その疑惑は北海での一連の異常なことが起こったあと深まった。リッターはオーエンズに、ドイツで訓練するために、もう一人スパイを見つけるように頼み、二人を乗せるための潜水艦をドッガー・バンク（北海中央部にある浅堆）に送ることに同意した。ＭＩ６はアプヴェーア内に二重スパイを送り込むことに熱心だったらしく、言われた通り、サム・マッカーシーという、悔い改めた詐欺師で泥棒を見つけ出した。マッカーシーは二重スパイになることに同意した。マッカーシーとオーエンズはトロール船で潜水艦と落ち合う場所に行く途中、互いに相手は実はドイツのスパイだと確信するようになった。潜水艦と落ち合うことになっていた日の二日前、マッカーシーはオーエンズを自分の船室に閉じ込め、トロール船を英国に戻した。オーエンズを調べると、英国諜報部の活動を記した報告書を持っていることが判明した。その出所はピカデリーのレストランの支配人で、かつてMI5の密告者だったウィリアム・ロルフだということがわかった。証拠を突きつけられたロルフは、ドイツのためにスパイをするよう、オーエンズに誘われたことを認めた。尋問者たちが去るとすぐ、彼は頭をガスレンジに突っ込んでガス自殺をした。

オーエンズは戦争が終わるまで刑務所で過ごしたが、今日に至るまで、彼が愛国者だったのか裏切り者だったのか、その両方だったのかはわかっていない。しかしスノー事件は、二重スパイを使うのはきわめて価値があることを示した。また、いくつかの非常に重要な技術的な鍵、また、暗号作成上の鍵をも提供した。北海での茶番狂言は、アプヴェーアが犯罪者さえ含め、不満を抱いている英国の市民をドイツのスパイとして採用しようとしていたことを示した。

その間、ドイツ軍襲来の脅威が高まるにつれ、英国ではスパイに対する恐怖が伝染病のように広まった。ヨーロッパの国々が次々に崩壊するにつれ、ナチの電撃作戦が成功した理由は一つしか考えられなくなった――どの国にも前線の背後にドイツのスパイがいて、ドイツ軍の進撃を助けている。同じようなネットワークが英国にもあり、国家の転覆を図っているに違いない、と当時は思われていた。ドイツの第五列という神話は、新聞と政治家によって煽られた、はなはだ英国的ではない大衆ヒステリーの波から生まれた。「スパイ・マニアに陥りやすい、明確な種族がいる」とチャーチルは書いている。彼自身もスパイ・マニアと無縁ではなかった。「戦争は、こうした立派な人々が最も活躍する時である」

ドイツのスパイはどこでも見つかり、どこにも見つからなかった。警察には、変装をした奇妙な人物がいるとか、夜、光が閃《ひらめ》いたとか、干草の山が燃えているとか、偏執病的な隣人たちが、カタカタという妙な音を壁越しに聞いたとかいう報告が洪水のようにもたらされた。ある熱心なアマチュアのスパイキャッチャーは、「典型的なプロイセン的首」をした男を見かけたと報告した。ボーイスカウトの創設者バーデン＝ポーエルは、歩き方でドイツのスパイを見つけることができると言い張った。誰であれスパイかもしれなかった。イーヴリン・ウォーはその狂気じみた騒ぎを諷刺した。「誰でもいいから疑え――教区牧師、村の食料雑貨店主、一家がここに百年住んでいる農夫、スパイでは最もあり得ない者」。スパイは飛行機で上空を飛ぶドイツ人に秘密の合図を送るために地面に新聞を敷くとか、チョコレートに毒を入れているとか、警察に潜入しているとか、決死隊に入れるために精神病院から狂人を連れ出しているとか、凶悪なスパイを女のヒッチハイカーに変装させて英国の田舎に送り込んでいるとか言われた。

そうした報告を確認するために、厖大なエネルギーと費用が使われたが、すべてまったく成果はなかった。そうしたパニックの一番嘆かわしい結果は、二万七千人のドイツ人、イタリア人、その他の「敵性外国人」が留置されたことだった。その大方は無実であったばかりではなく、ナチズムに強く反対してもいたのである。陰謀者たちを発見することができないという事実は、スパイが飛び抜けた能力を持っているという確信を倍も強めただけだった。諜報機関は「発見できないスパイがこの国にいるに違いないという、ひどく不愉快な感情を抱いた」と、内部の者は書いている。

単純明快な真実は、こういうものだ。アーサー・オーエンズと、その架空のウェールズの過激派の一味は別として、アプヴェーアは戦争前には英国で有能なスパイ・チームを作ることはまったくできなかった。しかし、ドイツの英国侵攻計画、暗号名海驢《ゼーレーヴェ》が形を取り始めると、ドイツの諜報機関はその失敗をなんとか償おうとした。英国空軍とドイツ空軍の空中戦が激しくなった一九四〇年の末から、アプヴェーアはスパイを英国に次々に送り込んだ。彼らはゴム製の救命ボート、Uボート、水上飛行機、パラシュートでやってきた。そして亡命者、水夫のふりをした。ある者は最新式の無線送信機と、入念に偽造した書類を携えてやってきた。またある者は着の身着のままでやってきた。一九四〇年九月から十一月までのあいだに、少なくとも二十一人のアプヴェーアのスパイが英国に送り込まれたと推定されている。彼らは英軍の行動を報告し、英国の防衛にとって重要な目標を見つけ、それに対し破壊工作をし、差し迫った英国侵攻の準備をし、退却する英軍の中に紛れ込むことという指令を受けていた。ゲシュタポによって逮捕さるべき著名な英国人のリストが作成された。ベルリンのアプヴェーアの本部では、間もなくヒトラーの突撃隊がホワイトホールに向かって進撃を開始することについての疑念は、ほとんどなかった。

　アプヴェーアのスパイは寄せ集めだった。ナチのイデオロギー信奉者もいたが、そのほとんどはスパイの世界に流れて行く、人間の漂流物だった――日和見主義者、犯罪者、一握りの夢想家。だが「侵攻用スパイ」の九分九厘には、一つの共通点があった。彼らはアマチュアだったのだ。基礎的訓練以上の訓練を受けた者は、ごく少なかった。彼らはほとんど予備知識を与えられていず、英国の生活について無知だった。あるスパイは、「テン・アンド・シックス（十シリング六ペンス）」の列車の切符に十ポンド六シリング払おうとして逮捕された。

　アプヴェーアは、英国内でのスパイ計画全体が暴かれ、ばらばらにされ、逆用されていることに気づくことはなかった。アプヴェーアのスパイの多くは、なんの痕跡も残さずに消えたようだというのは本当だが、それも当然だった。何人かは無線やあぶり出しインクでメッセージを送り始め、少数の者は潜伏して活動したように思われた。少なくとも、それがヒトラーに告げられたことだった。しかし、もっと専門的で経験豊かなドイツの情報将校は、英国に送られているスパイの能力が哀れなほど低いのを知っていた。英国から送られてくるわずかな情報は、取るに足らぬものだった。注目すべき破壊工作は、まったく行われなかった。

アプヴェーアの指導者たちは、英国の諜報防御を突き破るには、これまで使ってきた熱心なアマチュアでは駄目だと思うようになった。アマチュアとはまったく違った優秀なスパイが必要だった――誰かが自分で選び、特殊な、きわめて危険な任務を遂行するために、プロによってちゃんと訓練されたスパイが。そのスパイは献身的で、冷酷で、できれば英国人であるのが望ましかった。一九四二年三月、その目的のために、アプヴェーアのナントの支部《ディーンストシュテレ》が、エリートのスパイの訓練センターとして設立された。アプヴェーアの内部で、やはり新星だった一人の騎兵大尉《リットマイスター》が、新設のスパイ訓練所の所長に任命され、資金と、専門のトレーナーと、スタッフと、市の外れのサン・ジョゼフという小村にある広大な館を与えられた。その訓練所はパリのアプヴェーアに対して責任があるが、もっぱら独立していた。

英語を話すアプヴェーアの若い将校ヴァルター・プレトーリウスが、トップクラスのスパイとして訓練するに値する変節者の英国人を見つけるよう命じられた。プレトーリウスは政治観においては献身的なナチだったが、趣味においては根っからの英国贔屓だった。母方の曽祖父ヘンリー・トムズはダンディーからバルト海の港市リガに移住し、ドイツ人女性と結婚したスコットランドの亜麻商人だった。プレトーリウスは英国人の血を引いていることがひどく自慢で、話を聞いてくれる者なら誰にでも、自分は「マックトマス一族の族長」の子孫だと語った。

若きプレトーリウスはベルリン大学を卒業したが、一九三三年、二十二歳のとき、英独学生交換制度を利用してサウサンプトン大学に一年留学し、英語に磨きをかけた。彼は教師になるつもりだった。英国ではフルートを吹き、大学の選手としてボートを漕ぎ、英国紳士の服装と態度を見せびらかし始めた。しかし、わけてもダンスをした。英国滞在中に身につけたものの中で最も長続きしたのは、考えられないようなことだが、英国のカントリー・ダンスに対する強い情熱だった。彼はスコットランドの先祖のリールと剣の舞い《ソード・ダンス》を習ったが、とりわけのめり込んだのはモリス・ダンスだった。英国人はモリス・ダンスを馬鹿にする傾向があるが、プレトーリウスは奇妙な帽子をかぶり、変わった儀式を行う踊り手たちは実に魅力的だと思った。休暇中、彼は英国中を自転車で回り、民族舞踊の写真を撮り、ダンスのステップを分析した。数ヵ月じっくりと研究したあと、モリス・ダンスは世界のすべてのダンスの起源であり、したがって世界文化の基礎であると断言した（それは、空前絶後の驚くべき理論だった）。

　プレトーリウスはサウサンプトンでは人気者で、仲間たちから「赤錆《ラスティー》」という綽名をつけられた。禿げかかっている髪が赤っぽかったからである。また、「親切で優しい性格の人物」として仲間の記憶に残った。しかし同時に、ひどく感化されやすく、生来、極端に走る男だった。発作的に過激なことをし、非合理な熱意に捉われる傾きがあった。一九三六年にドイツに戻ると、民族舞踊への偏執は、ファシズムへのさらに極端な情熱に間もなく取って代わられた。英国の警察のファイルによると、彼の母はすでに「狂信的なナチ」で、若いヴァルターはナチズムという新しい信条を、いかにも彼らしい熱情と愚直さで盲信し、ヒトラー・ユーゲントの階級をとんとん拍子で登った。「ドイツおよびアングロ・サクソン人種は他のすべての人種に勝る」というのが信仰箇条になり、戦争の勃発はドイツの力をSSの部隊において示す絶好の機会になった。たった一人の兄のハンスが戦争の始まった時にポーランドで戦死したことは、彼の熱意をいっそう掻き立てただけだった。田園の踊りに情熱を燃やした穏やかなフルート吹きは、献身的で、疑うことを知らぬナチに変身したのである。

　SS中尉《オーバーロイテナント》プレトーリウスは、スコットランドの先祖に敬意を表し、「ヴァルター・トーマス」

というスパイ名を名乗り、理想的なスパイに仕立て上げることのできる人材を探すため、書類を渉猟し、刑務所、難民センター、捕虜収容所を漁り歩いた。彼は占領軍協力者を探してジャージー島に行き、アルマドゥー・ホテルに宿泊し、犯罪者と脱走兵、被占領地区から動けなくなった英国市民に面接した。さらにはIRAの同調者、すなわち、採用すれば英国に対して戦うかもしれないアイルランド人にも面接した。そのいずれも適格ではなかった。すると、一九四二年三月末、プレトーリウスはナントのアプヴェーア支部の新任の部長に、興奮した文面のメッセージを送った。「破壊工作ができるように訓練しうるイギリス人の泥棒をパリの監獄で見つけた、直ちに面接する」

第6章 グラウマン博士

チャップマンは自分の新しい住処《すみか》を、プレトーリウス（別名「トーマス」）に案内人および護衛になってもらって探索し始めた。ラ・ブルトニエールの最上階にあるチャップマンの寝室は、グラウマンの寝室の真上だった。グラウマンのスイートは二階の大部分を占めていた。チャップマンの隣の部屋ではケラーが寝た。ケラーの寝室は無線室でもあった。ヴォイヒとシュミットは同じ部屋に住み、プレトーリウスはグラウマンの隣の寝室に寝起きしていた。一階は食堂、壁板にフラゴナール風の絵が描いてある優雅な喫煙室、壁のまわりにいくつかの机があり、隅にスチール製の金庫が置いてある広い書斎から成っていた。洒落た庭師のコテージが母屋の脇にあり、その一階の床は爆薬を作るための化学実験室に変えられていた。そこには乳棒、乳鉢、秤《はかり》、壁にずらりと並んだ何列もの不気味な瓶があった。

ラ・ブルトニエールには召使が揃っていた。料理と家事をした三十歳のオデット、その手伝いをする十代のジャネット。二人の庭師——一人は釈放された囚人——が毎日芝を刈り、花壇の手入れをし、狭い野菜畑の草取りをし、屋敷の敷地の小屋で飼われている鶏と山羊と豚に餌をやった。

チャップマンの訓練は直ちに始まった。モールス式電信機が持ち出され、ケラーとプレトーリウスの指導のもとで点とダッシュを識別する仕方を教わった。それを習得すると、二種の符号から成る文字、それから三種の符号から成る文字、最後に、ドイツ語の全アルファベットへと進んだ。次に、基本的な無線速記、一連の文字を暗記するこつ、無線機の組み立て方を教えられた。

彼が到着してから三日後、庭師は早めに家に帰され、ヴォイヒが庭で時限爆弾を爆発させた。そのあと実験室で「化学薬品調合」の実物実験が行われた。赤ら顔の破壊工作員は、揮発性混合物を非常に巧みに扱ったので、爆発物に関する知識を誇っていたチャップマンも感心した。「彼は材料を手に取り、眺め、舌でちょっと味わってから混ぜ始めた。彼は化学者だったとは思わない。ただ、徹底的に訓練されただけなのだ」。毎日、チャップマンとヴォイヒは実験室で作業をし、砂糖、油、塩素酸カリウムのような単純な成分から手製の爆弾と焼夷弾を作った。チャップマンはその製法を暗記させられた。

レオはパラシュートで降下する準備として、飛び降り方と転がり方をチャップマンに教え始めた。庭で一番高いブナの木に梯子が立て掛けられた。チャップマンの飛び降りる高さは次第に高くなり、ついに三十フィートの高さから飛び降りても大丈夫というまでになった。彼は数年間投獄されていたあいだに体力が落ちていたので、レオは体の厳しい鍛え方を考え出した――チャップマンは肩が痛くなるまで薪割りをし、毎朝プレトーリウスと一緒にエルドル川の堤に沿って四マイル走ることになった。チャップマンは「ナントの近くの川の美しさ」に深く打たれ、刑務所を出てから初めて、「世の中にはいかに多くの美があるのか悟るようになった」と回想している。

チャップマンにとっては、それは奇妙なほどに牧歌的な日々だった。鐘が鳴ると一同は八時半に朝食をとり、十時になるとチャップマンは、パリとボルドーにあるアプヴェーアの支部に無線でメッセージを送る練習をした。そのあと午前中、残った時間を破壊工作の習得、暗号の作成と解読、パラシュートの練習に充てた。十二時半に昼食をとったあと、三時から三時半まで昼寝をし、そのあとさらに訓練が続いた。夕方には一同はブリッジをしたり、芝の上でボウリングをしたり、壁が板張りの村の小さなバー〈カフェ・デ・ペシュール〉まで歩いて行き、グラス一杯三フランのビールを飲みながら、夕日が川向こうに沈んで行く様を眺めたりした。時には、チームのほかのメンバーと一緒にチャップマンは、闇市の食べ物、新鮮な卵、パン、ハム、ワインを買いに、田園に車で行くのだった。交渉は運転手の一人、ジャンというベルギー人がした。というのも、フランスの農夫はドイツ人には吹っかけたからだ。食べ物は高かったが――ハムは二千五百フランもした――一行は金には不足しないようだった。

ラ・ブルトニエールではアルコールがふんだんに振る舞われた。グラウマン博士の飲みっぷりは、とりわけ見事だった。チャップマンの計算では、チーフは一晩に少なくとも二瓶のワインを空け、そのあと、何杯もブランデーを飲んだ。それでもグラウマンは平然としているように見えた。土曜日になると、一同は各人SSのパスを持って支部の四台のフランスのナンバープレートの付いた車に乗ってナントに行き、〈シェ・ゼル〉で食事をし、〈カフェ・ド・パリ〉でダンスをし、あるいはキャバレー〈ル・クークー〉を訪れた。そこでは、闇市のシャンパンは一瓶三百フランした。チャップマンはそうやって町に繰り出した際、フランスの抵抗運動の印である「Vサイン」が公共の場所の壁にチョークで書いてあるのを目にした。ある勤勉なナチが、どのVの内側にも鉤十字を書き添え、「プロパガンダを逆にしている」場合もあった。一行の何人かは、ドイツ軍が管理している町の売春宿を訪れた。狆に似た顔のアルベルトが売春宿の常連で、そこの「可愛い娘たち《レ・ジョリ・フィーユ》」を褒めちぎったので、ほかの者は彼に「ジョリ・アルベール」という綽名をつけた。それは、なんとも似つかわしくない綽名だった。

チャップマンはヴォイヒと特に気が合った。「彼は人生を愛していて、いつも大金を持っていて、かなり派手で、若い女と酒が好きだった」。ヴォイヒもかつてはボクサーで、恐ろしいほど強健だっ

た。彼は仲間に一種のレスリングの勝負を挑んだ。相手の片手を摑んで下に押し、相手を跪《ひざまず》かせると
いうものだ。ヴォイヒが必ず勝った。

チャップマンにはそうした連中が自分の友人に感じられ始めた。彼は自分の知っている相手の名前が本名であるのを疑ったことはなかった。トーマスがプレトーリウスと呼ばれるのを一度聞いたことがあったが、それは単なる綽名だろうと思った。

しかし、彼の新しい仲間たちは酒を飲んで愉快に騒ぎはしたものの、いったん屋敷を出ると言葉遣いには用心深く、所作はごく控え目で、行動は秘密めいていた。ときおり、ヴォイヒやシュミットが一週間か、それ以上長く姿を消した。チャップマンは彼らが戻ってくると、どこにいたのか、そっと尋ねた。会話はお定りのものになったのをチャップマンは覚えていた。

「旅はよかったかい？」

「ああ。そう悪くはなかったね」

「どこに行ったんだい？」

「そう、国の外」

チャップマンは直接的な答えを求めてはならないのを学んだ。一度、酔った際、アメリカに行ったことがあるかどうかヴォイヒに訊いた。ヴォイヒの微笑は冷たかった。「なんのためにそんなことを訊くんだ？」

表面上は打ち解けていても、その下では秘密が厳守されていたのだ。重要な文書はすべて、事務室の金庫に保管されていた。ときおりチャップマンは、グラウマンが秘密文書か手紙を持って庭に出て、「それを取り出し、煙草に火を点け封筒ごと焼く」のを見た。夜になると獰猛な二匹のシェパードが敷地を歩き回り、侵入者は入れなかった。ある朝、ケラーはチャップマンが一人で無線室にいる

のを見つけ、出るようにとぶっきらぼうに命じた。その後、ドアにはいつも鍵が掛かるようになり、電気警報装置が取り付けられた。チャップマンが早朝、エルドル川で泳ぐようになったのを知ったグラウマンは、全員を呼び集めてこっぴどく叱った。「いやはや！　奴は一人で出掛けるのかね？　なんの書類も持たずにか。もしフランスの警察に捕まったらどうなる？」

あとで部長はチャップマンを脇に呼び、優しく説明した。「いいかね、今度もし泳ぎに行くときは、誰か一人連れて行くんだ。もし外に出たかったら、君が頼みさえすれば誰かが一緒に行くことにしてある」

しかし当然のことながら、チャップマンは同じ屋敷に住む者から断片的な情報を小耳に挟んでいた。レオ、ヴォイヒ、シュミットは「多かれ少なかれ向こう見ずの村の若者」だった。ヴォイヒは戦前はオリンピックに出たボクサーだったことを自慢した。間違いなくロンドンをよく知っていて、かつての女友達、ハイドパーク・ホテルのアイルランド人の客室係のメードのことを話すときは感傷的になった。チャップマンはそれとなく耳にした話から、ヴォイヒがフランスが侵略される前にパリのホテルがダイナマイトで爆破された事件に関わっていたことを知った。その事件で多くの連合国の将校が死んだ。同じ屋敷に住む者たちのこれまでの経歴に関する少ないが多くを語る細部がわかってきた。トーマスは機会があるごとに、自分のいた英国の大学の漕艇クラブのネクタイを締め、サウサンプトンで随一の漕ぎ手だったと自慢した。アルベルトは戦前リビエラでドイツの会社の代理人をしていたということを明かした。レオは懸賞稼ぎの拳闘選手だった。

シュミットはチャップマンに、どこでロンドン訛りを覚えたのかと訊かれると戦前ロンドンのレストラン〈フラスカーティ〉でウェイターをしていたと言った。彼はチャップマンが昔よく通ったソーホーのいくつかの場所を訪れていた。その中に〈スモーキー・ジョー〉と〈ザ・ネスト〉が含まれていた。また、マーブル・アーチのそばのリーガル劇場で行われたティー・ダンス（午後のお茶の時間に催す舞踏会）のことも覚えていた。チャップマンはこうした男たちが単なる教官ではないことに徐々に気づき始めた。彼らは経験を積んだ活動的なスパイ、破壊工作員で、戦争が勃発する前からフランスと英国で活動していたのだ。

しかし、「若者」の何人かの正体が少しずつわかってきたとしても、その指導者はおのれの過去を礼儀正しさという鋼鉄の鎧戸の後ろに隠していた。無線の練習をする際、グラウマンは「メアリーは小さな仔羊もっていた」、「この豚ちびすけ、市場に行った」のような英国の童謡を送信する仕事をチャップマンに課すのだった。「こうした童謡は英国人しか知らないものだと思っていた」とチャップマンは回想している。しかしグラウマンは英国には一度しか行っていないと言っているのだ。チャップマンがグラウマンの「恐ろしいくらい英国風の抑揚」について口にすると、彼は「ごく優秀な家庭教師」に教わったのだと言って、意味深長なその質問を一蹴した。

ある晩、食事中に話が犬のことになった。「私の犬の写真を見せてあげよう」とグラウマンは言ってテーブルから立ち上がった。数分後、一葉の破れた写真を持って戻ってきた。犬は写っていたが、犬を抱いている者の顔は毟《むし》り取られていた。

「ドクトル・シュテファン・グラウマン」は、実際にはそんな人物ではなかった。彼の名前はシュテファン・アルベルト・ハインリヒ・フォン・グレーニングだった。非の打ち所のない育ち、巨万の富、贅沢な趣味の貴族だった。彼が最初の晩にチャップマンにたっぷりと飲ませた「掛け値なく上等のブランデー」は、彼の人生にふさわしい象徴だった。

フォン・グレーニング家はほぼ八世紀にわたってドイツ北部の都市ブレーメンで最高の地位にある名門だった。商売に成功して莫大な財産を築き、身分の上の者と結婚した。何年にもわたってこの強大な一族はブレーメン議会に十七人の議員を送り、十八世紀には一人の注目すべき外交官ゲオルクを出した。ゲオルクはライプチヒ大学でゲーテと一緒だった。そしてナポレオンの宮廷に外交官として務めた。彼はその功績を認められ、貴族の称号である「フォン」を授かった。フォン・グレーニング家はその後、徐々に富み、華麗なる一族になった。

一八九八年に生まれたシュテファンは、極度に特権的な環境で育てられた。母はヘレナ・グラウエという名のドイツ系アメリカ人で、相当な遺産を相続した（彼のスパイ名「グラウマン」はそこから来ている）。フォン・グレーニング家では、家庭内ではみな英語を上流階級の発音で話した。家はブレーメンの中央広場にある広壮なタウンハウスで、五階建ての化粧漆喰と石で出来た、自己満足の象徴のようなものだった。中には伝説的な書庫、昔の巨匠の手になる数点の肖像画があった。一群の召使が若いシュテファンにかしずいていた。ある者は彼の靴を磨き、ある者は彼の食事を作り、ある者はガラスの窓と、一家の紋章の付いた馬車で彼を特権階級の子弟のみが行く私立学校に送り届けた。

フォン・グレーニングの甘やかされた生活は、第一次世界大戦が勃発し、彼が軍隊に入った一九一四年に、あわや早々に終わるところだった。しかし若いシュテファンは、みすぼらしい不快な塹壕の中で暮らすことにはならなかった。彼は中尉に任命され、おそらく帝国陸軍の中で最もエリート的な騎兵連隊である伝説的な白龍騎兵連隊に配属された。フォン・グレーニングは史上最後の騎兵隊の突撃に参加した。その際、連隊の大方の者が英軍の機関銃によって斃された。彼は生き残り、勇敢であったとして、第二級鉄十字章を授与された。フォン・グレーニングの戦争は短いものだった。彼は肺炎に罹ってから肺病になり、傷病兵として除隊した。母はスイスの一流の保養地ダヴォスに息子を送って健康を回復させようとした。彼はそこで、グラディス・ノット・ギラードというウェールズの女性と出会い、恋に落ちた。彼女も結核患者で高い身分の生まれだったが、文無しだった。二人は一九二三年十二月十九日、ダヴォスの聖ルカ教会で結婚した。

フォン・グレーニング夫妻は〈ヴィラ・ベイビー〉という名のダヴォスの大きな屋敷を借り、それから旅をした。ブレーメンに戻り、ハンブルクに行き、最後にバイエルンに行った。その途中、フォン・グレーニングはコーヒー商の店を手に入れたが——グレーニング＆シリング——店はすぐに潰れた。すると株式取引所で投機を始め、さらに多くの金を失った。彼は自分の財産を勘定するのは卑しいと考えなかったならば、ブレーメンの大邸宅と、何点かの立派な油彩を除けば自分が破産に瀕しているのを悟っただろう。

魅力的で、勇敢で、高度の知能に恵まれてはいるが怠惰なフォン・グレーニングは、戦争が終わると、何もすることがないのに気づいた。そして、そうした状態でその後の十七年を過ごした。勉強しようという意欲はなかった。ルーベンスとレンブラントのエッチングを蒐集した。ちょっと旅をし、大いに飲み、どんな種類の運動もしなかった（彼は人生でたった一度自転車に乗ったが、「不愉快な」経験だったと言い、二度と乗らなかった）。コーヒーの商売が失敗したあと、フォン・グレーニングはどんな事業にも商売にも手を出そうとしなかったが、まるで金持ちであるかのようにいつも振舞った。彼は陽気な態度で金持ちのふりをした。「彼は楽しい仲間で、ごく頭がよかった」と一族の一人は言っている。「しかし、実際、まったく何もしなかった」

シュテファンと妻は、小型愛玩犬、強い酒、持っていない金を使うことに関心を抱いていた。だが、そのほかのことには、さほど関心を持たなかった。二人は一九三二年に離婚した。フォン・グレーニングが「別の女と非合法な関係を持った」というのがその理由だった。彼は月に二百五十マルクの扶養手当を出すことを求められたが、それは母が払った。その後彼は、四千マルク一括払いでグラディスに払うことに同意したが、どういうわけか、それも払わなかった。グラディスはハンブルクの学校で英語を教える身分に零落した。その間、彼女の元の夫は、自宅の書庫のソファーに何日も続けて横になり、ドイツ語、英語、フランス語の本を読み、葉巻をくゆらした。だが、二人は友人の関係でいた。フォン・グレーニングは敵を安易には作らない男だった。

フォン・グレーニングはファシズムの台頭を高みから眺めていた。彼は若い頃から愛国的な君主制主義者で、旧式な貴族だった。過激な思想を持つ気取ったナチの突撃隊員を軽蔑していた。彼は反ユダヤ主義を卑俗なものと見なし、ヒトラーはバイエルンの成り上がりの「田舎者」と思っていた（当時は、その考えを口には出さなかったが）。

第二次世界大戦の勃発で、フォン・グレーニングのディレッタント的生活に新しい目的が生まれた。彼はドイツの騎兵隊に再び入り――彼の若い頃の優雅な槍騎兵連隊とは非常に違った隊になっていた――第四中央集団最高司令部付きの幕僚として東部戦線で勤務した。一年後、彼はアプヴェーアに入ることを申し出た。ドイツ最高司令部の軍諜報機関はイデオロギー的に変則のものだった。ナチ狂信者もいたけれども、同時に、フォン・グレーニングのタイプの者も多くいた――戦争で勝つことを決心してはいたが、ナチズムには反対の旧派の将校たち。アプヴェーアはその指導者ヴィルヘルム・カナリス提督に象徴されていた。彼はアプヴェーアを個人的な「領地」として取り仕切っていた、非常に巧妙なスパイだった。ヒトラーはカナリスを決して信用していなかったが、それは正しかった。というのも、提督はやがて英国に打診し、総統を抹殺することによって戦争を終わらせる交渉をしようとしたからである。

諜報活動は、知的にもイデオロギー的にも、フォン・グレーニングの心を捉えた。彼は優れた外国語能力と、英米の文化についての該博な知識で、諜報機関では貴重な存在になった。ブレーメンの書庫でぶらぶらと過ごした時間はまったく無駄というわけではなかったのである。重い瞼の眼と陽気な態度の背後には、人間性に対する練達で冷笑的な研究者がいた。人は彼の愛想のよい物腰に心を許して打ち明け話をしたが、ブレーメンのフォン・グレーニング家の一人としての彼は、いつも一定の距離を保っていた。「彼はどんな仲間とも交わったが、自分が何者であるのかをいつも心得ていた」（インゲボルク・フォン・グレーニングへのインタヴュー）。アプヴェーアの中で彼は、将来性のある人間としてすぐさま認められ、カナリスがナントの新しいスパイ訓練所を取り仕切る人物を探していたとき、任命すべき者がフォン・グレーニングであるのは自明なように思われた。

フォン・グレーニングはチャップマンに好感を抱き、自分自身の貴族的な物憂げな態度と大違いの、チャップマンの凄《すさ》まじい精力に感嘆した。そして、チャップマンを強力な秘密兵器に仕立てることができると考えた。

グレーニングがチャップマンに見せた写真には、夫婦の愛犬のシーリアム・テリアを抱いたグラディスが写っていた。しかし彼は下に降りてくる前に、グラディスを写真から入念に取り除いたのだ。フォン・グレーニングはチャップマンが英国人の元の妻が誰かに気づき、その結果、「グラウマン博士」の正体を知る鍵を手にするかもしれないという危険（いかに小さいものであれ）を冒すつもりはなかったのだ。

フォン・グレーニングはチャップマンをチームにいっそう固く結びつけた。その心理作戦は単純だったが、効果的だった。チャップマンはちやほやされていい気分になり、秘密を共有する仲間同士という濃密な雰囲気に惹き込まれた。ヒトラー自身を含め、多くの残酷な人間の例に洩れず、ナントのアプヴェーア支部のメンバーは感傷的にも、懐古的にもなった。フォン・グレーニングは喫煙室の大机の上に「故郷《ふるさと》コーナー」を作った。男たちはそこに自分の生まれた町の写真を展示するように言われた。フォン・グレーニングはどうやってか、チャップマンの生まれ故郷のバーノプフィールドに一番近い町、ベリック＝オン＝トウィードの写真を手に入れた。誕生日はケーキ、贈り物、ふんだんな酒で祝われた。フォン・グレーニングは肩肘張らずに気楽に振る舞うことを奨励し、使っていない屋根裏部屋の壁に男たちが落書きするのを許した。ある者が人参の形のヒトラーの戯画を描いた。ベティー・ファーマーに酷似している金髪の女の絵を丁寧に描いたのはチャップマンに違いなかった。

フォン・グレーニングは総統が野菜になってからかわれているのを見て密かに面白がったが、チャップマンには、彼がいまや、ヨーロッパの半分を征服した勝者のドイツ軍の一員だということ、また、間もなくドイツ軍は英国とロシアを屈服させるということを、改めて思い起こさせた。グループの中で一番献身的なナチであるプレトーリウスは、感情的なナチ流の愛国主義を絶えず滔々と述べ立てた。

当然のことながら、健康的な生活、よい食事、グループの結束、プロパガンダは、所期の効果をもたらし始めた。チャップマンは自分で「ドイツ精神」と呼んだものに惹かれていくのを感じた。彼の虚栄心は、厳しく、かつ大酒飲みの男たちがスタッフのこの訓練所は、自分だけのために作られたのだという信念でくすぐられた。どの食事も「ハイル、ヒトラー！」のコーラスで始まったが、チャップマンも唱和した。英国は戦争に負けつつあるとトーマスが明言したとき、チャップマンは信じた。そうした「満悦」した態度に彼は「心を悩ました」けれども。

晩に一同で大酒を飲んだあと、チャップマンは気がつくと、ほかの仲間と一緒に大声で『リリー・マルレーン』を歌っていた。『リリー・マルレーン』は自分の大好きな歌で、「女を国に残した男なら誰でも願うこと」を表わしている、と彼は言った。

チャップマンはちやほやされてのぼせ上がっていた。しかし、フォン・グレーニングが想像したほどは、のぼせ上がってていなかった。

チャップマンがいつ、ドイツのスパイマスターたちをスパイしようと決めたのかを言うのは不可能である。何年も経ってから彼は、いつ、さらにはなぜ、そうした情報を集めることにしたのか、よくわからないと正直に認めた。おそらく、不安定な将来に対する「保険」をかけていただけなのだろう。スパイと泥棒の本能は、そうは違わない。両者ともに、盗品を商い、似たような主義にもとづいて働く。情報の価値は買い手の渇望の程度によるが、売り手市場である。チャップマンは最初はゆっくりと、非常に注意しながら、英国の情報部が最も強い関心を抱くような秘密情報を溜め始めた。

彼はフォン・グレーニングが『ザ・タイムズ』（時には『マンチェスター・ガーディアン』）の個人広告欄を熱心に読み、ときおりある個所に下線を引いてメモをとるのに気づいた（当時の『ザ・タイムズ』は第一面が個人広告欄だった）。ヴォイヒがなんの説明もなく屋敷からいなくなったあいだ、ヴォイヒが破壊工作の使命を帯びてスペインに行ったことを立ち聞きした。また、書斎の向こうの小さな控えの間に通ずるドアが開け放しになっていたとき、少なくとも五十ポンドのゼリグナイトがきちんと積み重ねてあるのを見た。さらに、フォン・グレーニングの寝室の戸棚に、「あらゆる種類の番号の付いた」あらゆる種類のドイツ軍の制服があるのを見た。そしてフォン・グレーニングが無線訓練のあと、暗号一覧表を金庫に入れ慎重に鍵を掛けるのに気づいた。彼はチャンスとゼリグナイトがあれば、その金庫が開けられると考えた。

のちにチャップマンは、家の中の鍵が掛かっているさまざまな引出しを開けて密かに見るために、一組の合鍵を作ったと言った。彼がいかに注意深く監視されていたかを考えれば、それはあり得ないように思われるが、自分の寝室の軒庇《のきひさし》の下からフォン・グレーニングの浴室まで、小さな孔をあけて仲間の話を立ち聞きしたのは確かである。（もし孔をあけた理由を訊かれたら、夜、壁板の後ろを走り回って自分を寝かせない鼠を毒殺するために、実験室から持ってきた化学薬品を入れているのだと言うつもりだった）。耳を孔に押しつけると、下で行われている会話がかすかに聞こえた。興味深いことは何も話されなかったが。彼はメモをとり始めた――鉱石検波器の周波数、符号群、ナント、パリ、ボルドー間の無線送信の回数。彼は付近の高射砲の台座、川向こうの城にある、網でカモフラージュされたドイツ軍本部の位置に注目した。また、書いてはいけないという指示を無視し、各爆弾の爆薬の化学式を書き留めた。

訓練のペースが速くなるにつれ、アプヴェーアの上層部がフォン・グレーニングの被庇護者に関心を持ち始めた。そしてチャップマンは、自分がまるで田舎の市の入賞出品物であるかのように調べられ吟味されるのに気づいた。五月に、プレトーリウスは彼に同伴し、一人の赤ら顔の太った男に会いにパリのリュイーヌ街のアパートに行った。その男はシャンパンを飲み、英語で冗談を飛ばしたが、一連の鋭い質問をした。男の態度からチャップマンは、男がアプヴェーアの「かなりの高官」に違いないと思った。フォン・グレーニングは、その人物は「われわれの最も優秀な者の一人」と言うだけだった。

その後間もなく、一人の私服のドイツ人が、お抱え運転手の運転する車でアンジェー（ナントの東北東の都市）からやってきた。その見知らぬ人物は異様に醜く、後頭部の縁に残っている髪以外は丸禿げで、歯は変色し、金が詰めてあった。厚手のコートを羽織り、革の折り鞄を持ち、絶えず葉巻を吹かしていた。フォン・グレーニングはその男をひどくうやうやしく扱った。チャップマンには、男は「売春婦の情人《ジゴロ》」に見えた。禿頭の男は暗号と破壊工作についてチャップマンに厳しく質問した。訪問者が帰ったあとプレトーリウスは、あの男は「古手のゲシュタポ」だと洩らした。フランス西部の防諜活動の指導者で、無線傍受チームを使って敵のスパイを捕まえる責任を負っていた。そのチームは「黒い発信人」、すなわち英国に密かにメッセージを送っている無線送信者を発見するために、交替で二十四時間働いていていた。アンジェーのスパイキャッチャーは、チャップマンをひと月、自分のチームに移してくれないかと言った。「ドイツ軍に捕まっている連合軍のスパイのあいだの密告者として、また、防諜活動における一般的な協力者として」行動させるために。フォン・グレーニングは憤然としてその要求を断った。フォン・グレーニングは「フリッツ」を自分の個人的所有物と見なしていて、手放すつもりなどなかった。

一九四二年六月、チャップマンは初めて実際にパラシュート降下をするためにパリに連れて行かれた。まず、九百フィートから始め、徐々に高度を増して最後は千五百フィートにすると告げられた。グランド・ホテルで一夜を過ごし、セーヌ川左岸のイタリア料理店〈ポッカルディ〉で食事をしたあと、パリ北東のル・ブールジェ空港の近くにある小さな飛行場に車で連れて行かれた。そこは十五年前、チャールズ・リンドバーグが大西洋を単独無着陸で横断して降り立った場所だった。チャップマンはパラシュートとともにユンカース急降下爆撃機に乗り、数分後、フランスの田園の上空からゆっくりと降下した。最初の降下は大成功だった。その直後に行われた二回目の降下は、危うく彼の最期になるところだった。パラシュートは十分に開かず、地上から五十フィートのところで一陣の風で歪んだ。彼は空中高く持ち上げられ、それから飛行場のタールマカダム舗装の滑走路に顔から先に叩きつけられた。チャップマンは意識を失い、同時に、前歯一本、犬歯一本、臼歯数本も失った。ドイツ人の医者が応急手当を施したが、彼がナントに戻ると、フォン・グレーニングは地元の一番の歯医者のところに送った。ビジェ医師はチャップマンの折れた歯の修復に取りかかった。二週間の治療のあと、チャップマンは失った歯の代わりに新しい一組の金歯を入れてもらった。アプヴェーアには九千五百フランの請求書が届いた。チャップマンの歯の治療費は、フォン・グレーニングとパリの上司のあいだで交わされたいくつかの激論の最初のものの原因になった。

　チャップマンの無線技術は徐々に向上した。プレトーリウスはストップウォッチで彼の送信の速度を計り、毎分七十五文字の速度に達したと明言した。その際チャップマンは、ただ一語のコード・ワード（コードすなわち暗号を作成・解読する際に鍵になる言葉）「BUTTERMILK」にもとづく手作業《ハンド・サイファー》による暗号法（エニグマ暗号機のものとは違う暗号法）を使った。コード・ワードを知らなければ、その暗号《コード》は「解読不能」だとプレトーリウスは請け合った。自信が強まるにつれ、ほとんどの無線技手同様、チャップマンも自分自身の「筆跡」を考案しはじめた――別の無線技手あるいは受信者が馴染むようになる独自の特徴を。チャップマンは「大笑い」の署名でいつも送信を終えた。「ヒ　フ　ホ　ハ」あるいはそのバリエーションで。彼はその「文飾」を、「自分のささやかなモットー」と呼んだ。

　間もなく彼はドイツ製の無線送信機から英国製の無線送信機に進んだ。それはフランスにいる英国のスパイから取り上げたものらしかった。練習用のメッセージはたいていドイツ語から暗号化されたが、彼は英語とフランス語でも送信するよう言われた。彼は詩、韻文、諺《ことわざ》を送信した。ある日、こういうメッセージを叩いた。「ここは非常に寒いが、ロシアよりはましだ」。彼は辛抱強いパリの主任無線技手のモーリスに、自分に代わってラ・ブルトニエールの家政婦のオデットに結婚祝いを買ってやってくれというメッセージを送った。それからしばらくして、彼は英語の冗談を送信した。「ある男が店に入って、ショーウインドーにあるネクタイの値段を尋ねた。客は高い値段を聞いてびっくりし、その値段で靴が買えると言った。変な格好になりますよ、と店主は言った、首に靴をぶら下げると。フリッツ」。それは大した冗談ではなかったが、パリの無線技手たちはユーモアの感覚がまるでないようだった。「この馬鹿げた文は一体何か？」とパリの支局は応答した。

　季節が春から夏に変わると、ラ・ブルトニエールは裏庭からときおり聞こえる耳を聾するような爆発音以外、ひっそりとした場所になった。近隣の者は苦情を言うと、道路建設中に見つかった地雷をドイツ人技師が爆発させているのだと言われた。七月にフォン・グレーニングは、フリッツが一連のテストに合格し、訓練に対しよく応えているとパリに報告した。ナントのスパイ訓練所のチーフは、大いに楽しんでいた。ラ・ブルトニエールを管理するのは、会員を厳選する、ごく私的な男のクラブを運営するのに少し似ていた。客は少々無骨であったが。

チャップマンも幸福だった。「望んだものすべてを私は持っていた」と彼は回想している。彼はまた、新しい仲間を見つけた。田舎に闇市の探検に出掛けた際、チャップマンは仔豚を買って飼うことにし、ボビーという愛称をつけた。その名は彼の前歴に関連していたのであろう。英国の警官《ボビー》は(さほど愛情を込められずに「豚《ピッグ》」とも呼ばれるが)、チャップマンを何年にもわたって追いかけたのだ。いまや豚のボビーは、彼がどこに行ってもついてきた。頭がよく、人懐っこいボビーは、屋敷の敷地に飼われていた。チャップマンが口笛を吹くと、よく躾けられた犬のように走ってきて、腹を掻いてもらおうと、足を上にあげて横になるのだった。チャップマンがエルドル川に泳ぎに行くと(フォン・グレーニングは今では、一人で泳ぎに行ってはいけないという規則を緩めていた)、ボビーも一緒についてきて、泥の浅瀬で転がり回った。そのあと、チャップマンとその忠実な豚は、キバナとキショウブのあいだを抜けて、一緒に楽しく屋敷に帰ってくるのだった。

第7章 暗号解読班

一九四二年の夏、ブレチリー・パーク――バッキンガムシャーの田舎の奥深くに隠されている、秘密の暗号作成と暗号解読のセンター――の暗号分析者たちは、戦争の全期間で最も奇怪なメッセージを解読した。それはアプヴェーアのナントの支部からアプヴェーアのパリの本部に送られたもので、次のような文面だった。「親愛なるフランス。君の友人の豚のボビーは日ごとに太っていく。彼はいまや王様のようにがつがつ喰い、ライオンのように吼え、象のように糞《くそ》をする。フリッツ」。（ブレチリーの暗号解読班の上品な淑女たちは下品な言葉を可としなかった。彼女たちは「糞」という言葉は一連の星印で代用した。）戦時中の英国の暗号解読専門家はナチ・ドイツのきわめて複雑な暗号を解読していて、その極秘のメッセージを読んでいたが、そのメッセージはただもうちんぷんかんぷんだった。

数ヵ月にわたって英国の暗号解読班とスパイキャッチャーは、「フリッツ」の無線交信を強い関心と募りゆく不安を抱きながら追っていた。彼らは、この新しい、高く評価されているドイツのスパイがいつナントに到着したのか、いつパリに行ったのか、また、何本歯を折ったのか、歯の治療代はいくらかを知っていた。さらに、彼が英語を話し、英国人でさえあるかもしれないこと、そして、彼が英国に向かっていることも知っていた。

ドイツの極秘暗号を、英国のカントリー・ハウスにいる、特異な一群の数学者が解読したというのは、この戦争において最も目覚しい成功を収めた防諜活動であると言っていいだろう。無線保安部（MI5が創設した）は一九四〇年八月、アプヴェーアの信号を捉えはじめた。「諜報員《エージェント》スノー」すなわちアーサー・オーエンズを通して手に入れた無線電信機と暗号は、暗号解読班にとって貴重な幸先のよいスタートになった。そして、ブレチリー・パークの暗号解読班（別名「ステーションX」）は、アプヴェーアの旧式な手作業による主要な暗号を間もなく解読することになった。十二月には、頭の閃き方が常人とは違っていたディルウィン・「ディリー」・ノックスを長とする別のチームも、アプヴェーアのエニグマ暗号機で使われていた暗号の解読に成功した。エニグマ暗号機は持ち運びのできる暗号機で、秘密の通信を暗号化し解読するのに使われていた。その瞬間から戦争が終わるまで、英国の情報部はドイツの諜報機関の無線交信を絶えず傍受し解読したのである。

チームの一人はその成功を「見事な当て推量と一つの幸運」に帰したが、それはまた、強靭な知力と刻苦勉励にもよるのである。アプヴェーアのメッセージは傍受され、ブレチリー・パークに送られ、分類され、振り分けられ、日ごとの相手の機械とメッセージの設定が解明され、最後に、解読されて諜報機関に送られねばならなかった。こうした驚くべき偉業のほとんどは、ディリー・ノックスとその大柄の婦人たちのチーム（なぜか彼は女性しか使わず、それも背の高い女性しか使わなかった）によって二十四時間以内に達成された。ノックス自身はパジャマとガウン姿でよく仕事をした。気晴らしには、ブレチリー周辺の田舎道を恐るべきスピードでドライブした。ノックスは英国が生み出した最も偉大な暗号解読者で、かつ最悪のドライバーだった。ある日、田舎をドライブして帰ってくると、さりげなく言った。「人は轢き倒されると、にこりとして詫びるというのは驚くべきことだね」

暗号名「ウルトラ」というドイツの秘密の暗号解読に成功した事実は、戦時中、最もよく守られた秘密だった。戦争遂行におけるその価値は、計り知れないほどだった。チャーチルは傍受したその暗号を「私の金の卵」と呼び、厳重に守った。アプヴェーアは自分たちの送るメッセージがほとんど毎日解読されていることにまったく感づかず、自分たちの暗号は解読不能だという誤った認識を終始変えなかった。「ウルトラ」の解読された暗号文から得られた豊富な情報は、ただ単に〈極秘情報源〉と称された。

防諜の目的のために、〈極秘情報源〉は初めの頃から、どのスパイが英国のどこに、いつ来るかについて警告を発していた。その結果、「侵入スパイ」のほとんどは、英国に着くや否や捕らえられ、速やかに投獄され、何人かは処刑された。英国に戦時のスパイ網を作ろうというアプヴェーアの試みは完全に失敗した。重要なことだが、ドイツの諜報機関は、一人の軍人、一人のオックスフォードの学者、一つの素晴らしい考えのおかげで、そのことに気づかなかった。

スパイの侵入に対する恐怖心が頂点に達したとき、MI5の将校で、スノー事件を扱ったトミー・ロバートソン少佐(のちに大佐)が指揮官ディック・ホワイトを訪ね、明白な真実を指摘した。死んだ敵のスパイは、もはや悪いことはできないが、よいこともできない。しかし、捕まえたスパイの場合、命と引き換えに二重スパイになってドイツの雇い主を裏切り、彼(あるいは彼女)を捕らえた英国のために働くよう説得することができるだろう。スノーはすでに、こちらで操る二重スパイの潜在的な価値を証明した。そうしたスパイは、自分はドイツのために積極的に働き、忠誠を尽くしていると、事実とはまったく逆のことを敵に信じ込ませることができる。もっと大事なのは、やがて、二重スパイは重要な偽情報を敵に流すことができるということだ。〈極秘情報源〉のおかげで、英国の情報機関はその策略が功を奏しているかどうかさえ調べることができる。ロバートソンは主張した。敵のスパイを投獄したり絞首したりする代わりに、働かせるべきだ。

ロバートソンの提案は、頭が切れ、チェロを弾く「B部門」の主任ガイ・リデルに伝えられた。そこは防諜を専門にするMI5の一部門だった。リデルは直ちに賛成し、内閣の承認を得たうえで、当然ながらロバートソンが、敵のスパイを捕らえ二重スパイとして使うための新しいセクションの主任に任命された。新しい集団は、無味乾燥でまったく目立たない、B1Aという名を与えられた。同時に、それに関連するもう一つの機関が設立された。二重スパイから送られてくる情報が正しいか誤っているかを判断するため、すべての軍の情報機関、国内軍、本土防衛軍の高官がその機関に関わっていた。その監視グループは「二十委員会」と命名された。「裏切り」の意味の「ダブル・クロス」の二つのXXはローマ数字の二十だからである。それこそまさに、いまや二十委員会の委員長に任命された男が好むような、さりげない古典的機知を表わしていた――少佐（のちに「サー」）のジョン・セシル・マースタマンが。彼はオックスフォード大学の傑出した歴史教師、万能のスポーツマン、成功したスリラー作家、前科者だった。

マースタマンとロバートソンは二重スパイ作戦の要《かなめ》になり、その作戦を指揮して輝かしい成功を収めた。戦後、マースタマンは次のように書いたが、まさしくその通りだ。「二重スパイ組織を使って、われわれはわが国におけるドイツのスパイ組織を積極的に動かし、取り仕切った」（傍点は彼が付けたものだが、それももっともである）。二人の関係は対等だったが、同時に正反対だった。ロバートソンはプロで、二重スパイを取り仕切るうえでの実際面を担当し、マースタマンは高官連との連絡係になった。ロバートソンは専門技術者だったが、マースタマンは二重スパイに関する優れた理論家になった。

トマス・アーガイル・ロバートソンは、名前のイニシャルの「ター（Tar）」でみなに知られていた。植民地に住む両親の子としてスマトラに生まれたターは、子供時代の大半をタンブリッジ＝ウェルズ

（イングランド南西部の保養地）の伯母の家に預けられて過ごした。それは淋しくはあったが、人格形成上、意味のある経験だった。というのも、見ず知らずの人間に、好感を与えるような率直さで話す能力が身についたからだ。彼はチャーターハウス（有名なパブリック・スクール）からサンドハースト（英国陸軍士官学校）に進んだが、本人の言うところでは、あまり勉強をしなかった。その後、短い期間だが、シーフォース高地連隊《ハイランダーズ》の士官になり、さらに短い期間、銀行員になった。一九三三年、二十四歳の時、MI5の初代長官ヴァーノン・ケルの招きで、銀行員という安定した世界を捨て、専任の情報将校になり、最初は政治的破壊活動、不法な武器取引、防諜を扱った。彼は「なんとも人好きのする、恐ろしいほどの美男子」で、何についても、誰に対しても、どこでも、話すことができるという、稀有な才能を持っていた。主教も、提督も、売春婦も、イカサマ師も、革命家もみな、ター・ロバートソンに打ち明け話をした。マースタマンはやや辛辣に、「ターはどんな意味でもインテリではない」と指摘した。ターは本の虫ではなかった。その代わり、人間を読んだ。「パブで怪しい人物と話し……会い、挨拶し、喋り、魅了し、くすくす笑い、聴き、もう一杯ビールを勧め、観察し、少し探りを入れ、さらに聴き、最後には、相手が自分では思っていなかったほどなんでも打ち明け話をするように仕向ける」のが得意だった。彼はシーフォース・ハイランダーズの特徴的なマッケンジー・タータンで出来た細身のズボンを穿いていた。それは、世界で最も秘密を厳守する機関の一つを取り仕切る者の選んだ服装としては、奇妙なくらい人目に立つものだった。（タータンのズボンを穿いたせいで、彼にはもっとふさわしいカラフルな綽名がついた。「パッション・パンツ」。）

ジョン・マースタマンは大違いの性格の人物だった。考えうるあらゆる面で、彼をエディー・チャップマンと正反対の人物と想像するのが最も正しい。彼はきわめて知的で、根っからの伝統主義者で、やや堅苦しく、堅固な道徳的義務感を持っていた。マースタマンは英国の支配層の権化だった。すべての然るべきクラブに属し、ウィンブルドンでテニスをし、イングランド代表としてホッケーをし、可能であればいつでもクリケットをした。贅肉がなくほっそりし、運動選手のようで、顔は大理石の彫刻のように厳しく、ハンサムだった。煙草も吸わず酒も飲まず、裕福で、特権的で、知的な英国人がもっぱら住む、学者と学問の世界に暮らしていた。

独身主義者だった彼は同性愛者だったかもしれないが、もしそうだとしても、英国風に欲望を完全に抑圧して、それに甘んじているような同性愛者だった。女は、彼には見えない存在に過ぎなかった。三百八十四頁に及ぶ自伝の中で、たった一人の女が愛情を籠めて言及されているが、それは母だった。彼は大学の休暇中、イーストボーンで母と一緒に暮らした。余暇にオックスフォード大学の架空の学寮を舞台にした探偵小説を書いたが、主人公はシャーロック・ホームズ風の英国の素人探偵である。そうした小説はやや無味乾燥で、情緒に乏しく、小説というよりは知的パズルであるが、この犀利で面白味のない男は、人間をまさにそういうふうに見ていたのだ――論理的推理によって解くことのできる謎として。そういう人間は今なら特異な人間に見えるが、ジョン・マースタマンは、かつては美徳と考えられた英国人の特徴を体現していたのだ――高い身分に伴う義務《ノブレス・オブリージュ》、勤勉、社会の規範に疑うことなく従う態度。しかし、本人が言っているように、彼は「世の仕来たりに従うことに、ほとんど偏執的にこだわる」人間だった。ちょうどチャップマンが、それに抗うことを決意していたように。

だが、マースタマンにはチャップマンと共通することが一つあった。四年間、刑務所で過ごしたのである。なんとも不運な話だが、彼は一九一四年、クライストチャーチ学寮の新たに選ばれた特別研究員《フェロー》としてドイツに派遣されたが、第一次世界大戦が勃発したせいで出国できなくなった。マースタマンはやはり不運な英国人たちと一緒にルーレーベン刑務所に収監された。彼らは水夫、実業家、学者、ベルリン競馬場のジョッキー、スポーツマン、労働者、観光客、ノーベル賞受賞者サー・ジェームズ・チャドウィックという奇妙な取り合わせだった。チャドウィックは仲間の囚人に放射能の謎について講義した。若きマースタマンは四年後、なんの傷跡もなく解放されたが、自分では劣等感と考えたもので心が重かった。彼の友人と、同時代のほとんどの者が戦場で死んだのだ。

「私の中の支配的感情は、屈辱感だった」と彼は書いた。「私はわが国の歴史で最大の闘争において、なんの役割も果たさなかった」

マースタマンはMI5での仕事を提供され、自分も何かの役割を果たすことになる念願の機会がついに訪れたとき、すでに五十歳だった。彼はその機会を喜んで摑んだが、そうしたのは、英国にとっては非常な幸運だった。というのも、その仕事に彼ほど適している者はいなかったからだ。歴史家のヒュー・トレヴァー＝ローパーが言っているように、もしター・ロバートソンが二重スパイ組織の「真の天才」だとすれば、ジョン・マースタマンはその道徳的良心だった。彼は人間の動機付けを丹念に分析し、巨大で複雑なクロスワード・パズルを解くように、二重スパイの謎めいた心理を忍耐強く解明した。

ＭＩ５の人員確保は、非公式の縁故主義によって行われた。ロバートソンは彼の補佐ジョン・マリオットというロンドンの事務弁護士の助けを借り、才能のあるアマチュアのチームを急遽結成し始めた。結成されたセクションＢ１Ａには、弁護士、学者、実業家、サーカス経営者、画家、画商、詩人が含まれていた。ターはその機関の中で唯一のプロだった。Ｂ１Ａはワームウッド・スクラッブズ刑務所の接収した隅で活動を開始し、のちにメイフェアの中心、セント・ジェームズ街五八番地の優雅な大邸宅に移った。チームの中の詩人シリル・ハーヴィーは、わざと誇張した詩の中でその建物を記念した。

セント・ジェームズ街五八番地では、
ドアが広く開けられている、
しかし、ここに入ろうとする者はすべて
中に足を踏み入れる前に
その動機を明白にしなくてはいけない、
誰も、政府の秘密を、
危険な意図で探らないよう。

逮捕されたドイツのスパイは、まず秘密の陸軍刑務所、キャンプ020で尋問された。その時になって初めて、二重スパイに適していれば、ター・ロバートソンと、ケース・オフィサーに引き渡された。もし協力するのを断ると、彼らは投獄されるか処刑されるかだった。時には、スパイに対する死の脅しが公然と口にされた。マースタマンはその点で感傷的ではなかった。「わが国の安全は保たれているということを公衆に納得させるため、および、われわれは恙《つつが》なく任務を遂行して、敵に牛耳られてはいないことをドイツ人に思い知らせるために、死なねばならなかった者もいた」。最も狂信的なナチ以外、投獄か処刑かの選択を迫られると協力することに同意したが、その動機には決まったパターンはなかった。ただひたすら怯え、助かりたい一心の者がいる一方、「あの奇妙な諜報活動と欺瞞の世界に生きたいという生来の志向を持ち、かなり奇怪なタイプの冒険に対する渇望が満たされる限りは、どちらの側にも易々《やすやす》とつく人間」もいるのにマースタマンは気づいた。

捕らえたスパイが二重スパイとして適格であると見なされると、厳しい作業が始まった。まず、想像力を最大限に働かせることから開始した。マースタマンの言葉を使うと、ケース・オフィサーは採用したスパイの世界の内側に入り、「自分が担当しているスパイの目で物を見、耳で音を聞き」、そのスパイのために、彼が送っているふりをしている生活にできるだけ近い生活を創り出してやらねばならなかった。もし二重スパイが、エールズベリーから発信していることになっていれば、彼はエールズベリーがどういうところか知り、また、できるなら、実際にエールズベリーか、その近くにいる必要があった、なぜならドイツ軍は、一平方マイル内まで発信地を特定できると思われていたからだ。

二重スパイの生活の面倒を見るのは大事《おおごと》だった。どの二重スパイも隠れ家と、少なくとも五人のスタッフを必要とした。ケース・オフィサー、二重スパイのメッセージを監視して送信する無線技師、二重スパイが逃げないように十二時間交替で見張りをする二人の者、そのグループの世話をし、食事を与える信頼できる家政婦。一方、ケース・オフィサーは自分が扱っているスパイが何を見つけるために派遣されたのかを突き止め、戦争遂行に支障を来《きた》すことなく、その偽の「複製」を作らねばならなかった。役に立たない情報を送ったスパイはアプヴェーアによって無用の存在と見なされ、捨てられるだろう。二重スパイは、ドイツ側の信頼を繋ぎ止めるには、正しいが本質的には無害の情報を送らねばならない。それは「家禽の餌」として知られ、承認された偽情報と一緒になった、本当ではあるが重要性のまったくない事実、嘘であるのが見破られない興味深い話だった。

どんな情報を敵側に送ってよいか、いけないかを決めるのが、二十委員会の難しい仕事だった。その間、二重スパイを忙しくさせ、かつ、満ち足りた気分にさせておかねばならなかった。なぜなら、もし二重スパイが寝返って、ドイツのスパイマスターに、自分が英国側の管理下にあることをどうにかして伝えたなら、二重スパイ組織全体が危機に晒されるからだ。マースタマンの観察では、どの二重スパイも「己惚《うぬぼ》れたり、不機嫌になったり、内省的になったりする傾向がある。したがって、考え込む暇を生む無為は、どうあっても避けねばならない」。ター・ロバートソンは、二重スパイをいい気分にしておくには、命を助けるだけではなく、報酬も与えるのが賢明だということを、すぐに悟った。したがって、「寛大の原則」が確立され、現金を持ってきたスパイは（多くのスパイがそうした）、その現金の一部をそのまま持っていることが許される場合が多かった。

理想的なケース・オフィサーは、護衛、友人、心理学者、無線技師、支払い主任、娯楽の世話人、専属のベビーシッターの組み合わさった人物でなければならなかった。男であれ女であれ、ケース・オフィサーが聖人でもあれば、いっそうよかった。なぜなら、そんなふうに甘やかされた二重スパイは、九分九厘、ひどく不愉快で、貪欲で、偏執狂的で、不誠実な人間、英国の敵（少なくとも最初は）になりやすいからだ。そして、上記のことは、すべて迅速に行われねばならなかった。なぜなら、スパイがドイツ側に連絡をするのに手間取れば手間取るほど、そのスパイが捕らえられ寝返ったとドイツ側が疑う率は高くなるからだ。

いくつかの成果を見ると、いかにター・ロバートソンが「高度の知能と明確な目的」を持った男女を見事に選び、自分のチームを作り上げたかがわかる。戦時中、約四百八十人の敵側のスパイ容疑者が英国で拘留された。そのうちドイツ人は七十七人しかいなかった。その他は、数の多い順から記せば、ベルギー人、フランス人、ノルウェー人、オランダ人で、それ以外は数人の無国籍者を含む、あらゆる種類の人種、国籍の者だった。一九四〇年以降、英国人はごく少なかった。捕らえられた者すべてのうち、約四分の一がのちに二重スパイとして使われたが、おそらくそのうちの四十人が重要な貢献をしたであろう。そのうちの何人かは短期間で工作活動は終了した。数人の者は、戦争が終わるまでドイツのハンドラーたちを欺き続けた。ごく一握りの最高の二重スパイは、最大の欺瞞作戦、フォーティテュード作戦に関与した。それは、連合軍はフランスに侵入する際、ノルマンディーではなくパ・ド・カレーに兵力を集中するだろうとドイツ軍に思い込ませた作戦だった。

早くも一九四二年、ター・ロバートソンのチームは自分たちの努力の成果を誇ることができたが、それも当然だった。彼らは〈極秘情報源〉の助けを借りて多数のスパイを捕らえ、その多くを二重スパイに仕立てた。しかしB1Aのチームは、スパイが網の目から抜け出し、すでに英国で活動しているスパイに連絡しようとし、そのスパイが英国に操られていることを発見して二重スパイ網を全体を駄目にしてしまうおそれを感じ、非常な不安を覚えていた。

そうした恐怖は、エンゲルベルトゥス・フッケン、別名ヴィレム・テル・ブラークという名の男の死体がケンブリッジで発見されると強まった。オランダ人のスパイ、テル・ブラークは一九四〇年十一月に英国にパラシュートで送り込まれたが、五ヵ月後、金がなくなったので、公共防空壕に入って、ドイツ製のピストルで頭を撃って自殺した。もし、テル・ブラークがそれほど長く英国で見つからずに生き延びていたのなら、ほかのドイツのスパイたちも捕まらずにいるのに違いない。マースタマンは、戦時中のアマチュアのどのスパイキャッチャーも終始覚えていた恐怖を代弁した。「われわれは自分たちが管理していない大量のスパイがいるかもしれないという考えに取り憑かれていた」

そのうえMI5は、自分たちが捕らえた、ごく程度の低いスパイたちを無視することができなかった。実際、捕らえたスパイの無能ぶりはひどいものだったので、諜報機関の何人かは、わざと囮として彼らは送られてきたのでないかと疑った。「諜報機関が、とりわけ、きわだって能率的なドイツ人によって動かされている諜報機関が、これほどに無能でありうるだろうか？」と、二十委員会の海軍情報将校のユーイン・モンタギューはいぶかった。ひょっとしたらドイツは、これまで送り込んできた怪しげな役立たずのあとに続く、優秀なスパイの一群を訓練しているのではないだろうか？ひょっとしたら、遥かに優れたクラスのスパイが、まだ見つからずに英国に潜伏しているか、英国に来る途中なのではないのか？

したがってター・ロバートソンのスパイハンターたちは、一九四二年二月初旬、これまで知らなかった、暗号名フリッツというスパイについての暗号文が英国の傍受専門班にキャッチされ、ブレチリー・パークで解読され、諜報機関に送られると緊張した。傍聴したメッセージによると、ドイツはフリッツを非常に大事にしているらしかった。彼は「C」とも、時には「E」とも言及されていた。翌週五月にアプヴェーアのパリ支部は、フリッツのために新しいひと組の服を買うよう指示された。翌週ナントは、捕獲した英国の備品のストックから新しい無線機のセットを持ってくるよう要求した。六月に傍受班は、不具合のパラシュートから降下した際に折った彼の歯に約九千五百フランが使われたことを知った——それは、ほとんどのドイツのスパイが一つの任務で割り当てられる額より多かった。

ナントのアプヴェーアは、フリッツを愛称のフリッツヒェンで言及し始めた。それはこの新たに採用されたスパイとの一種の親密さを示唆していた。〈極秘情報源〉によると、英国の諜報機関によって、すでにアプヴェーアのナント支部の部長であるのが確認されている、シュテファン・フォン・グレーニングがとりわけフリッツを好いているようだった。六月にグレーニングは、フリッツは「いまや一人で破壊工作の材料を準備することができる」とパリに自慢し、七月には、フリッツはまったく忠誠であると強調し、「敵とのどんな関連も問題外である」と断言した。もっと懐疑的だったパリは、フォン・グレーニングのメッセージから、否定の「nicht」の語がたまたま省略されたのではないかと思う、と返事をした。

一方、英国の無線保安部は、フリッツは明らかに無線技師としては新米で、グロンスフェルト暗号として知られる、ヴィジュネール暗号のバリエーションを使って、ナントのアプヴェーア支部でモールス信号の訓練をしていると報告した。最初、彼の送信はぎごちなく、もっと速く送信しようとすると「文字を間違え、へまをする」だけだったが、急速に上達していた。「彼が英国に来れば」と無線保安局は報告した、「英語でメッセージを送るだろう」。フリッツの送信を「数週間にわたってほとんど毎日」聞いていると、傍受班は「彼の紛れのないスタイルを認識し、その特徴を記録することができるようになった」。つまり、彼の送信であることを証明する「筆跡」を。彼のメッセージは、「よろしく」の略である、陽気な「73」か、「私のメッセージは判読可能か？」を意味する「FF」で終わることもあった。彼は通常、笑い声の署名でメッセージを終えた。「フ　フ　ハ　ホ」。それから、「くたばれ」の意味の侮辱的な「99」か、そうした言葉を添えた。フリッツは一級の無線技師になりつつあった。たとえ、彼のメッセージが少々変わっていて、時にはひどく無礼なものであったとしても。

夏の終わりには、MI5はフリッツに関する分厚い書類を作っていた。しかし、彼の本名、任務、彼が英国に来る予定の日時は、まだ知らなかった。そして、帝王のような食欲と、象のような排便習慣のある「豚のボビー」という綽名の影めいた仲間の正体は、依然として謎だった。

第8章 モスキート

ある日の朝、フォン・グレーニングはチャップマンに一挺の拳銃を渡した。ピカピカ光っている米国製のコルトのリボルバーで、薬室には弾が込めてあった。チャップマンはそれまで拳銃を手にしたことがなかった。なぜこの武器が要るのかと訊くと、フォン・グレーニングは「窮地に追い込まれたとき、拳銃を撃って脱出する」場合もあるかもしれないと曖昧に答えた。レオはラ・ブルトニエールの敷地に標的を立て、拳銃の狙いの付け方、発射の仕方を彼に教えた。間もなくチャップマンは、五十フィート先から一フラン硬貨を撃つことができると言えるまでに上達した。

リボルバーは、フォン・グレーニングがチャップマンを次第に信用するようになった一つの印に過ぎなかった。痩せぎすのプレトーリウスは、始終彼を尾行するのをやめた。チャップマンはボビーを連れて一人で散歩をすることを許されるようになった。できるだけ屋敷の近くにいるように言われたけれども。やがて最上階の部屋から出て（その際、壁板の孔は注意深く塞《ふさ》いだ）、庭師用のコテージの寝室に移った。いつでも好きな時に、実験室で爆薬と混合火薬の混ぜ方を練習することができるように。手製の爆弾は次第に大きく、複雑になった。彼は水中信管を作る練習をし、それを家鴨《あひる》の池に投げ込んだ。敷地にはさまざまな木の切り株があり、それを吹き飛ばしてみるように言われた。ある時、大きな樫の切り株にダイナマイトを詰め過ぎてしまい、切り株は猛烈な勢いで爆発したので、燃えている木の塊が隣家の庭に飛び込み、危うく隣人に当たるところだった。フォン・グレーニングは激怒した。チャップマンは自分で考えていたほど爆薬の専門家ではなかったのだ。硫酸を使った導火線を作ろうとしていたとき揮発性の混合物が爆発し、片手を火傷し、一房の髪が焦げ、顔が煤だらけになった。フランス人の医師が手に包帯をし、チャップマンは寝かされた。「私はただもうショックを受けた」と、彼はのちに書いている。

訪問者が絶えずラ・ブルトニエールにやってきた。ある者はチャップマンの技倆の進み具合を見に、ある者はフォン・グレーニングと話しに、ある者は訓練を受けに。訪問者の一人は「ピエール」とだけで呼ばれたフランス人だった。彼は丸い眼鏡をかけた対独協力者で、チャップマンの言葉を使えば、「やたらにハイル・ヒトラーと言った」。ピエールはブルターニュの分離主義者のグループ、「ブルターニュ人のためのブルターニュ」に属していて、連合軍が侵攻してきてドイツ軍が撤退を余儀なくされた場合に第五列になる訓練を受けていた。ある時チャップマンは、二人の男とフォン・グレーニングが会っている際に同席を許された。その一人は「ムッシュー・フェルディナン」として紹介され、もう一人は十八くらいの若者で、ひどく竦《すく》んでいるように見えた。二人はドゴール派の細胞のメンバーで、安全な逃亡ルートでフランスを離れ、ロンドンの自由フランスに加わろうとしているらしかった。ムッシュー・フェルディナンは相応の報酬で、チャップマンを一緒に密かに連れて行く準備をしているようだった。しかしフォン・グレーニングは、別の方法でチャップマンを英国に送り込む方法を探っていた。

フォン・グレーニングとその被庇護者は次第に親密になった。チャップマンの父は、まったく家にいなかったわけではないものの遠い存在で、彼は父に十年も会っていなかった。叔父のような存在で優しそうなフォン・グレーニングが、いまや父の役割を果たすようになっていた。二人の愛情は装ったものではなかった。晩になるとチャップマンは、年長のフォン・グレーニングがブランデーを飲みながら、美術、音楽、文学について話すのを、うっとりとして聞いていた。二人はH・G・ウェルズの小説とテニソンの詩が好きだという共通点を見出した。フォン・グレーニングはごく稀に政治や軍事の話をした。彼はドイツが戦争に勝つこと、連合軍によるフランス侵攻は「恐るべき大殺戮」になることを確信していた。しかし、彼の見通しは歴戦の軍人の見通しであって、イデオロギーの表明ではなかった。チャップマンの驚いたことに、彼は連合軍が北アフリカを侵攻した際の戦術を褒め、近くのサンナゼール（ドイツ海軍のUボートの基地があった）に対する英国空軍の爆撃は「非常に賢明に計画され、見事に実行された」と評した。八月に、連合軍はフランス北部の海岸ディエップに上陸作戦を展開して悲惨な結果に終わり、四千人が死傷し、多くが捕虜になるという損害を出した。ラ・ブルトニエールではパーティーが開かれドイツの勝利が祝われたが、フォン・グレーニングは連合軍の奇襲部隊の「勇気と大胆さ」にも乾盃した。

フォン・グレーニングの戦争観が微妙で、かつバランスの取れたものであったとするなら、副部長の戦争観は、その正反対だった。プレトーリウスとフォン・グレーニングは、互いに相手に対し好感を持っていなかった。プレトーリウスは上司を、旧世界のスノビッシュな生き残りと見なす一方、フォン・グレーニングのリベラルな嗜好に合わないほどヒトラーに心酔していた。若いナチのプレトーリウスは、ロシアの大規模な敗退は、東部戦線での勝利が目前に迫っていることを意味していると言い張った。スターリングラードは一九四三年の秋には陥落し、それに続き、「ヨーロッパおよびロシア前線にいるすべての主要部隊が英国に本格的な攻撃を行う」。ロンメルが何もかも征服すると彼は断言した。そして、自分が大いに賞讃している国、英国に「恐るべき電撃攻撃」が行われることを考えて有頂天になった。「われわれのシュトゥーカ（第二次世界大戦で使われたドイツの急降下爆撃機）の全部と、訓練され鍛えられ逞しくなった兵士が総攻撃したらどうなるか想像できるね」とプレトーリウスは叫んだ。「アメリカに何ができるというんだ」。チャップマンは彼がひどく煩わしくなった。

真夏のある朝、フォン・グレーニングはチャップマンに、バッグに荷物を詰めるように命じた。訓練の次の段階のためにベルリンに行くのだ。霧の深い早朝、パリ発の列車が首都の郊外の小さな駅に停まった。「トーマス」と一緒に一台の車が二人を待っていた。チャップマンはこれからどこに向かうのか訊いた。プレトーリウスは緊張していて戸惑っているように見えた。「もし誰かが君が英国人だと気づいたら、僕らは二人とも問答無用で射殺されるんだから、今は注意すべきだ」。それから、丁寧な口調で言い添えた。「今後、どんな質問もしないでくれるとありがたいんだがね」。車は樹木の繁茂する郊外を走っているらしかったが、外はまだ暗く、運転手はヘッドライトの光をわざと弱くしていたので、チャップマンはほとんど何も見えなかった。地平線のかすかな黎明から推して、車は北に向かっていると判断した。

車は二十五分ほど走ってから、軍服を着た三人の歩哨がいる鉄の門扉を抜け、両側に花壇がある長い私設車道を通り、高い石のアーチを潜《くぐ》って、塔のある、小さな城《シュロス》の正面に着いた。城は高い石塀と有刺鉄線のフェンスに囲まれていた。初老に近い一人の男が入口に立っていた。背は低いがスポーツマンのような体格で、威厳を漂わせていた。その男の、かなり背の高い妻が、後ろで不安げにうろうろしていた。入口を入ったところの広間には、二人の子供たちの写真が懸けてあった。小柄な男は、自分は「ヘル・ドクトル」だと名乗った。彼はチャップマンに向かい、課業の合間に城の敷地内を自由に歩き回っていいが、敷地の外に出ようとしては絶対にいけない、と言った。

ヴォイヒは実際の破壊工作の仕方を教えるのがうまかったが、チャップマンの新しい教官のほうがずっと上だった。翌週一杯、チャップマンは最新の爆破技術を、その達人から集中的に教えてもらうことになった。のちにＭＩ５は、その人物がアッカーマン博士だということを突き止めた。アッカーマンは化学者で、ドイツにおける爆薬の最高の専門家の一人だった。チャップマンは実験室に案内された。そこにはコルクの栓をしたガラス瓶、試験管、魔法瓶、秤、乳棒、乳鉢がずらりと並んでいた。アッカーマンは「致死科学」という想像もしていなかった世界——爆薬、可燃混合物、仕掛け爆弾、遅延破壊工作の秘法の世界に、チャップマンを辛抱強く、骨を折って案内した。

彼は安物の腕時計から時限信管を作る方法をチャップマンに教えた。二つのナットのある小さな螺子《ねじ》をセルロイドの文字盤に差し込み、それから、懐中電灯の電池に繋がっている電線の端を、発条《ぜんまい》装置を通して接続する。分針が螺子に触れると信管に電気が伝わり、爆発を起こす。次に彼は目覚まし時計を使い、雷管を発条に繋げることによって、爆発を十四時間まで遅らせる方法を実際にやって見せた。もし、目覚まし時計も腕時計もない場合は、インク瓶に硫酸を入れ、ガラスの瓶と蓋のあいだにボール紙の小片を置いて信管を作る方法を教えた。その方法では、酸はゆっくりとボール紙を侵蝕し、最後には、蓋に螺子で止めた信管に達し、化学反応の熱で爆薬が爆発する。

次に彼は石炭入れから大きな石炭の塊を取り出し、それに六インチの深さの孔をドリルであけ、そこに爆薬と信管を詰め、孔を塑像用粘土と靴墨と石炭の粉で塞《ふさ》ぐ方法をチャップマンに教えた。その石炭の塊を船か列車の石炭庫に入れると誰にも見えず作動もしないが、誰かがシャベルで炉の中に放り込むと、熱によって爆発が起こる。

チャップマンは、爆薬運搬貨物列車をダイナマイトで爆破する方法、アタッシェケースに爆薬を入れてから、中の目覚まし時計の信管の音を消すために、その上にパジャマかタオルを置く方法を教わった。また、巻いてある紐を切ると爆発する小包の仕掛け爆弾の作り方を学んだ。紐の中にはそれぞれ絶縁してある二本のワイヤーが通っていて、鋏で切断すると電流が流れ、爆発を引き起こすのだ。アッカーマンは、一連の繋がっている爆薬を、ダイナマイトのワイヤーと導火線に接続する方法を図で示し、橋を倒壊させるのに必要な高性能爆薬の量を計算する式を説明した（長さ×幅×厚み×2＝必要な爆薬のグラム数）。アッカーマンのテクニックのいくつかは、悪魔的なほどに巧妙だった。線路に接続したワイヤー式雷管の上に死んだ蝶を置くと、ちょっと見ただけでは、その装置に誰も気づかない。列車がその上を通ると爆薬は爆発し、機関車は脱線する。

小柄な爆薬教師は煙草も吸わず酒も飲まず、食事の時だけ休憩した。この男は完全主義者だとチャップマンは思った。「彼は決して急がず、化学薬品の正確な割合に固執し、なんであれごく細かく擂り、非常に注意深く混ぜ合わせた」。爆弾を作るのに必要な材料は、英国では店頭で買うことができるとアッカーマンは説明した。塩化カリウムはナメクジ退治によく使われ、硫酸カリウムは化学肥料によく使われ、過マンガン酸カリウムは嗽《うがい》用によく使われる。英国人は酸化鉄を床の染みを取るのに使い、擂り潰したアルミニウムは銀のペンキ用の粉に使う。講義は夜遅くまで続いた。夕食が済むとアッカーマンは暖炉の近くに椅子を引き寄せ、個人授業を続けた。ときおりプレトーリウスを呼んで、技術用語を訳す手伝いをさせた。

五日経つと、ドクトルはようやく満足したようだった。チャップマンは疲れ果てた。チャップマンとプレトーリウスは真夜中に、この前と同じ運転手に迎えられ、闇の中を再び駅に向かった。ラ・ブルトニエールに戻ると、チャップマンはフォン・グレーニングに暖かく迎えられた。彼はチャップマンのために、ちょっとしたテストを考え出していた。友人のマイヤー少佐が、近くのバティニョール機関車工場を含む、いくつかの工場の保安責任者だった。フォン・グレーニングは、どこにでも押し入ることのできる元泥棒を、破壊工作員として訓練しているとマイヤーに自慢した。そして、その男は機関車工場に擬製弾を置くこともできる、賭けてもいいと言った。マイヤー少佐は賭けに応じた。数日後の夜、チャップマンとレオは工場を囲んでいる有刺鉄線のフェンスを乗り越え、うたた寝をしている守衛の脇をそっと通り、マイヤー少佐に宛てた小包を本部事務所の脇に置いた。フォン・グレーニングは大喜びだった。そして、賭けで勝った金で「フリッツ」の名誉を讃えて、またしてもパーティーを開いた。

チャップマンは庭師のコテージの嫌な臭いのする自分の部屋に戻った。機関車工場にうまく侵入できたのは嬉しかったものの、五ヵ月近くラ・ブルトニエールにいるので退屈し、強制された純潔に苛立ちを覚えるようになった。ナントの娼婦は別にして、彼はほとんど女を見かけなかった。ほかの者は女気がないことを笑い飛ばし、自分たちは「くそ坊主」のような暮らしをしていると冗談を言った。

ある晩、チャップマンとアルベルトとヴォイヒはナントで「馬鹿騒ぎ」をしに出掛けた。一同は何人かの若い女を拾って、参謀用乗用車の一台に乗せた。運の悪いことに、女たちが一同の車に乗り込むところをゲシュタポの一人が目撃し、正式に苦情が持ち込まれた。その苦情がフォン・グレーニングのもとに届くと、彼は激怒した。「大騒動になった」とチャップマンは書いている。ヴォイヒがフォン・グレーニングの怒りの矢面に立った。真珠のネクタイピンをした丸々と太った破壊工作員は、遠くのパリ近郊のロカンクールに本部のある保安司令部《ヴァッハコマンド》の一部門に追放された。チャップマンは彼の姿を二度と見なかった。フォン・グレーニングは上司に宛てたメッセージの中で、フリッツはあらゆる点で理想的なのだが、フォン・グレーニングの表現では、ただ「望ましからざる情緒的活動」に走り勝ちであると、しかつめらしく述べている。

チャップマンは退屈し性的に欲求不満になると、いつものことながら、彼の言うところの「ニヒリスティックな」気分になった。その憂鬱な気持ちは、ロマンヴィルを離れて以来ずっと気になっていた事柄で、いっそう暗くなった。彼はトニー・ファラマスに手紙を書く許可を求めた。フォン・

グレーニングは拒否したが、ファラマスに食べ物の小包を送ってやると言った。少し経ったあとで、チャップマンは再び訊いた。「あの男に何かしてやれませんか？」。フォン・グレーニングはそれは「不可能」だと言ってから、話題を変えた。チャップマンはさらに気分が滅入り、ベッドに数時間横になって煙草を吸い、天井を凝視するのだった。そういうある時、「ロマンヴィルの収容所に戻れないだろうか」とさえ訊いた。フォン・グレーニングは、素早く行動してチャップマンに仕事を与えなければ、この移り気の若いスパイの天才を、すっかり失ってしまうかもしれないということに気づいた。

一九四二年八月二十九日、チャップマンはフォン・グレーニングの書斎に呼ばれ、タイプライターで打った一枚の文書を渡された。そして、読んでみて、書いてある条件に同意するなら署名をするように言われた。それは契約書で、自国をスパイすることについての、正式な同意書だった。それは、法の歴史の記録としては確かにユニークなことだった。最初の節は一連の禁止事項だった。チャップマンは、ジャージー島、フランス、ドイツにいる自分の連絡員の名前、自分がいた場所、自分が覚えたことを誰にも決して洩らしてはならない。この条項のどれかに反した場合は命がない。チャップマンはドイツの最高司令部のためにスパイをすることを引き受け、アプヴェーアに課されたいかなる任務も実行しなければならない。報酬として次の額の金を受け取ることになる。フランスにいるあいだは月に一万二千フラン受け取る。出国した日から、月に三百ライヒスマルク受け取る。捕まった場合でも支払いは続く。アプヴェーアの期待通りに任務を完遂して帰ってきた場合には、十五万ライヒスマルクを受け取る。チャップマンはそれをほぼ一万五千ポンドに相当すると見積もった——実際にはその価値は二百五十ポンドに近かった。現在の貨幣価値では約七千三百ポンドである。契約はドイツ政府とのものではなく、チャップマンと彼のスパイマスターとの個人的な法的取り決めだった。フォン・グレーニングはS・グラウマン（ドクトル）という名前ですでに署名していた。

最後の条項は、ドイツ人の官僚的考え方の大手柄だった。チャップマンはフランスにおいて、その金額に関連するすべての税金を払う法的な義務があることになっていたのである。ドイツの諜報機関はチャップマンを母国を裏切る任務に出すのだが、彼が殺されるか処刑されるかのおそれが大いにあるのに、彼の納税申告のことを心配していたのだ。

チャップマンがその驚くべき取り決めの条項についてじっと考えていると、ドイツ人のスパイマスターは一つの質問をした。もしロンドン警視庁に逮捕されたら、君は大体何年投獄されそうか？　チャップマン自身、その問題について何度も考えていた。おそらく十五年から二十年の刑になるだろうと、彼は答えた。するとフォン・グレーニングはプレトーリウスのほうを向き、こう応じた。「それならば、彼が警察に出頭する危険はあまりないと思う」

チャップマンは契約書に署名したが、あとになって、その一見なんでもない言葉について考えた。自分が敬愛するようになった男であるグラウマンは、自分が特別な人間だからスパイとして選んだのではなく、数々の悪行を重ねた犯罪者なので当局に駆け込む心配がないから選んだのだ。チャップマンはドイツ人の計算高さはかねがね知ってはいたが、その言葉には傷つき、その言葉を忘れなかった。

フォン・グレーニングはチャップマンが署名をした文書をファイルに仕舞いながら、初めてチャップマンの任務について話し出した。数週間のうちにチャップマンは、無線機と長期間暮らすことができるだけの金を持って英国にパラシュートで降下する。それから彼は必要ならば昔の犯罪者仲間の助けを借りて身を隠す場所を見つけ、多量の爆薬を集める。チャップマンが英国でなしうる重要な仕事はたくさんあるが、第一の目的は、ハートフォードシャーのハットフィールドでモスキート爆撃機を製造している工場で破壊工作をすることである。

デ・ハヴィランド・モスキート——軍のひょうきん者が好んだ呼び方では「アノフェレス・デ・ハヴィランドゥス」（モスキートすなわち「蚊」をもじって、マラリアを媒介する蚊の「アノフェレス」を、デ・ハヴィランド社にひっかけて学名風にした）——は、一九四〇年に製造が開始されて以来、ナチにとってはひどく厄介なものだった。事実、それがドイツの最高司令部に与えた影響は、まさしくマラリア熱に似ていた。ロンドン郊外のデ・ハヴィランド航空機製造会社の工場で造られたモスキートは、画期的な軍用機だった。ほとんど木材だけで造られた、防御用機関銃のない二人乗りの小型飛行機は、四千ポンドの爆弾をベルリンまで運ぶことができた。二基のロールスロイス・マーリン・エンジンが付き、最高速度毎時四百マイルのモスキートは、どんな敵の戦闘機よりも速かった。「木製の驚異《ウドウン・ワンダー》」という愛称で呼ばれたモスキートは、家具職人と大工によって安く組み立てられた。それは航空写真偵察、夜間戦闘、Uボート爆破、地雷敷設および運搬にも用いられたが、その主な仕事はピンポイント爆撃だった。機体が非常に軽く、目標を正確に定めることができたので、市民に最小の被害しか与えずに一つの建物を破壊することができた。戦争中、モスキートはオスロとコペンハーゲンのシェル・ハウスにあったゲシュタポ本部と、フランスのアミアン刑務所を狙って爆撃した（アミアン刑務所の場合は、収容されているレジスタンスの闘士を解放するためだった）。

空軍総司令官で国家元帥だったヘルマン・ゲーリングは、しつこい小さなモスキートに、ことのほか腹を立てた。誰かがその飛行機の名前を口にしただけで激怒した。「モスキートを見るとカッとなる」と彼は喚いたことがあった。「嫉妬で狂いそうだ。英国人はおれたちよりアルミニウムを持っているのに、英国のどのピアノ工場でも美しい木製の飛行機を組み立て製造している。それをどう解釈するね。英国人が持っていないものは何もない。奴らには天才がいる。おれたちにはアンポンタンしかいない。戦争が終わったら、おれは英国製のラジオを買うつもりだ——そうすれば少なくとも、いつもちゃんと働く何かを持つことになる」

したがってアプヴェーアは、軍事的、政治的理由で、モスキートに対抗する計画を何ヵ月ものあいだ練っていた。もし、工場のボイラーと発電機を破壊することによってデ・ハヴィランドの流れ作業の工程線を中断することができれば、空中戦でドイツは有利になり、フォン・グレーニングのもとの新しい工作員の価値を実証し、アプヴェーアの声価が上がることになる。それはまた、癇癪もちの国家元帥の気分を和らげることにもなるだろう。

その日の午後、フォン・グレーニングはパリに宛て大喜びで無線で送信し、自分はフリッツと「予備的な詳細な話し合い」をし、契約書に署名させたことを報告した。英国側はそのメッセージを傍受した。フリッツに関する無線交信を監視していたMI5の担当官は、不気味な言葉を口にした。「ついに事態は重要な局面を迎えた」

第9章　見えない眼に監視され

チャップマンが交わした契約は、偽名で署名してあるので法的な強制力はなかったかもしれない し、正直なところ馬鹿げていたかもしれないが、所期の心理的効果はあった。これから冒険が始まると考えると、チャップマンの気持ちは昂揚した。ラ・ブルトニエールで酒を飲んで友人たちと談笑するのは確かに楽しかったが、彼の心の奥には、英国にいるフリーダと赤ん坊がいた。ベティーもいた。元の妻のヴェラもいた。そして、もし彼女たちが駄目だったら、ソーホーの妖婦の誰でもよかった。

それからの日々は、一連のテスト、試み、計画の細部の検討、出発の延期の連続だった。アンジェーの醜悪なスパイキャッチャーが、「無線機をそなえた凄いクライスラー」に乗って戻ってきて、チャップマンが破壊工作と射撃の腕前を披露するのを見た。チャップマンは十五歩離れたところから拳銃を撃って、一列に並んだワイングラスを次々に割り、酸を使った信管を破裂させた。次に、メルセデスに乗って現われた機甲部隊の大佐のために、覚えた技を実演して見せた。チャップマンは電池と腕時計を使った時限爆弾で木の切り株を爆破した。その日の夕方フォン・グレーニングは、フォリ・ベルジェールの切符を買ったと言った。それは、占領下のパリで、満員の観客を相手にいまだに営業をしているミュージック・ホールだった。チャップマンはパリで夜を過ごすことを考えて興奮した。もっとも、列車の中でフォン・グレーニングが、「チーフがチャップマンに会いたがっている」

と言うのを耳にして、楽しみが減ったけれども。チャップマンは演《だ》し物を観に連れて行かれるのではないのだ。またもや、彼自身が演し物なのだ。

その晩、三人が九区にある有名な劇場に入ると、チャップマンは、自分のスパイマスターがトーマスに向かって、こう囁くのを聞いた。「フリッツを先に入らせよう。そうすれば、あの男がすぐ後ろに坐る」。ショーはすでに始まっていて、ペチコートをつけた踊り子がうわついたカンカンを踊っていた。すると私服の二人の男がそっと入ってきて、三人の真後ろに坐った。その一人は口ひげを生やし、大きく足をひきずっていた。「彼はプログラムの後ろから終始私を見ていた」と、チャップマンは回想している。その人物は九分九厘、アプヴェーアの対敵諜報部の部長で、アプヴェーアの数少ない狂信的なナチ党員の一人のルドルフ・バムラーだったろう。ショーが終わると、フォン・グレーニングはタクシーで帰った。一方、プレトーリウスとチャップマンは、ときおり立ち止まってショーウインドーを覗き込みながら歩いてホテルに戻った。「私がショーウインドーを覗くたびに」とチャップマンは書いている、「あの二人の男が私を非常に注意深く眺めているのに気づいた」。

チャップマンはグランド・ホテルに戻ってほっとした。チャップマンとプレトーリウスが部屋に入ると、フォン・グレーニングのスイートからアメリカ人の声がするのをチャップマンは聞いた。彼はプレトーリウスのほうを向いた。「アメリカ人だろうか？」

「いや、僕らの仲間の二人がゲームをしているだけさ」とプレトーリウスは素早く答えた。しかしその晩、戸棚を開け、自分の部屋とフォン・グレーニングの部屋とを分けている折り畳み式の仕切りに耳を押し当てると、フォン・グレーニングが二人のアメリカ人に話しているのが聞こえた。その一人はこう言っていた。「そう、その男を見たいものですな」。「その男」は自分に違いないとチャップマンは思った。彼はグラウマンが、もしデ・ハヴィランドの破壊工作がうまくいったら、君を「重要な任務でアメリカ」にやると言ったのを思い出した。

ラ・ブルトニエールでは束の間の解放感を味わったが、いまや彼は、看守が鉄製のドアの孔からそっと覗いている刑務所に戻ったかのように、間違いなく見られ、監視されている感じがした。誰もがチャップマンに注視しているように思われた——ナントの同僚、ナチの高官、アメリカ人のスパイ、さらにはおそらく、彼の同国人が。

ある夜、ナントの〈カフェ・ド・フランス〉でチャップマンは、一人の若い男が隅のテーブルから自分のほうをじっと見ているのに気づいた。チャップマンは「たぶん、英国人に監視されている」だろうとフォン・グレーニングに警告した。そして、スパイ容疑者の数枚の写真をチャップマンに見せたが、チャップマンはその誰にも見覚えがなかった。このとき彼は、自分が跡をつけられているのを確信した。その若い男は二十代で、がっしりとし、髪を横分けにしていて、グレーのスーツを着ていた。そして、「ウェストエンド」の雰囲気があったが、それはチャップマンには奇妙なほど懐かしく思えた。チャップマンは不安を覚えて目を逸らせたが、ちょっとあとで振り返ると、その男の姿はなかった。チャップマンはその出来事をフォン・グレーニングには話さなかったが、逃げようという衝動はいっそう強くなった——英国側に捕まる前に英国に行かねばならない。

九月になるとチャップマンは、付き添いと一緒にベルリンのアッカーマンの城に戻った。またしても真夜中に着いた。「君は何もかも覚えた」と小男のドイツ人化学者は、自分の生徒を徹底的にテストしたあとで断言した。「君には大いに満足している」。それから化学者はデ・ハヴィランド工場をどうやって爆破するかについて詳細に説明した。もしボイラーが連結していたなら、アタッシェケースに詰めた十五キロのダイナマイトと、少なくとも三十分あとで爆発するための遅延信管を使って中央のボイラーを爆破しなければならない。ほかの二つのボイラーは爆風で破壊されるはずで、三つの八十トンのボイラーは、二百四十トンの材料が「四方に吹き飛ぶ」ことを意味し、それは発電機を同時に破壊する、と化学者は説明した。

化学者が立ち去ると、今度は私服の年配の男が代わりにやってきた。その男は秘密筆記用インクの使い方をフリッツに教えに来たと英語で言った。彼はブリーフケースから一枚の白い紙と、先端が白い、マッチ棒のようなものを取り出した。チャップマンは筆記用紙を新聞紙の上に置き、丸めた脱脂綿をくるくる回しながらその紙の両面を十分間拭くように言われた。チャップマンは、今度はガラス板に置いたその紙に、マッチ棒を使い、各語をダッシュで離しながらブロック体の大文字でメッセージを書く方法を教えられた。マッチ棒は目に見えるなんの痕跡も残さなかった。次にチャップマンは、あたかも普通の手紙を書くように、紙の両面に鉛筆で何か書いてもいいし、秘密筆記用インクで書いた面の裏に普通のインクで書いてもよいと言われた。それから男は、走り書きをした何枚かの紙を持って、どこかに消えた。男が数時間後に戻ってくると、ある種の化学溶液に浸けてあった紙に、走り書きをした鉛筆の文字の後ろから、秘密のメッセージが「かすかに緑がかった色」で現われていた。教授は（チャップマンは彼をそう名付けていた）、さらに二本のマッチ棒のペンをチャップマンに渡し、一週間に二度、秘密の手紙の書き方を練習するように言った。その手紙は教授のもとに送られ、教授はその出来映えを評価することになった。

チャップマンは飛行機とパラシュートでナントに戻った。ル・ブールジェから飛び立ったユンカース爆撃機は、町の飛行場の近くの野原に彼を降下させた。アプヴェーアのナント支部は、その一帯に「接待委員」を出していたが、チャップマンは独力で飛行場に行き、自分は「フリッツ」だと歩哨に告げた。

ラ・ブルトニエールでは、フォン・グレーニングが食堂のテーブル一杯に、パラシュートで降り

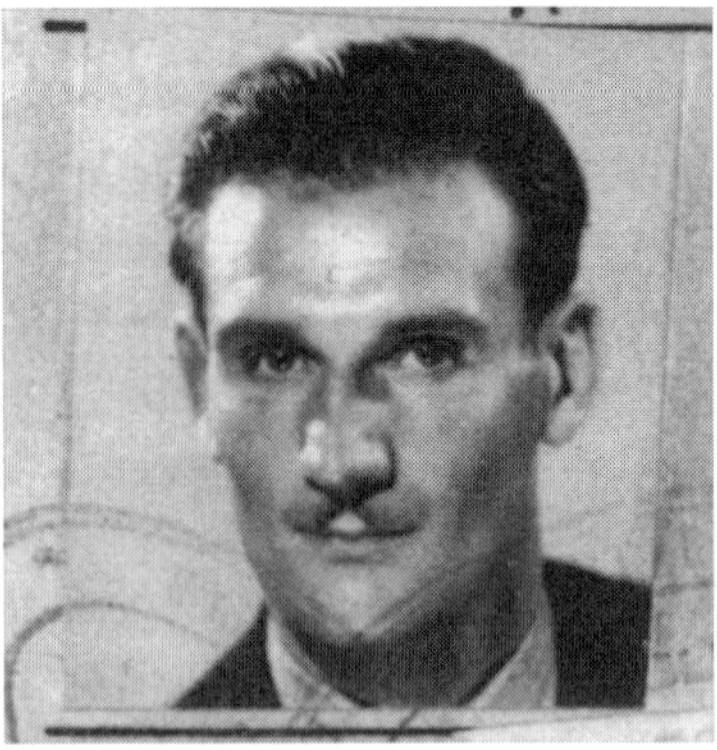

る候補地の数百枚の航空写真を並べた——英国が「モザイクのように」広がっていた。ノーフォークのセトフォードの北にある、マンドフォード村が理想的だという点で意見が一致していた。田舎で人口は少ないが、ロンドンにかなり近い。それからチャップマンは、ハットフィールドのデ・ハヴィランド工場の航空写真を見せられた。ボイラー・ルームの正確な位置が印されていた。

チャップマンは三年も見ていない国に溶け込むために夜はBBCを聴き、イギリスの新聞を読み、ロンドンの通りの記憶を新たにするため、市内の案内書を見た。レオは空襲で残っている英国の備品を手に入れるためにディエップに派遣された。一方、フォン・グレーニングは英国の紙幣を集めるため、自らベルリンに行った。チャップマンは偽の身分証明書に使うための写真を、ナントの写真館で撮ってもらった。その写真では、奇妙なほど緊張した表情で、二枚目俳優のようにカメラに向かって身を乗り出している。目の後ろに、待たされているゆえのストレスが見えるようである。

準備は着々と進み、完了間近に見えた。しかしある晩、驚いたことにチャップマンはドイツのスパイマスター、フォン・グレーニングに脇に呼ばれ、今度の任務からすっかり手を引きたいかと訊かれた。「いいかね、私らは君に無理に英国に行かせようとしているなどと考えてはいけない、なぜなら、もし行きたくないなら、ほかの仕事があるからさ」

「いいえ」とチャップマンは、一瞬、呆気に取られて答えた。「英国に行きたいんです」

フォン・グレーニングは続けた。「任務をやりとげる自信がなければ、行ってはいけない。ここでも君にふさわしい仕事は山ほどあるんだ。私らは君をほかの仕事に使うこともできる」

チャップマンは、自分はもう用意が整っていて、任務を果たすことができると抗弁した。「やれと言われたことはできると思うんです」

フォン・グレーニングが次に提案したことは、さらにチャップマンを不安にした――君は今度の任務にレオに一緒に行ってもらいたいか？　チャップマンは頭を素早く働かせた。レオが世話係として同行したなら、自分の行動の自由はひどく制限されるし、歯なしのチビの悪漢はおれの動機を疑ったなら、おそらく素手で、その場でおれを殺すだろう。

「それはいい考えには思えませんね」と彼は即座に言った。「たぶん、一人ならうまくやれても、二人だと駄目でしょうね、特にレオは英語が喋れないんですから」

フォン・グレーニングはその問題についてはそれ以上何も言わなかったが、チャップマンはそのやりとりで不安を覚えた。このドイツ人はおれに警告しているのだろうか、それとも、おれを守ろうとしているのだろうか？　チャップマンは心配する必要はなかったのだ。それは彼の決心の固さをまたテストしただけだったのだ。九月二十四日、フォン・グレーニングはパリの本部にメッセージを送った。「フリッツは精神的、肉体的に疑いもなく申し分なし」

ばらばらな官僚的集団の例に洩れず、アプヴェーアはあら捜しと無能の結びついた組織だった。まず彼らは不適当なパラシュートを用意した。次に空軍は適切な飛行機を見つけることができないようだった。夜間のパラシュート降下には爆撃機では音が大き過ぎた。そこで、ロシアあるいは中東からの輸送機が検討された。度重なる遅れで、誰もの神経が磨り減っていた。ようやくフォッケ＝ヴルフ偵察機がよいということになった。するとその時点で、何人かの工作員がパラシュート降下で怪我をしたので、フリッツを海岸近くまで船で運び、そこから岸までフリッツがゴムボートを漕いで行くべきだと誰かが言った。しかし、どんな船か？

何度も議論を重ねた末、フリッツを飛行機で運ぶことに決まった。その決定はたちまちのうちに、どこに降下するかを巡っての新しい論議の泥沼に嵌まってしまった。もしフリッツがセトフォードを目指すなら、フリッツを乗せた飛行機はロンドン周辺を飛んでいる夜間戦闘機に撃墜されるだろう、という意見が出た。ウェールズのカンブリア山地が代案として、そこに行ったことのないのが明らかな者から出された。パリはそれに応じて、ナントに指示した。「フリッツにカンブリア山地の写真を見せよ」。チャップマンはそれを一目見て、断固反対した。ノーフォークの平地に降下するのでさえ不安なのに、真冬にウェールズの凍った山腹に着地するなどというのは真っ平だ。だが、最後にはしぶしぶ折れ、もしアプヴェーアが、カンブリア山地が「ほかのどこよりも安全」だと本気で信じているならやむを得ないと言った。結局ウェールズの山地が「新しい作戦目的地」になり、パリはフリッツに、「カンブリア山地の状況と、そこからロンドンに行く手段についてのすべての詳細を熟知」させよという命令を下した。ところが数日後、パリのアプヴェーアの部長が、どんな上司でも持っている、辻褄の合わない自己矛盾の権利を行使して最初の考えに戻り、マンフォードがまたしても目的地に選ばれた。

すると十一月に、一切の問題が解決されたように見えた、まさにその時、チャップマンの任務がすべて一時保留になった。戦争が新しい段階に入り、ヒトラーがフランス全土を占領することに決めたのだ。そしてチャップマンは、突然ドイツ軍に徴兵されたのだ。

数ヵ月にわたってナチの指導部は、ヴィシー政権を次第に募る不信感をもって観察していた。一九四〇年にフランスが崩壊して以来、アンリ・フィリップ・ペタンのもとの、フランス中部のヴィシーにある対独協力政権は、ナチ管理下の傀儡政権としてフランス南部の非占領地域を統治することが認められていた。しかし、ヴィシーのフランス軍総司令官フランソワ・ダルラン大将が、アルジェリアで連合軍との休戦協定に署名してから、ヒトラーはヴィシー政権が統治している地区に侵入することによって一九四〇年の協定を破る決心を固めた。その作戦は「アントーン」という暗号名で呼ばれた。軍隊による新たな占領の遂行を支援するために、あらゆる男が徴兵されることになった。エディー・チャップマンも含めて。

ナント支部はいまやアプヴェーア分遣隊の３２９２部隊になったが、そのメンバーは正式にはＳＳ師団に属していた。そして、南に向かうよう命令された。スパイたちは軍服を着た。フォン・グレーニングは騎兵隊将校の正装をし、革のダブルのトレンチコートを羽織り、略帽をかぶった。プレトーリウスはＳＳの制服を着、ほかの者はさまざまな軍服を着た。ギルバート＝サリヴァンの喜歌劇の登場人物さながらだった。チャップマンはドイツ海軍の一等兵の緑の戦闘服を着るよう命じられた。襟に金の縁取りがしてあり、黄色い鉤十字の腕章が付いていた。彼はその制服に肩章がないのにややがっかりしたが、拳銃の携行は許された。

一九四二年十一月十二日、トーマスとほかの者はメルセデス・ベンツに乗り、チャップマンはフォン・グレーニングと一緒に予備のガソリン缶、食糧、数多くの自動兵器を積んだ二台目の車に乗った。チャップマンは南に向かって進む途中、五マイルにわたって延びている、同じ方向に向かっている何列ものＳＳの隊員と、兵士を満載したトラックの縦列を追い越した。フランス人の男女が道端で見ていた。チャップマンには、見物人の何人かは「ショックを受け、怯え、怒っている」ように見えたが、多くの者が「無感動」のようだった。「騒動などは何もなかった」と彼は書いている。「彼らは話すのを拒み、われわれが自動車で通り過ぎるとき、ひどく無愛想だった」。十字路や検問所でフランス人憲兵は手を振って彼らを通し、自分たちには止めることのできなかった占領軍に向かって、粋に挨拶した。途中で何度かアプヴェーア分遣隊の者は軽く飲むために停まり、リモージュに着く頃には、フォン・グレーニングの小部隊の隊員は、いつものことながら、だいぶ酔いが回っていた。

リモージュでは、一行は小さなホテルに宿泊し、ゲシュタポ将校のライレ少佐の率いる別の部隊と合流した。ライレ少佐は、君たちはこれから敵のスパイがいると思われる家を急襲すると告げた。ピストルと機関銃で武装したチャップマンと仲間たちは、フォン・グレーニングのあとに従って、あるアパートに行き、ル・サフル大尉という人物が住んでいる部屋のドアを蹴破った。容疑者はすでに逃げていて、書類が散乱していた。一行が部屋を捜索しているあいだにチャップマンは書類を一摑み拾い上げ、ポケットに押し込んだ。

一行が次の家に押し入ると、二人の怯えた老女がベッドの下に縮こまっていた。フォン・グレーニングはうろたえた。そして、あなた方が探している男は二年前に死んだと二人の老女がどもりながら言ったとき、さらにうろたえた。ドイツ人貴族のフォン・グレーニングは、ゲシュタポの仕事が好きではなかった。彼の部隊は晩までに十数軒の家を急襲したが、そのほとんどは無人か、探しているのとは違う人物が住んでいるかだった。結局、総計五人の容疑者を捕まえた。その中に十七歳の少年が入っていた。怯えたフランス人たちは無実を主張したが、ズボンを脱がせてからホテルの寝室に閉じ込めた。フォン・グレーニングはあとで全員を釈放した。「なんで私が連中を強制収容所に送らなくちゃいけないのかね？」と彼は言った。「奴らは罪を犯したかもしれないし、犯さなかったかもしれない」。ホテルに戻るとチャップマンは、アパートで拾った書類を調べてみた。それは日記の一部らしかった。「かくかくしかじかの時間に、某ホテルで落ち合う……」。彼は入念に書類を破棄した。

フランス占領に対する3292部隊の貢献は微々たるものだった。彼らは何人かの「ほんの小物」

を捕らえてから釈放し、酒をいくらか略奪し、二人の老女を怖がらせた。それでも、素晴らしい夕食で祝うに値した。その日はチャップマンの二十八回目の誕生日だった。彼はナントに戻る途中、フランスの民家を急襲する一行に自分が加えられたのも、単なる訓練の一部なのだろうかといぶかった。「急襲に対して自分がどんな反応を示すかを見るためだったと思う」。彼の反応は特異なものだった。彼はすっかり楽しんだのである。それはおそらく、道徳上の混乱の印であり、ナチのあいだで非常に長く暮らした影響であろう。彼はのちに、そのちょっとした事件——真夜中に民家を急襲したこと、ドアを蹴破ったこと、怯えた人間をベッドから引きずり出したこと、初めて鉤十字章をつけたこと——を、「素敵な小旅行」だったとして回想している。

第10章 降下

ヴィシーでの民家急襲は、チャップマンの最後のテストだった。アプヴェーアは非常に長いあいだ迷ったあとで、慌《あわ》ただしく行動を開始した。チャップマンは数日以内に英国に向けて発つ、とフォン・グレーニングは告げた。その知らせでフリッツは「目に見えてほっとしている」ようだと彼は報告した。パリ本部は、調査項目、すなわちチャップマンが英国から送るであろう役に立つ情報の詳しいリストを送ってきた。そして彼らは一緒に、チャップマンの間近に迫った任務の詳細を繰り返し検討した。

チャップマンは午前二時頃、マンドフォード上空から降下する。そして同時に、夜間戦闘機を引き寄せるため、爆撃機が「さらに内陸に入ったどこか」に空襲をする。チャップマンは地上に降り立ったならば、目立たない場所に穴を掘り、パラシュート、オーバーオール、ヘルメット、降下用軍靴、脛当《すね》て、塹壕掘削用具を埋める。どれも英国製であること。彼は私服を着て（英国陸軍の制服を入手することも検討されたが、その案は否決された）、夜明けまでどこかに隠れ、羅針盤と地図を使ってノリッジまで三十マイルほど歩き、それからロンドン行きの列車に乗る。ロンドンに着いたなら、かつての共犯者、悪名高いジミー・ハントに連絡し、降下してから三日後の午前九時四十五分から十時十五分のあいだに最初の無線送信をする。パリ、ナント、ボルドーはみな、彼のシグナルに耳を澄ませている。その点でフォン・グレーニングは、もしチャップマンが捕まっても、「英国の官僚的形式主義」のせいで、英国の諜報機関がチャップマンを欺瞞目的に使うようになるまでしばらく時間がかかるだろうと言った。もし長い遅延があれば、最悪の事態を予想すると、フォン・グレーニングは言った。

きわめて重要なのは、チャップマンが最初のメッセージおよびその後のすべてのメッセージの最初に必ず五つのFを付けることだ。それは彼の「コントロール・サイン」だ。つまり、彼が英国側にコントロールされずに自由意志で行動していることを示す合図だ。もしメッセージがFFFFFで始まらなければ、彼は捕まり、強制されて送信していることを、フォン・グレーニングは知る。当然ながら、もし誰かがチャップマンのふりをしても「コントロール・サイン」を知らないだろうから、チャップマンが捕まったと、フォン・グレーニングはやはり結論付けることになる。同様に、もしメッセージがPPPPPで始まれば、チャップマンが英国の諜報機関に監視されているか、警察に跡をつけられているかの事態を知らせる緊急警告だ。

チャップマンは英国に着いたならば、ドイツで捕まった英国のスパイから没収した英国製の、すべての電圧で使える送信機で、毎朝九時四十五分から十時十五分のあいだに送信することになっていた。その送信機は外にアンテナを立てることなく、部屋の中から送信できる。チャップマンは一定の周波数で送信し、問題が生じた場合にそなえ、五つの鉱石無線機を持って行くことになった。すべてのメッセージは英語で送られ、同一の暗号システムを使わねばならないが、新しいコード・ワードは、CONSTANTINOPLEだ。

もし、なんらかの理由で送信機が使えなかったなら、『ザ・タイムズ』の個人広告欄に、次の広告を載せることになった。「若夫婦、エルストリーもしくはウォトフォード近辺に、近代的設備のある小さなコテージを求む」。それからチャップマンは秘密筆記用のインクを用い、中立国のポルトガルにあるアジトにメッセージを送ること。住所は――

フランシスコ・ロペス・ダ・フォンセカ
サン・マメーデ通り　五〇－五一
リスボン

それはリスボンにいるドイツのスパイが受け取り、フォン・グレーニングに転送される。

デ・ハヴィランド飛行機工場で破壊工作（暗号名「ヴァルター」、プレトーリウス／トーマスにちなんでいた）を行うのがチャップマンの第一の目的だったが、唯一の目的ではなかった。彼はまた、アメリカ軍の行動、とりわけ護衛されている車輛部隊の行動に関する情報を収集して送り、貨物列車に付いている目的地のラベル、師団標識、造船状況、その他、集められる限りの軍の情報に注目しなければならなかった。さらに、ドイツ軍の空襲を助けるために気象報告もしなければならなかった。とりわけ、雲高、温度、風向と風力、視界について。チャップマンはある程度自分の判断で行動することができた。もし、デ・ハヴィランドの構内に入るのが不可能なら、サリー州のウェイブリッジにある飛行機のプロペラ工場か、精糖所、ゴム精製所を襲ってもいいし、あるいは単に、爆弾を入れたアタッシェケースを地下鉄の手荷物用ロッカーに置くことで「嫌がらせ工作」をしてもよかった。フォン・グレーニングはチャップマンを励ました。「時間をかけるんだ。じっくり考えるんだ。君が成功しなくとも構わない。無用の危険を冒してはならない。戻ってくることができたら、君にほかのことをしてもらう、ほかのやり甲斐のある仕事を」。もしチャップマンが望むなら、協力者として

「ゼリー・ギャング」の仲間を引き入れてもよかった。

チャップマンはかつての犯罪者仲間に金をやり、必要な爆薬を手に入れ、生活費全般を賄うために、使用済みの札で千ポンド（今日の約三万三千ポンド）貰うことになった。「それだけあれば十分やっていけるはずだ」とフォン・グレーニングは言ってから、もし、もっと現金が必要になったら、すでに英国にいるスパイを通して渡すと付け加えた。フォン・グレーニングはそうしたスパイの名前を明かすのは拒み、接触は無線で行われると言った。「もちろん、われわれの諜報員はあっちにいる。連絡先はわかっているんだが、危険を冒さないよう、ごく、ごく慎重にやる必要があるんだ」。チャップマンは、ヴォイヒがすでに英国に送られていて、自分を助けるためか、十分考えられることだが、自分をスパイするために待っているのではないかといぶかった。

フォン・グレーニングはさらに指示を与えた。チャップマンは破壊工作を実行することになった日の前日、「ヴァルターは出掛ける用意ができた」という文句と、爆破の予定時間を含むメッセージを送ってくること。そのあと、偵察用飛行機が破壊工作の成果を調べる。

もしチャップマンが不幸にして英国の諜報機関の手に落ちたなら、とフォン・グレーニングは言った、チャップマンは「できる限り少ない情報を与え、英国のために働くことを申し出、フランスに送り返してくれと頼む」こと。フランスに戻ったら、直ちにアプヴェーアに連絡すること。そして、彼が誠実さを英国側に納得させるために見せかけの「いくつかの小規模の破壊工作」をしたあと、アプヴェーアは彼を再び雇うだろう。

チャップマンの任務は三ヵ月続き、その後は、次の三つの方法のどれかでフランスに戻ってくる手筈になっていた。第一の方法は、イングランドかスコットランドの海岸で彼を拾うためにUボートを派遣する、その位置は無線で取り決める、というものだった。第二の方法は、アイルランド共和国に行くというものだった。そこには、「彼がフランスに戻るのに手を貸す、さまざまな人物がいる」。第三の方法は、これが最善の逃亡ルートだとフォン・グレーニングは強調したが、中立国のポルトガルに行くというものだった。リスボンに着いたなら、サン・マメーデ通りにあるアジトに行き、シニョール・フォンセカに、自分はフリッツだと名乗って、「ジョリ・アルベール」という合言葉を言う。そうすれば、チャップマンが安全にフランスに帰ることのできるよう、ドイツ領事館が手配してくれる。フランスに戻れば、金が貰え、英雄としての歓迎を受けるだろう。

フォン・グレーニングは、第三帝国から受け取ることになる金銭的報酬とほかの報酬について、相手に待ち遠しい思いをさせるようなことを言った。ベルリンで報告したあと、チャップマンは長い「休暇」を貰い、ドイツの主だった都市を訪ねることになるだろう。チャップマンはアメリカで重要な任務を果たすように頼まれるかもしれないが、どこでも好きなところに配置してもらえるだろう。ひょっとしたら、アプヴェーアで指揮権が貰えることさえあるかもしれない。チャップマンは一度、うっとりしている群衆に向かってヒトラーが演説をするベルリンの大集会に行ってみたいと言ったことがあった。フォン・グレーニングは手配しようと約束した。それだけではない、と彼は言った。「最前列か二番目の列」のいい席をチャップマンのために確保しよう、たとえそれが、チャップマンが高官の制服を着なければならないのを意味するにせよ。フォン・グレーニングはヒトラーを礼讃している気振りもなかったが、チャップマンをナチの党大会にこっそり入れて、自分のスパイを総統のすぐ近くに坐らせるのに大乗り気のように見えた。

チャップマンは、ロマンヴィルにいるファラマスのことを、もう一度持ち出すいい機会だと判断した。フォン・グレーニングは慰めるように言った。「心配するな。ファラマスに小包を送ってやる。私自身は彼から何も聞いていないが、どんな様子か調べてみるつもりだ——よく世話をしてもらえるだろう」

もしチャップマンが安心したとすれば、それは早計だった。なぜなら、哀れなファラマスは、もう今では、ホロコーストに呑み込まれていたからだ。彼はもはや、チャップマンが裏切り行為をしないための人質などではなく、残忍な官僚的組織の罠に嵌まった、ちっぽけな存在でしかなかった。チャップマンは、自分が友人の命を掌中に握っていると依然として思っていた。事実は、彼が任務を果たすのに失敗したにせよ、逃亡したにせよ、誰もトニー・ファラマスを殺すのを思い出しはしなかったろう。ファラマスは、死ぬために、すでに選ばれていたのだ。ナントでチャップマンが荷物をまとめていた、まさにその時、ファラマスは家畜運搬用貨物列車でブーヘンヴァルトのナチの強制収容所に送られていた。

ファラマスはなんの説明も受けずにロマンヴィルの独房から呼び出され、コンピエーニュの一時滞在用収容所に連れて行かれ、それから、ほかの百二十人の囚人と一緒に、家畜運搬用貨物列車の、八匹の動物を入れるための無蓋貨車に乗せられた。窒息、赤痢、渇きによって、死は緩慢にやってきた。数日後、「生者と死者を見分けるのは難しかった、両者の境界が非常に小さくなったので」。生者は死者と肩を接して立っていた、倒れる余地がなかったからである。コンピエーニュを発ってから五日後、無蓋貨車に押し込められた百二十人のうち六十五人がまだ生きていた、辛うじて。生存者の中に小柄なトニー・ファラマスがいた。彼は苦役の場所に連れて行かれるとき、思いをめぐらした。「このような大虐殺が人間のすることとは、信じ難かった」

一九四二年十二月十二日、フォン・グレーニングはラ・ブルトニエールで送別会を催した。一羽の鵞鳥を絞めて丸焼きにし、チャップマン、別名フリッツ、フリッツヒェンの成功を願って何度も何度も一同は乾杯した。誰もが『リリー・マルレーン』を唄った。普段よりもさらに大酒を飲んだフォン・グレーニングはご機嫌だった。「君が今度の任務を果してくれたら、君には心配することはもう何もなくなる。君が戻ってきたら、君の将来は安泰だ。心配するな、大丈夫だ。もう一本、一緒にシャンパンを飲もう」

プレトーリウスはチャップマンを脇に呼んだ。落ち着かなげで、いつもより、そわそわもじもじしていたが、囁くように言った。「ちょっとばかりばつの悪いことをしなくちゃいけないんだが、僕らはどの諜報員にも、それをするのさ。単なる形式で、侮辱されたと思わないといいんだが」

「なんだい？」

チャップマンは英国に行く前に徹底的に調べられねばならないと、プレトーリウスは説明した。チャップマンが占領地区のスパイであることを示すような、フランスあるいはドイツでの荷札、受取り、切符その他のものを所持していないかどうか、徹底的に調査しなければならない、というわけだった。チャップマンは「われわれから支給されたと見られるようなもの」を持ってフランスを発つのは許されないのだった。

「気にしないだろうか？」とプレトーリウスは訊いた。

「もちろん、気にしないとも」

反対するどころか、チャップマンは「トーマス」が不用意にしてくれた警告に感謝した。ほかの誰もが千鳥足でベッドに行ってしまうと、チャップマンは無線の周波数、爆薬の調合法、暗号と名前を記したメモを、すべて燃やした。

朝になると、医師がやってきてチャップマンの詳細な健康診断をし、それから、プレトーリウスとフォン・グレーニングの立会いのもとでチャップマンは、ドイツのスパイが敵国内で必要となると思われるものを、英国製のカンヴァス地の背嚢にすべて詰めた。

塹壕掘削用具一点
無線機一台
装塡したコルト・リボルバー一挺と予備の薬室
ハンカチ二枚
地面に叩きつけられた場合にそなえ、鋸くずに丁寧に詰められた雷管十二本
チョコレート
グレープ・ゼリー
帽子一個
剃刀一挺
羅針盤一個
秘密筆記用の「マッチ」の入ったマッチ箱一個
眼鏡一個（透明ガラス）
清潔なワイシャツ二枚
英国陸軍の地図一枚
ハマースミス出身のジョージ・クラーク名義の身分証明書
電気技師、ダブリン出身のモーガン・オブライエン名義の身分証明書

どれも英国製か、英国製に見えるものだった。チャップマンの財布でさえ、ディエップで死んだ者から取った日常的なもので一杯だった——公園のデッキチェアのチケット二枚、トーキーのゴルフク

ラブのチケット一枚、YMCAホステルの受取り、家族の写真（チャップマンはその誰にも会ったことがなかった）。ロイヤル・ヨット・ホテルの名入りの便箋に書かれたベティーの恋文も入っていた。それは今ではくちゃくちゃになり擦り切れていたが、偽物の中で唯一の本物だった。

フォン・グレーニングは奇妙な表情を浮かべながら、セロハンの小さな包みに入れた一錠の茶色い錠剤をチャップマンに渡し、「何か問題があったら」服《の》むようにと言った。「問題」という言葉は定義する必要はなかった。二人の男は、捕まったドイツのスパイの身に何が起こるのか知っていた。英国人でもあるドイツのスパイがどういう目に遭うのか、詳しく説明するまでもなかった。

チャップマンは支部の男たち、豚のボビーに別れを告げた。また、彼の言葉を使えば、この十年で唯一の「我が家」だったラ・ブルトニエールにも別れを告げた。彼はそこで「本当の同志愛」を見つけたのだ。何人かの驚くほど嫌な連中はいたけれども。出発する前にチャップマンはプレトーリウスに五百フラン渡し、みんなに酒を飲ませてやってくれと言った。

その夜、チャップマン、フォン・グレーニング、プレトーリウスはパリのオテル・デ・ザンバサドゥールに泊まった。朝になると、プレトーリウスは約束通りチャップマンの身につけているものを調べてから、カンヴァス地のバッグを渡した。それには、防水布で密封された、さまざまな金額の使用済みの紙幣で九百九十ポンド入っていた。もしチャップマンがその金袋の中を見たなら、札束が「帝国国立銀行、ベルリン」というスタンプを押した上に鉛筆で「英国」と書いた帯で止めてあったのに気づいたことだろう。信じられないような無考えな行為だが、アプヴェーアはチャップマンに、彼がドイツのスパイであることがすぐにわかる現金の包みを渡したのだ。プレトーリウスはチャップマンの衣服を隈なく調べたのに、使用済みの紙幣でチャップマンに死刑を宣告したのだ。

ル・ブールジェ飛行場ではドイツ空軍の大佐が待っていた。チャップマンはそれがパラシュートの訓練で知り合った人物であることに気づいた。大佐はチャップマンの任務についてすべて知っているらしかった。というのも、モスキート爆撃機と、その製造を中断させることの重要性についてチャップマンに話したからだ。「君たちは美しい飛行機を持っている」と大佐は言い添えた。

大佐は、鉄十字章をつけた、ずんぐりした若い操縦士を紹介した。操縦士はチャップマンの先に立ってターマック舗装の滑走路を横切り、スマートな黒い飛行機のほうに向かった。それは二十五フィートの長さがあり、双発で、両側に機関銃を搭載していた。これはパラシュート用に改造された最新式の設計のフォッケ＝ヴルフだと、操縦士は誇らしげに説明した。胴体の床の部分が四角に切り取られ、代わりにそこに木製のパネルが嵌められ、パッキング材で固定されていた。リリース・ハンドルを引くと落とし戸が開いた。チャップマンは三人の乗組員の飛行機でイギリス海峡を横切ることになった——若い操縦士、航空士のハウプトマン・カール・ガルテンフェルト少尉、無線通信士で射手の下士官。彼らは「喉頭タイプ」の通話装置（インターコムの送話器を喉骨に押し当てて話す）で連絡するらしかった。チャップマンは彼らが制御盤の前にわざと立っているようなのに気づいた。まるで、チャップマンがそれを見るのを妨げるかのように。

チャップマンは仮兵舎の中で私服の上に飛行用のオーバーオールを羽織った。その私服はずっと前にジャージー島に英国から着て行った古いスーツだった。チャップマンはオーバーオールのボタンを嵌め、膝当てを革紐で固定し、着地用ブーツの紐を結びながら、両手が震えているのに気づいた。

英国からの気象情報を待っていたので、出発が遅れた。チャップマンは煙草を次から次へと吸った。そして会話のきっかけを作ろうと、対空砲か夜間戦闘機に撃墜されるおそれがあるかと訊いた。若い操縦士は笑い、音の方向を変える装置を使って「攻撃を躱《かわ》す」ことができると言った。地上からだと、飛行機は実際の位置よりも少なくとも一キロ後ろのように思えるのだ。チャップマンは乗組員の誰もパラシュートを付けていないのに気づき、ほんの少し安心した。

午後十一時少し過ぎ、操縦士は飛行機のほうに行くようにチャップマンに身振りで合図した。フォン・グレーニングと空軍大佐が、滑走路を足取りも重く進んで行くチャップマンの横を歩いた。チャップマンはゆっくりとしか歩けなかった。膝当て、着地用ブーツ、パラシュート、革紐で背負っている嵩張った背嚢が邪魔になったのだ。チャップマンは本名を知らない友と握手をした。その友は、フリッツから最初のメッセージを受け取った瞬間、ラ・ブルトニエールでシャンパンを開けると宣言した。「私らは待っているよ、大佐と私は」とフォン・グレーニングは言った。「首を長くして待っている」

チャップマンはコックピットのハッチを身をよじるようにして通った。すると操縦士は飛行機の後部のほうを向いて、床の穴の上に跪くようにチャップマンに指示した。航空士はあとからよじ登ってきた。

十一時二十五分、フォッケ＝ヴルフはル・ブールジェ飛行場から闇の中に飛び立った。コックピットの中の唯一の明かりは、無線通信士が持っている小さな懐中電灯だった。飛行機がバンクすると、チャップマンは遠くに無数の小さな明かりがあるのを、ちらりと見た。飛行機はさらに高く上がった。海の空気の匂いがすると、彼は思った。ヒーターからわずかな熱が伝わってくるにもかかわらず、コックピットは不意に、凍えるほど寒くなった。無線通信士は、酸素マスクをつけるようにチャップマンに指示した。ときおり航空士は紙片に何か書き、それをチャップマンの頭越しに操縦士に渡した。チャップマンはうつ伏せになると、背嚢の重みで喘いだ。跪くと、背を真っ直ぐにしたり、振り返ったりすることができなかった。チャップマンは痙攣が次第に体の上のほうに伝わってくるような気がした。生暖かい何かが、顎にたらたらと流れてきた。彼は酸素マスクをしっかりと締めなかったのだ。鼻血が出ていた。飛行機がスケグネスの北にあるイングランドの海岸の上空を横切ると、サーチライトが夜空を切り裂いているのが見えた。飛行機は螺旋降下をしているように思えた。エンジンがけたたましい悲鳴を上げた。そして飛行機は再び上昇した。ケンブリッジシャーの沼沢地を過ぎたとき、フォッケ=ヴルフは空中で奇妙な8の字形のダンスをした。チャップマンはヘルメットの紐を結び、パラシュートのコードを頭上のボルトに結びつけた。乗組員は平然としているように見えた。「そわそわしたり、びくびくしたりはまったくせず、彼らは笑い、冗談を飛ばした」、まるで、盗んだ車で面白半分のドライブをしているかのように。

チャップマンは操縦士が自分の背中を軽く叩くのを感じた。彼は酸素マスクをぐいと外し、跪き、リリース・ハンドルをぐっと引いた。彼の下の落とし戸が消えた。そして、彼は下方にぐんと落とされたが、空中を落ちて行く代わりに、飛行機の胴体の下側から、頭を下に宙吊りになっていた。空気が激しい勢いで体に当たり、息を奪った。大き過ぎる背嚢がハッチの両側につかえていた。彼はなす術《すべ》もなく、ぶら下がっていた。ひどく長いあいだのように思えたが、実際には十秒以上ではなかった。その時、尻が何かで蹴飛ばされるのを感じた。それは、無線通信士の軍靴だった。チャップマンは宙返りをしながら落ちて行った。大きな鋭い音がし、がくんと揺れると、パラシュートは彼の上でパタパタと音を立ててしっかり開いた。不意に、辺りがまったく静かになった。血が顎に滴り落ちた。遥か彼方に、いくつかのサーチライトが闇の中で盛んに交差しているのが見えた。下では空襲警報解除のサイレンが鳴っていた。妙な話だが、彼は一瞬、下は英国ではなくフランスではないかと思った。これもフォン・グレーニングのテストなのだろうか？　十二分間、チャップマンは静かな無風の夜空を、下方の闇の一点に向かって漂いながら下降して行った。その地点は、彼が着地するはずの場所から、少なくとも二十マイル離れていた。

第11章 マーサが興奮した夜

十二月十六日午前一時四十八分、リトルポート警察のジョーゼフ・ヴェイル巡査部長は、町の西側の上空で爆音がするのを聞いたが、それは二機の別々の飛行機か、二つの非常に強力なエンジンをそなえた一機の飛行機の音に違いないと思った。直ちにその一帯のすべての警察署に警報が出された。「ウィズビーチ――ダウナム・マーケット――イーリー一帯を厳重に監視すること。リンカンシャー沿岸から南に来た一機の飛行機がその付近の上空を旋回しているのが目撃された。〈ナイトキャップ〉ということも考えられる。もっとも、予期されていた一帯ではないが」。もう一本の電話がホワイトホールの電話番号にかけられ、さらにもう一本の電話がター・ロバートソン少佐の自宅にかけられた。少佐は起き上がり、タータンのズボンを穿いた。その時点では、エディー・チャップマンの足は、まだ地面に着いていなかった。

ナイトキャップ作戦は、MI5の「フリッツ罠《トラップ》」の暗号名だった。早くも十月に、フリッツが「もう間もなく休暇に出掛ける」ということを明かしているメッセージが傍受され、敵のスパイが来るのを予期するようにという警告が、英国の三つの別々の地域にいる諜報機関の連絡将校に出された。

課報員《エージェント》Xは、おそらく三十歳以下で、背は約六フィートである。彼はチャップマンという名前を使うかもしれない。英語、フランス語、ドイツ語を話す。無線通信士としての訓練を受けている。諜報員Ｘは、自殺の手段、例えば毒薬の錠剤を与えられているかもしれない。したがって、逮捕したならば直ちに持ち物を調べ、取調べ中拘留し、ロンドンに護送すること。

数ヵ月にわたって英国の無線通信傍受班はフリッツの無線交信を徹底的に監視していたので、フリッツと親密になったような気になった。防諜班は〈極秘情報源〉からフリッツの任務の概略を知った。デ・ハヴィランド・モスキート工場を目標にした計画は知らなかったけれども。フリッツの無線交信によると、三つの降下地点が考えられた。マンドフォード、北ノーフォーク、カンブリア山地。その最後の地点が、最も可能性が高いと見なされた。ロバートソンはフリッツの本名さえ摑んでいた。最初、それは人の注意をほかに逸らすもののように思えたが。なぜなら、ＭＩ５は完全に無実のロバート・ウィリアム・チャップマンを捜査して数日無駄にしたからだ。彼はエジプトの西砂漠地帯で行方不明になったと報告され、捕虜になっているあいだにアプヴェーアによってスパイになったかもしれないと思われていたのだ。

Ｂ１Ａのスパイキャッチャーたちは、フリッツの歯の治療、偽の身分証明書の名前、さらに、髪のおよその長さまで知っていた。〈極秘情報源〉がこう報告していたからだ。「フリッツヒェンが今日、１３００グリニッジ標準時に、『髪を刈っていたので、今朝のスケジュールは守れなかった』と明文（暗号ではない普通の文）で言ったということは興味のある情報かもしれない」。彼らは、「ジョリ・アルベール」というチャップマンの合言葉、ブーツの色、ズボンの折り返しに隠してある毒薬の種類まで知っていた。

しかしＭＩ５は、〈極秘情報源〉から情報を貰っても、フリッツを捕まえる見込みは少ないのも承知していた。

MI5の防諜部門であるB課の中で、彼を罠にかける最善の方法について盛んに論議が交わされた。道路封鎖をして一軒一軒調べるという大捜査網を張るのは、「情報が洩れ、その結果、新聞に書かれるおそれが十分にある」という理由で否決された。もし敵のスパイが追われているのに気づけば、ドイツ側は、自分たちのメッセージが読まれていることを悟るかもしれない。〈極秘情報源〉はどんなことがあっても守られねばならない。別の方法は、諜報機関に属している軍事警察である野戦保安警察《フィールド・セキュリティー・ポリース》（FSP）の「別働隊」を使うことだった。「別働隊」ならば、いつでもすぐにスパイの着地点に動員できる。その案も否決された。「地元の警察と問題を起こし、しかも成功の見込みは少ない」だろうという理由で。

とうとう、いくつかの罠を仕掛け、少なくともその一つにスパイが掛かることを期待することになった。フリッツがこっちに向かっているという情報を〈極秘情報源〉が受け取るや否やナイトキャップ作戦が実施され、ロンドンにいるディック・ホワイトの個人用電話番号に電話がかかり、地区連絡将校と戦闘機軍団が警戒態勢に置かれる。戦闘機軍団に配属されている情報将校は、英国の上空に入ってくる飛行機を探知し、もし、三つのスパイの着地点の一つに向かっているように思われる飛行機が見つかったなら、MI5の夜勤の担当官に通報する。担当官はその地域の警察署長に連絡し、その田園地帯を慎重に捜査するように指示する。もし飛行機が撃ち落とされたなら、パラシュートで降りる者は脱出するだろうから捕まえることができる。しかし、もしスパイが誰にも見つからずに着地することができたなら、警察は下宿屋とホテルを「虱潰し《しらみ》」に調べる。ナイトキャップ作戦に加わった者は、こう厳しく言い渡された。「君たちが何をしようと、捜査をできるだけ誰にも悟られないようにするのが肝腎だということを協力者に強調せよ……パラシュートで降下したスパイを探しているのかと訊かれたら、「脱走兵を捜しているふり」をしなければならない。警察がなぜ至る所の茂みを棒で叩き、木を見上げているのかと訊かれたら、「脱走兵を捜しているふり」をしなければならない。

入念に準備は整えたものの、捜査網が孔だらけなのをMI5はよく承知していた。その男は明らかに十分に訓練されたスパイで、「無線送信機を完璧に操作することができる……一人前の破壊工作員」だ。フリッツは英国人なので、スパイの持ちうる最上の偽装をしている。その彼が、辺鄙で人口過疎の三つの地域のどれかに降下しようとしているのだ。どの地域も直径十二マイルほどある。彼は金とピストルを持ち〈極秘情報源〉から判断すると、大胆不敵だ。MI5は現実的だった。「もし、われわれの目的の男が冷静沈着に自分の任務を果たすなら、彼を見つける確率は四〇パーセント以上ではない」

戦闘機軍団はフォッケ＝ヴルフを発見し、第一二戦闘機飛行連隊が追跡を命じられた。そのうちの一機が敵機の射程距離に入ったが、「飛行機の計器が原因不明の故障を起こした」。ドイツの飛行機は逃げ、警戒していたヴェイル巡査部長だけが、ナイトキャップ作戦がともかくも行われたことを確認した。チャップマンは時速三百五十マイルで飛んでいる飛行機からなんとか脱け出ようと、しばらくもがいたので、予定の着地地点からだいぶ離れた場所に降り立った。結局、スパイXを「捕らえた」のは、ほかならぬエディー・チャップマンだった。

マーサ・コンヴァインは眠れなかった。頭上をブーンという大きな音を立てて飛ぶ飛行機に目を覚まされ、あれはドイツの飛行機だろうかといぶかりながらベッドに横になっていた。彼女はまどろんだかと思うと、空襲警報解除のサイレンの音で、また目を覚ましてしまった。エイプス・ホール農場の労働者の頭《かしら》である夫のジョージは、もちろんのことながら、絶え間なく鼾《いびき》をかいていた。なぜなら、ジョージはバトル・オヴ・ブリテンでも眠っていたし、最近でもそうだったからだ。マーサはやっとうとうとすると、ドアを叩く大きな音を耳にした。

　マーサはジョージを揺すって起こし、ガウンを羽織り、窓の外の闇をじっと見た。「誰なの？」。男の声が答えた。「英国の飛行士です。事故なんです」

　午前三時半だった。それまでの一時間、チャップマンは闇の中で雨に濡れたセロリ畑を躓《つまず》きながら歩いていた。恐ろしい速度で飛ぶ飛行機から宙吊りになっていたため眩暈《めまい》がし、まだ精神的にショックを受けていた。彼は着地した際、空っぽの納屋にぶつかるところだった。そして、地図を失くしたようだった。ようやく十八世紀の石造りの農家を見つけ、ドアの小窓から中を懐中電灯で照らした。玄関のホールのテーブルには、英語の電話帳があった——彼はほっとした。もちろんそれは、この一時間ブーツに次第に厚くこびりついてきた粘る土が、英国の土であってフランスの土ではないことを意味したからだ。

　ジョージが眠そうな顔でランプを点灯しているあいだにコンヴァイン夫人は階下《した》に行き、ドアを開けた。戸口に立っていた人物は、沼から出てきたと言ってもよかった。マーサは「男の顔に血が付いているのに気づいた」。男はまた、スーツを着ていた。今は戦争だから、用心し過ぎるということはないと思ったマーサは、男の飛行機はどこにあるのかと訊いた。男は周囲の田園を曖昧に指差した。

「畑の向こう」と男は言って、パラシュートで降りたのだと、つぶやくように付け加えた。

「〝ジェリー〟（「ドイツ兵」の綽名）の音だと思ったけど」とマーサは言った。

「そう」と男は意味のないことを言った。「僕らの掩護戦闘機だろうな」

　事実男は、紅茶のカップを片手に台所のレンジの前に坐るまで、意味のあることは何も言わなかった。男は電話を使っていいかと訊いた。非常時の際の特別警官だったジョージはイーリーの警察署の電話番号を暗記していたので、男に代わって電話番号を回した。男は送話器に向かってごく静かに話したが、マーサは、「フランスから着いたところだ」と男が言うのをはっきりと聞いた。それはぞくぞくするようなことだった。

ヴェイル巡査部長とハッチングズが、二人の巡査と一緒に警察の車で到着した時は、四時半だった。パラシュートで降りた男は、三杯の紅茶と、四枚のトーストを食べた。そして、明らかに気分がずっとよくなったようだった。陽気にさえ見えた。

コンヴァインは警官を居間に案内した。そこでは、男がマーサと喋っていた。ヴェイルはこう報告した。「彼はわれわれと握手をした。興奮しているように見えたが、われわれに会って嬉しそうだった」。それから男はポケットに手を入れ、ピストルを取り出して言った。「あんたが欲しい最初のものは、これだと思うね」。男はピストルから弾を抜き出してから、もう一つの装填してある弾倉と一緒にヴェイルに渡した。

どこから来たのかとヴェイルが尋ねると、男は答えた。「フランスから。英国の諜報機関に連絡したい。彼らの扱うケースなんだ。申し訳ないが、あんたには詳しくは話せない」

ズックに縫い込んだ長方形の小包が、居間の一脚の椅子に置いてあった。それには「無線送信機とチョコレートとワイシャツ」が入っていると男は説明した。金は持っているのかとヴェイルが尋ねると、男はワイシャツを脱いだ。すると、「肩甲骨のあいだに紐で止めた小さな包み」が現われた。男はそれを外し、ヴェイルに渡した。ヴェイルは、中に紙幣の束が入っているのをちらりと見て驚いた。男はまた、「ジョージ・クラーク」の身分証明書も財布から取り出した。

「それは本名かね?」とヴェイルは訊いた。男はただ「首を横に振り、にやりとした」。

巡査たちがパラシュートを探しに出掛けると、男は「ひどくお喋り」になり、自分の知っているドイッの上級将校について自慢し、ヨーロッパに侵入する唯一のルートは、アフリカからイタリアを経由するルートだと、出し抜けに言った。この男は降下したせいで「ぼうっと」しているのかもしれないとヴェイルは思った。男はセロリの匂いがかすかにした。

エキゾティックな訪問者と警察の護衛は、警察の車で出て行った。ジョージは、あした仕事があるのでベッドに戻ると言った。だがマーサは、夜が白み始めたとき台所の椅子に坐り、この数時間の不思議な事件についてあれこれ考えた。その日の朝あとになって掃除をしていた際、彼女はソファーの後ろに英国陸軍の偵察用地図があるのを見つけた。男のポケットから落ちたのに違いなかった。それを台所のテーブルに広げると、赤いクレヨンでマンドフォードが囲ってあった。あの男は「非常に礼儀正し」かったとマーサ・コンヴァインは思った。また、あの泥と血がなければ、かなりハンサムではないかとも思った。彼女は隣人に喋りたくて仕方がなかったが、そうはできないのを知っていた。どんなことが起こったのか、マーサもジョージも絶対に口外してはならないと、ヴェイル巡査部長に言われたのだ。それも、ぞくぞくするようなことだった。

警察の地区本部でチャップマンは裸にされ、体を調べられ、新しい衣服を渡され、副本部長の前に連れて行かれた。副本部長はチャップマンと親しげに握手をした。チャップマンは警戒した。警察署の中にいるのは好きではなかったし、警官に本当のことを言う習慣もなかった。彼は用心深く答えた。

「名前は?」

「ジョージ・クラークでいいですよ、今のところ」

「商売あるいは職業は?」

「そう、自営、としておいてください」

副本部長は無線送信機の入っているカンヴァス地のバッグを取り上げた。「それは情報機関しか開けてはいけない」と、チャップマンはぴしゃりと言った。

茶色の錠剤が、彼のズボンの折り返しに見つかった。もっと持っているのかね？「調べたらいい」チャップマンはごくかいつまんでこれまでの経緯を話した。その話は、ジャージー島から始まり、ドイツの飛行機から逆さまに宙吊りになった「ひどく怖い経験」で終わった。

なんでチャネル諸島に行ったのか？「休日を過ごしに」

なんでロマンヴィルに投獄されたのか？「政治的理由で」

それからチャップマンは急に黙り込んだ。「ひどい目に遭った」と彼は言った。「英国の諜報機関に話さなくちゃいけない。とても面白い話がある」

諜報機関もフリッツの話を聞きたがった。私服の二人の男が囚人護送車でやってきた。チャップマンは書類に署名し、ロンドンまで囚人護送車に乗せられ、朝の道路を通って情報部のあるウォンズワースのロイヤル・パトリオティック・スクールに連れて行かれた。そこで彼は、「敵国領土より到着に関する規則」の条項1Aによって正式に拘留された。それから再び車に乗せられた。彼は自分がどこに向かっているのか知らなかったし、ほとんど気にもしなかった。それまでの二十四時間の興奮と恐怖と疲労で、感情が枯渇していたのだ。彼は戦時下のロンドンの家々の戸口に積んである砂袋に、ほとんど注意しなかった。三十分後に車は、てっぺんに二重に有刺鉄線が巻いてある木製の高い柵が両側にある門を入り、大きくて醜いヴィクトリア朝の館《やかた》の前に停まった。

運動靴を履いた二人の男がチャップマンを地下の部屋に案内した。そこには一台のベンチと二枚の毛布があった。男たちはチャップマンを中に入れて鍵を掛けた。モノクルをかけた一人の男がドアを開け、鷹のような顔で彼をしげしげと見てから何も言わずに立ち去った。チャップマンは再び裸にされ、フランネルの囚人用のズボンを穿き上着を羽織るように命じられた。上着の背中には六インチの白いダイヤモンドの形のものが縫い付けてあった。医師が現われ、口を開けるように彼に命じた。医師は数分かけて彼の歯をじっくりと調べたり軽く叩いたりした、特に、新しい入れ歯を。それから医師はチャップマンの心臓を調べ、聴診器で肺の音を聴き、「精神的、肉体的に疲弊してはいるが」、健康そのものだと告げた。カメラを持った一人の男がやってきて、チャップマンの正面を向いた顔と横顔を撮った。

チャップマンはなんとか頭を上げていようとした。必死に頑張って、彼はレンズを見つめた。出来上がった写真の顔は、疲労とストレスで生気がない。くしゃくしゃの髪には乾いた泥がこびりついていて、口ひげには乾いた血の跡がある。しかし、その顔には何かほかのものもある。垂れた瞼と無精ひげの背後に、ほんのかすかな微笑がある。

第12章 収容所020

捕まえた敵国捕虜の英国の秘密尋問センターである収容所０２０の所長、ロビン・「ブリキ眼」・スティーヴンズ中佐は、きわめて特殊な技術を持っていた——容疑者を必ず落としたのである。心理的に非常に細かい部分に相手をバラバラにし、それから、その価値があると考えたなら、再び元に戻した。彼はそれを一つの技と見なしていた。習得はできない技と。「落とす技は生まれつきそなわっているもので、あとから覚えるものではない」と彼は言った。「生得のいくつかの特質がなければならない。敵に対する飽くなき憎悪、攻撃的な態度、相手を容易には信じようとしない性質。とりわけ、スパイを落としてやろうという仮借なき決意が大事だ。いかに望みがなかろうと、いかに困難が多かろうと、いかに時間がかかろうと」。写真で見ると、キラリと光るモノクルをかけ、ドイツ語訛りで尋問したスティーヴンズは（彼は半分ドイツ人だった）、ゲシュタポの尋問者の戯画と言えるかもしれない。また、その「自白させる方法」も。彼は確かに自白させるのが巧みだったが、そのやり方はゲシュタポの残酷で露骨なものではなかった。「ブリキ眼」の背後には、生まれながらの犀利なアマチュア心理学者がいたのである。

一九〇〇年にエジプトで生まれたスティーヴンズは、伝説的にタフなネパール軍のグルカ部隊に入り、一九三九年に諜報機関に移った。彼はウルドゥー語、アラビア語、ソマリ語、アムハラ語、フランス語、ドイツ語、イタリア語を話した。このような多言語使用者だからといって、スティーヴンズがほかの人種や国に寛容だったと考えてはいけない。彼は並外れた外国人嫌いで、こうした類いのことを、よく言った。「イタリアはチビで気取った連中の住む国だ」。「めそめそして感傷的なデブのベルギー人」、「小狡《こずる》いポーランド系ユダヤ人」、「頭の悪いアイスランド人」を嫌った。また、同性愛者も嫌った。とりわけ、ドイツ人を嫌った。

一九四〇年に政府は、スパイ、危険人物、敵性外国人と疑われる者を尋問するための恒久的センターを、ラッチミア・ハウスの中に設置した。それは、ロンドン西部のハム・コモンの近くにある、大きくて陰気なヴィクトリア朝の建物だった。ラッチミア・ハウスは、第一次世界大戦中、戦争神経症に罹った兵士の治療を専門にする陸軍病院だった。スティーヴンズの言葉で言えば、「すぐ監獄に使える狂人用独房」だった。隔離され、近づきがたく、幾重にも有刺鉄線のフェンスに囲われたその尋問センターは、収容所020という暗号名を付けられた。外向的で短気なスティーヴンズ中佐は、囚人同様、部下も怯えさせた。モノクルを決して外さず（寝る時もしていると言われていた）、そのため誰からも「ブリキ眼」と呼ばれていたが、彼に面と向かってそう言う者は、ごく少なかった。しかし、この怒りっぽい喧し屋には、別の面があった。性格と状況の判断に優れていたのだ。囚人に対して絶対に腹を立てず、暴力を振るったり拷問にかけたりすることを、野蛮で逆効果だとして禁じた。誰であれ囚人を拷問した者は、収容所020から直ちに追放された。

尋問室から離れると、ブリキ眼はチャーミングになることも、非常におどけることもあった。彼は作家になりそこなった男だった。そのことは、愉快で派手な表現のある彼の報告書からわかる。極端な偏見に満ちた文は、ただ単に人を驚かせるか、楽しませるかの意図で書かれたものである。彼は尋問術の達人だと自負していた。同僚の何人かは、彼は気が狂っていると思っていた。だが、彼が卓越した仕事をしているということに異論を唱える者は、まずいなかった――敵のスパイであることを立証し、相手の抵抗を無力にし、重要な情報を聞き出し、ひどく怯えさせ、信頼を勝ち取り、最後にその男を二重スパイとして使うようター・ロバートソンに渡す。誰もブリキ眼のようにスパイをそうは扱えなかった。

十二月十七日午前九時半、エディー・チャップマンは収容所020の第三尋問室に連れて行かれ、グルカ兵の制服を着、バシリスク（ひと睨みで人を殺すという、蛇に似た伝説上の怪物）の眼をした、この不思議な、怒ったような顔の人物の前に立った。スティーヴンズの両脇に、二人の将校、ショート大尉とグッディカー大尉がいた。三人の将校は厳しく近寄りがたい法廷を作っていた。それは、ブリキ眼の手段の一つだった。

「騎士道精神なし。雑談なし。煙草なし……戦時下のスパイには銃剣の切っ先を突きつけねばならない。雰囲気の問題である。尋問室は法廷のようなものであり、相手は判事の前にいるように、立って質問に答えさせられる」

尋問室には盗聴装置が仕掛けられていた。収容所020のほかの部屋で、一人の速記係が一語一語書き留めていた。「君の名前はチャップマンだね？」とブリキ眼は怒鳴るように言った。

「ええ」

「脅迫するつもりで言うのではないが、君は目下、英国諜報機関の刑務所にいる。君から洗い浚《ざら》い話を聞くのが、戦時下のわれわれの務めだ。わかるかね？」

脅す必用はなかった。チャップマンは堰を切ったように滔々と告白し、すべてを語った。近衛歩兵第二連隊を懲戒免職になったこと、自分の犯罪歴のこと、ジャージー島で服役していたこと、ロマンヴィルで数ヵ月過ごしたこと、ナントとベルリンで訓練を受けたこと、パラシュートで降下したことを、スティーヴンズに話した。自分の知っている暗号、教えられた破壊工作技術、秘密筆記用のインクによる書き方、合言葉、コード・ワード、無線の周波数について話した。グラウマンとトーマス、ヴォイヒとシュミット、アンジェーから来た、金歯の醜い男について話した。チャップマンは情報を収集した方法と、出発寸前にそれを破棄したことを説明した。

チャップマンがプロの犯罪者になる決心をした件《くだり》を話し始めると、尋問は道化芝居に近くなった。

「そう、ちょっと説明しにくい。ギャングの連中と付き合い始めたんです」

「どういう意味かね？」

「どんなふうにそうなったのか、正確には言えない」

「なんで君は、そういう妙な奴らと一緒になったのかね？」

「うまく言えない」

チャップマンが、デ・ハヴィランド飛行機製造工場の機械室を爆破する自分の任務について説明すると、スティーヴンズが口を挟んだ。

「かなり危険な仕事じゃないかね？」

「ええ」

「君はかなり気に入られていた。連中は君を信用したのかね？」

「ええ」

「連中は君を高く買っていると言った、また、君はどこに潜入してもいいし、ほとんど何をしてもいいとも言ったんだね？」

「ええ、そうです」

スティーヴンズは話をチャップマンの背嚢の中身に移した。彼は現金がすぐにドイツのものであるのがわかる帯で束ねてあったということを指摘した。その結果、君が絞首刑になる場合もあったろうとも言った。

「君の持ち物を調べることになっていた男が、君の札束にドイツのラベルを付けたってわけだね？」とスティーヴンズは、信じられないといった面持ちで訊いた。

「それはトーマスの失策ですよ」とチャップマンも、同じように驚いて答えた。「興奮してたんで、外すのを忘れたんでしょうね」

スティーヴンズはそれに注目した。ドイツのスパイ・ハンドラーの能力に対する信頼の念を損なうことによって、チャップマンを彼らから引き離す作業が始まったのだ。そういうわけで、チャップマンがフォン・グレーニングとの会話を思い出し、フォン・グレーニングが、君は裏切るわけはない、英国の警察は君を監禁するだろうからと、笑いながら言ったという話をすると、スティーヴンズはまた口を挟んだ。「それは明白な、あからさまな脅迫だ」と、おどけて激怒したふりをし、チャップマンが「いささか苦々しげに」、自分もずっとそう感じていたと言うと、喜んだ。

二時間ほどの尋問が終わったあと、スティーヴンズはチャップマンとショート大尉を残して部屋を出て行った。ショート大尉は梟《ふくろう》を思わせる丸顔の人物で、人を威嚇するようなボスとは違い、陽気だった。今日では、それはさしずめ「善玉警官と悪玉警官」と呼ばれるものだろう（厳しい尋問者のあとで同情的な尋問者が尋問することによって、容疑者に自白させる心理作戦）。スティーヴンズは尋問の仕方を密かに記したものの中で、その技術を「褒めたり貶《けな》したり」の方法と呼んだ。

「連中の待遇はかなりよかったんだね?」とショートは、好意的な口調で言った。

「ええ、あそこでは非常によかった」

「とりわけ、ジャージー島の刑務所と強制収容所にいたあとでは」

「私はどのくらいここにいなくちゃいけないんです? 価値があるだろうと思った情報を集めるのに、えらく危険を冒したんです。その情報は実際、価値があると思いますよ」

スティーヴンズはチャップマンを自分の思い通りにすることに成功した。チャップマンはどうやら正直に、すべてを語りたがっているように見えた。彼はもっと話したがった。自分を捕らえた者を喜ばせたがった。そして、刑務所から出たがった。

執務室でスティーヴンズに、チャップマンに付き添ってロンドンに戻った警官から電話がかかってきた。「あの男が何を言うかは知りません。あの男はドイツのパラシュートでやってきましたが、私はあの男が誰だか、すぐにわかりましたよ――あの男は何年か前、私の小隊にいたんです」。奇妙な偶然で、二人の男は近衛歩兵第二連隊に一緒にいたのだ。そして警官は、チャップマンがどんなふうに無許可外出をし、懲戒免職になったかについて話した。その情報は、チャップマンがした話と、ぴったり符合した――とすると、チャップマンは今のところ、本当のことを話しているわけだ。

尋問者たちはいっそう厳しく取り調べ始めた。チャップマンは休憩といくらかの食事をとることは許されたが、尋問者たちは戻ってきて、チャップマンが嘘をついていたり、何かを隠していたりしてはいないかと、さらに詳しく訊き、彼がすでに言ったことをわざと間違えて繰り返し、話の矛盾点を探し出そうとした。「いかに犀利でも、どんなスパイも仮借ない尋問には耐えられない」とスティーヴンズは思っていた。MI5の将校たちは、交代制で夜更けまで仕事をした。「結局は、肉体的にも精神的にも、尋問はどんな強靭な体力の持ち主をも参らせる」とスティーヴンズは予言した。

チャップマンは次から次へと情報を提供した。四十八時間のうちに、スパイマスターのグラウマンから料理人のオデットに至るまでの各人物について、五十以上の説明をした。チャップマンはきわめて重要な事柄と、まったく瑣末な事柄について述べた。ナントの高射砲の据え付け場所、パリのアプヴェーア本部の位置、ドイツがヴィシー政府のフランスを占領した際の自分の役割、闇市のバターの値段について話した。ブルターニュの国家主義者、油断のならないドゴール主義者、その他、ナントを通って行った信頼の置けない雑多な人物について話した。彼はスティーヴンズたちが知っているいくつかの事柄についても話した。彼らがすでに解読した無線通信の暗号のような。そのことは、チャップマンの言っていることが真実であるのを裏付けた。しかし、新しい、非常に貴重な多くのことも話した。その結果、ドイツの諜報方法がどんなものか、驚くほどに詳細にわかった。彼は情報を提供するのに熱心なだけではなく、その利用の仕方についてもいくつかの提案をした。英国は自分が提供した情報を使ってアプヴェーアの暗号を解読し、アプヴェーアのさまざまな支部のあいだで交わされるメッセージを傍受することができると、チャップマンは請け合った。

尋問者たちは曖昧な返事しかしなかったが、内心は大喜びだった。チャップマンの提案は、〈極秘情報源〉がまだ無傷なのを示していたからだ。「彼の言葉から明確になったのは、この数ヵ月間に、そうしたアプヴェーアの支部のあいだで交わされたメッセージをわれわれが解読しているということを、彼がまったく知らないということだった」と尋問者たちは書いた。英国のために二重スパイとして働くようにとチャップマンを説得する必要などまるでないということが、すぐさまはっきりとした。彼は二重スパイとして働きたがっていたのだ。彼がトニー・ファラマスの身に起こったことを説明したとき、二重スパイになることに乗り気である動機の一つがはっきりとした。

「彼は私が妙な真似をしないように人質になってるんです」とチャップマンは説明した。

「妙な真似をしないというのは、フランスでかね、ここでかね？」

「ここで。ここで私に仕事をさせるための一種の梃子に彼を使うという考えですよ」。もし、自分がここで言われた通りのことをしているとドイツのマスターたちに思い込ませることができたら、友人の命は助かるかもしれない、とチャップマンは説明した。スティーヴンズはそれも心に留めた。

チャップマンの記憶から貴重な情報が引き出されているとき、何かの手掛かりになるものがないかと背嚢が調べられていた。秘密筆記用インクのためのマッチと、不気味な茶色い錠剤が科学分析に委ねられた。紙幣は一枚一枚調べられ、入手先を特定するため通し番号が記録された。偽の身分証明書は政府刊行物出版局によって紫外線走査を受け、その正確な化学的成分と印刷術が分析され、本物と比較された。無線送信機はフランスで活動している英国のスパイのものか、もしそうなら誰のものかを調べるために、特殊作戦執行部（敵の前線の背後での破壊工作と諜報活動を担当）に送られた。チャップマンは財布の中にあるすべてのものについて訊かれた。そのうちの一つだけが本当に自分のものだと、彼は答えた。「それは女友達が私に宛てて書いた私的な手紙です――戦争前の女友達が。そいつを持ち帰ったんですよ」

チャップマンの言ったことはすべて、嘘をついているのかどうか調べるために、〈極秘情報源〉にある証拠と比較された。チャップマンの「年代順配列」が間違っている場合は（そういうことは、しばしばあった）、どの間違いも故意の歪曲ではなく「自然な不正確さ」であるのがわかるまで、時間と日付が何度も問い質された。ロンドン警視庁は、彼の言っている途方もない悪行が本当かどうかスティーヴンズたちがチェックするため、彼の犯罪歴の詳細を提供するよう求められた。犯罪歴の記録が届くと、チャップマンが認めた犯罪の多くが記載されていないことがわかった。

チャップマンはソーホー時代、「男色の実験をしたと告白した」と、スティーヴンズはのちに言っている。それをどう解釈すべきかを知るのは難しい。尋問の写しには、そのような告白の痕跡もない。ブリキ眼は大の同性愛嫌いで、男色の気《け》のある者を見つけて暴く能力を自慢した。チャップマンは若い頃、同性愛を経験したかもしれないが、彼が長年病的なほどに異性愛者だったのは確かである。スティーヴンズは褒め言葉として、満足そうに書いている。「今では男色の気味はまったくなく、社会の周辺で女にたかって暮らしたいという気持ちはなくなっている」

チャップマンが提供した証拠にもとづき、英国の諜報機関は、フランスにおけるアプヴェーアのシステムの全体像を、すみやかに捉えつつあった。ドイツの諜報機関は自分たちの暗号が解読されないことに過剰な自信を持っていたので、そのさまざまな部局の人間は無線通信で本名を使うことが多かった。いまやその情報はアプヴェーアの人物に関するチャップマンの説明と一緒になり、英国の諜報機関は、アプヴェーアのそれぞれの担当者を特定することができた。それを知れば、チャップマンは驚いたことだろう。

英国の諜報機関は、ナントのアプヴェーア支部の部長と副部長が、シュテファン・フォン・グレーニング騎兵大尉とヴァルター・プレトーリウス中尉であるのを、ずっと以前から把握していた。しかし、チャップマンが「ヴォイヒ」として知っていた男は、実はフェルトフェーベル・ホルスト・バルトンで、「シュミット」はフランツ・シュテーツナーだった。破壊工作員の疑いのある二人とも戦前に英国に来て、英国のレストラン経営者とホテル経営者の組合の援助で給仕として働いていた。「レオ」はレオ・クロイチュという名の有名なドイツの犯罪者で、「アルベルト」はアルベルト・シェールという元巡回販売員だった。チャップマンをスカウトしようとアンジェーからやってきたゲシュタポの将校は、おそらく「フランスの防諜スパイの重要人物の一人」、デルンバッハだったろう。英国の諜報機関は顔と名前を一つ一つ結びつけ始めた。フォッケ＝ヴォルフの操縦士と、ロマンヴィルの美人の通訳の正体さえ突き止めた。ターー・ロバートソンは、ドイツ側がチャップマンに、ドイツ人の同僚の正体を教えないでいたことに感心した。「どんな場合でも、誰かの本名が彼にわかることはなかった」とター・ロバートソンは書いた。尋問者の一人が「フォン・グレーニング」という名前をさりげなく会話に挟んでもチャップマンがなんの反応も示さなかったというのは、彼がその名前をこれまで聞いたことがなかったことを証明した。

チャップマンのフランスでの生活をすべて知るには時間がかかるだろうが、すでに時間はなくなりつつあった。チャップマンは収容所020に着いた翌日、スティーヴンズ中佐に宛ててメモを走り書きし、「今日が私が最初の送信をする日」であることを指摘し、フォン・グレーニングが英国の官僚的形式主義について言った言葉を思い出した。

「できるだけ早く〝独逸野郎《ボッシュ》〟に連絡するのが大事です」と彼は書いた。おそらく、スティーヴンズが好んだ言葉遣いを故意に使って、そう書いたのだろう。「グラウマン博士は特にその点を強調しました。彼はわれわれが何か仕組んでいると疑うかもしれません。もし私があなた方と何かを仕組んでいれば、私が送信を始めるのに、予定よりもずっと時間がかかると彼は思うでしょう」

同日、無線保安局は、パリにあるドイツの応答局からの送信を傍受し始めた。午前九時四十五分から三分置きにモーリスはメッセージを送り、フリッツに応答するよう求めた。いまやＭＩ５は窮地に陥った。もし連絡が遅れれば、フォン・グレーニングは何か具合の悪いことが起こったのではないかと疑うだろう。しかし、チャップマンが正直に行動していることに絶対の確信を抱かずにこちらが応答すれば、破滅的な結果を招くこともある。そこで、チャップマンとその動機に「さらにはっきりと焦点を合わせる」ために、あと一日か二日待つことになった。

夕方になっても、チャップマンはまだスティーヴンズの返事を受け取らなかった。彼は今では、短い休憩を挟むだけで四十八時間、尋問されていた。彼は疲れていて、不安だった。すぐにフォン・グレーニングたちに連絡しなければ悲惨な結果になる。彼はまた、二つに裂かれていた――フォン・グレーニングに対して依然として感じている愛情と、緊急に彼を裏切らねばならないという事態の二つによって。自分の命を救いたいという欲求と、トニー・ファラマスの命を救いたいという欲求によって。私欲と、まだ具体的ではないが、ある大きな善とによって。友情と、国家に対する義務とによって。彼は前のものよりずっと長い手紙をスティーヴンズに宛てて書いた。それは、自己憐憫、自己分析、自己主張が結びついた特異な文書で、スパイであるチャップマンの内面の苦悩を反映している。それは、光に向かって道徳の闇の中を手探りで進んでいる男の書いたものだ。

わが所長《モン・コマンダン》

　人は自分の国から感謝されることを期待しません――しかし、いくつかの事実にあなたの注意を惹くことをお許し下さい。わたしはこれまで十三ヵ月間、ドイツの管理下に置かれていました。その間、拘置されていたあいだでさえ、私はまったく公正に、友情をもって取り扱われました。私は多くの友人を作りました――私が尊敬し、私を好いてくれるようになったと思う人々です。彼らにとっても私にとっても不幸なことに。

　私は最初の日から、ドイツの組織に関する一連の事実、場所、日付等々を一つにまとめようとしました。それは、あなた方の訓練を積んだ専門家にとってさえ、かなり大変な仕事だと思います。当初、私は非常なハンディキャップを負っていました。ドイツ語の知識は貧しく、フランス語の知識はさらに乏しかったからです――その二つの言語は、この仕事にはきわめて重要なのです。私はフランス語をマスターするまで勉強しました、スラングさえ覚えました。今ではフランス語を英語同様に、すらすら読むことができます。それから、九ヵ月間、聞くことのできるすべての会話に耳を傾けました。どれにも「秘密《ゲハイム》」と書いてある文書の入っている多くの引出しを開けました。浴室から、私の親しい友であるグラウマン博士の部屋まで、ごく小さな孔をあけました。

私が今、なんらかの友情を求めているとお考えにならないで下さい、それには少々遅過ぎます。また一方、愛国主義という、この奇妙なものについてですが、それに関してときおり考えると、私は皮肉な気持ちで少し笑うのです。私は戦い、私の国が勝ちました（なぜかは説明できません）。戦争などなかったらよかったのにと心底思います――今度のことを始めなければよかったと思い始めています。自分の友人をスパイし、騙すのはよいことではなく、汚らしいことです。けれども、私はこのことを始めたのですから、終わりまでやるつもりです。このことで私が何か要求しているとお考えにならないで下さい。そんなことはしていません。二つの別々の政府のために働いているというのは非常に奇妙なことです――一つの政府は、金と成功と出世を手にする機会を提供してくれています。もう一つの政府は、独房を提供してくれています。事を進めるのに残された時間は多くはありません。

敬具
エディー

チャップマンがこの真情溢れる手紙を書いているとき、スティーヴンズは四人の尋問者を集め、この驚くべき、かつ非常に価値のありそうな悪党をどうすべきか相談をした。スティーヴンズが指摘したように、チャップマンは自分が奇妙な立場にいることを認めた。英国の警察に追われているのだが、英国の諜報機関のために働きたいと言っているのだ――懇願しているのだ。「もしチャップマンの言うことを信じるなら、彼は逃げ出す手段としてドイツのために働くと申し出、英国に着くや否や、ドイツを敵にして働くために英国当局に自分の身を預けた」。ひとまず心理学的に考えると、チャップマンの動機は、グラウマンに個人的な愛情を覚えてはいるものの、「冒険心とともに、フン族（ドイツ人の蔑称）に対する憎悪」を抱いていることから生まれていた。「この場合には女は関係なく、社会復帰のための取引もない。彼は勇気と気力を持っている」（スティーヴンズの報告書）。

しかし、明らかに一つの問題があった。もしチャップマンに自由を与えると、警察に捕まるのは確かだ。彼はスティーヴンズに、こう言いさえした。「自分の華麗な過去を考えると、十四年くらい喰らい込みますね」。さらに悪いことだが、彼は昔の犯罪者仲間と、また付き合うようになるかもしれない。だが、収容所０２０の中で厳重に監視していると、「不機嫌になり、逃げ出そうとするかもしれない」とスティーヴンズは予言した。チャップマンを安全に活動させる唯一の方法は、半分だけ自由を与えること、すなわち、監視はするが刑務所には入れない、「静かな田舎で監督下に置く」ことだった。

「私の意見は」とスティーヴンズは公言した、「チャップマンをＸＸ（二重スパイ「ダブル・クロス」）の目的に使うべしというものだ……それからフランスに戻し、本当の大仕事をするためにアメリカに送られる訓練をすでに受けている破壊工作員の一団に参加させる」。

尋問者たちは全員賛成した。チャップマンをフランスに送り返すということには、危険があった。ドイツ側によって裏切りが暴かれるかもしれないし、彼がドイツ側にすべてを告白するかもしれない。再び寝返るということさえある。しかし、ドイツの諜報機関の心臓部にスパイを送り込む利点は危険を上回る。その晩、収容所０２０はセント・ジェームズ街のダブル・クロス班Ｂ１Ａにメッセージを送った。「われわれの意見では、チャップマンを徹底的に利用すべきである……彼はドイツを相手に英国のために働こうと本気で思っている。勇気と臨機応変の才をそなえた彼は、諜報員にうってつけである」

ター・ロバートソンは事態の展開のあらゆる段階を追っていたが、翌日、自分のケース・オフィサーの一人をやってチャップマンに会わせることに同意した。チャップマンはXXになる前に暗号名が必用だった。慣例によって、スパイの名前は本人とはなんの関連もないものでなければならなかった。スパイの正体とはまったく関係のない、単なる名称でなければならなかった。しかし、その慣例は絶えず無視された。「スノー」はオーエンスの部分的アナグラムだった。別の二重スパイは「テイト」と呼ばれた。ロバートソンが、その男はコメディアンのハリー・テイトに似ていると思ったからである。かなりいかがわしいユーゴスラヴィアのスパイ、ダスコ・ポポフは、「ベッドに三人」のセックスが好きだったので「三輪車」と呼ばれたと言われた。エドワード・チャップマンのために選ばれた名前は、それ以上に適切なものはなかったろう。

十二月十八日の晩、ロバートソンはB1Aのすべての者に宛て、メッセージを送った。「われわれはジグザグという名前をフリッツヒェンのために選んだ」

第13章 クレスピーニ・ロード三五番地

ジグザグの世話をするためにター・ロバートソンから派遣された男は、ロニー・リード大尉だった。リードは若い、目立たない無線の専門家で、うってつけの選択だった。細長い口ひげを生やし、眼鏡をかけ、いつもパイプをくゆらしていた細面《ほそおもて》の彼は、典型的な中位の階級の陸軍将校だった。事実、あまりに典型的な中位の階級の陸軍将校だったので、ター・ロバートソンがミンスミート作戦のための偽身分証明書用の写真が必要になったとき、ロニー・リードの写真を選んだほどだ。陸軍の制服を着せ、偽の情報を記した文書を持たせた死体を、スペインの海岸に打ち上げられたように見せかけるという作戦である。リードは誰にでも似ていて、誰にも似ていなかった。

レストラン〈トロカデロ〉で給仕をしていたリードの父は、一九一六年にソンムの戦いで戦死したので、母がキングズ・クロスの安アパートでリードを育てた。彼はセント・パンクラス・チャーチ・オヴ・イングランド・スクールを出て、奨学金を獲得してリージェント・パーク工芸学校に進み、工学を学び、無線に対する強い興味を覚えるようになった。彼は一からラジオを組み立てることができ、学校友達のチャーリー・チルトン（のちに有名なニュース番組総合司会者とプロデューサーになった）と一緒に、自宅の寝室から、手製の送信機を使って放送をした。ロニーがビング・クロスビーの『ダンシング・イン・ザ・ダーク』を唄い、チャーリーがギターを爪弾いた。

戦争が勃発すると、リードは昼間はＢＢＣの無線技師として働き、夜はコールサイン、Ｇ２ＲＸ

で、いわば空中を飛んだ。ある夜、リードと母が空襲なので避難しているとき、一台の警察の車が家の前に停まった。リードは防空壕から呼び出され、落下する爆弾の中を、ワームウッド・スクラッブズまで車で連れて行かれた。刑務所の門のところに、一人の男が立っていた。「いやあ、リードさん、待ってましたよ。入って下さい」と男は言った。リードは男のあとについて薄暗い廊下を通り、二階の独房に着いた。

独房の中には、飛行服を着た、顔中血だらけな男が、二人の看守に挟まれて立っていた。

「この男はパラシュートで降りたんだ」と、リードの後ろから独房に入ってきた、制服に赤い襟章をつけた将校が言った。「彼は今夜、ドイツに送信することになっているんだ。君たちはケンブリッジの畑に行って、送信してもらいたい、そうして、彼が僕らの用意したメッセージを送るかどうか確認してもらいたいんだ」

その夜、リードとパラシュートで降りたイェースタ・カロリ（スウェーデン生まれ）（間もなく二重スパイ「サマー」になる）は、ケンブリッジシャーの畑の豚小屋に坐り、モールス信号でハンブルクにメッセージを送った。「宿泊所を決めるあいだ数日地下に潜る、無事到着」

そんなふうにして、諜報機関でのリードの人生は始まった。

内気で、優しくて、控え目だったリードは、人は見逃しやすいが、戦時下の無線の仕事の「慎ましい天才」で、無線の摩訶不思議な神秘にうってつけの性格だった。彼はまた、ほかの無線技師の「癖」を特定し、それを完璧に真似るこつを心得ていた——彼はおそらく、英国で一番のモールス信号の真似手だったろう。リードはその技ゆえに、ロバートソンのチームにとって欠かせない存在になった。そして間もなく、すべての二重スパイの交信を監視するようになった。彼の仕事の一つは、スパイがアプヴェーアに送信するとき、暗号のメッセージを挿入しないことを確認するため、そばに立って見ていることだった。もし、スパイがメッセージを送るのに乗り気でなかったり、送ることができなかったりした場合はリード自身がメッセージを送った。その際、そのスパイ特有の「指紋」も完全に真似た。だがロニー・リードは、アマチュア無線技師以上の存在だった。彼はロバートソンの指導のもとで、犀利で、しかも思いやりがある、隠れた存在の一流の情報将校になっていった。

リードはチャップマンの独房で、自分が新たに面倒を見ることになった男と初めて握手をした。若き将校の彼は、「忌まわしい過去」を持つ、その悔い改めない犯罪者に即座に嫌悪感を抱くものと自分では思っていた。しかし、大方の人間同様、彼は意に反して、われ知らずその男に魅せられた。

リードはチャップマンに、もしMI5のために働くのなら隠遁者めいた生活をする必要があるだろうと言った。警察、ソーホーのボヘミアンたち、犯罪者仲間と接触することは禁じられるだろう。その代わり、とリードは言った、チャップマンは「社会のほかの者たちから、ほぼ完全に隔離された状態で、厳密な監視のもとでわれわれのために働かなければならない」。チャップマンは笑い、今まで興奮の連続の日々だったので、静かな生活は大歓迎だと言った。リードは、ドイツへの最初の送信をするために翌日戻ってくると言って立ち去った。あとに残ったチャップマンは、暗号「CONSTANTINOPLE」とFFFFFの「コントロール・サイン」を使ってメッセージの下書きをした。それをリードがチェックし、チャップマンが送信する際、そばに坐るのだ。

お天気屋のチャップマンは、リードと話したことで気分が昂揚したように見える。なぜなら、スティーヴンズに、次のようなもう一通の手紙を書いたからだ。不機嫌で内向的な調子は消え、いまや多弁になっている。

モン・コマンダン
ご好意に感謝します《メルシ・プール・ヴォートル・ボンテ》。私たちはお互いに知り合う時間がほとんどないので――少し説明させて頂きたいのです。目下、私の話は非常にしにくいのです。私の心は、名前、化学式、描写、場所、時間、爆発、無線電信、パラシュート降下、些細だが重要な会話、陰謀に対する陰謀の支離滅裂な塊なのです。それに加え、あなたは一つの頭脳を想像しなくてはなりません――三年に及ぶ獄中生活と何ヵ月にも及ぶ懲罰用独房生活で弱められた頭脳を……ときどき、さまざまな事実を一つにまとめようとすると、気が狂うのではないかと本当に思いました……こうした事柄は嘘ではありません、すべて過ぎ去ったことです――しかし、日付、名前、時間はすべて私の頭の中で、ごちゃごちゃになっています、巨大なジグソーパズルのように……最後に申し上げます、モン・コマンダン。もし、私の言った場所、日付、時間が一致しない場合、ちょっと我慢して下さい……一切のことが夢のように過ぎてしまったのではないかと恐れます。それを現実のものにしようとするのが、あなたの仕事なのです。

エディー

ブリキ眼スティーヴンズは、収容所０２０に新しくやってきた者を威嚇するのに慣れていた。だが、囚人服を着た野卑な若い泥棒風情に、そうしたおどけた調子で話しかけられたり、何をすべきか言われたりするのには慣れていなかった。だが意外なことに、スティーヴンズは怒りを爆発させることもなくすくす笑い、その手紙を「ジグザグ・ファイル」に挟んだ。

翌朝、チャップマンはリードと二人の逞しい野戦保安警察の警官に護送車に乗せられ、ラッチミア・ハウスの正門から乗馬クラブまで百五十ヤードほど連れて行かれた。それは敷地内にある小さな演奏会場で、クラブハウスとして使われていた。クラブハウスには二十五フィートの旗竿が立っていたが、リードは、それはアンテナに使えるかもしれないと思った。クラブハウスは無人だった。二人の警官が歩哨に立っているあいだ、リードはチャップマンの無線送信機を組み立てた。

午前十時二分、リードが見守る中でチャップマンは、アプヴェーアのスパイ管理者たちとの接触を試みた。十時六分、受信波は「かなり弱く」干渉があるが、そのまま続けよと応答局が伝えてきた。そこで諜報員ジグザグは、二重スパイとして最初のメッセージを打った。「FFFFF　到着。友人トノ関係良好。OK」。それから例の笑い声のコーダを付け加えた――「ヒ　フ　ハ」。

午後に〈極秘情報源〉から報告があった。フランスにあるアプヴェーアのいくつかの支局は、受け取ったメッセージは「間違いなくフリッツ」からのものであるのを確認した、なぜなら、「彼の送信方法、特にメッセージを終える際のやり方が認識できた」ので。欺瞞が成功したのである。

翌朝、リードとチャップマンはパリと接触を再開することができなかった。送信はナントでは受信されたらしいのだが、首都の中央受信局では受信されなかったようなのだ。二番目のメッセージが応答を期待せずに、すなわち「ブラインド」で送られた。「FFFFF　モリス［ママ］ニ君タチの受信機ヲ海岸近クニ持チ出サセヨ。モットヨク受信デキルニ違イナイ。F。OK」

十二月下旬には、チャップマンたちはフォン・グレーニングからの最初の直接のメッセージを受け取った。「メッセージニ感謝。良イ結果ヲ望ム。OK」

それまでのところ、二重スパイはうまくいっているように見えた。受信と送信の問題がすべて解決するまでは二週間かかったけれども。無線通信はZINCという暗号名を付けられ、アルファベット順に、ZIGZAGの横にファイルされた。

チャップマンは非常に協力的なようだと、リードは報告した。そしてチャップマンは、貴重な情報を相変わらず次々に提供していた。「ジグザグの観察力はきわめて優れていて、彼はなんであれわれわれにごく正直に話している」。(その評価を読んだジョン・マースタマンは、あんな男が完全な正直さとはどういうものかを理解しているのかどうか疑う、と書いている。)

ロンドン警視庁公安部は、「ゼリー・ギャング」のメンバーの居所を探し始めた。ジミー・ハントは一九三八年、倉庫破りと窃盗罪で有罪になったことがわかった。ダリーはまだダートムアにいて、七年の刑期を務めていた。そのほかの者はすべて、脱走兵になっているか刑務所に入っているか死んでいるかだった。それは理想的だった。チャップマンが偶然ギャングの一味に出会う機会はない。ギャングの一味が社会から安全に隔離されているので、チャップマンがその連中に関する話をでっち上げても、彼らが不意に現われるということはない。チャップマンは、旧友たちと接触し、できればその一人を連れて帰るよう指示されていた。ハントが理想的な候補に見えた。マースタマンはこう指摘した。「ドイツ側にはハントの写真はない、おおまかな人相を説明したものがあるだけだ。だから、ロンドン訛りで話す誰かを彼の身代わりにすることは可能だろう」。金庫破りのハントは独房を一度も出ることなく、これから起こるドラマで中心的な役割を演ずることになる。

チャップマンのハンドラーたちは、自分たちが途轍もない価値のある二重スパイを手に入れたことを次第に理解するようになった。収容所020が諜報機関の他の部門にジグザグの正体を洩らすという過ちを犯したとき、二重スパイの専門家であるマースタマンは、そうやって情報を「只《ただ》で」分け合うということに激しく抗議した。B1Aは新しい宝物を大事に扱った。そしてロバートソンは、自分の諜報上の情報を喜んで他の部局に伝えたが、ジグザグを誰かと共有するつもりはなかった。

科学捜査の結果、ドイツ側がいかに諜報員フリッツを高く評価しているかがわかった。彼の所持品の質は第一級のものであるのが判明した。彼が持ってきた現金は本物の英国通貨で、アプヴェーアが小物のスパイによく持たせる贋札ではなかった。マッチ棒の軸頭はキニーネに浸してあった。科学部門の研究者は、それは「秘密筆記用としては優れた手段」だと評した。茶色の錠剤は青酸カリで、飲めば即死だった。無線機は英国の特殊作戦執行部の諜報員が持っていたものだということがわかった。アプヴェーアは偽造身分証明書においてのみ手を抜いたようだった。政府刊行物出版局は、それは素人の偽造で、目敏い警官なら誰でも偽造であるのを見抜くような代物だと一蹴した。「ドイツ側が、身分証明書を偽造する際にもう少し手をかけなかったというのは、少々驚くべきことに思える」とロバートソンは苦情を言った。まるで、ドイツ側が一生懸命にやらなかったことに腹を立ててでもいるかのように。未解決の謎の一つは、どうやってフォッケ＝ヴルフが英空軍の戦闘機の追跡を逃れたのかということだった。航空省は、「飛行機と、それに関連した電波ビームの具合が悪かった」と結論付けることしかできなかった。

収容所020は二重スパイを置くのにふさわしい場所ではなかった。もしジグザグが有用ならば、彼を上機嫌にしておかねばならなかった。それには少なくともラ・ブルトニエールに比肩するくらいの肉体的快適さが必要だった。チャップマンはドイツ側に甘やかされていた。「彼らはチャップマンの虚栄心に媚び、自由を与え、うやうやしく取り扱った」。いまやMI5は赤い絨毯か、それに一番近いものを見つけ、ジグザグの足元に延べねばならなかった。

ポール・バックウェル伍長とアラン・トゥース勤務伍長が英国の諜報機関の野戦保安警察で最高の二人の警官だということでは、衆目が一致していた。二人とも戦前は普通の警官だったが、その後、諜報機関に入って出世をした。二人は才気煥発で、十分な教育を受けていて、善良だった。また、二人とも大柄でもあり、その気になると、ひどく威嚇的にもなった。ター・ロバートソンはバックウェルとトゥースを自分の執務室に呼び、収容所020まで車で行き、そこで「エドワード・シンプソン」という、「警察に追われているが、極度に危険な性質の作戦を実行するために釈放された凶暴な犯罪者」を乗せるように命じられた。そして二人はその男と一緒にロンドン北部の隠れ家に行き、追って通知があるまで、その男と一緒に住まねばならないと言われた。ロバートソンは真剣そのものだった。「この作戦が成功するか否かは、秘密が最高に保たれるか否かにかかっている」。シンプソン名義の写真付きパスが出されるだろう、それは、シンプソンが「陸軍省のために特殊な義務」を果たしていることを証明するもので、彼らが役人に怪しまれた場合、それを見せればいい。

「わが国に対するシンプソンの忠誠心を疑う理由は何もない、したがって君たちは、自分たちを看守だと考えてはいけない」とロバートソンは続けた。「むしろ、付き添い役と考えたらいい、彼が警察や昔の犯罪者仲間と問題を起こすのを防ぎ、彼と外部の世界のあいだの遮蔽物の役割を果たすのが君たちの義務だ」。昼夜を問わず、「シンプソン」を一人にしては絶対にいけない。彼が誰かと接触したり、電話を使ったり、手紙を出させてはならない。もし彼が逃げようとしたら、トゥースもバックウェルも、彼を「拘束」し、リードかマースタマンに連絡するのを躊躇してはいけない。二人の警官には火器が与えられるだろう。

それと同時に、二人は彼と仲間付き合いをしなければならない。「こういう生活は必ず退屈なものになる」とロバートソンは言った。「したがって、その状況において、彼の生活をできるだけ快適なものにするために、君たちは最善を尽くさなければならない」。晩には二人は彼を地元のパブに連れて行ってよい。二人の警官はビール用の小銭として五ポンド支給される。シンプソンも「おごり返す」ために現金を支給される。二人の警察官はいったんチャップマンの信頼をかち得たなら、彼の口にする大事なことはすべて書き留め、過去について話すよう促さねばならない。要するに二人は、彼を護り、彼と友人になり、彼をスパイしなければならない。バックウェルとトゥースは、名高い悪者を警察の手から守るのが自分たちの務めなのを妙に思ったとしても、それを口にするにはあまりに慎み深かった。

クリスマスの数日前、バックウェルとトゥースが私服で収容所020にやってきて、チャップマンの私物を受け取り、チャップマンを独房から連れ出した。チャップマンはなんの前置きもなしに、一ポンド貸してくれないか、「自分の面倒をとてもよく見てくれた巡査部長にチップをやりたいので」とバックウェルに頼んだ。(洒落たホテルからチェックアウトするようにして収容所020を出たのは、チャップマン一人だったろう。)一行は車で北に向かった。車の中でチャップマンの付き添いは、それぞれ「アラン」および「ポール」だと自己紹介し、いまや自分たちは、「警察とかつての犯罪者同士から君を守る永久の仲間、友人」だと説明した。チャップマンは車の中ではほとんど口を利かなかった。「会話はぎごちなかった」とバックウェルは報告した。

車から降り、クレスピーニ・ロード三五番地の庭の小道を歩いて行く三人に注意を払う者は誰もいなかった――それは、北ロンドンの平凡な首都自治区ヘンドンの静かな通りにある、なんの変哲もない一戸建ちの家だった。近所の数人が、前庭で「勝利のための掘り起こし」(当時英国では、庭で野菜を作ることが奨励された)をしていたが、誰も顔を上げなかった。三五番地の家では灯火管制のためのカーテンを決して外さないとか(外さない者は多かった)、錠が取り替えられたとか、細いひげを生やした男が、まさにその日の朝やってきて、裏の屋根にアンテナを立てたとかいったことに気づいたのは、よほどの好奇心を持った隣人だけだったろう。

三五番地の家に入るとバックウェルはドアに鍵を掛けた。そして三人の同宿人は、彼の言葉を使えば、「落ち着き」始めた。リードは二階に無線室を作った。チャップマンの寝室はその隣だった。二人の野戦保安警察の警官は、三つ目の寝室を共有した。家政婦のウェスト夫人は数日来ないことになっていたので、警官が雑用を分担した。トゥースが買物をし、バックウェルが料理をすることになった。チャップマンに話を聞かれる心配のないとき、二人はほかの仕事も分担する相談をした。「アランと私は、エディーの別々の面に注意を集中することで同意した。アランがエディーの性格、好き嫌いを研究し、私が事実面に留意し、エディーが会話で口にした興味のある事柄に注意を払った」

チャップマンは落ち着かなかった。よく眠れないと不平を言い、家の外に出てみたいという素振りを見せなかった。逞しい二羽の母鶏のように、トゥースとバックウェルは「エディーをくつろがせる」仕事に乗り出した。バックウェルはチャップマンにどんな本が読みたいかと尋ね、彼が本格的な文学が好きなのを知って驚いた。「彼の嗜好は、彼のような人生を送ってきた者にしては変わっている」とバックウェルは思った。バックウェルは何冊かのドイツ語の小説、アルフレッド・テニソンの作品、フランス語でピエール・コルネイユの劇を彼のために買った。

次第にチャップマンはリラックスしてきたように見えた。彼の日々は、さらに尋問をされること、リードの監視のもとで無線メッセージを送ること、計画を練ることで占められていた。晩になると、彼は本を読み、煙草を吸い、ラジオを聞き、愛想のよい護衛と雑談をした。密かにバックウェルとトゥースは、自分たちの「被後見人」について情報を交換した。二人はドイツのプロパガンダが彼に「途方もない」影響を与えたようなのに驚いた。最初彼は、連合国が前進しているというBBCの放送を一蹴し、ドイツが戦争に勝っていて、ロシアが疲弊しているのを自分は知っていると言い張った。そして連合軍はフランスに絶対に進撃できないと主張した。バックウェルは、ナチ支配下の英国を想像したH・V・モートンの小説『私、ジェームズ・ブラント』のような愛国的文学をチャップマンに読ませた。そうやって「徐々にわれわれは、ドイツのプロパガンダはいかに本当らしく見えようと、真実からは程遠いということを彼に理解させた」。

数日間共同生活をしたあとで、バックウェルとトゥースは、いまやチャップマンは「ごく楽しげ」であり、「情報の宝庫」であると報告した。チャップマンは破壊工作について知悉しているらしく、「鉄塔、橋、石油タンク等を破壊するさまざまな方法について、よく話す」のだった。しばしば彼は、フランス語で会話をすると言い張った。二人の警官はどちらも、自分たちがひどく変わった人物と一緒に暮らしていると思った。チャップマンはフランス語の原文で古典文学を読んだり、テニソンを引用したりするかと思うと、次の瞬間、列車を爆破する最上の方法について論じるのだった。

ある晩、晩飯のあとで三人がくつろいでいると、チャップマンは、「ドイツを離れ、ここに自分を来させたものはなんだろう」と声に出していぶかった。そして同じような調子で考え込んだ。「ドイツにいたなら、今も戦後もよい暮らしができたろう。ここに無理矢理来させられたわけではない」。二人の警官も同じ問題について考えた。チャップマンの政治観は、H・G・ウェルズを熟読したことにもとづいているように思えた。「彼は国家主義にはなんの共感も抱いていず、戦後世界が再建された場合は、世界連邦が実現するのを期待していた」。チャップマンは心の底では愛国者なのだと、トゥースは思った。「彼は英国人であるのを誇りにし、われわれが戦争に勝つのを望んでいる」。一方、チャップマンは自分の内部の無謀な衝動に衝き動かされているようだった。「彼には危険という存在が不可欠な人間のように思われる」とトゥースは書いた。「それゆえ、彼はフランスに戻ることを引き受けるだろう。彼は実際、国のない男なのだから」

数日後チャップマンは、自分だけの計画を持っていると洩らしたが話題を変え、こう言った。「破天荒な考えなので、実行不可能と考えられてしまうだろう」。トゥースはチャップマンの言ったことをちゃんとリードとロバートソンに伝え、付け加えた。「そうした計画がうまくいくかどうかは、グラウマン博士が彼をベルリンに連れて行くという約束を守るかどうかにすべてかかっていると推測せざるを得ない。ベルリンに行くと、何か非常に大事なことが起こるのではないかと思われる」

チャップマンは自分の過去を悔いる様子をまったく見せず、新しい仲間の二人の警官に、グリムズビーの質屋に押し入り、エクスプレス乳製品販売所を襲ったというような、自分の悪行の途方もない話をして聞かせた。これまでわからなかったそうした情報は、チャップマンに関するＭＩ５の犯罪リストに加えられた。「こうした新しい冒険は、われわれだけが知っていることにしなくてはいけないが、記録にはとどめなければいけないと思う」とリードは書いた。

ＭＩ５の尋問者、スパイキャッチャー、二重スパイは（リードを除き）、たいていは上流階級の出で、英国のパブリック・スクール出身者だった。そのほとんどはそれまでチャップマンのような人物に遭ったことがなく、この派手な身振りの粗野な男を、最初は本能的に軽蔑した。だが、たいがい例外なく、すぐに彼を好くようになり、やがて尊敬するようになった。まったく不安を覚えなかったわけではないが。

クリスマスが近づくと、ロンドン中のスパイ専門家は、エディー・チャップマンをどうすべきか、彼の行動の動機は何かについて考えた。

歴史家でスポーツマンのジョン・マースタマンは、ナチ・ドイツを欺き、裏切る新しい方法について考えていない時は、クリケットのことを考えるのを好んだ。諜報活動とクリケットのことを同時に考えることもあった。彼は思った。「二重スパイのチームを動かすのは、クリケット・チームを動かすのに非常によく似ている。年配の選手は調子が落ち、次第に新人に取って代わられる。最高の選手を選んで試合場に出すのは必ずしも簡単ではない。選手の中には、本調子で試合に出られるようになる前に大いに練習をする必要のある者もいる」。マースタマンから見ると、チャップマンは驚くべき生来の才能を持った打者で、これ以上練習をする必要がなく、打ちまくって大量得点をする男だった。もし、試合場からそっと抜けだし、相手チームの一員になって投球するのでなければ。
マースタマンはペルメル街のリフォーム・クラブの理髪店の床に横になりながら、そうしたことを考えた。戦争が始まった当初は、彼は合同大学《ユナイテッド・ユニヴァーシティー》クラブに寝泊まりしていた。すると、爆弾で同クラブの屋根が吹き飛んでしまったので、オックスフォード・ケンブリッジ・クラブに移った。それから間もなくリフォーム・クラブの理髪師が死に、理髪店は閉鎖された。マースタマンはそこに寝泊まりするように誘われ、すぐさまその申し出を受けた。そのクラブはB1Aの本部から歩いてたった数分のところにあったからだ。そういうわけで彼は、一八四一年以来「偉大なクラブ員たち」の刈った髪が落ちた床で夜を過ごすことになった。

固いタイルの上に敷いた薄いマットレスに寝るというのは、たやすいことではなかった。リフォーム・クラブのコックは配給の食糧で最善を尽くしたが、食べ物が不味くなかったのは稀だった。電気は絶えず不規則に停まった。風呂の湯は厳密なローテーションに従って少しずつ出たが、いつも冷たかった。しかしマースタマンはリフォーム・クラブでの生活を楽しんだ。「私は自分が第一次世界大戦で役に立てなかった思い出があるので、試煉と不便を無意識に望んだと言ってもいい」。彼は戦時の男たちを観察し（いつものことながら、女は彼には見えなかった）、彼らの克己心に思いを馳せた。ある夜、カールトン・クラブに一発の爆弾が落ちた。その近くのいくつかのクラブのメンバーはパジャマとスリッパという格好で、図書室から本を救い出すために長い列を作り、本を手から手に渡しながら、それぞれの本の長所について論じ合った。そういう者たちがいれば、とマースタマンは思った、「敗北などあり得ない」。この奇妙な武人修道士はクラブの粗末な食べ物、固い床、冷たい風呂という男だけの世界で、終戦まで過ごすことになる。そして今、新しい絶好調の第一級の打者を送り出すことになったジョン・マースタマンは、これまでの人生で最も幸福だった。

ロンドンの別の側にあるラッチミア・ハウスでは、収容所020の所長も、ジグザグと呼ばれるスパイについて考えていた。ブリキ眼スティーヴンズは、敵のスパイのほとんどを、「世の中の最低の人間で、その裏切り行為は、彼らの勇気に釣り合うものではない」と見なしていた。しかし、チャップマンは違っていた——これまでで、「最も魅力的なケース」だった。捕らえられたほかのどのスパイとも違い、恐怖の片鱗さえ見せなかった。興奮するようなことを熱望しているらしく、それ以外のことはほとんど眼中にないようだった。「このスパイは一体どういう男なのだろう？」とスティーヴンズは考えた。「愛国的で、勇敢なのだろうか？　暗黒街の人間、人から恐喝されるような人物なのだろうか？　単に報酬目当てなのだろうか？　金銭ずくで働くスパイはごく少ないが、危険だ」。悪党にしてはチャップマンが不思議なほど金に興味がないのにスティーヴンズは気づいた。チャップマンは芯から愛国的に見えたが、スティーヴンズが体現しているような独逸野郎叩きでも、盲目的愛国主義者でもなかった。チャップマンが欲しているようなのは、自分の人生で展開するドラマでの息を呑むような事件だった。もしMI5が次の幕を巧みに演出することができれば、ジグザグはわれわれにとって、これまでで最大のスターになるだろうと、ブリキ眼は思った。

クリスマス・イヴに、パリにいるドイツの無線技師モーリスは、諜報員フリッツにメッセージを送った。「九時四十五分ト午後五時ニオ出デヲ請ウＱＲＱ」。「ｑｒｑ」というサインは、「もっと早く送れ」というハムの簡略表現だった。ドイツ側はチャップマンの送信を受けるのに、まだ苦労をしているらしかった。ロニー・リードはチャップマンの無線機を調べてみたが、どこにも悪いところが発見できなかった。しかし彼は、さほど慌てなかった。交信の調子が悪いということは、もう少し時間が稼げるということになるからだ。

それよりもずっと心配なのは、チャップマンが言った、あることだった。彼はクレスピーニ・ロードに着くとすぐ、自分のかつての恋人で、自分の子の母親であるフリーダ・スティーヴンソンを捜してくれとリードに頼んだ。そして、今は三つになっている自分の娘を抱いたことがない、自分はまだフリーダを恋している、二人にすぐにも会いたいと言った。リードはフリーダを捜してみようと答えた。

フリーダは「未知数」だった。チャップマンは彼女との接触を許されれば気分が昂揚するだろう、とリードは思った。しかし、そうなると事態が複雑になる。もしチャップマンが、何年も会っていない女と、見たことのない子供に対する感情について本当のことを言っているなら、それは、フランスに進んで戻るという今の気持ちに影響するだろうか？　ひょっとしたら、フリーダは再婚したかもしれないし、子供を養子に出したかもしれない。リードは結論付けた。「われわれは、ジグザグがフリーダと子供を訪ねる前に、二人に関する正確な状況を知らねばならない。ひどく具合の悪い状況に彼が首を突っ込まないように」。しかし、日が経つにつれ、フリーダとダイアンに会いたいというチャップマンの要求はいっそう切迫したものになった。リードはなんとか口実をもうけて誤魔化した。そのたびにチャップマンは悄然とし、足をひきずりながら自室に戻った。バックウェルとトゥースは、気難しくて何をしでかすかわからない十代の若者を扱うようにチャップマンに接した。「エディーはむら気だった」とバックウェルは書いた。「もし物事が自分が思ったように運ばないと、二階のベッドに行き、何時間もそこにいて、食事をとるのを拒んだ。そういう場合、私とアランに腹を立てることはなかった。しかしわれわれは、彼がそうした気分の時は一人にしておいた」

チャップマンの機嫌が次第に悪くなるという事態は、クレスピーニ・ロード三五番地でのクリスマスの祝いに暗い影を投げた。バックウェルはソーセージと一緒に鶏肉を蒸し焼きにした。トゥースは台所のフォーマイカ張りのテーブルのところで何枚かの写真を撮った。その一連の写真は、チャップマンの変わりやすい気分を反映している奇妙なものだ。あるスナップでは、彼はビールを飲みカメラに向かってにやりと笑っているが、次のスナップでは、惨めな気分に陥っているように見える。

チャップマンが欲求不満だったもう一つの理由は、彼のドイツのスパイマスターとの連絡が、依然としてうまくいかなかったことだった。彼の無線機はフランスからのメッセージは受信することができたが、直接に連絡することはできず、返事を「ブラインド」で送った。クリスマスが終わって間もなく、リードはその問題を解決した。チャップマンはラ・ブルトニエールにいた時、無線機のスイッチが一つ緩んでいるのに気づき、熱した火掻き棒を使ってはんだで固定したと、何気なく言ったことがあった。それは、とリードは取り澄まして書いている、「十分に満足のいく電気的接続を与えるような方法ではない」。彼は無線機を家に持ち帰り、スイッチを自分で直し、翌朝戻ってきて、もうちゃんと働くのは間違いないと言った。

チャップマンは夜のあいだに簡単なメッセージを書いて暗号にした。リードはそれをチェックし、これでよしと言い、無線機のスイッチを入れた。九時四十五分に、パリの受信局と接続した。何もかも順調だった。しかし、修理した結果が知りたくて興奮したあまり、二人は一つの間違いを犯した。それは、送信すべての最初の過ちだったが、二人の犯した最大の過ちでもあった。十二月二十七日、九時四十七分に、チャップマンは次のようなメッセージを叩いた。「モシ　パリ　ガ　私ヲ受信スルコトガデキナケレバ、1000ニ連絡セヨ。OK　フリッツ。フ　ハ　フ　ホ」。メッセージは明瞭に受信できたという返事がきた。リードとチャップマンは欣喜雀躍した。

十分後、二人が台所で坐って紅茶を飲んでいると、チャップマンが不意に蒼くなり、どもりながら言った。「大変だ、Fを忘れたようだ」

エディー・チャップマン、1942年12月16日。
チャップマンがパラシュートでケンブリッジシャーに降下してから数時間のうちに、MI5の戦時中の秘密尋問センター、収容所020で撮影されたもの。

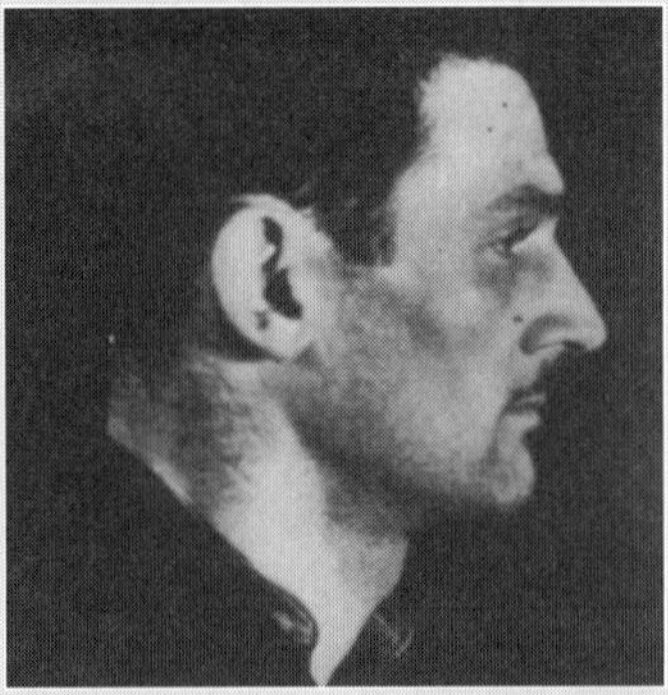

収容所020でのチャップマン。
湿ったセロリ畑に降下したため、
泥の付いた顔をしている。

1942年、
クレスピーニ・ロード35番地の
MI5の隠れ家で
クリスマス・ディナーを食べている
チャップマン。
この写真は、彼の警察の世話係
アラン・トゥースが撮影したもの。

前の写真ではチャップマンは
楽しそうににやにやしているが、
この写真では陰気な顔をしている——
おそらく、彼の気分が非常に
変わりやすかったことを
示しているのだろう。

ナチの偽造者が作ったチャップマンのアイルランドの身分証明書。
1942年に彼が携行した二枚の偽造身分証明書のうちの一枚。
ナントの写真館で撮ったこの写真で、
チャップマンは得意の二枚目俳優のポーズをとっている。

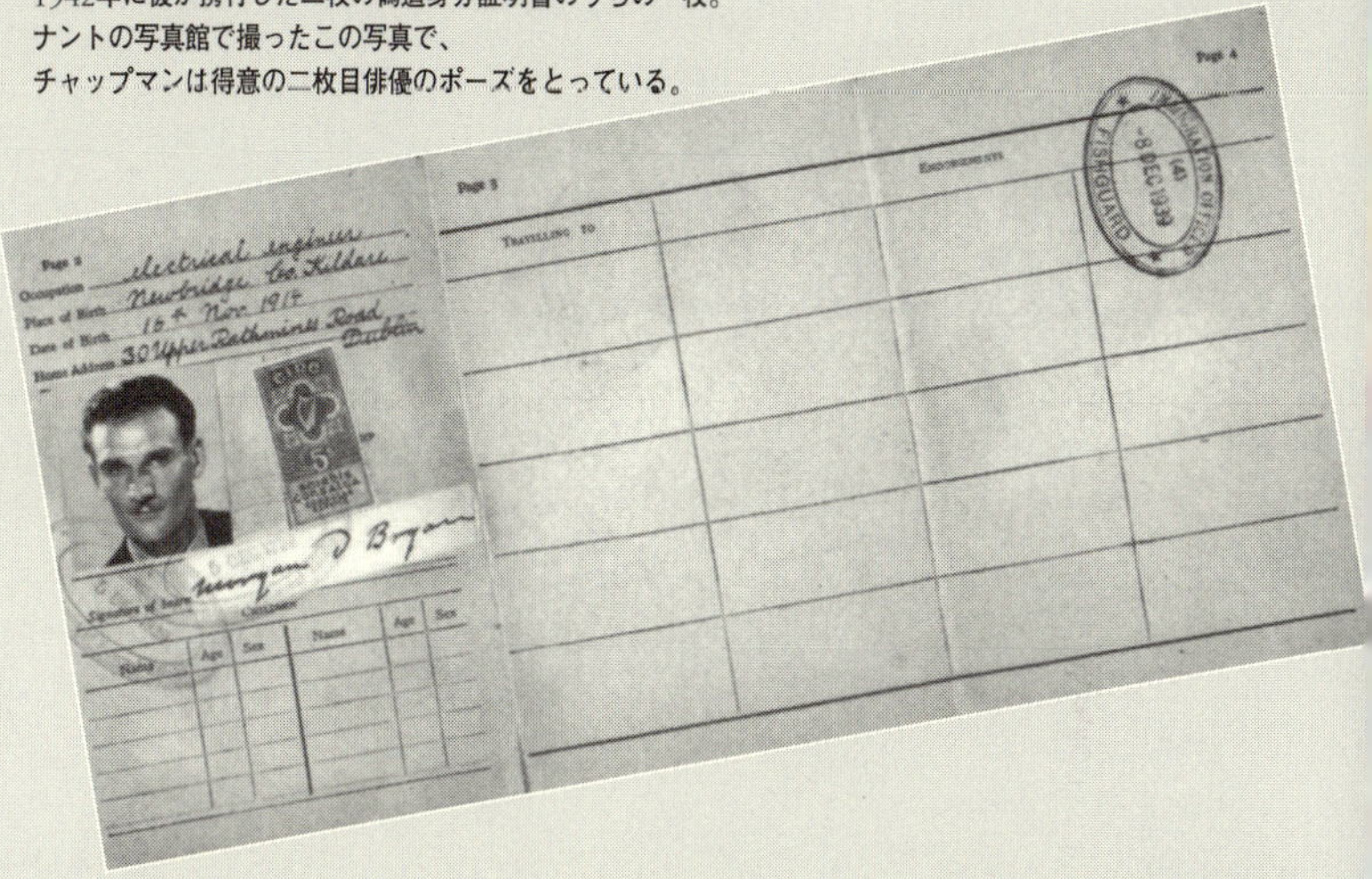

MI5がチャップマンのために偽造した商船船員の身分証明書。
彼のかつての犯罪者仲間、「ヒュー・アンソン」の名になっている。

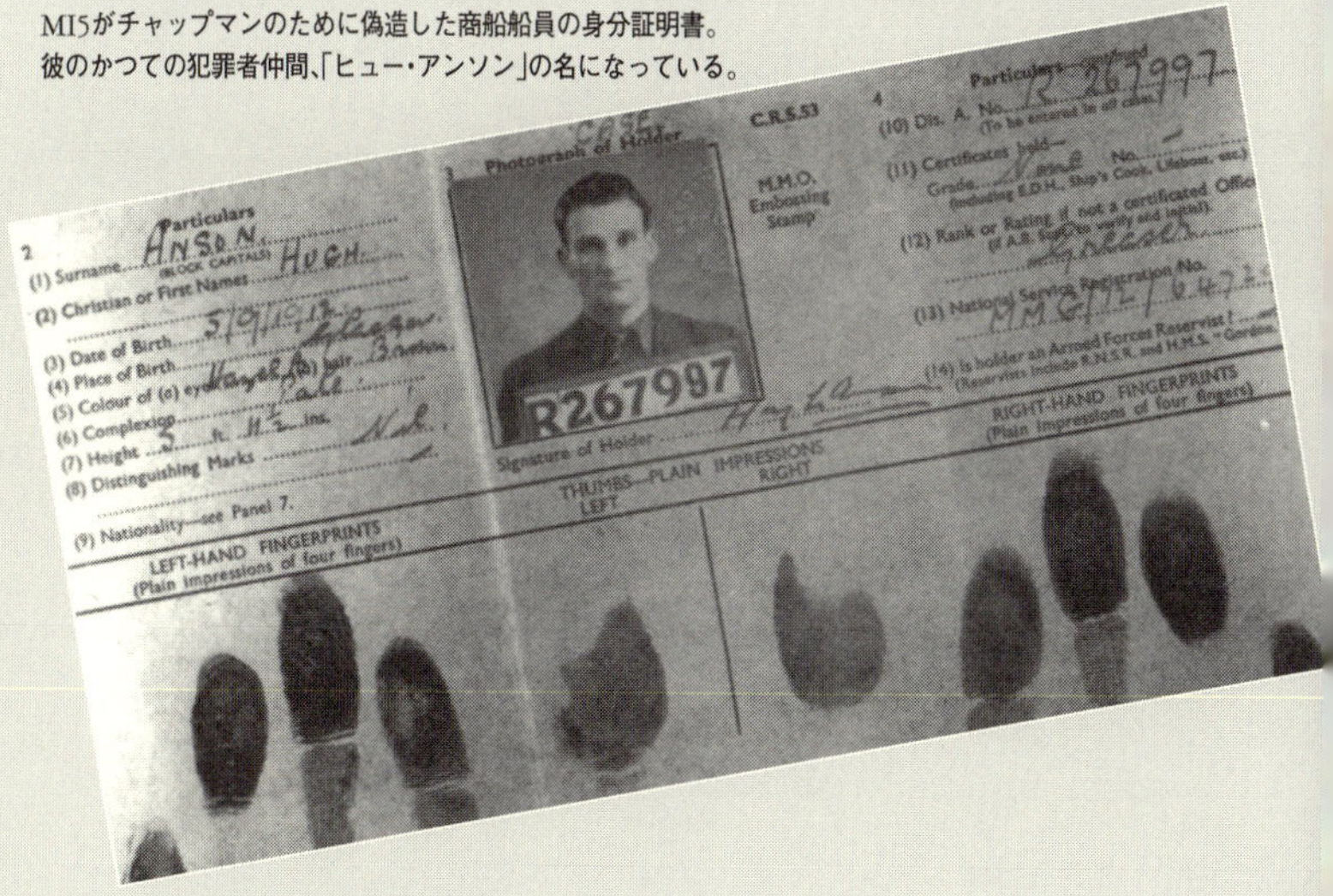

占領下のジャージー島。
英国の巡査部長がナチの将校から
命令を受けている。

占領下のノルウェー。最大の対敵協力者でナチの傀儡だったヴィドクン・クヴィスリングが、
ノルウェーのナチ志願者から成る「ヴィーキング連隊」を閲兵している。

マウトハウゼン=グーゼンの
死の収容所におけるファラマス(右)、
23歳くらい。

19世紀のパリの要塞である
ロマンヴィル要塞の入口。
同要塞はナチの強制収容所に
変えられた。

1955年の映画『コルディッツ物語』で
捕虜を演じている
アントニー・チャールズ・ファラマス。

ハートフォードシャーのハットフィールドにあるデ・ハヴィランド飛行機工場で製造されている、
モスキート爆撃機。

ドイツ爆撃の準備中のモスキート――「木製の驚異《ウドウン・ワンダー》」。

デ・ハヴィランド飛行機工場。裏の飛行場にモスキートが見える。壁に寄りかかっている二人の男は、
チャップマンのMI5の世話係、アラン・トゥースとポール・バックウェルであろう。

デ・ハヴィランド飛行機工場の偽破壊工作。爆発で被害を受けたようにペンキで塗られた建物に、
防水シートがかぶせてある。「残骸」があたりに散乱している。

3000トンの商船、シティー・オヴ・ランカスター号。
チャップマンをリスボンまで運んだ。船長はレジナルド・キアロン。

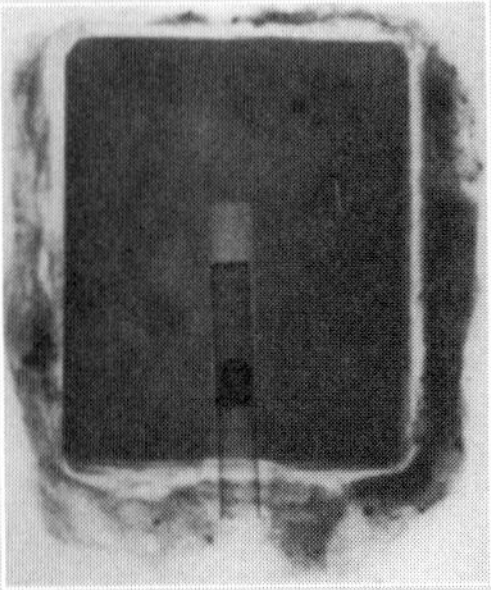

石炭爆弾のX線写真は、
シリンダー状の信管を入れた
爆発物の塊を示している。
それはプラスチック容器に入れられ、
ウェールズ産石炭に見えるように
塗られている。

リスボンでナチの技師が作った石炭爆弾。チャップマンはそれを
シティー・オヴ・ランカスター号に持ち込むことに同意した。

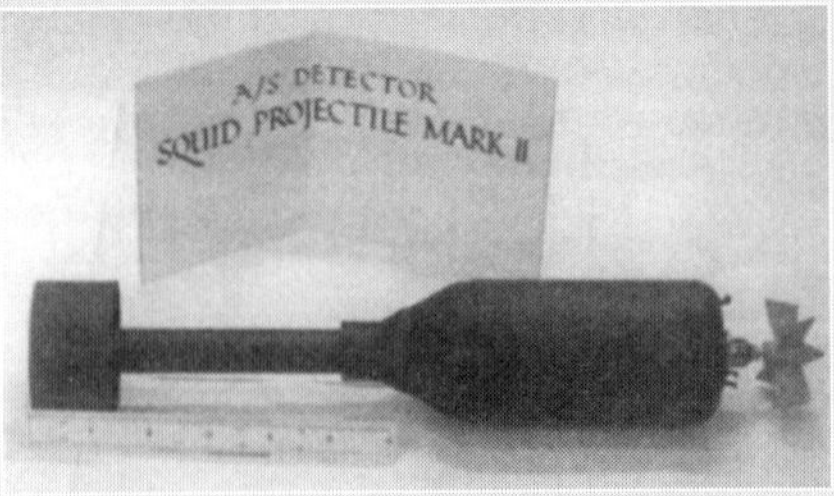

1944年、スクイッド欺瞞作戦のためにリスボンに送られた、
手を加えられた写真。物差しは18インチだが、
わずか6インチに見える。
対潜爆雷を本物の三分の一に見せるためである。

第14章 なんと華々しい死に方

ター・ロバートソンの怒りようは見ていて恐ろしいほどだった。ブリキ眼スティーヴンズは年がら年中ひどく怒っているので、部下は慣れっこになっていた。しかしロバートソンは決して腹を立てなかった。「彼は個人的判断は避けた」と一人の友人は言った。「彼は誰であれ相手の中の最上のものを見た」。十二月二十八日の朝、自分はZINCの交信でのメッセージを、取り決めてある「すべてOK」というサインなしに送ってしまったと、どもりながらリードがボスに告げたとき、ロバートソンはリードの中の最上のものを見なかった。赤を見たのである（'see red' すなわち「激怒する」）。

チャップマンとリードはメッセージの最初に五つのFを付け忘れたことにより、フリッツが英国の課報機関にコントロールされているということをフォン・グレーニングに、うっかり伝えてしまったのである。そのことは、ひょっとしたら戦時の最も見込みのある二重スパイの一人を駄目にしてしまうかもしれないばかりか、ほかの忠実だと思われているドイツ側のスパイも同様に英国側にコントロールされているという事実を、アプヴェーアに知らせてしまう危険があった。二重スパイの組織全体が危うくなるかもしれないのだ。

リードは戸惑いと後悔の念で麻痺状態になっていた。彼ほどに経験のある無線技師にしては、それは許しがたいほどの初歩的な過ちだった。リードの仕事の一つは、スパイがドイツのハンドラーに、自分は脅迫されているということを知らせるために、そっと挿入するかもしれない、いわゆる「コントロール・サイン」を監視することだった。そうした警告のサインは非常に小さいものである場合があった——挨拶の一語を省略する、あるいはXやピリオドを付け加える（あるいは省略する）。しかし、チャップマンがアプヴェーアと取り決めた、自分はまだ自由の身であることを示すサインは明白で、間違いようがない。MI5はそれが何かを知っていた。それはこれまで、ジグザグのどのメッセージにもずっと使われてきた。

若いリードは報告書の中で苦しい言い訳を連発した。「ジグザグと私がともにそれ［五つのF］についてすっかり忘れたという事実から、それを省いてしまうのがいとも簡単だということがわかります」と彼は卑屈な調子で言った。そしてチャップマンは、「仮に自由な身の諜報員として活動していたとしても同じことをしたのは疑いありません」と指摘した。それは的外れである。彼はまた、こうも言った。「ジグザグは五つのFを含む二つのメッセージをすでに送ったのですから、私個人としては、その省略は交信のもっと早い段階で起こった場合ほど悪いこととは感じません」。それは、激怒している上司を必死になって宥《なだ》めようとしている屈辱にまみれた男の姿である。

同日の晩、取り決めてある二番目の受信時間帯である午後五時に、チャップマンとリードはもう一つのメッセージを送った。今度は間違いを犯さなかった。「FFFFF申シ訳ナイ　Xマス　デ泥酔FFFFFヲ失念。Xマス　オメデトウ。F。」

「彼ら自身、五つのFを付けるということに関して忘れているかもしれません」とリードは、感じてもいない自信をもって書いた。それからの二十四時間、MI5は〈極秘情報源〉を不安な思いで細かく調べた。フォン・グレーニングが自分の諜報員がいまや囚われ、英国側のコントロールのもとに送信していることを知った形跡を予期していたのだ。ついに傍受班は簡潔なメッセージを捉えた。「フリッツヒェンからの十四字のメッセージは解読された。それが五つの暗号化されたFで始まっていないことがわかった」。フォン・グレーニングは二つ目のメッセージを信じたのだ。一方の愚かな間違いが、もう一方のやはり馬鹿げた過ちによって相殺されたのである。哀れな、疲れ切ったリードは、ほっとした。ずっとあとになってから彼は、その間違いは単に「不愉快なもの」だったと言ったが、その時は屈辱的なものだったのである。

チャップマンは安堵したが、次第に落ち着きを失った。郊外の家に二人の警官と一緒に日常生活を送るというのは、彼が思い描いていたようなスパイの役割ではなかった。彼は自分の処遇を早く決めてもらおうと思い始めた。そして、「フランスで私にできそうなこと」という「見出し」を付け、リードに渡した。

私の帰仏に対する準備がなされねばなりません。私はフランスに戻ったなら自由が与えられることになっています――グラウマン博士の提案ですが、私はドイツを一巡するかもしれません。しかしもちろん、パリに留《とど》まることもできると思います。襲撃しうる多くの地点があり、私はそれらを襲撃するためのかなりよい計画を立てることができます……雷管と少量のダイナマイトと、襲撃すべき場所の詳細を提供することができます。二、三人の有能な人物を自分で訓練すること、フランスで彼らのために手配してやること、私が自由裁量で事を進めることが許されるなら、立派な成果を挙げることができるのは確かです。一方、もしわれわれが情報のみを必要とするのならば、私はドイツ語をもっと完璧に話すことができるよう再び訓練されねばなりません、私の知識は十分ではないので。また、陸軍と海軍の専門知識においても。それはかなり長い時間がかかる仕事です。もし、私が出発するための準備をしてくれている人間が私に会いにやってきて私の考えを書き留めれば、良い結果が得られるはずです。

リードの補佐のローリー・マーシャルが、チャップマンの希望通り、彼の考えを聞くためにクレスピーニ・ロードにやってきた。その考えは単純で効果的なものから、ドラマティックで奇怪なものに及んだ。もし自分がナントに戻れば、暗号化された情報を無線送信する「馬鹿げた冗談のメッセージ」に潜ませることができると、チャップマンは説明した。もっと野心的な企てだが、もし英国が破壊工作班を送ってくれれば、ラ・ブルトニエールのグラウマンの執務室のストックから爆薬と雷管を盗んで破壊工作班に提供するようにする。「彼らは志操堅固で、命を落とす覚悟をしていなければならない」とチャップマンは強く言った。襲撃目標になりうるのは、ゲシュタポの各支部、アプヴェーアの本部、SS将校だった。アプヴェーアの上級将校が贈り物としてコニャックのケースをやりとりすることにチャップマンは気づいていた。その一つに、「建物全体を破壊するに十分な爆薬」を詰めた仕掛け爆弾を入れるのは比較的簡単だろう。マーシャルは、チャップマンの熱意は「少々不気味」だと思ったが、二人で話しているうちに、「ジグザグの心の動きが実によくわかった」と報告した。

アプヴェーアが何かおかしいと思い始めた徴候はまだなかったが、自分の諜報員に対するフォン・グレーニングの信頼の念を繋ぎ止めておくには、チャップマンの技倆を何かの形ですぐにも示すことが必要だった。「われわれは、デ・ハヴィランド工場で、ある種の速やかで目覚しい爆発が起こるよう、全力で取り計らわねばならない」とマースタマンは書いた。見せ掛けの破壊工作は新聞に大きく取り上げられるだろう、ことに『ザ・タイムズ』には――フォン・グレーニングが好んで読む英国の新聞には。

二重スパイの班のあいだでは、二重スパイはできうる限り、ドイツ側に報告した通りの生活をし、行動をとらなければならない、というのが信条だった。マースタマンはそれを、「迫真性の原則、スパイに、本人が行ったと言っているすべてのことを実際に経験させる絶対的必要性」と呼んだ。尋問された際、真実の一部を語るほうが、真っ赤な嘘をあれこれつき続けるよりも遥かに楽なのだ。もしデ・ハヴィランド工場を爆破したふりをし続けるつもりなら、チャップマンは本当に破壊工作をする気になって下見をしなければならない。

チャップマンとバックウェルはハットフィールドまでバスで十マイルの旅をし、工場の少し先の停留所で降りた。チャップマンは工場の周囲のフェンスの回りを二人でゆっくりと歩きながら、目標を注意深く観察した。打ち合わせ通り、バックウェルは正門のところで立ち止まり、工場を背にして立った。一方チャップマンは、友人と雑談をしているふりをして、バックウェルの肩越しに工場を眺め、目に入るすべてのものを口に出して言った。門のところには、たった一人の警官の守衛しかいないようだった。敷地の中に三つの発電所らしきものが見えるとチャップマンは思った。工場の飛行場には二十五台の飛行機が数えられた。それは、チャップマンが初めて見る、スマートな木製モスキートだった。素人目にさえ、それは美しい小さな飛行機に映った。そして、「好戦的な邪悪さの雰囲気も伝えて」いた。少し先で、フェンスはパブ、〈コメット〉の裏を通っていた。パブの隣に小さなカフェがあった。午前の勤務の者たちがちょうどやってきたが、守衛が工場労働者の全員の顔を知っているのは明らかだった。というのも、守衛は彼らが門から入るたびに頷き、リストに名前を記入したからである。

チャップマンとバックウェルはカフェに行って紅茶を飲んだ。ティールームの隅に、勤務伍長の制服を着た男が坐っていた。男は二人をしげしげと見たが、何も言わなかった。フリッツが任務を果たしているかどうか見るために派遣されたアプヴェーアのスパイだろうか？　それとも、賜暇《しか》中の注意深い軍人に過ぎず、戦争の最中に重要な軍需工場のそばで、なぜ二人の男がひそひそ話をしているのだろうといぶかっているのだろうか？　彼は警察に通報し、二人を逮捕させるだろうか？　バックウェルはその考えを否定した。「疑っているというより、心配していると言ったほうがいい」。おそらく勤務伍長は、賜暇の帰りが遅くなっただけなのだろう。

その夜、ＭＩ５からその計画について聞かされていた工場長と取り決めたように、バックウェルとチャップマンは戻ってきて、もっと綿密にその一帯を調べた。四台の大きな変圧器が塀を巡らした中庭にあった。そのそばの水の入っていないプールの横に一つの建物があった。ドイツ側は偵察飛行写真から、それを補助発電所と誤認したが、それには、今は使っていないプールのための古いボイラーとポンプが入っているだけだった。夜になっても正門には守衛がいたが、パブのそばの小さい門には鍵が掛かっていなかった。チャップマンは説明した。もし自分が本当にこの工場を使用不能にするつもりなら、パブを隠れ蓑にして真夜中にこの小さな門をよじ登り、てっぺんの有刺鉄線を切断する。それから、それぞれ三十ポンドの爆薬が詰まっている二つのスーツケースを置く。一つは中央配電盤の下に置き、もう一つは補助発電所と誤認された建物の中に置く。それぞれに、一時間後に爆発するようにした、腕時計の雷管を付けておく。もし、そうした襲撃が実際に行われたなら、それは「全工場の生産を完全に不能にしてしまう」だろう。もちろん、超人的スパイであっても、それぞれ三十ポンドの爆薬が入った二つのスーツケースを持って、有刺鉄線のある門を独力で越えることはできない。その架空の破壊工作のために、チャップマンは、やはり想像上の共犯者を必要とした。ジミー・ハントがその仕事にはうってつけだろう。ハントはいまだに厳重に監禁されているので、嫌とは言えない。

大晦日に、チャップマンはフォン・グレーニングにメッセージを送った。「ＦＦＦＦＦ　ヴァル

ター　ヲ見ニ行ッタ。非常ニ難シイ仕事。ナシウル。衣料切符等入手」

デ・ハヴィランド工場の内部のみが、チャップマンがフランスに戻ったとき、自信をもって描写できる唯一のものだった。もし彼が、ソーホーの犯罪者仲間と再び接触することに成功したとフォン・グレーニングに信じ込ませるとするなら、ソーホーに行かねばならないだろう。そしてもし、イーリーの近くに降下し、朝の列車でロンドンに行ったと言うつもりなら、イーリーは日中はどんなふうか描写できなければならないだろう。彼のドイツのスパイマスターは、軍隊の動きとか防衛方法とかいったものに関する追加情報を入手してくれと言った。もし彼が相手に自分を信用させ続けるとするなら、相手が欲しがっている情報を送らねばならないだろう——あるいは少なくとも、送っているふりをしなければならないだろう。それは、ヘンドンに閉じ込められていてはできない。外に出て歩き回らねばならない。そのあとで、ジョン・マースタマンと「二十委員会」の検閲官たちは、どれをフォン・グレーニングに送っても安全かを決めることができる。

MI5はアプヴェーアが苛立ち始めたのを感じた。フリッツが英国に来て三週間経ったとき、次のことを要求するメッセージが届いた。「主要官庁ト陸軍省ニ関スル具体的情報ヲ送ッテモライタイ」。数日後、もう一つのメッセージが届いた。「君ノ着地シタ場所ノ名前トソノ様子ヲ手短ニ教エテモライタイ」

チャップマンはすぐさま返事をした。「FFFFF　イーリーノ北ニマイルニ着地シ装具ヲ埋メタ。翌日　送信機ヲ持ッテ　ロンドンニ行キ　ノチニ友人ニ連絡シタ。万事OK。フリッツ」。しかしフォン・グレーニングが、陽気だが曖昧な安心のさせ方にうんざりしているのは明らかだった。彼はいくつかの具体的な事柄が欲しいのだ。そこで、バックウェルとトゥースは、同宿人のために一連の日帰り旅行をすることにした。二人はチャップマンを彼が着地したイーリーの場所に再び連れて行き、ウィズビーチの鉄道駅まで歩いてみることにし、そこでフィッシュ・アンド・チップスを食べた。一行は、ドイツのスパイなら訪れるであろう場所を訪れた。ヘンドン飛行場周辺、ロンドンのいくつかの終着駅、最近爆撃されて被害を蒙ったロンドンのシティーの一画を歩き回った。三人はパブ〈ヘンドン・ウェイ〉に頻繁に立ち寄り始め、そこで「よく知られ、受け入れられる」ようになった。誰も何も訊かなかった。パブのこぢんまりした個室でビールを前に坐っている年嵩《としかさ》の二人の男には、馴れ馴れしく話しかけられないような雰囲気があった。

三人はウェストエンドに服を買いに行ったが、その際、軍の輸送車、米軍であることを示す標識、空襲の被害、政府の建物、チャップマンに気づくかもしれない犯罪者に目を配った。「エディーは間もなく自信を取り戻し始めた」とバックウェルは報告した。「それにもかかわらず、彼はアランや私を撒こうとはせず、私たちがちょっとでも離れると不安になるように見えた」。そうした遠出は、チャップマンの作り話を本当らしく見せるものとして不可欠だったが、それ以上に、「彼の気を紛らすのに役立った」。バックウェルもトゥースも気がついたのだが、チャップマンは気を紛らすものが何もないと心は暗いことに向かい、フリーダや娘や、自分自身の性的欲求不満のことばかり考えた。チャップマンは「ひどく落ち着かない」ように見えた。爆弾製造に使われるドイツ語の技術用語をどう訳していいのかわからないと彼が言ったので、ドイツ語の教師、バートン夫人が個人教師としてクレスピーニ・ロードに派遣された。ジョン・マースタマンは、要求の厳しい学生を持った大学教師のように、ベッドの中で勉強できるよう、四巻本のミュレー＝サンダースの独英辞典をチャップマンに買ってやるように言った。さらに多くの本と雑誌が与えられたが、チャップマンは数分以上じっと坐っていられなかった。ある晩、トゥースに向かい、「ニヒリズムのような感情を覚える——自分の人生が空しく、何もかもどうでもよいという感情を」と告白した。リードは、チャップマンの憂鬱の発作と、落ち着きのない焦燥感と、セックスへの頻繁な言及に次第に不安を覚えるようになった。「彼の生来の荒々しさとバイタリティーが間もなく、女とくつろぎたいという方向に必然的に向かった……そうした情動を昇華させ、彼の精力をもっと有益な方向に向ける数多くの試みがなされた」

リード、ター・ロバートソン、ジョン・マースタマンは相談した結果、チャップマンが今のように落ち着きがなければ「この国で長期にわたって彼を二重スパイとして使うのは、まったく不可能」という結論に達した。なぜなら、彼は気質的に「僧院のような暮らし」に適していないからだ。大まかな戦略が練られた。デ・ハヴィランド工場の偽の破壊工作をできるだけ入念に、迫真的に行う。チャップマンはドイツのスパイマスターの信用を得、占領下のフランスに戻る、おそらくリスボン経由で。彼は共犯者を連れて帰ってはならないし、フランスにいるほかの連合国側のスパイと接触してもならないが、のちに指示される、英国のための諜報活動と、たぶん、破壊工作をしなくてはならない。

その晩、リードはクレスピーニ・ロードを訪ね、自分たちが達した結論について話した。チャップマンは「真っ青」な顔をして椅子に坐っていた。トゥースの説明によると、ラジオを聞いていたとき、チャップマンが入ってきて、「秘密筆記用のインクと軍隊の動き」というアナウンサーの言葉を耳にした。そのニュースは、あるまったく無関係の事件に関するものだったが、チャップマンは一瞬愕然とし——例によって、どのドラマでも主役を演じたがったのだ——そのニュースは自分についてのものに違いないと思い込んだので、リードに会った時も、まだショックを受けていたのだ。

リードは将来についての一般的な話から始めた。そして、もしデ・ハヴィランド工場に対する偽装襲撃が期待通りにうまくいったならドイツ側は喜び、チャップマンを英国にそのまま置こうとするかもしれない。チャップマンには、英国にとどまって、別の偽装破壊工作をする気はあるか?

チャップマンは首を横に振った。「戻ったなら、なすべき別のもっと個人的な仕事があるんだ、ベルリンで」

「君が個人的にすることは、どんなに立派なことであれ、われわれが期待することほど満足のいくものではないだろうね」とリードは言った。

チャップマンはぴしゃりと言った。「君は私の計画を知らないのに、どうして判断できるんだ？」

「君は何をするつもりなのか、具体的に言わなくちゃいけないと思うね」

「それは言わない。馬鹿げていて不可能だと君は思うだろうから。うまくやれるかどうか判断するのは自分だけだから、胸に秘めておくのが一番いい」

チャップマンは頑固だったが、リードは「非常な忍耐心と同情心」を発揮して、考えていることを言うように何度も何度も促した。とうとうチャップマンは折れ、深く一つ息を吐いた。

「グラウマン博士はいつも約束を守ってくれた。私が英国から戻って来たらしてやると言ったことを、約束通りしてくれると思う。彼は私が親ナチだと思ってるんだ。私は大勢の者がいる時は、『ハイル・ヒトラー！』と言い、人間としてのヒトラーと、ナチ哲学に対する賞讃の気持ちを表明した。ヒトラーがラジオで放送する時はいつでも、夢中になって聴いた、そうしてグラウマン博士に、ヒトラーが演説するナチの党大会にぜひ出たいと言った」。グラウマンは、演壇の近くの「最前列か二列目」の席をチャップマンに取ってやると約束した……そのためには彼が高官の制服を着るということを意味しても。

「グラウマン博士は約束を守ると思う」。チャップマンは間を置いた。「そうしたら、私はヒトラーを暗殺する」

リードは呆気にとられて黙っていたが、チャップマンは話し続けた。「具体的にどうやるかはまだ決めてないが、私ほどの爆薬と焼夷物質についての知識があれば、できるはずだ」

リードは落ち着きを取り戻し、爆弾を投げつけることのできるくらい総統に近づくのは、きわめて難しいと言った。「成功しようとしまいと、君は直ちに消される」

チャップマンはにやりとした。「そうとも、けど、なんと華々しい死に方だ」

リードは思い止まらせようとはしなかった。その晩遅くまで、二人はさまざまな可能性について話し合った。チャップマンは、自分の過去を考えれば英国でまともな暮らしはできないし、占領下のフランスにいつまでもとどまることもできないと言った。今こそ、自分の人生に意味を与えるチャンスだ、たとえ命を落とすことになろうと。

その夜、リードは報告書を書きながら、なんでジグザグ問題が最近、ひどく妙な具合になってしまったのか考えようとした。ヒトラーを暗殺しようという申し出は、一つには、ときおりチャップマンの心にのしかかる自殺願望を伴うニヒリズムから発しているように思えた。しかしまた、彼は名声を渇望していて、「派手な死に方」を求めてもいるのだ。リードは、チャップマンがかつて、自分の犯罪に関する新聞記事の切抜きを溜めていたことを思い出した。「彼は自分の名前が世界中の新聞に大きく載り、歴史書に永久にとどめられることになるのに、それよりも良い死に方を思いつくことはできないのだ――それは彼の最期を飾るものになるだろう」。彼が自らに課した任務には、何か自暴自棄のようなところがあった。真に邪悪な人間を暗殺しようという悪党の申し出には。しかし、ほかの何かもあった。これまで自分だけのことを考えてきた人間の中に、ヒロイズムの不思議な閃き、道徳的義務感が。リードは感動した。「彼はグレート・ブリテンに対して、かなりの忠誠心を持っていると思う」

第15章 フリーダとダイアン

フリーダはどこにいるのか？　チャップマンの質問は執拗だった。依頼だったものが、いまや要求になった。彼は不機嫌で喧嘩腰になった。ある夜、バックウェルに、フリーダとダイアンの面倒を見るのが、今では自分にとって唯一の重要なことになったと打ち明けた。自分は償いをしなければならない。バックウェルは報告した。「本人の言によると、自分が唯一関心のある子供を扶養したがっている」。もしフリーダが困っているならダイアンを養育するということさえチャップマンは口にしたが、それは今の状況では「不可能」なのを認めた。そして自分が死んだら、ダイアンが十六になった時、H・G・ウェルズ全集を渡してくれとトゥースに頼んだ。しかし同時に、娘が「自分の存在を知らないほうがよいのかもしれない、「自分は娘にとってハンディキャップになるだけで、娘に苦痛を与え、迷惑をかける」から、とも考えた。

「個人的問題が彼の関心の大部分を占めている」とバックウェルは報告した。もし、ヒトラー暗殺をチャップマンが自分に課した任務とするなら、フリーダとダイアンの面倒を見るのが、そうした任務のもう一つのものだった。

ある夜、彼は癇癪を起こし、激しい調子の短い手紙をター・ロバートソンに宛てて走り書きした。「私の情報源はほとんど空になりました。ここにいては、私はもう役に立ちません。そして、数え切れないほどの個人的理由で、ここにこの先一日でもいたくありません」。バックウェルはその手紙を次のようなメモと一緒にロバートソンに渡した。「彼は今の立場は耐えがたいと感じています。自分の国に戻ってきたのに昔の仲間に会うこともできず、自分の好きなようにすることもできないので……Eは本質的に行動の人間で、生来、紋切り型の暮らしができない男です」。バックウェルは、かつての恋人と娘に会うことだけがチャップマンに平常心を取り戻させると確信していた。「フリーダの問題がいつも彼の心の奥にあるようです」とバックウェルは書いた。「フリーダと会うよう取り決めれば、彼の問題はほぼ完全に解決するでしょう」

リードはそれに対し疑念を抱いていた。フリーダが再会することにどのように反応するか、わからなかったのだ。機密保持に対する危険はあまりに大きかった。「彼女はおそらく警察に行き、事態を具合の悪いものにするだろう」から。ジグザグが英国に戻ってきたのを知ればジグザグに対しいささかでも悪意を持っているとすると、再会がうまくいったとしても、フリーダをチャップマンの作り話にどうにか組み込まねばならない。その結果、フリーダと子供は危険に晒されるかもしれない。リードはチャップマンに、警察はまだフリーダの居所《いどころ》を捜していて、一方、「当局」は彼の要求について考慮していると話した。チャップマンは反撥した。いっそう「挑戦的で気難しく」なり、ふて寝をするようになった。リードは不安になった。MI5はフリーダをすでに見つけているのに、わざと会わせないようにしているとチャップマンが信じているのは明白だった。そして、彼は正しかった。

警察はフリーダ・エルシー・ルイーズ・スティーヴンソンの居所を、たちまちのうちに見つけた。数年前フリーダは、「扶養手当申請に関して」エディー・チャップマンを捜していたからである。彼女は今、エセックスのウェストクリフ＝オン＝シー、コシントン・ロード一七番地の賄い付きの下宿に住んでいた。

フリーダの人生は、十九の時にチャップマンが彼女から去って以来、徐々にわびしいものになった。彼女は、チャップマンが一九三九年に姿を消した時は（それから数週間経って、自分がダイアンを懐妊したことを知った）、シェパーズ・ブッシュのフラットに住んでいた。彼女はエディーを捜そうと、まずソーホーの何人ものバーテンに当たり、次に彼の犯罪者仲間に訊き回り、最後に警察に行った。その結果、彼がジャージー島の刑務所にいることを知った。彼女は何通かの手紙と写真を送ったが、梨の礫《つぶて》だった。すると、ジャージー島にドイツ軍が侵入したので、もはや手紙を出す意味がなくなった。チャップマンはジャージー島から逃げ出そうとしてドイツ軍に射殺されたという噂が、ロンドンの暗黒街に広まった。

フリーダは転々とした。彼女はダンサーだったが、戦争が始まると、ダンスの仕事がどんどん減った。そこで、母親のそばにいようと、サウスエンドに移った。大きな茶色の眼をし、への字に曲がった小さな唇を持った、蒼白く華奢なフリーダは、生来、人を信じやすく優しかった。しかし、驚くほどに強か《したた》で、懸命に子供を護る母親だった。彼女の父親はバスの運転手だったが、彼女が生まれる前に死んだ。そこで、彼女も父《てて》無し子として育った。彼女は人生に多くを求めず、多くを期待しなかった。そして、与えられた少しのもので、なんとかやっていった。一九四一年八月、ずっと年長の、気球工場の工場長キース・ブチャートと出会い、結婚した。その結婚は、すぐさまうまくいかなくなった。ある夜、ブチャートが外で酒を飲んでいるあいだに、フリーダは新しい夫のスーツを火にくべて燃やし、小さなダイアンを連れて家を出た。

彼女は賄い付きの下宿に住み、婦人消防士としてパートタイムで働いていた。その時、ロンドン警視庁公安部の二人の刑事がやってきた。道路に面した居間で、刑事はエディー・チャップマンについて数多くの質問をした。二人が行ってしまうと、フリーダはダイアンを抱き締め、かすかな希望の光を感じた。

クレスピーニ・ロードでは、トゥースとバックウェルの役割はチャップマンのリビドーの面倒を見ることにまで広がった。二人は料理をし、掃除をし、被庇護者のための娯楽を見つけねばならないだけではなく、彼がふしだら女を探す手伝いをすることにもなった。二人の警官はこの新しい義務を陽気な諦めの気持ちで受け入れた。それまでMI5は、リードが「女とくつろぐ」と微妙に表現したものからチャップマンを引き離そうとしてきた。いまや彼らは、もしチャップマンがくつろぎたいのならば、そうさせるようにと指示された。

一月十五日、ランズダウンのパブで夕食をとってから、チャップマンとバックウェルは赤線地区として知られるニュー・ボンド街の一画に出掛けた。戸口で急いで交渉したあと、チャップマンは一人の娼婦を拾った。娼婦は店の上のアパートに彼を連れて行った。「幸い、真向かいにパブがあった」とバックウェルは報告した。「そして彼は、約三十分後にそこで私に会う約束をした。彼は約束を守った」。数日後、悪党と警官は「くつろぐ」ために一緒に出掛けた。ライオンズ・コーナー・ハウスで三人はドリスとヘレンという娘に出会い、夕食に誘った。男たちは、もし誰かがチャップマンは何をしているのかと訊いたなら、「外国から戻ってきた」部隊の隊員だと言うことに決めておいた——その作り話は、なぜチャップマンが戦時の英国の生活についてひどく不案内なのかの説明にもなった。彼が最後にロンドンにいたのは一九三九年で、クーポンと配給、灯火管制と防空壕の世界に慣れるまで数週間かかった、というわけだ。

当然とも言えようが、ニュー・ボンド街を訪れたことは、一時的な気晴らしにしかならなかった。間もなくチャップマンは、以前にも増して気分が沈んだ。世話係はもっと手の込んだ気晴らしを思いついた。ある晩、コート、帽子、スカーフにすっぽり包まれたチャップマンを連れて、彼らはチャップマンのソーホー時代の古馴染み、ノエル・カワードが主演の感動的な戦争叙事詩の映画

『われらの奉仕するところ』《イン・ホイッチ・ウイ・サーヴ》を見に行った。チャップマンは用心するようにと警告された。そして、もし知っている誰かを見たら姿を隠し、前もって決めてある場所で落ち合うということにした。しばらくのあいだ、そのやり方はうまくいった。何度かチャップマンは、以前の仲間に見られるより先に彼らを見つけることができた。「エディーには一つ驚くべきことがある」とバックウェルは報告した。「彼は人の顔を見分けることとその描写に卓越していた。しばしばロンドンで、以前まったく別の場所で見た顔に気づいた」

しかし、チャップマン自身の顔も際立っていた。ある晩チャップマンは、ウェストエンドのレストラン、〈プリンス〉の入口で、戦前知っていた、茶色のダブルのスーツを着た「キャット・バーグラー」(天窓などから忍び込む泥棒)と鉢合わせした。顔が赤くなった、ほろ酔いのその男は片手をぐっと差し出して言った。「いよう、あんた、ここで会うとはなあ」。トゥースは割って入ろうとしたが、チャップマンは男をじっと見つめ、堅苦しく「ハロー」と言って、そのまま階段を降りた。男はチャップマンのあとをつけてきて自分の間違いを詫びたが、あんたは「自分の知っている者と瓜二つ」だと言い続けた。チャップマンは突然フランス語を使い――「双子がいることについての冗談」――びっくり仰天していた男を戸口に残して立ち去った。バックウェルはそのはったりがうまくいったと思った。「男は詫びて、やや戸惑いながら去ったが、自分が間違えたらしいと考えていたと思う」。チャップマンはその男の名前を忘れたと言ったが、彼の世話係は信じなかった。「ジグザグが以前の犯罪者仲間に対する忠誠心から、そのキャット・バーグラーの名前を明かさなかったのは当然だろう」とリードは考えた。「結局のところ、それはわれわれの関心事ではまったくない」

このちょっとした事件は、半ば囚われの身のチャップマンの欲求不満を募らせるのに役立っただけだった。彼は自分の知っているロンドンを観察することはできたが、その一部には決してなれなかったのだ。彼は軍隊に入っているらしい弟のウィンストンに会わせてくれと言ったが、「われわれの調査したところでは、弟さんはインドにいるようだ」と言われた（それは嘘だった）。ある晩、彼はクレスピーニ・ロードの家の窓から脱け出てウェストエンドに向かおうかと考えたが、良心が咎め、思いとどまった。「そんな真似は自分の仕事のためにも、仲間たちのためにもならない」ことを理解したのだ。しかし昔の友人たちにどうしても会いたくなり、ベティー・ファーマーを捜してくれとリードに頼んだ。リードは、それは愛欲が目的なのか、三年前にジャージー島のホテルの食堂でひどく派手に捨ててしまった詫びを言いたいためなのか、よくわからなかった。例によって、チャップマンの動機は読み取りにくかった。彼はあらゆる選択の自由を残しておき、丸損を防ぐため両掛けをすることなしに賭けに応じることが体質的にできない男なのだ。ベティー・ファーマーの最後の痕跡は、一九三九年に彼女が涙ながらにジャージー島の警察にした供述だった。その後、彼女は消えてしまった。リードはそれは都合がいいと思った。チャップマンの感情生活は、それでなくともすでに複雑怪奇なものになっていたのだ。

チャップマンの知り合いの中で、信頼の置けるごく少数の者の一人にチャップマンを会わせる手筈を整えることが決まった。映画製作者のテレンス・ヤングである。彼は今では、国防軍の守備隊機甲師団の野戦保安課に属する情報将校だった。戦争が始まるまでは、ヤングは新進の映画監督として名士のような存在になっていた。そして、軍服を脱がせて彼にプロパガンダ映画を作らせようという動きがあった。チャーチルはその計画に「個人的関心」を示したと言われた。ヤングはB１Aのマーシャルから連絡を受け、クラリッジ・ホテルで紅茶を飲みながら、チャップマンに極秘で会うつもりがあるかどうか尋ねられた。チャップマンに「彼の旧友の何人かについて話し」、「士気を高める」ために。ヤングは喜んで同意し、悪《わる》の旧友が一体どうなったのか、いつも考えていたと言った。「ジグザグは悪党だったし、これからも悪党だろう、けれど凄い奴だと彼は言った」とマーシャルは報告した。

ヤングは続けて、チャップマンが戦前棲んでいた派手な遊蕩の世界、「映画界、演劇界、文学界という半政治的・外交的世界」でチャップマンが知っていた人物、チャップマンの人気(「とりわけ女のあいだでの」)について話した。チャップマンに諜報関係の仕事を任せられるだろうか、とマーシャルは訊いた。ヤングは断言した。「係官は彼に最も難しい任務を与えることができる。彼がそれを果たすということ、自分を絶対に裏切らないということを知っているので。ただし、その係官から事のついでに何かを盗むことは大いにある……そして彼は自分の任務を果たし、その同じ係官のもとに戻り、報告するだろう」。要するに、彼はなんであれ頼まれたことは実行すると信じてよいのだ。ほかのほとんどあらゆる面では、まったく信用できないのだが。

チャップマンとヤングはホテル・サヴォイの目立たぬ隅のブースで遅い夕食をとった。マーシャルが付き添い役だった。二人は「再会を喜」んでいるようで、「会話は弾んだ」とマーシャルは報告している。しかし酒が入ると、話は戦争のことになった。ヤングは、連合軍の勝利は「必然」だという見解を述べた。チャップマンは、それは「自己満足で独りよがり」だと激しく反論し、「ヒトラーの理想主義と、ドイツ軍兵士の力と能力」を讃美し始めた。トゥースとバックウェルの再教育の努力にもかかわらず、ナチのあいだであまりに長く暮らした影響が、まだ残っていたのだ。マーシャルはクレスピーニ・ロードに戻りながら、「たとえ真実であれ、そうした見解を表明するのは愚だ」とチャップマンに警告した。

ドイツの軍事力に対するチャップマンの信頼の念は、次の面では損なわれた。アプヴェーアは無線受信機でいまだに技術的問題を抱えていたのだ。〈極秘情報源〉は「ホルスト」という暗号名の新しい無線局が、特にフリッツからのメッセージを受信するためにサン＝ジャン・ド・ルズに作られたことを明らかにした。そこには、フォーギ中尉という専従の無線技師が詰めていた。しかし、一月十四日にモーリスは、新しいアンテナが吹き飛ばされてしまったので、チャップマンはメッセージを「ブラインド」で送り続けなければならない、というメッセージを送ってきた。その不手際は、ドイツ側に文句を言う機会をチャップマンに与えた。フリッツからフォン・グレーニングに宛てた次のメッセージは、チャップマンの言葉によれば「手厳しい批判」だった。「FFFFF　受信ノ報告欠如ニウンザリシ心配シテイル。コレハ　ドウシヨウモナイ　ヘマ。完全ナ援助ヲ約束サレテイルノダカラ　ソレヲ受ケネバナラナイ。作業ハ順調。ソチラノ欲シイモノノ完全ナリストヲ持ッテイル。問題ヲ解決スルタメ　ソチラハ何カヲシナクテハイケナイ。F」

それからの数日間、その批判の影響を探るため、アプヴェーアの無線送信が入念に調べられた。なんの反応もなかった。明らかに無線技師は、その怒りのメッセージを、リードの言葉を使えば、フォン・グレーニングの「逆鱗に触れることのないよう」、ただ握り潰したのだ。初めてではないのだが（また、最後でもないのだが）、大きな機械の小さな歯車が、ボスに自分たちの不手際を発見されないよう、一方的な決定をしたのだ。数日後モーリスは、アンテナが直り、「新しい手筈が整った」という、おとなしいメッセージを送ってきた。それからは、送信も受信も順調だった。

バックウェルはチャップマンを連れて爆弾の材料の買い物に出掛けた。もしチャップマンが、デ・ハヴィランド工場を爆薬で破壊したとドイツ側に思い込ませるとするなら、必要な爆薬の成分を実際に買うことができるのかどうか試してみなければならなかった。それは、びっくりするくらい簡単だった。二人は〈ティモシー・ホワイツ〉で除草剤用の塩素酸カリウムを買った。ハローの〈ブーツ〉で、過マンガン酸カリウムと硝石の硝酸塩を買った。フィンチリー・ロードのJ・W・クイベルは、硫黄の粉末、防虫剤、銀ペンキ用のアルミニウムの粉末を喜んでチャップマンに売ってくれた。小麦粉と砂糖は、どんな食糧雑貨店でも、かなりの高値で買うことができた。英国は配給制度に縛られていたが、手製爆弾の材料を買うのはわけもなかった。(実際、ちゃんとしたケーキの材料を手に入れるほうが難しかっただろう。)チャップマンの買物リストは、疑問を抱かれたことは一度もなかった。彼が誤って「カリウム」(ポタシウムのドイツ語)をくれと言ったとき、薬屋の店員は、カルシウムをくれと言っただけだと思った。チャップマンはクレスピーニ・ロードに戻ると、さまざまな爆薬を混ぜて「小規模」の実験をした。今度は、何かを実際に爆破するということはしなかった。ラ・ブルトニエールの隣人とは違い、ヘンドンの善良な住民が、燃えている木の株の塊が自分たちの裏庭に飛び込んでくるのを許すわけがなかった。「それはエディーを忙しくしたが」とバックウェルは書いた、「彼はひどく落ち着かず、一つのことに長いあいだ集中することができなかった」。

チャップマンは爆弾を作り、ドイツ語に磨きをかけ、旧友に会い、ドイツの「主人」たちに辛辣なメッセージを送り、いろいろな作り話をでっちあげることで満足するはずだったが、惨めだった。フリーダと子供に会いたいという気持ちが、執念になったのである。彼はほかのことはほとんど話さなかった。リードは一触即発の状態なのに思い至った。「彼は今のような精神状態では、フランスに戻ったとき、われわれを簡単に裏切るかもしれない。そして、自分とわれわれとの関係を敵側にばらすかもしれない。たとえそういうことが起こらなくとも、われわれの指示したことを実行するのに乗り気ではなくなり、衝動と自分の気紛れにのみもとづいて行動するかもしれない」

リードの補佐のマーシャルはクレスピーニ・ロードに送られ、ウイスキーの瓶を前に、チャップマンと腹蔵なく話し合うことになった。マーシャルは思いやりのある性格で、聞き上手だった。二人が酒を飲みながら話していると、チャップマンはいつになく胸襟を開き始めた。そして完全にフランス語で話した。それは「生来のよそよそしさをなくし、自分の内奥の考えを口にするようにさせた」とマーシャルは記している。チャップマンは自分の苛酷な子供時代、教育のなさ、過去を償いたいという焦燥感と欲求、生きる意味、あるいは死ぬ意味を知りたいという願望について話した。

二人は午前三時まで話した。マーシャルによる、その「真剣で親密な」会話の九頁に及ぶ記録は、ジグザグ文書の中で最もチャップマンの性格を明るみに出す文書の一つである。心の中のそれぞれ異なる要素と闘っている男の完全な性格研究である。

「彼はおそらく初めて、自分自身と人生の意味を理解しようと努めているようだ」とマーシャルは書いた。「この三年で彼は、思想、H・G・ウェルズ、文学、利他的動機、美を発見した。彼は自分の過去の人生を悔やんではいないが、社会の中に自分の居場所がないと感じている、そして、もし死ねば、そのほうがよいだろうとも感じている——ただし、無用にではなく。彼は自分がこれまでにした悪事の償いをしたいと思っている。自分で実際に具体的な行動を起こさなければ、何か価値のあることをしたと確信できないのだ」

彼は自分が愛国心と自己中心主義とに引き裂かれ、「自分自身に対して戦っている」と告白した。これまで彼は、いつも「自分のために行動し、自分のしたいことをしてきた」。しかし、彼は変わった。「いまや彼は、他人のことを考えねばならないのを理解したが、それは非常に難しいことだと思っている」。ある段階でチャップマンは、苦痛の表情を浮かべてマーシャルに向かって尋ねた。「個人の人生は、自分の国や理想よりも大事だと思うかい?」

マーシャルは、そうは思わないと答えた。

次の質問はもっと深刻なものだった。「人生の目的はなんだと思う?」

今度はマーシャルは、自分の答えを持っていた。「人は、ある高い運命に向かって登っている、人は、猿のような生活から現在の文明にまで努力して到達した、人は徐々に登って行くのだが、人がその高みに登るのに力を貸すのが、われわれ誰もの義務だと思う、と私は言った」

マーシャルは、それがいやに高邁に響くに違いないと思い、急いで付け加えた。「それだからといって、われわれは〝善良ぶる〟必要はない。戦争は残忍なんだ」

チャップマンはマーシャルの言ったことをじっくりと考え、その信条はH・G・ウェルズの信条に似ている、また、そう言っていいなら、自分の哲学にも似ていると言った。二人は社会主義、資本主義、愛国心、義務について話した。「まるで」とマーシャルは思った、「チャップマンはそうしたものに初めて出会ったかのようだった、そして、それは大変な発見だと思ったかのようだった、事実、そうなのだが」。

質問をするのは、今度はマーシャルの番だった。「悪戦苦闘している人間を助けるのに、君はどんな役割を演じようと思うだろうか？」

チャップマンの答えは、わびしいものだった。「私の人生は、ほとんど価値がない、私は死んだほうがいいだろう――無駄に命を捨てるというのではなく、自分が犯した悪事の償いになるような何かをして死んだほうが」

マーシャルは、それは「臆病者の死に方だ」と鋭く反論した。「今、自分を死ぬようにもっていくなら、それは敗北を認めることだ。君は、今では考える人だ。人間は進歩しなくちゃいけない。そうして君は、その進歩を可能にするよう、自分の役割を演じなくちゃいけない。英国が勝つことが、人類が上に向かって進んで行くのを助けることになるのか、ナチの信念が勝つほうがいいのか、君が決めるんだ」

チャップマンは、その点についてはもう考えは決まっていると答えた。「英国がこの戦争で負けるのは許されない」

マーシャルは思った。チャップマンは「あまりに多くの残忍さ、恐怖、怯えたフランス人、ゲシュタポの残虐行為を見たので」、傍観していることができないのだ。マーシャルは凍えるように寒いロンドンの夜明けの中を、クレスピーニ・ロードから家に向かって歩きながら、チャップマンは「自分の役割を演じる」と確信した。

リードはマーシャルがチャップマンと過ごした夜についての報告書に魅了された。そして、それを「非常に価値のある性格研究」だと評した。それは、自分の義務をなんとか果たしたいと思っていると同時に、自分の内部の混乱を解決するなんらかの手立てを見つけようと決心している男を明るみに出していた。ヒトラーに対する戦争で、チャップマンの「より高い運命」を見つけるのは、彼が身近に安らぎを覚えなければ不可能だろう。フリーダ作戦を実施する潮時だった。

一九四三年一月二十六日、フリーダとダイアンは車でロンドンに連れてこられ、ブレント・ブリッジ・ホテルに泊められた。再会はその夜行われた。いとも心優しい「看守」であるバックウェルとトゥースは、花、一瓶のシャンパン、ベビーシッターのサービスを提供した。フリーダ・スティーヴンソンとエディー・チャップマンが上の部屋で旧交を温めているあいだ、二人の警官はホテルのロビーで三歳のダイアンと遊んだ。エディーはフリーダに、自分はジャージー島から脱出し、警察はそれに報いるため、すべての告訴を取り下げたと話すよう、言い含められていた。「チャップマンは陸軍に入り、外国にやられる」というわけだった。彼女はその説明を、何も訊かずに受け入れた。翌日、フリーダとダイアンはクレスピーニ・ロードに移り、バックウェルの言葉を使えば、悪党二重スパイ、元ダンサーの婦人消防士、元気な幼児、二人の忍苦の警官から成る「一家の成員」になった。

フリーダはチャップマンの人生に不意に再び登場し（チャップマンが不意に彼女の人生から去ったように）、完全に溶け込んだ。この奇怪な戯画的「家庭生活」を送るようになったチャップマンは、ウェストエンドに行くことも、以前の悪友に会うことも要求しなくなり、「われわれの仲間うちで暮らすことで、すっかり満足している」ように見えた。晩になるとカップルは、〈ヘンドン・ウェイ〉に腕を組み合って歩いて行った。一人の警官が適当な距離を置いて跡をつけた。もう一人の警官がダイアンの面倒を見、雑用をした。

もちろん、人数の増えた「家族」の世話をし、まだ実力のほどはわからない二重スパイの面倒を見るというのは、業務遂行上の問題を生じた。フリーダはチャップマンの寝室に移った。したがって問題は、「送信機のキーを叩く音が浴室あるいは階段にまで聞こえてしまうので、午前九時四十五分前にフリーダを起こし、服を着せ階下に降ろす」というものだった。それに加え、もう一つの問題があった。掃除婦のウェスト夫人は午前中に来るのだが、チャップマンが送信中は、真空掃除機を使うのをやめさせなければならなかった。

ある晩、七時頃チャップマンは、自分とフリーダは床につくと言った。「エディー、僕らは九時に送信することになっている」とリードは、カップルが立ち去る時に囁いた。「忘れないでくれよ」

八時にリードは爪先立ちで階段を登り、ドアをそっとノックした。「あと一時間だ、エディー」。返事はなかった。

八時四十五分に、リードはドアを激しく叩いた。「あと十五分しかない、エディー」

チャップマンはドアの隙間から顔を出した。そして、「いや、たった十五分なんかじゃない」と言って、また中に姿を消した。

リードは中に入って中絶性交をするよう頼むべきか否か迷った。すると、あと数分というところで、髪の乱れたフリーダがついに現われた。

フリーダは擬装工作に対して、まったくと言っていいほど好奇心を抱かなかった。彼女の恋人は、ほとんどいつも、彼の一挙手一投足を監視している一人の（たいていは二人の）がっしりした男から見えるところにいた。そして、さらに多くの男（たいていは私服だが、派手なタータンのズボンを穿いた男が一人いた）が、日中、ときどき出入りした。フリーダは幼児を連れて長い散歩に行くように、しばしば言われた。ときおりエディーがドイツ語の名詞の変化を練習している声が聞こえた。台所の戸棚には、なんとも奇妙な化学薬品があった。「フリーダは不思議な出来事にすっかり慣れていたのに違いない」とバックウェルは思い返している。「しかし、なんの質問もしなかった」。かつて彼女とチャップマンがスターンデイル・ロードに一緒に住んでいたとき、妙な連中が出入りし、そうした人間がどんな用で来るのか説明を聞いたことはなかったので、彼女には昔にそっくりに思えたかもしれない。「彼女は何が行われているのか、ほとんどまったく知らなかったが、なんの疑念も抱かずに物事を受け入れ、われわれ三人がいつも一緒にいるのに、すっかり慣れてしまった」とトゥースは書いている。

チャップマンの気分はたちどころに変化した。「フリーダと子供に会って以来、Eは上機嫌で、将来に対する見方はすっかり変わったと言っている。彼はいまや、〝存在理由《レゾン・デートル》〟を見つけたのだ。彼はほかの女に対する興味も、ウェストエンドに行くことに対する興味も失い、この一帯にとどまって、フランスに戻るために作り話を練り、さまざまな準備をする覚悟が十分出来ていると言っている」。それまでは陰気で不機嫌だったチャップマンは、いまや意気軒昂に見えた。彼は娘を溺愛した。娘は快活な子で、その生命力とやかましさが家を満たした。チャップマンの暗いニヒリズムは、やはり極端な楽観主義と、過剰な自信に席を譲った。彼は戦争が終わったら何をするかについてさえ話し始めた。それはこれまでしたことのない話だった。フリーダと一緒にポーランドに移住し、キャバレーを開くか、それとも犯罪に戻るかすると言った。「法を遵守した生活をする自分の能力」に疑念を覚えているので。しかしまた、諜報機関に自分の居場所がないだろうか、それは「刺激に対する自分の欲求を満たす」だろうから、とも言った。

トゥースは、MI5がチャップマンを永久に自分たちの一員にすることを歓迎するかどうか大いに疑ったが、少なくとも彼が積極的な気分になったのは認めた。「以前、彼は自分の将来の人生になんの確信も抱いていず、将来の人生を望んでもいなかった」。一つの任務——フリーダと子供に再会するという——を果たしたので、いまや次の任務、デ・ハヴィランド工場の偽装破壊工作を完遂したがっていた。

「なんたる男だ!」とロニー・リードは、フリーダ作戦が予期したよりも成功したことを知って書いた。「ある一連の行動が、あとになっていかに当然のものに思えるかは驚くべきほどだ。ある女をこのケースに入れたことで、ほとんどすべての厄介事が解決し、彼の情緒的問題と人生に対する態度がすっかり変化した」。奇妙な偶然から、チャップマンとヴェラ・フライバーグとの離婚が、彼の服役中に確定したことがわかった。そこで彼はすぐさまフリーダに求婚したが、賢明にもフリーダは、結婚をするのは彼が退役するまで待ったほうがよいのではないかと言った。

事の成り行きにMI5が喜んだのは、単なる利他主義からではなかった。エディー・チャップマンが婚約者と子供と一緒に英国にいるということは、彼がドイツ側に寝返るというおそれがほとんどなくなったのを意味した。チャップマンの過去の記録を考えると、彼は今日フリーダにプロポーズしたことを明日は忘れるかもしれないが、リードが賢明にも記しているように、「その決断は、彼が連合国側に戻ってくる強い動機になる」。チャップマンの英国のスパイマスターたちは、概して信義を守り公正だったが、目的達成に役立つ手段を見つければそれを利用した。チャップマンが裏切らないようドイツ側がファラマスを人質にしているように、MI5も、チャップマンが妙な真似をしない限り、フリーダの面倒を見ると思ってよかった。もちろん、そのことは、そんな露骨な言葉で言われたわけではない。それほど下品になる必要はなかった。

フリーダについて言えば、おそらく彼女は、展開しているドラマで自分が中心的な役割を演じていることに、まったく気づいていなかったろうし、彼女を非常に丁寧に扱った礼儀正しい紳士の訪問客に隠れた動機があったことも想像しなかったろう。ひょっとしたら、彼女は本当に何も疑わない質《たち》だったので、何も訊かなかったのかもしれない。だが、フリーダは生まれつき何があっても生き残るタイプで、たとえ自分が演じている役割を理解していたとしても、それを口にするにはあまりに利口だった。

第16章 アブラカダブラ

実際にはなんの損傷も与えることなく、デ・ハヴィランド飛行機製造工場が破壊されたとドイツ側に思い込ませるには、ある強力な魔術が必要だった。そこで、一人の魔術師が呼ばれた。ジャスパー・マスキリンの登場である。彼はプロの魔術師で、ウェストエンドのスターであり、英国の最も派手な秘密兵器だった。マスキリンは、大昔から代々魔術師、錬金術師、天文学者の家系の出で（祖父はヴィクトリア朝の有名な舞台魔術師だった）、一九三〇年代にはすでに、手先の早業を専門にする名人の手品師で、降霊術師のイカサマを暴いた。彼は練達の発明家でもあった（世の人々に対する最も永続的な彼の贈り物の一つは、コインで開けるトイレのドアである。人は「一ペニーを使う」〔「トイレに行く」の意〕とき、ジャスパー・マスキリンの世話になるのである）。彼の風貌はいかにも魔術師にふさわしかった。ヘアスプレーをかけた髪を真ん中で分け、映画スターのような口ひげを生やし、シルクハットをかぶり、魔法使いの杖を手にしていた。そしてすこぶる頭がよく、鼻持ちならぬほど己惚れていた。

彼は最初、自分の魔術師としての技倆を戦争遂行に役立てたいと申し出たとき、「ショーマン」だとして（事実そうなのだが）一蹴され、軍隊の慰問の仕事に就かされた。しかしやがて、北アフリカの想像力豊かな英軍司令官だったアーチボールド・ウェイヴェル将軍が、マスキリンの才能を戦場に生かせるのではないだろうかと考えた。マスキリンは西部砂漠に送られ、そこで「魔術団《マジック・ギャング》」を結成した。それはおそらく、それまでに作られた最も奇矯な部隊であろう。そのメンバーには、分析化学者、漫画家、犯罪者、舞台装置家、絵画修復家、大工、軍の文書業務を担当する、ただ一人の職業軍人が含まれていた。部隊は敵をペテンにかける仕事に取り掛かった。彼らは偽の潜水艦、スピットファイアを作り、タンクをトラックに見せかけた。そして、スエズ運河の一部をうまく隠した。回転鏡とサーチライトを使い、めくるめく九マイルの幅の光の渦を空に描いた。

マスキリンは自らの最大のトリックを用いて、英国がエルアラメインの戦いで勝利を収めるのに貢献した。彼はありとあらゆる「トリック、ペテン、仕掛け」を動員し、英軍の反撃は北からではなく南から行われるとエルヴィーン・ロンメルに確信させた。一九四二年、魔術団は二千台以上の擬製タンクを作り、そのインチキ軍隊に水を送るための偽の送水管を敷設した。半分出来た送水管は、空から容易に発見できたが、ゆっくりとしか進まない送水管敷設工事は、英軍の攻撃は十一月前には不可能だとドイツ軍に信じ込ませたらしい。ロンメルは休暇で故郷に帰った。すると、英軍の攻撃は十月二十三日に始まった。勝利を収めたあとチャーチルは、勝利に貢献した「カモフラージュの素晴らしいシステム」を賞讃した。

したがってマスキリンは、デ・ハヴィランド工場を煙と化する仕事を助けるのに、うってつけの人物だった。諜報機関に軍需品を納入し、のちにジェームズ・ボンドの小説の中でQとして不滅の存在になったチャールズ・フレイザー=スミスはマスキリンについて、「空から見ると、まるで工場が天国まで吹き飛ばされたかに見える」ようにするために呼ばれたのだった。ター・ロバートソン、航空省カモフラージュ部の部長サー・ジョン・ターナー大佐と相談した結果、工場の擬装破壊工作の計画が具体化し始めた。

最初、立案者たちはアスベストのシートを屋根に置き、それからただ単に大規模に燃やせば、ドイツ軍の偵察機に発見されると考えた。マースタマンはその考えを退け、炎はドイツ空軍にとって非常に誘惑的な標的になり、「火が燃えているあいだにドイツ空軍が工場を爆撃する危険がある」と指摘した。その代わり、地上から見ても空から見ても、まるで大型爆弾が工場の発電所の中で爆発したように見えるような迫真的なカモフラージュを施すことになった。

カモフラージュの技師は、木材と紙粘土《パピエマシエ》で補助変圧器の四つのレプリカを作り、メタリック・グレーに塗った。その後の手順はこういうものだった。そのうちの二つを、まるで爆風で横倒しになったかのように転がす。一方、本物の変圧器のほうは網と波形鉄板で覆われ、空から見ると地面にあいた「巨大な穴」に見えるように塗られる。擬装破壊工作が行われる夜には、変圧器のある建物に通ずる大きな緑の木製の門は、めちゃめちゃになって壊れた緑の門に換えられる。小さい方の建物の壁には防水シートが掛けられ、半ば倒壊した煉瓦塀に見えるように塗られる。一方、ほかの壁は爆発で黒ずんだかのように、煤で覆われる。瓦礫が半径百フィートまで置かれる。ターナー大佐は、被害状況の確認に来たドイツのスパイ同様、偵察機の操縦士もすっかり騙されるのは確かだと、ターに請け合った。

チャップマンはフォン・グレーニングに宛ててメッセージを叩いた。**「ＦＦＦＦＦ　ヴァルター出発ノ用意完了。私の帰還ノ準備始メヨ。Ｆ」**

軍の気象学者は天気予報と月の軌道を研究し、「襲撃」は一月二十九日から三十日にかけての夜が一番いいと決定した。その夜は雲はほとんどないが（そのためドイツの飛行機は、何が起こったかを見ることができる）、闇の時間は長い。その夜、月は午前二時半まで昇らず、魔術師たちは闇の中で少なくとも三時間仕事ができる。

相手を騙すことのできる舞台装置を作るのは、擬装工作の半分でしかなかった。ドイツ側を納得させるには、擬装工作が新聞記事になるよう手配しなければならなかった。その目的のためには、一つの新聞だけで十分だった。『ザ・タイムズ』――一大警世紙、英国の支配階級の機関紙。チャップマンはフランスを出る際、メッセージを『ザ・タイムズ』を通してシュテファン・フォン・グレーニングに送る取り決めをしていた。いまやＭＩ５も、彼に嘘をつくために、同じ直接的通信方法をとることにした。

『ザ・タイムズ』の編集長は、廉潔なジャーナリストの鑑、ロバート・バリントン＝ウォードだった。彼はジョン・マースタマンと大学が同じだった。たとえそうにしても、バリントン＝ウォードに協力してもらうのは「きわめて難しい」だろうとマースタマンは警告した。マースタマンは状況を手短に説明し、欺瞞工作の重要性を強調してから、「事件の翌日の土曜日の朝、それについて短い記事を載せて」くれないだろうかと訊いた。バリントン＝ウォードは丁寧に、遺憾の意を表しながらもきっぱりと断り、こう言った。「助けてやりたいが、実際にはインチキである記事を『ザ・タイムズ』に載せるというのは自分の主義に反する。『ザ・タイムズ』の評判も公共性も、真実ではないニュースは載せないという原則に依拠している」。マースタマンは異議を唱えた。たった一つの短い虚偽の記事は「ごく些細なこと」だ。しかしバリントン＝ウォードは梃子でも動かなかった。「答えは、残念ながら、ノー」

『ザ・タイムズ』の編集長は、厳密に言えば正しかった。独立した新聞が、たとえ戦時中であれ、故意に虚偽の報道をすれば独立性も失い、新聞でもなくなる。バリントン＝ウォードはまた、情報省を通して新聞に作り話を載せようとするのはやめるようにマースタマンに言った。なぜなら、それは新聞に対して嘘をつくか、さらに悪いことだが、新聞記者に策略を洩らすことになるかだからだ。その戦術は悲惨な結果になるのは必定だ、三流記者というものは生まれつき秘密が守れないのだから。

代案としてバリントン＝ウォードは、倫理的原則にさほどこだわらない、ほかの新聞社に「個人的接触」をしたらどうかとマースタマンに助言した。例えば、『デイリー・テレグラフ』か『デイリー・エクスプレス』に。マースタマンは倫理について講釈されるのに慣れていなかった。ややばつの悪い思いをしながら二人の男は握手をし、この話はなかったことにしようという点で合意した。

『デイリー・エクスプレス』の編集長アーサー・クリスチャンセンは、さほど気難しくはなく、大いに愛国的だった。彼も、捏造というのは「真実ではないことを故意に公表することを意味する」と言ったが、喜んで求めに応じた。実のところ、彼はドイツ側の目をくらますという考えが大いに気に入ったが、戦時の検閲制度のもとでは、敵を勇気づけるような記事は載せないことになっていることを指摘した。重要な飛行機工場が破壊されたことを報じるのは印刷できないカテゴリーに入るのは明白で、もし印刷すれば、「検閲官はそれを目にするや否や、電話で怒鳴りつけてくるだろう」。二人は歩み寄った。クリスチャンセンは虚報を載せるが、一番早い版にしか載せない、その版はリスボンに送られるのだが、そこからドイツ領事館を経由してドイツと、ドイツの占領地区に配られる。もしドイツ側が、記事は最初の版にしか載っていないことに気づけば、検察官がそれを見つけ、あとの版からは削除するように編集長に命じたと結論付けるだけだろう。マースタマンは起こっていない事件に関する短いニュース記事の草稿を書いた。クリスチャンセンはくすくす笑いながら、それを新聞口調に書き直した。

チャップマンは、破壊工作実施の予定日を知らせるメッセージをフォン・グレーニングに送った。

「ＦＦＦＦＦ　ヴァルターノタメノ手配完了。目標ハ変電所」

入念な欺瞞工作の最後の手筈が整った。戦闘機軍団はハットフィールド一帯の上空を飛ぶドイツの偵察機を監視するよう命じられたが、決して攻撃はしてはいけないと指示された。もし、工場の従業員がペンキを塗った防水シートについて質問したなら、工場経営者は「高度航空写真がわずかな被害を捉えることができるかどうかを知る」テストの一部だと答えることになった。もし新聞記者が来たら、「何かが起こったが、ごく些細なことで報道するに値しない」と話すことになった。すると、噂が広まるだろう。

夜の帷《とばり》が降りると、カモフラージュの専門家チームがデ・ハヴィランド飛行機工場に忍び込み、欺瞞工作に取りかかった。マスキリンがそのチームを率いていたのかもしれない。ただ、近くから見ていただけかもしれないが。それはいかにも彼らしかった。彼の姿は見えるかと思うと、見えなくなったのである。欺瞞工作は大規模な手品であったが、カモフラージュ・チームは数時間で作業を終えた。ロニー・リードは彼らが「漆黒の闇」の中に消えるのをじっと見ていた。真夜中近く、ハットフィールドの住民は大きな爆発音で目を覚ました。

夜が明けると、廃墟のパノラマが現出した。偽の爆発現場は、リードの言葉によれば「混乱に囲まれていた」。煉瓦、瓦礫、折れ曲がった鉄、コンクリートの塊、裂けた木材が、変電所の中庭に散乱していた。横から見ると、その小さな建物は巨大な槌で打たれたように見えた。一方、ダミーの変圧器は残骸の中に砕かれた姿で横たわっていた。まるで、腹を裂かれた巨大な動物の内臓のようだった。ボイラールームの作業員さえ騙された。彼は工場の事務所に「非常に興奮して」やってきて、建物が爆弾で爆破されたと叫んだのである。詮索好きの眼に見えないようにするかのように、幕が張り巡らされた。

ター・ロバートソンは魔術師の「手細工」を見渡し、大いに気に入ったと言った。「その光景は非常に迫真的であった」とリードは書いた。二千フィート以上の上空からの航空写真ならば相当の被害の現場に写り、誰にも疑念を抱かせないだろう」。厚い雲に覆われていたので天候の状況は理想的ではなかったが、「もし相手側がやってくれれば」、彼らは「破壊の光景」、カンヴァスに描かれた「信用詐欺」を目にしたことだろう。これは、とフレイザー＝スミスは書いた、「マスキリンの傑作だ」。

チャップマンは誇らかな調子のメッセージを送信した。「FFFFF　ヴァルターハ二ヵ所デ吹キ飛バサレタ」。その夜、狂喜したシュテファン・フォン・グレーニングはラ・ブルトニエールで、「シャンパンを一同に」振る舞った。返事がちゃんと来た。「ヴァルターノ好結果ヲ祝ス。新聞報道ニ関スル情報ヲ送ッテモライタイ。全力デ君ノ帰還ノ手筈ヲ整エル。提案ヲシタマエ」

デイリー・エクスプレス
一九四三年二月一日、月曜日
一版

工場爆発

ロンドン郊外の工場での爆発の原因が、目下、調査されている。損害は軽微で、人命の損失はない。

新聞記事がひどく短いのは、実はもっと多くのことが起こったと匂わせる意図があったからだ。一版は午前五時に印刷され、それは例によってリスボンに送られた。

英国側にとっては嬉しい偶然だったが、「工場爆発」の翌日、どんな敵機もベルリン上空を無傷での観兵式で演説をすることはできないと自慢していたヘルマン・ゲーリングが、ドイツの首都の観兵式で演説をすることになっていた。彼が話し始める前に、第一〇五飛行中隊のモスキートが頭上を飛んで首都を爆撃し始めたので観兵式は中断され、ドイツ空軍の頂点に立つゲーリングを激怒させた。同日の午後、第一三九飛行中隊のモスキートが、ゲッベルス博士が演説をしている観兵式に、同様の侮辱を加えた。またもやモスキートは、その価値を証明したのだ。ドイツの最高司令部は、モスキートの工場がドイツの首都ツの破壊工作員の働きで廃墟と化したという知らせを受け、どれほど満足したかわからない。

諜報員フリッツに対するフォン・グレーニングの祝いのメッセージの調子は、これまでに彼が素晴らしい成果を挙げたので、アプヴェーアは急いで彼に戻ってもらおうとは思っていないことを示唆していた。だがMI5は、自分たちが名の知れた犯罪者を匿っていることを警察に知られる前に、チャップマンをできるだけ早くフランスに戻したがっていた。ターは言った。「情報局保安部は目下、少なくとも二つの重罪を宥恕《ゆうじょ》している、そして、犯されたことが同部にわかっている、もっと非常に多くの重罪も宥恕している」。新たに湧いた自信によって意気軒昂になったチャップマンは、スパイとして、破壊工作員として、暗殺者として仕事を始めたくて仕方がなかった。

ヒトラーを殺そうというチャップマンの申し出は、大して騒がれもせず、また、なんの説明もなく拒否された。MI5のファイルには、その問題についての言及は怪しいほどに皆無だ。その提案は最高のレベルで討議されたはずなのだが、機密扱いを解かれた文書には、それに関することは何もない。ジグザグのケースについての公式報告書には、総統を爆死させようというチャップマンの申し出について詳細に記されているが、それにすぐ続く一節は――おそらく、その申し出に対する反応が記されているのだろう――MI5の内部の検閲によって抹消されている。たぶん、チャーチル自身が反対したのであろう。一九四二年五月、英国で訓練を受けたポーランドのパルチザンが、ヒトラーの後継者と見られていた、国家保安本部長官ラインハルト・ハイドリヒを殺害したが、そのあとのナチの報復が凄まじいものだったので、英国の内閣はそれ以後、暗殺計画をとりやめた。おそらくチャップマンは、そうした移動標的を狙うにしては、あまりに信用が置けなかったのだろう。またチャップマンは、いまや愛人と子供に会えたので、「栄光の輝きに包まれて世を去る」のに、もはやさほど熱心ではなくなったということも考えられる。

リードは、チャップマンをナチの党大会に送り込むというフォン・グレーニングの約束は「曖昧」なものだと信じていた。ところがその約束は、非常に具体的なものだったのである。フォン・グレーニングはチャップマンを総統のすぐそばに坐らせるという考えに大乗り気だった。たとえそれが、彼がドイツ軍将校に扮することを意味したとしても。そのことは、別の興味深い可能性を示唆している。フォン・グレーニングはアプヴェーアの多くのメンバー同様、基本的にはナチ体制に反対していた。アプヴェーアの何人かの将校は一九三八年以来、ヒトラーを引きずりおろす計画を立てていた。そして、七月の総統暗殺未遂事件で、アプヴェーアが廃止になり、カナリス自身が処刑されることになる。フォン・グレーニングはヒトラー暗殺の道具になる人物としてチャップマンを見ていたのだろうか？　そのドイツの貴族自身、名が「歴史書に永久にとどめられる」人物になろうという野心を抱いていたのだろうか？　彼は自分の貴重なスパイが、一見献身的なように見えて、ナチの最高指導者のそばに行きたい隠れた動機を持っていることを見抜いていたのだろうか？　チャップマンとフォン・グレーニングは、その目的のために密かに協力していたのだろうか？　おそらく答えは、永遠にわからないだろう、なぜなら、英国の諜報機関はヒトラー暗殺という考えを、そっと潰してしまったからである。ジョン・マースタマンは滅多に間違いを犯さず、犯したとしても、それを認めることはまずなかった。しかし戦後になってもまだ彼は、ヒトラーを殺すというチャップマンの申し出にMI5が「力を貸すのを断った」とき重大な過ちを犯したのではないかと考えていた。「おそらく、われわれは好機を逃したのだろう、ジグザグは意欲的で実行力のある犯罪者だったからだ」

MI5の内部でも、チャップマンをどうするかについて、依然として激論が交わされていた。リード、マースタマン、ロバートソンは、彼は移り気だが「率直で真っ正直」だと確信していた。「彼の誠実さは疑い得ない」とリードは主張した。キングズ・クロスの借家で育ち奨学金で学校に行ったロンドンっ子の彼は、チャップマンの厳しい家庭環境を理解し、彼と話が合った。ほかの者はリードの考えに納得しなかった。リードの同僚のケース・オフィサーの一人であるシャンクス大尉は、チャップマンは食わせ者で、「その十八番《おはこ》は、魅力的で、人当たりがよく、愛想のいい態度、うわべだけの優雅さである……苔は生じず少々光沢のある転石のような印象を与える」と断じた。シャンクスは、チャップマンの性格に「まともさの片鱗」が存在する「可能性」はあると思ったが、疑念を抱いていた。純粋な私欲からドイツのために働くことに同意した、この不当利得者、「海賊」が、いまや同じ卑しい動機から、英国に奉仕しようと申し出ている。「チャップマンは馬鹿ではない。敵と味方の両方と仲良くすることにしたのかもしれない。これまでの人生でずっと社会の敵だった男が、愛国的な感情に動かされるなどと考えるのは難しい」。シャンクスは、「愛国者であれ日和見主義者であれ、チャップマンはこの国に疑問の余地なく役立つことをした」のは認めたものの、チャップマンに対する嫌悪感を隠すことはできなかった。

そうした評言は幾分かは正しいが、諜報機関の大部分を占める上流階級出身で十分な教育を受けている長老たちと、労働者階級出身で、正規の教育を受けていない悪党たち（いまや長老たちは彼らと結託していた）の大きな隔たりをも反映していた。チャップマンが「洗練された話し方」でイングランド北東部の訛りを隠そうとし、教育のありそうな発音をしようと努力しているのを、スノビッシュなケース・オフィサーたちは見逃さなかった。「彼の自然な、本能的な話し方には、非文法的なところがあった」と、一人の尋問者は記している。「しかし、彼のような育ちと性格の人間が、基本的な教養を身につけたのは賞讃すべきであると思う」

エディー・チャップマンとヴィクター・ロスチャイルド卿の社会的隔たりは例のないほど大きかった——ロスチャイルド卿は貴族で、百万長者で、科学者で、MI5の爆発物と破壊工作の部門であるB1Cの部長だった。

ロスチャイルド卿はイートン校からケンブリッジ大学に進み、ロンドンの有名なクラブの会員で、英国社会の最上層に属していた。彼は称号を受け継ぎ、金で買えるものはなんでも所持し、IQが一八四だった。戦時中、諜報機関で働いた作家でジャーナリストのマルコム・マガリッジは、彼を耐えがたい人物、「科学の偽《にせ》の確実性と、やはり偽の富と名声のせいで尊敬されている」人物だと感じた。しかし彼は、奇妙なほど内気で、怖れをまったく知らず、爆破に対して少年じみた愛情を抱いていた。B1C（スタッフは二人の秘書だけ）の部長としてのロスチャイルドの役割は、対破壊工作だった。戦争遂行中、英国が攻撃を受けやすい個所を特定し、ドイツの破壊工作の試みを挫くことだった。彼の任務の一つは、ウィンストン・チャーチルの吸う葉巻に偽装爆弾が仕掛けられていないかどうか確認することだった。もう一つ、それよりもずっと楽しくない任務は、ドイツの爆弾を解体することだった——コートのハンガーに隠された爆発物、馬糞に見せかけた爆弾、TNT火薬が詰まっている魔法瓶。彼は潤沢な私財で作った個人実験室の中で、驚くほどの冷静さでその任務を遂行した。「雷管をバラバラにするときは」と彼は書いた、「怖がっている場合でない」。自分ではそんなことをする気のない者たちは、ロスチャイルド卿の言葉を額面どおりに信じた。

訓練を受けたドイツの破壊工作員であるチャップマンは、ロスチャイルド卿によって、爆弾と同じくらい綿密に解体され調べられる必要があった。二人は二度会い、数時間話し、意気投合した。悪党と貴族には、大きな爆発音に対する同じ興味以外、なんの共通点もなかった。二人は仕掛け爆弾、発火装置、石炭爆弾、列車爆弾、船底に穴をあけて船を沈没させるさまざまな方法について話し合った。チャップマンは腕時計、インク瓶、電球のフィラメントから雷管を作るドイツの技術について説明した。また、線路爆弾を死んだ蝶で隠す方法、ダイナマイトをマジパンの塊に隠す方法、ウロトロピンという売薬の胃薬から雷管を作る方法を説明した。

ロスチャイルドは驚きと賞讃の念をもって、そうしたすべてのことを吸収した。「君の頭の中にあるものは恐るべきものだと思うね。そういうことを覚えるのは、実に大変なことだ」

「こういうものを組み立てる経験を随分積みましたよ」とチャップマンは答えた。

「もちろん君は、これらについて、前からある程度知っていた、そうだろう?」

「どこかに侵入する経験は豊富ですよ」

「君は電気関係のことも詳しいんだね?」

「詳しくはありませんが、最初は電気技師としてあくせく働いたんです」

「君の困った点は、こうしたことがうま過ぎるということだ……つまり、ドイツ側が確保する平均的なスパイは、君ほど手先が器用ではないということさ」

このように、高度に訓練された科学者と、やはり十分に訓練された泥棒は、お互いの専門知識について楽しみながら喋り続けた。

「で、金庫はどうやって開けるんだね?」とロスチャイルドが尋ねた。

「そう、ダイナマイトを鍵穴に突っ込むんですよ、金庫は壊さない、ただ、ときどきダイナマイトを入れ過ぎて金庫のドアを吹き飛ばしてしまう。でも、うまくいったときは金庫が開くだけ」

こんなふうにして、銀行の大財閥の御曹司は銀行を襲う術を学んだのである。

話がデ・ハヴィランド工場の擬装破壊工作に及ぶと、ロスチャイルドは物欲しげな顔をした。「君と一緒にやりたかったな」。閣下は溜め息をついた。「面白かっただろうね？」

二人は過去についての話を終えると、将来の話に移った。

「君は向こうに戻ったら何をするつもりだね？」とロスチャイルドは訊いた。

「そう、訊かれるのを待ってたんですよ。つまり、もし私が何かの役に立てるなら、自分にできることはなんでもして協力したいんです」

ロスチャイルドは一つの提案をした――ドイツの爆弾、雷管、その他の仕掛けを手に入れたい。

「連中のちょっとした装置が欲しい」

「どんなものが欲しいんです？」

「連中の小道具のいくつか。君がまた来る気になったら、われわれの備品ではなくて、ドイツの備品を持ってきてもらいたい。いくつかの面で、そのほうがもっと興味深いんじゃないかね？」

二人が石炭のかけらから爆弾を作る方法について話し合っている最中にロニー・リードが現われると、ロスチャイルドはリードに向かい、子供のように勢い込んで言った。「僕ら二人は一緒にちょっとしたショーをしたいものだと言ってたところさ――何かを爆破するんだ」

しぶしぶながら、とうとうロスチャイルド卿は尋問をお仕舞いにした。それは、二人の旧友が共通の趣味についてする雑談のようなものだった。「僕らは実に長い時間、喋っていたよ」と彼は嬉しそうに言った。

チャップマンは立ち上がり、「フィッシャー氏」として紹介された、まるぽちゃで、にこにこしている貴族と握手をした。「いろいろありがとう、さようなら」と閣下は言った。「幸運を祈る、と今言っておこう、君がまた旅に出る前に会えないかもしれないから」。彼はチャップマンをナチ・ドイツの真ん中に派遣するのではなく、楽しい休暇に送り出すかのようだった。

第17章 冒険が危険であればあるほど

ター・ロバートソン少佐は、擬装破壊工作が成功したので、チャップマンを自ら祝いにやってきた。二人はクレスピーニ・ロード三五番地の家の通りに面した部屋の中に坐っていた。バックウェルとトゥースは台所で忙しく仕事をし、フリーダはダイアンを連れ、また散歩に行っていた。

「君は非常に勇気のある男だ」とターは明言した。「何しろ君はフランスに戻り、僕らのために仕事をする覚悟をしているのだから」。収容所020に来た多くのスパイのうちの「本当にごく少数の者」だけが掛け値なく剛毅だと認められた。チャップマンはこれまでで一番勇気のある男だ、とターは言った。

それからターはチャップマンの任務のあらましを説明し始めた。いったんチャップマンが「作り話」を覚えたなら、アプヴェーアに関する情報収集を主たる目的として、長期の対敵諜報活動のために、占領下のフランスに戻る。彼はドイツ側から持ち出されるどんな任務も引き受けなくてはならない、そして、機会が見つかり次第、連合国側の諜報機関に接触しなければならない。チャップマンには無線機は持たせない、なぜなら、無線機を持っていると、あっけなく正体が暴露されてしまうだろうから。また、フランスで活動している英国の諜報員と彼が接触するようにはしない。「そんな繋がりで危険を招くには、彼はあまりに貴重だから」。彼がメッセージを送ることができるように手配はするが、きわめて緊急の情報を入手した場合以外、再び安全に連絡がとれるようになるまで、彼は交信しようとしてはならない。

「フランスでドイツ当局と揉めるような行動をとってもらいたくはないんだ。無謀な破壊工作はしないように切に望む」とター・ロバートソンは言った。ヒトラー暗殺は話題に上らなかった。

ターが話を続けようとすると、チャップマンはロスチャイルド卿と話して以来気になっていた質問をした。もし共犯者を英国に連れて戻ってくれば――たとえば、「自分が好感を抱いている」レオあるいはヴォイヒ――彼らを警察に引き渡すことになるだろう。「そうすることで、彼らが死刑になるのを知りながら」。チャップマンは、そんなことができるかどうか確信がなかった。彼はまだ共犯者を裏切ったことはなかった。ターはそれに対し、それは法律の問題だけれども、「君の望みが認められるよう、われわれはあらゆる手段を講じる」と答えた。チャップマンは友人を絞首刑執行人の手に渡す必要はないだろう。

ターは続けた。「われわれは真実にできる限り近い作り話を用意しているんだ、君がドイツ側に厳しく調べられたとき、真実だけを話せばいいように」。二重スパイのチーフはドイツ側の尋問のやり方を研究していたので、チャップマンが直面する危険を知っていた。そして、その圧力に抵抗する方法の一覧表さえ作っていた。「常にゆっくり喋るんだ、そうすれば躊躇していることが隠せる。ぼんやりしているという印象を与えるんだ。観察しているというように思われてはけない。戸惑っていて、怯えているか愚鈍だという印象を与えるんだ。酔ったふりをするか、疲れているふりをするんだ、実際にそうなるずっと前に」。とターは警告した。しかしドイツの尋問者はたいてい、「精神的に参らせることによって、あるいは……被尋問者を裸にするか、女の下着をつけさせるか、壁に向かって立たせるか、絶えずバランスをとっていなければならない三脚の椅子に坐らせるかして、不安にし、不快にし、滑稽な存在にし、戸惑わせることによって」成果を挙げるほうを好むと、ターは警告した。チャップマンはおそらく二人の尋問者に尋問されるだろう。「一人は粗暴な態度、もう一人は物柔らかな態度の」尋問者に。わけても重要なのは、自分の作り話に固執することだ。決して不要な嘘をついてはならない。

ター・ロバートソンは専門的な助言をしたものの、もしチャップマンがゲシュタポの手に落ちれば、そしてゲシュタポがチャップマンを信じまいとすれば、彼を自白させることをも承知していた。そうなると、ゲシュタポは彼を殺すだろう。

最初の仕事は、チャップマンを敵の前線の背後に送り込むことだったが、アプヴェーアは彼を英国から戻すのを急いでいないようだった。迎えに来てくれとチャップマンが要請したにもかかわらず、〈極秘情報源〉はその問題がイギリス海峡の向こうでは話し合われてさえいないことを明かした。「提案」をせよという要請に対してチャップマンは、メッセージを送った。「FFFF　潜水艦アルイハ快速モーターボートデ迎エニ来テモライタイ。海岸ノ適当ナ地点ヲ見ツケル。目下、船舶書類ノ入手ニ努メテイル。二月一日付『エクスプレス』の裏頁ヲ見ヨ」

数日後に来た返事は、ぶっきらぼうだった。「潜水艦デ迎エニ行クノハ不可能」。その返事には、そうした手段でではなく「ノーマル」な手段で戻らなければならない、言い換えれば船でリスボンに行かなければならないと書いてあった。それはフォン・グレーニングがいつも好んだルートだったが、戦争の最中《さなか》に中立国のポルトガルに行く船に乗る手続きをするということには、ノーマルなところは何もなかった。「その案は馬鹿げていた」とリードは言った。「というのも、ジグザグは不出来な身分証明書しか所持していず、二十八歳で、なんの仕事にも就いていなかったので、乗客として乗船するのは不可能だった」。ドイツ側はたぶんそのことを知っていたろう。その案は、彼が今の所にいたほうが得策なので、彼をそのまま置いておくための策略に過ぎなかったのだ。「占領下の地域に戻るということは、ジグザグ独りによって試みられねばならなかった」のは間違いない、とリードは言った。チャップマンの考えでは、Uボートを送るのを拒んだということは、ドイツの自分のボスが「約束の一万五千ポンドをあまり払いたがっていない」証拠だった。

マースタマンはドイツ側がやがては潜水艦を送ってくる可能性はあると信じていたが、「どんな賭けもする気はなかった」。そして、そのわずかな可能性が実現するのを待っているあいだチャップマンが問題を起こさないようにしておくのは、「ありがたくない、実際には不可能な仕事」だった。チャップマンはMI5の助けを借りて自分でリスボンに行かねばならなかった。リードはリヴァプールにいるMI5の諜報員に、ポルトガル行きの英国の商船に偽の身分証明書で乗組員として乗れる方法を見つけるように頼んだ。諜報員の報告によれば、「その人物が船員に見え、船員のように振る舞うなら」可能だというものだった。

リードがジグザグの英国出発の計画を練り始めているあいだ、チャップマンは自分で準備をした。「私がしておきたかったいくつかのこと」という見出しの付いた短い手紙が、ターの机に届けられた。それはチャップマンの遺書だった。「ドイツ側は私に一万五千ポンド支払うという契約をしました」

その契約書は、現在ベルリンにあります。私はフランスに戻ると、その金を貰うことになっています。もし私の身に何かが起こりましたら、娘のダイアン［「Diane」が「Dianne」になっている］・チャップマンのために取り決めたことを実行して頂きたいのです――そのために、二人の友人を指名します――アランとローリー［トゥースとマーシャル］に、その取り決めが実行されているかどうか確認してもらいたいのです。フリーダ・スティーヴンソンは金を娘と平等に分けることになっています。私がドイツから金を持ち出すことができなければ、連合軍がドイツに入ったとき、連合軍がドイツに同額の金を支払わせることを望みます。このことをロニー［リード］に説明しておきました。その代わりに、私は全力を尽くし、与えられたどんな指示にも従います。

チャップマンがフランスから持ってきた金から、約三百五十ポンドがすでに彼に渡されていた。彼はその中から毎週五ポンド、定期的にフリーダに渡してもらいたいと頼んだ。金がなくなったら、自分が「支払いを返済し、支払いを続ける立場」に立つまで、MI5が金を支払い続けてくれることを望むと彼は書いた。もし、フランスで追加の現金を貰ったら、中立国のスイスに定期的に旅行する、ナントに住む知り合いの時計職人を通してフリーダに金を送るつもりだ、スイスから英国に送金することは可能なので、とも彼は書いた。

「ジグザグはドイツ側が自分に金を支払うと信じ込んでいる」とローリー・マーシャルは書いた。「彼は自分や子孫に金を払ってくれと、英国当局に頼んでいない」

そのことはすべて、MI5の散文的な感性しか持たぬメンバーには訳のわからぬことだった。自分のための金にはまったく関心のない、貪欲な泥棒がここにいるのだ。バックウェルは次のことにも気づいた。チャップマンは「ドイツ側からできるだけ多くの金を貰うのに熱心だが、自分の任務の金銭的な面には、さほど関心がないように見える」。彼は自分の費用を払う段になると細心だった。自分がフランスから持ってきた金で、クレスピーニ・ロードでの「滞在費を払っている」と、皮肉っぽく言ったことがあった。

マースタマンの「寛大の原則」によって、二重スパイは補償されねばならなかった。しかし、どのくらい？　平和な時代には会計士だったローリー・マーシャルは、チャップマンのスパイとしての正味の価値を計算し始めた。第一に、「われわれのために冒す命の危険がある。彼はわれわれを裏切るまいと全力を尽くすだろうが、もしドイツを裏切ったことがわかれば、命を失うだろう」。一つの付加的要因は、彼が将来得る情報の価値だ。「もしジグザグがドイツ側にうまく再び受け入れられれば、彼と連絡が取れ次第、彼はフランスにおけるドイツのSSの活動に関する完全な情報をわれわれにもたらすユニークな立場に立つだろう」。しかし、元帳の別の欄に一つの項目があった。「ナントの友人のあいだに戻れば、チャップマンがわれわれに対する忠誠を一〇〇パーセント守るかどうか絶対的には確信できないし、与えられた任務を完全に果たすかどうかも確かにはわからない——彼はいくつかの個々の仕事は果たすだろう。彼がわれわれの期待を裏切るとは考えられないが、完全に確信することもできない」

そうなると、方程式は次のようなものになる——チャップマンの命プラス彼の情報の価値、マイナス彼が裏切り者になったり、失敗したり、無謀で勝手な任務を遂行するという可能性。元会計士はそれらをすべて合計し、こう助言した。「今、ジグザグに相当額の支払いをしなくてはならない。そして、彼が任務を完遂したあとで、あるいは、彼はわれわれのために忠実に働いてくれたが、ドイツ側に疑われている結果、不首尾に終わったという情報をわれわれが得たあとで、その後の相当額の支払いが約束されねばならない」。その金はすでに支払われた現金に追加されねばならない。そして、もしチャップマンが戻ってこられなければ、金の全額は自動的にフリーダと娘に支払われる。その間、貯蓄預金口座が開かれ、金は利子が三パーセントの戦時公債に投資される。そんなふうにして、英国の警察に追われ、二つのライバルの諜報機関に雇われている男は、戦争からのみならず、戦争に投資をすることによっても利益を得ることになった。金はロンドン協同組合に預けることになった。

チャップマンはこれまでも協同組合が気に入っていた。そこに金を預けるよりは、そこから金を失敬するほうが気に入っていたのだが。

　それまでのところ、ジグザグの二重スパイ活動は、なんの支障もなく行われた。用心深いリードにとっては、それがかえって心配の種だった。「それはあまりにうまくいき、信じられないほどだった。手筈がちょっとばかり狂ったほうが、ずっと理に適っていたであろう」。チャップマンも同意した。何もかも「少しばかり順調過ぎ」た。フォン・グレーニングも、事がほんのわずか具合が悪くなったように見えたほうが、彼をいっそう評価したことだろう。ジミー・ハント、あるいは彼の架空の「生霊」が貧乏籤を引くことになった。

　チャップマンは、自分がハントを共犯者にし、デ・ハヴィランド工場の破壊工作に名目上一役買ってもらった報酬に、一万五千ポンド払うことになっていると、すでにドイツ側に伝えてあった。チャップマンは一人で戻るので、できればドイツ側をぎょっとさせる方法で架空のハントを始末する必要があった。

　二月九日の朝、フランスにメッセージを送る途中で、チャップマンとリードは取り決めてある危険信号の「PPPPP」でわざと中断した。またもやドイツ側は、その警告に気づかなかった。リードは激怒した。「警察に追跡されているということを教えるため、ジグザグが非常に入念に準備したのに、彼らは実際に彼の期待を裏切った」。さらに大博打を打つ必要があった。

　翌日、もう一つのメッセージが送られた。「FFFFF　送信継続ハ危険。事態ハ悪化。ジミート帰還スルノガ不可欠。重要書類アリ。船舶書類ハ入手困難」

　チャップマンがフランスに戻ってからドイツのボスたちにする話は、こういうものだった。ジミー・ハントは潜水艦を送るのを拒否したドイツからのメッセージを見て、自分は金を貰えないのではないかと疑ってごね始め、チャップマンと一緒にフランスに行かせてくれと要求している。「PPPPP」の信号を送ったのは、ジミーが警察の車を見つけ、その車が無線送信を傍受しているのかもしれないと二人は思ったからだ、と彼は説明することになっていた。

またしても、ドイツ側の返事はのんきなもので、チャップマンが言及した「悪化」という文句を無視し、工場爆破についてのもっと詳しい情報を要求してきた。チャップマンは、工場の変電所は「変圧器の下に六十ポンドのゼリグナイト」を置くことによって「完全に爆破された」という、簡潔なメッセージを送った。それに続き、「リスボンに戻るチャンスが見つかった、自分を受け入れる準備は出来ているのか知りたい」というメッセージを送った。それに対しては、なんの返事もなかった。明らかにドイツ側は緊張し、もっと注意を払わざるを得なくなったのに違いない。

二月十二日、『イヴニング・スタンダード』は「ゼリグナイト捜査」という見出しの記事を第一面に載せた。「昨夜、ゼリグナイト所持に関連して、一人の男がシェパーズ・ブッシュの警察署で尋問された」。『ニューズ・クロニクル』も同じような記事を載せ、「警察がハマースミスでクラブを手入れした際、百八十五の名前が書き留められた」と報じた。もちろん、どっちの記事もでっち上げで、それぞれの編集長の黙認のもとに新聞に載ったのである。

チャップマンは最後の無線によるメッセージを送った。「FFFFF　ジミー逮捕サレタ。二月十二日付『イヴニング・スタンダード』ノ第一面ヲ見ヨ。直チニ送信ヲ中止スル。リスボンニ行ク努力ヲスル。フリッツ」。架空のジミー・ハントは役目が終わったので、いまや消されなければならなかった。無線交信ZINCは終わりになった。

チャップマンの最後の慌てふためいたメッセージは所期の効果があったらしかった。〈極秘情報源〉はフォン・グレーニングからの心配した内容の送信を傍受した。彼はパリとボルドーの無線技師に、チャップマンからの連絡がないか、電波の精査を続けよと命じていた。それ以外のことをするのは「絶対に許されない」と彼は言った。

ＭＩ５はただの一撃で、貴重なスパイがいまや危機一髪の状態だとドイツ側に思い込ませた。ハントは姿を消した。そして、チャップマンがアブヴェーアに戻る準備をする時間の余裕が少し生まれた。

チャップマンは一ヵ月間、リードの言葉を使えば、「フリーダと私生児の子供と一緒に夫婦として暮らす」のを許されていた。そしてクレスピーニ・ロードでの奇妙な「家族」を壊す時が来た。バックウェルとトゥースは、フリーダとダイアンが去るのを見るのは、チャップマンに劣らず辛かった。彼らの世界は不思議な、家庭的な世界で、戦争の陰惨な現実から隔絶されていた。ター・ロバートソンはエディーとフリーダが最後の夜を、クレスピーニ・ロードでではなく、セント・ジェームズの本部の立派な寝室で過ごすように取り計らった。ロスチャイルド卿とチャップマンとのある面談の筆記録に、奇妙なくらい感動的なやりとりがある。二人の男が雷管について込み入った話をしている最中に、ロニー・リードが口を挟んだ。

「ヴィクター、エディーがフリーダとちょっと電話で話しても構わないかね?」

「いいとも、もちろん」

チャップマンが部屋を出ると、リードはロスチャイルドに説明した。「今夜が彼女がロンドンで過ごす最後の夜なんで、彼女がここで最後の夜を過ごしたほうがいいと、僕らは考えたんだ。彼はただ、いくらか着る物を持ってくるように彼女に言ってるんだ」

「いい話だ」とロスチャイルドは言った。

確かに、ちょっといい話だった。

「フリーダは家に帰った」とバックウェルは日記に書いた、「そして、われわれは集中的な尋問の訓練を始めた」

チャップマンの命は、作り話を「躊躇せずに」することができるかどうかにかかっていた。毎日何時間もチャップマンは、ドイツの尋問者に相対した時にすべき、地上に降り立った瞬間からハントが「逮捕」されるまでの話のあらゆる細部について指導された。一週間後、ヘイルという名の外勤秘密警察の警官が、ドイツの尋問者の役を演ずるために連れてこられた。彼はチャップマンを攻撃的な態度で質問攻めにした。どこに住んでいたのか、誰に会ったのか、どうやって爆薬を手に入れたのか、何を発見したのか？「ジミー・ハントはどんな靴を履いていたか？」というような妙な質問で、ヘイルは何度もひっかけようとした。ヘイルはチャップマンを英国のスパイだと責め立てたり、工場で爆発があったとされる夜、工場にドイツのスパイがいた、すぐにもそのスパイを連れてくると言って驚かせようとしたりして脅した。チャップマンは「泰然自若」としていた。ヘイルが「ゼリー・ギャング」の仲間たちはどうなったか知りたいと言っても、チャップマンはまったく動じなかった。「哀れなフレディー・サンプソンは英空軍に脱走兵として捕まった。トミー・レイはウォンズワースでまだ四年の刑を務めていて、ダリーはダートムアで七年の刑に服している。ジョージ・シェラードが何をしているのか、よく知らないが、彼はキルバーンに住んでいて、おそらく、いかがわしいことをやっているのだろう」。ハントについては、工場爆破の嫌疑で逮捕されたあと、保釈出所を許されたと言うことになった。

擬似尋問を監視していたリードは、チャップマンが脅し戦術に怯まなかったことに喜んだ。チャップマンは生まれつきの嘘つきなのだ。「われわれは、彼が興味深い些事や事件をでっち上げて話にいっそう真実味を加え、相手にその話を信じ込ませる才能を持っていると思っていい……ジグザグは尋問中、容易には落ち着きを失わない。彼が英国の諜報機関のために働いたということを敵が知らなければ（それを知るおそれは、まずない）、彼は自分がドイツ側の満足が行くように任務を果たしたと思い込ませるのに、さほど苦労はしないだろう」

その任務の一部は、軍事やその他の情報を集めることだった。もしチャップマンがドイツのボスに自分の誠意を信じ込ませようとするなら、本当らしい話をするだけではなく、いくつかの土産も持って帰らねばならなかった。チャップマンはアプヴェーアがほんの少しでも興味を示しそうなすべてのものをリストにした。そのリストからリードは、敵にとって役に立ちそうなものを全部削除した。それから、興味深くはあるが本質的に無害の情報をいくつか付け加えた。そして最後にアプヴェーアがさまざまに推測するであろう、もっともらしいフィクションを入れた。その結果出来たごたまぜ――わずかな真実の混ざった下らないものは――二十委員会の承認を得て、マッチの軸を使い秘密筆記用インクで十四枚の無罫紙に書かれた。チャップマンは一連の陸軍の師団標識をスケッチした。いくつかは正確で、いくつかは想像したものだった――「黄色の地に、丸く曲がった触手を持つ青いヒトデ」、「楯のてっぺんに青い両手と白い雲」等々。彼はランディッドノーに内国歳入庁の事務所があること（MI5の将校たちでさえ、その建物が爆撃されるのを見れば喜んだかもしれない）、農務省の支部がキングズウェイのアフリカ館にあるということを明かした。彼はヘンドンにある軍事飛行場の地図をスケッチし、ロンドンの中心部のグリーンパークとハイドパーク周辺の防衛について説明した。「カモフラージュを施され、コンクリートで固定された高射砲。わずかなトラック、もしくは軍隊。警備隊、英国婦人国防軍、いくつかの小屋。樹木の近くに四本の鉄塔、おそらく無線用、約二十四のロケット発射台、鉄と石で出来た、弾薬用地下壕、空《から》」。そうした情報はアプヴェーアに、チャップマンが真剣であるのを納得させるだけに興味のあるものであり、彼が熱心なのを示すに足る量のものだ、とリードは踏んだ。

ＭＩ５の将校たちは、もしチャップマンが二重スパイであることが暴露された場合、あるいは、もっと悪いことだが、裏切った場合、あとどれだけの情報をチャップマンがドイツ側に暴露するかについて、仲間うちで話し合った。チャップマンが収容所０２０や、国家機密に関わるほかの軍事施設に出入りするときは、いつも夜だった。チャップマンは「将校や見張りの名前を覚えた」かもしれないが、非常に価値のあるものは何も覚えなかっただろうとスティーヴンズは考えた。ロバートソンも楽観的だった。「もしジグザグがわれわれを裏切ったとしても、ドイツ側に渡すのをわれわれがいささかでも気にするような情報は持っていない」と彼は書き、急いで付け足した。「実のところ、われわれは彼が裏切るとは思っていない」

チャップマンが金輪際知ってはならない一つの秘密があった。「〈極秘情報源〉について彼に気取《けど》られては絶対にいけない」とリードは書いた。チャップマンはアプヴェーアの暗号が解読されているということに少しも感づいていなかった。しかしある面で、彼のもたらした情報はあまりにもよいものだった。彼は英国がその暗号を解読するのに役立つだろうと信じた鍵を提供した――もし暗号がすでに解読されていなければ、英国はその鍵で暗号を解読しただろう。もし彼がＭＩ５に話したことを明かすよう強制されたなら、アプヴェーアは自分たちの暗号は解読されそうになっていると結論付けて変更し、ブレチリーに新しい頭痛の種を与えることになるだろう。アプヴェーアの暗号はいまだに解読されていないとチャップマンに信じさせねばならなかった。そのためには、「敵の無線メッセージを受信し解読するためのわが国の傍受機関の能力に関し……悲観的な見方」をチャップマンに対してする必要があった。リードはチャップマンに、ＭＩ５はドイツからの無線通信を傍受することはできるが、英国から送信している敵のスパイの居所《いどころ》を突き止めるのは難しいし、「厖大な量の傍受」をしなければドイツ側の暗号を解読するのは、ほぼ不可能だということがわかったと話した。チャップマンが提供してくれた情報があっても、「暗号を解読するには非常に長い時間がかかる」とリードは悲しげに言った。それは全部嘘だったが、チャップマンは、リードの言葉はフォン・グレーニングに聞かされた、「自分たちの無線局で使われている暗号はきわめて難しいもので、解読するのは事実上不可能」という文句を裏付けていると答えた。仮にチャップマンが正体を暴かれても、自分たちの無線通信は安泰だというアプヴェーアの信念を強めるのは間違いなかった。「ウルトラ」が解読されていることがジグザグによって暴かれるおそれはなかった。敵を騙すスパイが、見事に騙されたのである。

飽き飽きするほど「作り話」を暗誦したチャップマンは、占領下の敵の領土に戻ったときに収集できるであろう有用な情報の調査事項リストを暗記し始めた。そのリストも慎重に吟味されねばならなかった。MI5の尋問者は、捕らえたドイツのスパイが持っていた調査事項リストから多くの有益な情報を得た。なぜなら、そういう調査事項リストは、アプヴェーアの持っている知識のギャップと、アプヴェーアが抱いている特定の関心の領域を明かしたからである。ター・ロバートソンは強く主張した。チャップマンには「敵に情報を伝えないような指示のみをすべきである、仮に彼が捕われて、その指示を相手に明かすよう強制された場合でも」。チャップマンが渡された調査事項リストは驚くほど多岐にわたっていて、アプヴェーアという組織のあらゆる面に及んでいた――暗号、人員、建物、ゲシュタポとの関係、彼らが好んで泊まるホテル、連合軍の侵攻にそなえた計画。特殊作戦執行部は、ドイツの防諜技術、とりわけデルンバッハ――アルジェーの禿頭のスパイキャッチャー――が取り仕切っている無線傍受局について知りたがった。ロスチャイルドは、英国内の破壊工作の標的、破壊工作員の使う化学薬品、カモフラージュの技術に関する情報を掘り出してもらえまいかとチャップマンに頼んだ。

チャップマンはそうした要求すべてに応じた。実行不可能な要求にさえ。気分が大いに昂揚していたからだ。前途に横たわる危険が、麻薬のような作用をしたようだった。バックウェルはこう記している。「多くの面で落ち着いたにもかかわらず、彼は危険の存在が不可欠な人間のように見える」。ロバートソンも同意し、こう考えた。「冒険、行動、活動に対する根深い愛着は、彼の犯罪歴の結果ではなく原因のように思われる」

チャップマンの任務は、内容においても時間においても無制限のものだった。ロスチャイルドはこう言っている。「今はすでに決着のついたことでも、未解決の部分がある」。チャップマンは破壊工作員のチームを連れて戻ってくるかもしれないし、アメリカに行くかもしれないし、連合軍が侵攻しドイツ軍が退却したあと、フランスに残ってドイツの第五列を訓練することを買って出るかもしれない。「もし彼がそうした組織を動かすことになれば、連合軍に非常に貢献することになるのは明らかだ」とリードは書いた。チャップマンは自分の考えで事を進めねばならなかった。「すべては、君があっちに戻ったとき、目の前に現われた機会をどう摑むかにかかっている」とロスチャイルドは彼に言った。英国の領土の外で活動しているMI6はチャップマンを使いたいと言うかもしれないが、MI5はすでに諜報員ジグザグを使っていて、手放すつもりはなかった。

実際的、個人的理由からB1Aのチームは、チャップマンが裏切らないことに自信を持っていた。とりわけ、フリーダと娘との情緒的繫がりが再び強まったので。チャップマンと別れてからすぐ、フリーダは彼に情熱的な手紙を送った。MI5はそれを途中で押収し、写しを作ってからチャップマンに渡した。「ご覧のように、彼がこの国に帰ってくる動機はごく強いものですよ」とリードはボスにその手紙を見せながら言った。そして、金の問題があった。チャップマンはドイツから相当な大金を貰うだろうが、彼の第一の目的は、英国にいる家族を養うということで、それは彼が英国に対してずっと忠誠を尽くすか否かにかかっている。しかし、最も大事なのはチャップマン自身の性格だった。チャップマンは「芯から愛国心に燃えている」とロバートソンは信じていた。そして、チャップマンは犯罪者かもしれないが、ドイツの諜報機関の真ん中にスパイを潜入させていることから思わぬ情報が得られるということは、単純な道徳観にもとづいて無駄にしてしまうにはあまりに貴重な機会だった。ターは結論付けた。「ジグザグがドイツのさまざまな将校と享受しているように見えるすこぶる良好な個人的関係から考えて、彼らのために一つの任務を見事に果たしたという箔を付けて、そのサークルの中に彼を戻すというのは計り知れぬ価値のあることだろう」。リードは力説した。「彼は英雄として迎えられるだろう」

出発の時が迫ってくるとケース・オフィサーは、チャップマンは諜報員として完全に用意が整ったと報告した。「ジグザグは〝作り話〟が支障なくできるという自信を持っていて、士気は甚だ高い……ベルリンでの尋問は厳しいものかもしれないが、最初の数日が経てば、英国に来る前の元の生活を続けるのになんの苦労もしなくなるはずだ」

もし、「ある不幸な偶然によって」、英国当局に協力していたことが暴かれても、彼はたぶん、三重スパイを演じることによって生き残ることができるだろう。しかし、そうするには、なぜFFFFというサイン、すなわち、自分は最初から自由に行動していたというサインをメッセージに含めたのかを説明しなければならないだろう。ターの言葉を使えば、「最終的な緊急事態にそなえ、別の作り話、最初の作り話の意図的な嘘をうまく説明するものを用意しておくのが非常に重要なのだ」。リードは巧妙な解決法を考え出した。

チャップマンはもし正体が暴かれれば、MI5が「フリーダを人質として拘置し、フランスに戻るように自分を強いた」、もし戻らなければ「この女を射殺する」と脅かされたと言わねばならない。自分がコントロールされていることをフォン・グレーニングに警告しようとした証拠に、彼はFFFというシグナルを省略したメッセージをクリスマスのあとに送ったことを指摘すればよい。そして、そのシグナルを省略したことを英国側が見つけ、それ以後は、そのシグナルを入れるように強制された。そういうふうにやれば、間違いをチャップマンのためになるようにすることができるかもしれない。その説明は、一か八かの大博打で、「まさに最後の手段」として使われるものであるのをリードは認めたが、もしチャップマンが窮地に陥ったなら、その説明は「彼の命を救うかもしれない」と言った。

チャップマンが多事多端な三ヵ月を過ごしたクレスピーニ・ロードの隠れ家は閉じられた。彼の無線機は戸棚に仕舞われた――彼は埋めたとフォン・グレーニングには言うつもりだった――偽の身分証明書、現金、毒薬と一緒に。彼は真剣な面持ちでポール・バックウェルと握手をし、待っている囚人護送車にリードとトゥースと一緒に乗った。二人は次の段階のためにリヴァプールまで彼と同行することになっていた。ターは彼に言った。「かなりの期間、特別な状況にならない限り、君からの連絡は期待していない」。ターが言わなかったのは、そして二人が知っていたのは、彼がいったん英国の岸を離れると、ジグザグからの連絡はもう二度とない高い可能性があるということだった。

チャップマンを新しい任務に送り出すことになった最終報告書を書いたのは、スティーヴンズ中佐だった。彼は文学的才能を十分に発揮して見事にその務めを果たした。ブリキ眼は職業的プライドと率直な賞讃の念を込めて、大変な美文で書いた。

多くのスパイの話は平凡かつ退屈である。小説にはならないであろう。主人公は人生の敗残者である。動機は卑しい。恐怖は存在している。愛国心は欠如している。沈黙は勇者の素質ではなく、結果を恐れるがゆえの反応である。大きな冒険などという言葉は、まったく意味を成さない。

チャップマンの話は違う。小説なら、あり得ないこととして拒否されるであろう。主人公は悪党であるが、悪党としては決して敗残者ではない。彼の犯罪歴は、軍隊脱走から猥褻行為へ、女から脅迫へ、強盗から金庫爆破へと段階的に進んだ。あとになると彼の報酬は多くなり、最初はつまらぬことに手を染めたのを恥じているのは疑いない。この男は本質的に己惚れていて、自ら評価するところではいまや大物で、暗黒街のプリンスのような存在である。良心の咎めとは無縁で、どんなことでもやりかねない。社会とはなんの契約もせず、金は一つの目的のための手段である。恐いもの知らずで、間違いなくドイツ人に対する根深い憎しみを抱いている。ひとことで言えば、冒険はチャップマンにとって必要不可欠のものである。いったん冒険に乗り出すと、信じられないようなことを達成する勇気を持っている。まさにその無謀さは、彼の代役である。今日、彼はドイツのパラシュート・スパイであるが、明日、活動的な二重スパイとして危険極まりない任務を引き受けるであろう、それに賭けるのは自分の命である。冒険がなければ、彼は反抗者になるであろう。結局は、尋常ならざるものを求めて、再び犯罪に頼るであろう。危険は大きいが、成功する見込みがある限り、危険は冒されねばならぬと私は思う。

チャップマンにとって確かなことは、たった一つしかない。冒険の規模が大きければ大きいほど、成功する見込みも大きくなる。

第18章　密航者のスパイ

商船シティー・オヴ・ランカスター号の船長レジナルド・サンダーソン・キアロンは、ドイツの魚雷の攻撃を受けつつ戦争を過ごした。彼は一九四〇年に商船アッシリアン号の船長だったが、同船はUボートに撃沈された。それから商船ベルグレイヴィアン号の舵を取ったが、同船も魚雷で沈められた。いずれの場合も、彼は沈没する船から最後に脱出した。

キアロンは戦争中、重要な補給品を輸送するために海洋を往復し続けた商船の、何万もの「讃美されざる英雄」の一人だった。商船は大砲も少なく、防御態勢も不備なままに船団を組んで航海することが多かった。それは、ほかの戦闘の状況とは違っていた。不潔で、しばしば退屈で、途轍もなく危険だった。敵の姿はたいてい目には見えなかった。

三千トンのシティー・オヴ・ランカスター号は一九二四年、イングランド北東部のジャローにあるパーマー造船所で石炭運搬船として建造された。そして戦時中は、食糧、建築資材、軍需品、その他、戦争遂行に資する物を、大英帝国が命ずるところならどこにでも運んでいた。三十人の乗組員の大半はリヴァプールに住む、一筋縄では行かないアイルランド人で、海では懸命に働き、岸に上がると正体をなくすほど大酒を飲む。シティー・オヴ・ランカスター号は船長と同じくらい戦傷を受けていた。同船は一九四〇年、フランス北西部の港市サンナゼールから二千五百人を避難させた。その際、横にいた船は爆撃され、乗組員全員とともに沈没した。ランカスター号は何度もドイツのUボートに追跡され、また、数機のハインケル爆撃機に襲われ、十ポンド砲、十二ポンド砲、二門の高射砲、船首と船尾にある一対の機関銃で応戦した。誰もそれがフェアな戦いだとは思わなかった。

一九〇五年にアイルランド東部のウィックロー州の海岸にあるアークローで生まれた、大柄のぶっきらぼうなアイルランド人であるキアロンは、制服を着た海神ネプチューンだった。髪は白髪《しらが》交じりだったが、幅の広い顎ひげの端は、まるで海の塩水の飛沫で腐蝕したかのように、まだ赤錆色だった。海水、ラム、怒りの濃く混ざったものが血管を流れていたため、彼はまったく怖れを知らず、乗組員からは、愛されると同じくらい恐れられていた。彼は不沈のように見えた。浮かぶ標的として三年を過ごし、自分の二隻の船を沈没させられた、この老練な船長は、なんとか復讐したいと思っていた。

リスボン経由でシエラレオーネのフリータウンに向かう予定のシティー・オヴ・ランカスター号は、管、郵便物、捕虜のための小包の船荷を積むためリヴァプールのドックに停泊していた。その時、キアロン船長は埠頭にある海運業事務所に呼ばれた。彼を待っていたのは、私服を着た痩せた小柄な男で、貧弱な口ひげを生やしていた。その男はロナルド・リード少佐だと名乗った（昇進したのである）。小柄な男は、自分は英国の諜報機関に勤めているのだと、礼儀正しく、しかし威厳たっぷりに言った。君は、ヒュー・アンソンという新しい乗組員を司厨長助手として間もなく引き受けることになる。その男は二重スパイで、英国政府のためにきわめて重要な秘密の任務を果たすことになっていて、君は船上で彼が快適に過ごせるように面倒を見る責任がある。彼はリスボンで船から脱走する。そのためシティー・オヴ・ランカスター号は人手不足になるが、それはやむを得ない、とリードは言った。君はその事件を、ほかの乗組員の場合と同じように、通常のこととして報告せよ。乗組員には、アンソンはルーイス（イングランド南部の州都）の刑務所で五年の刑期を務めたが、囚人援助協会の助力で、商船に乗るか軍隊に入るかするという条件で釈放されたと言うこと。その口実――「犯罪歴はあるが新しい生活を送る決心をしたらしい男」――は、彼の航海経験の不足の説明に役立つだろうし、彼がリスボンで姿を消したとき、彼は元の生活を送ることにしたと思わせるだけだろう。

リードは重々しく言った。「これからは、この男の命は君の手中にある。彼の任務について乗組員が何か知ってしまうことがないようにするのが肝要だ」。最後にリードは大きな嵩張った封筒を取り出した。それは紐で結ばれ、青い印で封印され、「公用扱い」というスタンプが押してあった。その包みは船の金庫に仕舞い、リスボンに着いた時に「アンソン」に渡すことになっていた。中には、チャップマンのコルト式拳銃、装塡した予備の薬室、ヒュー・アンソン名義の配給手帳、衣料購入手帳が入っていた。また、北ロンドンで工場が爆発したことを書いた新聞記事の切り抜きも入っていた。

リードはホテルの部屋に戻ると、キアロン船長は「口が固いという印象を受けた」と書いた。キアロンは自分の船に英国のスパイが乗っていることに、嘘偽りなくスリルを覚えた。

チャップマンとトゥースはワシントン・ホテルにチェックインしていた。リードはもう少し快適なアデルフィに泊まっていた。秘密の世界においても、将校階級には特権があるのだが、誰かが監視しているといけないので、三人の「陰謀者」が一緒のところを見られないほうが安全でもあったのである。

ヒュー・アンソンというのは、ゼリー・ギャングの逃走用の車の運転手を務めた、けちな犯罪者の名前だった。チャップマンはドイツのボスに作り話をする際、百ポンド払ってアンソンから身分証明書を買い、アンソンの写真の代わりに自分の写真を貼った、そしてアンソンは、身分証明書を紛失したと届ける前に、二ヵ月「身を潜める」ことに同意したと説明するつもりだった。チャップマンは船員資格証明書を、海運業事務所にいるフラーニ・ダニエルズという犯罪者の連絡相手を買収して手に入れたということにした。チャップマンを船に乗せるための手配は、遥かに複雑だった。ＭＩ５の偽造班は、国民兵役登録書、国民健康保険証、失業者手帳を含む、「偽造一般市民用書類の完全な一揃い」を用意した。しかし、正式の海員資格証明書を手に入れるのは「途方もなく複雑な」仕事であるのがわかった。とうとうリードはホッブズという地元のＭＩ５のスパイの助けを借りて、英国商船《マーチャント・ネイヴィー》の配膳部から職種選択カードを盗み出すことにした。ホッブズはリヴァプールの海運業事務所に、防火対策の検査に来たふりをして入って行き、必要な書類を持って出た――それからリードは、隣のパブ、〈フライング・ダッチマン〉の隅でビールを飲みながら、その書類に嘘を記入した。「倫理的には正しくないが、実際上これはもちろん適切であった」とリードは報告した。

その晩は、もしチャップマンがドイツの無線機が使えたなら、その時はどのように英国と交信するかの手筈についての話し合いに費やされた。メッセージを送る最上の方法は、チャップマンの「アマチュア無線士風お喋り」に含まれている単純な暗号、すなわち、彼がメッセージにいつも加える小さな「飾り」、とりわけ「大笑い」のサインを使うことだという結論にリードは達した。

ＱＬＦというメッセージは、「左足を使って送ってもらいたい」という意味のふざけたサインで、「99」は、もうすこし侮辱的なことを意味する。もしチャップマンが「ＱＬＦ」と送信してくれれば、ドイツのスパイマスターたちは「完全に満足している」ことを示し、「99」と送信してくれれば、彼らが「怪しんでいる」ことを意味するのだった。「大笑い」のサインをさまざまに組み合わせて使えば、もっと複雑なメッセージを送ることができた。

フ　フ　フ――伝えるべき情報なし

ハハハ――ナントのアプヴェーア支部、間もなく閉鎖
ヒハフ――私はベルリンに行く
ハフヒ――私はパリに行く
フヒハ――私はアンジェーに行く
へへへ――私はアメリカに行く
へへへハ――アメリカ人のグループがUSAに行き、そこで活動している

「〝大笑い〟サインはジグザグの無線通信のすべてに使われたが、敵がそれを疑問に思うことはないだろう」とリードは書いた。

チャップマンはもし監視されずに無線機を使うことができたなら、通常の方法でメッセージを送らねばならなかった。ただし、DELIGHTFULというコード・ワードにもとづく暗号で。チャップマンは、最初の任務のためにコード・ワードを作るようにドイツ側から言われ、CONSTANTINOPLEというコード・ワードを考えついた。もし将来、別のコード・ワードを考えるようにとドイツ側から言われたなら、彼はPOLITENESSというコード・ワードを選ぶことが合意されていた。ベンチリー・パークでは、チャップマンが送ったメッセージを本人には知られずにすでに読むことができたのだが、前もってコード・ワードがわかっていれば、暗号解読係の仕事はさらに楽になる。「われわれは彼のメッセージを解読しようと努力する煩わしさから解放され、直ちに解読することができるだろう」とリードは書いた。

フォン・グレーニングは自分の『ザ・タイムズ』を、いつもチャップマンに渡した。ジグザグからのメッセージを無事に受け取ったときは、そのあとの火曜日か水曜日に、リードは同紙の個人広告欄

に次のようなメッセージを載せた。「ウェスト夫人、匿名の寄贈者からの11ポンドの贈り物に感謝」。数字の二桁目は、受け取ったメッセージの数を示していた。つまり、もしMI5が六つのメッセージを受け取ったなら、ウェスト夫人は46ポンドに対して匿名の寄贈者に感謝するわけだった。運がよければ、架空のウェスト夫人（クレスピーニ・ロードの家政婦に対するささやかな讃辞だった）は、ついには裕福な婦人になるのだった。

とうとう、リードとチャップマンは「象の罠」を仕掛けることにした。チャップマンは英国を去る前に、アプヴェーアのスパイマスターたちにこう告げるよう指示された。「もしドイツ課報機関の誰かの協力が必要な場合」、次の電話番号で金庫破りのジミー・ハントに連絡ができる――Gerrard4850。相手が出たら、電話をかけている者は、こう言う。「こちら、ルー・ライビヒ、ジミーと話したいんですが」。その番号はB1Aのロニー・リードの机上の電話に直接繋がっていて、リードは適切な「接待委員」を手配する。

リードとチャップマンはリスボンの地図で、マメーデ通りにあるドイツのスパイの隠れ家と、ドイツ領事館のある場所を調べた。さらにリードは、緊急時にかけるリスボンの電話番号をチャップマンに暗記させた。リスボンでのMI6の一員ラルフ・ジャーヴィスは、重要な課報員がそちらに向かっているということを、すでに知らされていた。ブレッチリー・パークの無線保安部は、〈極秘情報源〉の中にフリッツに対する言及があるかどうか監視するように指示されていた。

その晩の仕事が終わったとき、チャップマンはフリーダに別れの手紙を書きたいと言った。リードは、ローリー・マーシャルに送ればフリーダに転送してくれると言った。手紙は複写されたあと、ちゃんとフリーダに届いた。別れの手紙は今でも機密扱いだが、マーシャルへの添え状には、こう書いてある。「当分お別れだ。三五番地にすぐに戻って君と一緒になる――いろいろ親切にしてくれてありがとう――この手紙をフリーダに転送してくれ給え」。その文面の調子は、死を恐れている男のものではない。

翌日、チャップマンは商務省の事務所に行った。事務員は偽造書類を何も言わずに受け取り、船会社はシティー・オヴ・ランカスター号にもう一人司厨長助手を送ったと言っただけだった。「事情を知らないのは明らかだった」。チャップマンは船に出向いたあと、翌日出航する準備をするように言われた。彼らはホテルに戻り、トゥースはチャップマンの持ち物の荷造りをした。それには二着の新しい白の司厨長助手の制服と、肉眼では白紙の白い十四枚の便箋が含まれていた。そしてトゥースは、プレトーリウスが何ヵ月も前にしたように、チャップマンの正体を明かしてしまうものはないかと、彼の服を調べた。それからチャップマンは「背嚢を肩に掛け、誰からも怪しまれない格好で」埠頭に向かったと、リードは報告した。

トゥースとリードは「かなりの距離を置いて」跡をつけた。おそらく、距離が空き過ぎたらしい。というのも、「ジグザグは埠頭をあちこち数マイルとぼとぼ歩いたあと、どうやってか姿を消した」からだ。彼は陽気な水夫の真似を実にうまくしながら前方を歩いていたかと思うと、急にいなくなってしまったのだ。もしかしてチャップマンは不意に考え直し、逃げ出したのかもしれないとリードは思った。リードとトゥースは次第に心配になりながらチャップマンを捜して埠頭のほうぼうを歩いたが、チャップマンも、腹立たしいことに、シティー・オヴ・ランカスター号も見つからなかった。とうとう二人は諦め、がっかりしながらホテルに戻りかけた。二人はアデルフィで落ち合おうとチャップマンに言っておいたのだが、リードは鋭い直感で、チャップマンは自分が泊まることになっている、もっと格が落ちるホテルに帰ったのかもしれないと思った。「まさにその通りで、ジグザグは娼婦と一緒にホテルのバーにいた」。

二人は、娼婦と交渉しているチャップマンの邪魔をしないことにして爪先立ちでそっとその場を離れた。アデルフィから二人はワシントン・ホテルのバーに電話をし、チャップマンを呼び出してもらった。チャップマンは陽気な調子で報告した。自分の乗る船を見つけ、背嚢を船に預け、翌朝八時に戻ってくるように言われたと話した。「彼は『忙しい』のでわれわれと一緒に夕食をとる気はなかった」と、リードは微妙な言い方で報告した。三人は午後九時にアデルフィのリードの部屋で会うことにした。

リードとトゥースはホテルで夕食をとり、約束の時間の直前に階段を登ってリードのスイートに行った。ドアを開けると、チャップマンが中にいた。「ジグザグはどうやってか部屋の中に入り、ベッドに横になりながら、私の部屋の電話で注文した夕食と数本のビールを待っていた」。数時間のうちにチャップマンは、大悪党、見事なスパイ、ひどく気紛れな男という特異な性質を立証して見せたのである。自分の子の母に宛てた恋文を書き、姿を消し、娼婦と寝、鍵の掛かった部屋に押し入り、他人の費用で勝手にルームサービスを頼む。彼がリードの金メッキを施した鋏と爪磨ぎやすりを盗んだこともあとでわかった。「彼はそれを一時しきりに欲しがっていた」。それは、ヤングがかつて予言した通りだった。チャップマンは人の財布を楽しげに掏りながら自分の義務を果たす。

リードは怒る気になれなかった。それどころか、そのちょっとした事件で、八週間付き合った、この不思議な若者に対する愛情が深まった。「ジグザグは非常に興味深い人物だ。向こう見ずで、衝動的で、むら気で、感傷的な彼は、付き合っているうちに、大いに愛すべき性格の男になる。彼と相当の期間付き合った者であっても、公正無私に彼を評することは難しい。彼が唾棄すべき過去を持っていることを信じるのは難しい。泥棒、詐欺という罪を犯したこと、〝道徳的に堕落した人間〟と付き合っていること、ロンドン警視庁によって〝危険な犯罪者〟と言われていることを、最近の彼の言動と一致させるのは難しい」

チャップマンの過去は、確かに唾棄すべきものだった。彼の最近の行動は英雄的とも言えた（軽い過失は犯したが）。しかし、彼の将来はまったく不明だった。埠頭でチャップマンは手を振り、シティー・オヴ・ランカスター号のタラップを渡って行った。あとに残ったリードは考えた。「ジグザグの工作活動《ケース》は、まだ終わっていない。いやそれどころか、始まったばかりだということを時が証明するかもしれない」

第19章 ジョリ・アルベール

一九四三年三月十五日、シティー・オヴ・ランカスター号はアイリッシュ海に集結している船団に合流するため、マージー川を出た。合計四十三隻の商船から成る船団で、三隻の駆逐艦と四隻の軽装備のコルヴェット船に護られていた。船は列を組み、両側の前方と後方に護衛船がいた。それは、略奪者を警戒しながら群れを前に進めている牧羊犬に似ていた。新しい司厨長助手のヒュー・アンソンは、砲手と一緒の段ベッドを確認してから船長のキャビンに出頭するように言われた。船団が南に向かっているあいだ、チャップマンとキアロンはひそひそ声で急いで相談した。「詮索好きな指を恐れた」船長は、その乗客の秘密のスパイ装備を保管することを申し出たが、ありきたりの便箋を渡されて、いささかがっかりした。彼は指紋を付けないように注意しながら、それを金庫に仕舞った。キアロンは、チャップマンをほかの乗組員と同じように扱うが、航行中、手に負えないような振る舞いをしてもらいたいと言った。なぜなら、それは彼が「よた者」だという作り話を裏付けるだろうし、船がリスボンに着いたときに、というより、もし着いたならば、彼が姿を消す理由の説明の一助になるだろうから。

その日の午後、一機のドイツ爆撃機が空から急降下してきて落とした爆弾が、弾薬と武器を運んでいた五千トンの貨物船に危うく命中するところだった。ずっと上空では、フォッケ＝ヴルフ偵察機が旋回していた。「何かを予期する不安感がみなの顔に浮かんでいた」。チャップマンは乗組員が服を着たまま寝るのに気づいた。多くのことに気づく余裕があったわけではない。司厨長のスネルグローヴが、清掃、給仕、新入りがすべき雑用一般を彼にやらせたからだ。チャップマンは盛んに不平を言った。スネルグローヴはこう記した。「アンソンは四六時中船酔いで、まったく役に立たない」

その夜、船団が大西洋に向かっていたとき、チャップマンは船の警報機の音で浅い眠りから起こされた。甲板に出て救命帯をまさぐっていた彼は、続いて二回起こった凄まじい爆発音でよろめいた。二隻の商船と一隻のタンカーが猛烈な勢いで炎上していた。チャップマンは炎の光でほかの船の黒っぽい形を識別することができた。一発の魚雷が弾薬を積んだ船に命中したのだ。キアロン船長はエンジンを切った。四方に広がる爆発の閃光が夜空を照らしていた。Uボートがまたもそっと逃走したようだった。船のブリッジの窓は吹き飛んでいて、ガラスが甲板に散乱していた。その夜はそれ以上、爆撃されなかったが、チャップマンは眠れなかった。

昨夜、船団の七隻の船が消えた、そのうちの三隻は衝突して、あるいは弾薬を積んだ船の爆発で損傷して沈没した、とキアロン船長はチャップマンに話した。チャップマンは、これこそまさに、リスボンにいるドイツ人に伝えるのに役立つ情報だと考えた。なぜなら、その情報は彼らのすでに知っていることを裏付けるだけかもしれないが、自分の熱心さを示すことになるからだ。同じ理由からチャップマンは、船の位置と航路を毎日記録し始めた。ドイツの偵察機が船団をすでに追跡しているので、「船団の位置を敵に知らせても害はないだろう」から。船長も同意し、船団の正確な位置を記録するために船の航海日誌をチャップマンに見せた。チャップマンは残っている秘密筆記用のインクでその情報を便箋に丹念に書いた。

キアロン船長はスパイの協力者という自分の新しい役割を楽しんでいた。しかし、ほかの乗組員は新しい司厨長助手が何者なのかよくわからなかった。アンソンが刑務所に入っていたことがあるという噂がたちどころに広がり、彼はまさしく「第一級の泥棒」だということで、みなの意見は一致した。彼は大金を持っているらしい。モノグラム入りの金のシガレットケースを所持しているし、高価な腕時計を嵌めているのだから。アンソンは、ソーホーでの自分の綽名は「ストライピー」だと打ち明けた。刑務所で縞《ストライプ》の入った囚人服を着ていたので。だが、悪党にしては驚くほど丁寧で教養があった。「楽しみ」のためにフランス語で本を読んだ。「乗組員の何人かは彼の立派な教育に感銘を受けた」とキアロンはのちに報告している。「彼は家柄がよいが正道を踏み外した男というのがみなの意見だ、と砲手は言っている」。ある晩チャップマンは、即席で詩を作って見せると言って、船の仲間たちを驚かせた。鉛筆と封筒を持って詩を作り始め、出来たものを発表した。それは自伝的な八行の詩で、MI5の公文書に残っている。向こう見ずに生き、自分の才覚で生き残り、大勢の女友達を持っているストライピーの話だ。そして、こんな具合に終わる。

どんなことがあろうとも天下泰平気楽なもの
ストライピーに万歳三唱、フレー、フレー、フレー。

この戯れ歌は詩としては大したものではないかもしれないが、チャップマンの船の仲間にはシェイクスピア作と同じで、自分たちの前にいるのは本物の紳士泥棒として映った。アンソンは確かに詩人になるくらい急進的だった。というのも、絶えず不平を口にしたからである。船長はアンソンの態度の悪さをちゃんと航海日誌に書き留めた。「自分は海上生活が嫌いだ、なぜなら誰も自分の分担の仕事をしないからだ、と彼は言った。また、自分が仕事の大半をしていると言った。私は船長として観察しているが、それは事実とは反する」

十八日に、シティー・オヴ・ランカスター号はテグス川に入り、サントス埠頭に係留した。ポルトガルは、その独裁者がナチ寄りだったにもかかわらず依然として中立国で、諜報活動の坩堝だった。そして、避難民、密輸業者、スパイ、ペテン師、武器商人、策士、ブローカー、脱走兵、不当利得者、娼婦で溢れていた。そこは、まさにチャップマンにふさわしい町だった。ジョン・マースタマンは戦後に書いた小説『四人の友人事件』の中でリスボンを、「一種の国際的集散地、スパイと工作員がごった返す蟻塚で、政治的、軍事的秘密と情報が——正しいものであれ間違ったものであれ（だが、大方は間違っている）——売買され、人の頭脳が互いに戦わされる場所」として描いた。連合国側も枢軸国側も正式の領事館と大使館のほかに、中立国という薄っぺらな見せかけの下に、スパイの隠れ家、連絡情報の隠し場所、密告者の集団、かなりの数のスパイを維持していた。アプヴェーアでさえ、セックスに飢えた酔っ払いの英国人水夫から情報を引き出すために、バーや娼館を経営していた。

シティー・オヴ・ランカスター号の乗組員は甲板に集められ、岸に上がっているあいだ強い酒とふしだら女は避けるようにと説教された。ボースンのヴァルサマスは、アンソンがこう囁くのを、はっきりと聞いた。「あんな話は気にするな。全部、戯言《たわごと》だ」

陸に上がると司厨長助手は四人の乗組員と一緒に、モエーダ通りにある英国海員協会に行った。そこで全員、伝統的なやり方で姦《かしま》しく酔っ払った。アンソンは勘定は全部自分が持つと言ったが、MI5の金で一時間ほど飲み続けたあと、自分は町で古い知り合いに「用事」があると砲手の一人に話した。

「その友人が見つかると都合がいいんだが」と彼は打ち明けた。

砲手のハンフリーズがその友人は何者なのかしつこく訊くと、チャップマンはウィンクをし、謎めいたことを言った。「名前を言わねば罰せられることはない」。彼はあとで、波止場の娼館、〈ジョージ〉で一同に会うことにした。

その数日前ブレチリー・パークは、アプヴェーアが暗号名「父」というもう一人の二重スパイに宛てたメッセージを解読していた。それは、サン・マメーデ通り五〇番地にある隠れ家が「ブリュレ」、すなわち燃えたというメッセージだった。MI5は諜報員ジグザグに、彼の連絡先の住所が比喩的に煙になったということを知らせる手立てがなかった。

チャップマンの乗ったタクシーは、リスボンの労働者階級の住む一帯の奥にある、大きくて汚い建物の前で停まった。ドアをノックすると若い女が出てきて、母親を連れてきた。「ジョリ・アルベール」とチャップマンは陽気な口調で言ってから、たどたどしいポルトガル語で、「私の名前はフリッツ。シニョール・フォンセカに会えますか?」と訊いた。そう言っても、相手は「ぽかんと」していた。彼はドイツ語、英語、フランス語で、また試してみた。とうとう、紙に「フォンセカ」と書いた。それを見ると、相手はわかったような表情をかすかに浮かべた。そして、そのあとの身振りから、シニョール・フォンセカが中にいないということを彼は理解した。彼は「電話」という語を紙に書いた。さらに身振りをしたあと、少女は彼を近くのカフェに連れて行き、電話番号を回し、受話器をチャップマンに渡した。男の声が応答した。「ジョリ・アルベール」とチャップマンは言った。合言葉はやはりなんの効果もなかったが、少なくとも相手は一応フランス語を話した。男は隣のカフェでチャップマンに会うことに同意した。チャップマンは強い懸念を抱いていたが、煙草を盛んに吸い、不味いポルトガル産のブランデーを飲みながら待った。やがて、二十代後半の華奢な青年が、ドイツ語を話す、ずっと年上の男と一緒に現われた。またもチャップマンは合言葉を口にし、アプヴェーアの高官に会う必要があると説明した。二人の驚いた表情は、計画がいかに狂ってしまったかを語っていた。明らかに彼らは「その件については何も知らず」、チャップマンは何か言うたびに、自分をさらに大きな危険に晒していた。彼は自分の間違いを詫び、二人の男に、「一切忘れる」ように言ってから逃げ出した。

〈ジョージ〉のバーに戻ると、座は大いに盛り上がっていた。チャップマンは船員と売春婦の群れのあいだにそっと入った。彼が戻ってきたことは、ほとんど気づかれなかった。彼は間もなく、英語を話すアニータというポルトガル人の女のバーテンと会話をした。彼女は二十六歳の痩せぎすの女で、肌が浅黒く、黒髪は波打ち、濃い茶色の眼をしていた。彼女も娼婦で、MI6から金を貰っている情報提供者だった。彼女はのちに、誰もがアンソンとして知っていた男は、自分の本名はリードだと打ち明けたと、英国の諜報機関に話した。ロニーはそれを知ったら愕然としただろう。

チャップマンはその夜、港の近くの小さなホテルにアニータと一緒に泊まったが、ドイツ側は自分に見切りをつけたのだろうか、自分は罠に掛かりかけているのだろうか、二重スパイとしての自分の人生は、すでに終わったのだろうかといぶかった。

翌朝早くチャップマンは、パウ・デ・バンデイラ通りにある公使館の洒落たロビーに入り、受付の眠そうな男に、自分の名前はフリッツで、ドイツの諜報員だがアプヴェーアの高官に会いたいと言った。男はあくびをし、二時間経ったら戻ってくるようにと言った。チャップマンが戻ると、受付は前よりずっと敏活で、注意深くさえあった。役人とおぼしい男が現われ、近くのブエノス・アイレス通りにある家に行くようにチャップマンに言った。教えられた住所の家の前に、一台のフィアットがエンジンをふかしながら待っていた。前の席には私服の二人の男が坐っていた。チャップマンは後部座席に坐るように言われた。誰も何も言わぬまま車は動き出し、ボルジェス・カルニエロ通り二五番地のアパートの前で止まった。彼は二人の男に付き添われ二階に登った。そこで二人の男は、用件を言うようにと丁寧な口調で言った。チャップマンは暗記している話を初めてした。その後彼は、その話を何度もすることになる。二人の男のうちの背が高いほうがどうやら階級が上らしく、頷いたり、ときおり質問をしたりした。一方、小柄で太った男はメモをとった。チャップマンが話し終えると、背の高い男は彼に丁寧に礼を述べてから、いったん船に戻って、明日、ここに来てもらいたいと言った。

その晩、キアロン船長が司厨長助手のアンソンを、許可なしに陸で一夜を明かしたことで叱りつけ、性病の危険についてぶしつけに警告している声が聞こえた。アンソンが船長に「余計なお世話だ」と言うとキアロンは激怒し、「今後、規則違反をすれば帰国してから必ず起訴される」と彼に言った。乗組員たちは誰もがこう思った——アンソンの人生は風前の灯火だ。

キアロン船長は大げさに怒って見せたけれども、シティー・オヴ・ランカスター号のマスターとしては、チャップマンが戻ってきたのを見て、芯からほっとした。二人だけになったときチャップマンは、二日間、自分がいかにあちこちに連れて行かれたかを話してから、もしMI5に報告することになったら、アプヴェーアは官僚主義の悪夢だと言うことができると付け加えた。キアロンはのちにこう言った。「彼は私に、あの組織はロンドンにおけるのとまさに同じように運営されていると報告するように指示した。ロニーはそれを聞いて大喜びするだろうと彼は言った」。キアロンは提案した。チャップマンは下船の用意が出来たとき、喧嘩をしたらどうか。そうすれば船長は彼を罰することができるし、アンソンが英国でまたも刑務所入りをするのを避けるために船から脱走したという、はっきりとした理由が出来る。

チャップマンは翌日ボルジェス・カルニエロ通りに戻ると、角枠の眼鏡をかけた上品な若い男の前に案内された。自分は「バウマン」だと男は見事な英語で名乗り、前日の「不手際」と、ドイツ側が彼をちゃんと歓迎しなかったことを詫びた。男はチャップマンに葉巻と、ブランデーの入ったグラスを差し出し、もう一度話をしてくれないかと言った。チャップマンを尋問した慇懃な男の正体は、よくわかっていない。のちにMI5は、バウマン別名ブラウン、別名ボドは、一九四二年以来、リスボンでアプヴェーアの破壊工作部の部長を務めた将校だと断定した。しかしバウマンが、リスボンのアプヴェーア支部の支部長クレーメル・フォン・アウエンローデ少佐、別名ルードヴィーコ・フォン・カルストホフだったということも考えられる。チャップマン自身は、バウマンはドイツの諜報員スノーの暗号名である「ジョニーに関連がある」と信じていた。オーエンズのドイツでのコントローラーはニコラウス・リッター、別名ドクトル・ランツァウ少佐だった。バウマンは何者であれ、チャップマンがフランスで過ごした時期、彼の任務とその成果について知悉しているようだった。

チャップマンは秘密筆記による数枚の紙を渡し、リスボンに向かって出航して以来熟考していた申し出をバウマンにした。チャップマンはこう説明した。自分はベルリンで破壊工作の訓練を受けているあいだに、石炭の大きな塊にドリルで空洞を作り、そこに高性能爆薬を詰めて石炭爆弾をこしらえる方法を学んだ。それを船の燃料庫に置いておけば誰にも見つからず、やがて炉の中にシャベルで投げ入れられ爆発し、船は沈没する。

もしバウマンがそうした爆弾を用意してくれれば、とチャップマンは言った、それをシティー・オヴ・ランカスター号の石炭の中に隠し、それから計画通り船から脱走し、船、船長、乗組員を大西洋の海底に沈める。

ター・ロバートソンは物に動じない男だった。だが、一月二十一日の朝、〈極秘情報源〉から届いた最新の無線傍受の内容を読んだとき、飛び上がりそうになった。諜報員ジグザグはリスボンに二日いただけで、自分をそこに運んだ船を沈没させようと申し出て、大変な裏切り行為を早くも企んでいるようなのだ。

リスボンのアプヴェーア支部は極秘メッセージの中で、ヴィルヘルム・カナリス提督にこう伝えた。諜報員フリッツは石炭爆弾で英国の商船を破壊することができる立場にあり、それを実行する認可を求めている。その作戦を行うにはアプヴェーアのチーフであるカナリスからの許可が必要だった。というのもそれは、「ポルトガルにおいて、あるいはポルトガルから破壊工作をするのはアプヴェーアの既定の政策に反する」からだった。さらに悪いことには、そのメッセージはシティー・オヴ・ランカスター号がとったリスボンまでの正確なルートと、船団に対する爆撃で何隻沈没したかを伝えていた。その情報の出所はチャップマンでしかあり得なかった。少なくとも彼は、「船団について必要以上に詳しくドイツ側に伝えた」のだ。最悪の場合、それは裏切りの、もう一つの証拠だった。

ロバートソンは緊急会議を開き、優先順でこれからすべき一連のことを決めた。第一に船と乗組員を護る。第二に、ウルトラが解読されている秘密と〈極秘情報源〉を守る。最後に、「ジグザグがわれわれを裏切るか、裏切っているように見えるまで、ジグザグの任務を妨げない」。

リードはチャップマンがそれほど早く裏切り者になるとは信じられなかった。彼は破壊工作を行うよう強制されたのか、あるいは指示されたのか、それとも、それは自分の考えなのか?「ジグザグの性格と愛国心についてどういう見方をしようと、われわれは彼が実際には破壊工作をしないと信じ込む危険を冒すことはできなかった」とリードは書いた。会議がまだ進行中、ベルリンはシティー・オヴ・ランカスター号の破壊工作を許可するメッセージを送った。

ＭＩ６は電報も傍受し、リスボンにいる部員を使ってジグザグを消すことを申し出た。ター・ロバートソンは待ってくれと言った。シティー・オヴ・ランカスター号の出港は数日あとだった。そしてチャップマンは船が出る寸前に脱走する計画だったので、彼を捕らえ石炭爆弾を押収する時間はまだあるだろうと思われた。

リード少佐は「関連した事実と考慮すべき事柄に通じて」いた、とターは書いた。そのうえ、「船長とジグザグはともにリード氏を知っているので、ドイツ側に疑念を起こさせずに二人に近づくのは、彼にとって容易だろう」。リードは直ちにリスボンに飛ばねばならなかった。そしてリスボンでチャップマンを見つけ、すぐに彼を尋問しなければならなかった。チャップマンが破壊工作計画について、促されるまでもなく自ら進んで情報を提供しなかったなら、拳銃を突きつけて逮捕し、「手枷《かせ》足枷を嵌めて」連れ戻さねばならなかった。チャップマンはリードがリスボンに不意に現われたことに驚くだろうが、アプヴェーアのメッセージが傍受されていたと彼が推測する理由は何もない。「われわれがリード氏を送り、チャップマンがドイツ側と接触したかどうか、彼らがなんと言ったかを確認させるのは、ごく自然なことだろう」

無線をもてあそぶのが好きだったので諜報機関に加わったアマチュア無線技士の小柄なロニー・リードは、急速に展開しつつあるドラマの主役を演じようとしていた。彼は拳銃を突きつけて、この犯罪者を本国に連れ戻さねばならないかもしれなかった。

リードができるだけ早い便でリスボンに飛ぼうとあたふたしていたとき、チャップマンは爆弾を受け取るためにボルジェス・カルニエロ通りに戻った。数日前、彼は船の燃料庫から持ち出した石炭の塊を、見本としてバウマンに渡しておいた。ウェールズ産の石炭の肌理《きめ》と色は独特だった。ドイツ人の偽造班は見事な成果を挙げていた。バウマンは約六インチ平方の二つの不規則な形の黒い塊をチャップマンに差し出した――それは形、重さ、手触りにおいて、本物のウェールズ産の石炭と見分けがつかなかった。アッカーマン博士がやったように実際の石炭にドリルで穴をあけるのではなく、バウマンの技師たちはもっと多くの爆薬を詰めることができるよう、信管を取り付けた爆薬の入った小缶を使い、そのまわりをプラスチックで包んだ。そして、それに色を付けて、石炭の粉で覆った。危険な爆薬が入っていることを示す唯一のものは、「一ヵ所に空いている、鉛筆ほどの直径の隙間」だった。

チャップマンは感心した。そして、この爆弾が「見つかることはまずない」と断言した。彼はバウマンに、今夜、この爆弾を燃料庫に置き、明朝、船から脱走すると告げた。バウマンは、彼を国外に出すために必要な書類はすべて揃っている、その中には、二日前にリスボンで撮った写真付きの新しいパスポートが入っている、と言った。

その晩チャップマンは、二つの大きな石炭爆弾の入った背嚢を背負い、シティー・オヴ・ランカスター号のタラップを、やや慎重に渡った。彼はロニー・リードが飛行機で全速力でポルトガルに向かっていることを知らなかった。また、MI6のジャーヴィス大尉が、一人の諜報員に船を見張らせ、彼を捕らえよ、必要ならば殺せという命令を待ちながら待機していることを知らなかった。

しかしチャップマンは炉の近くに行くつもりも、船を爆破するつもりもなかった。彼は英国を出る時に指示された通り、自分の考えで行動していただけなのだ。彼の友人で、やはり爆弾狂の、あの礼儀正しく育ちのいい「フィッシャー氏」に、ドイツの破壊工作用「玩具」を手に入れてくれと頼まれたが、彼がしようとしていたことは、まさにそれだった。フィッシャー氏はおれの背嚢に入っている二つの「見事なもの」を手にしてぞくぞくするだろうと、チャップマンは思った。

乗船したチャップマンは、背嚢を慎重に自分のロッカーに入れた。それから、寝棚でうとうとしていたダーモット・オコナーという名の大柄な砲手に近づき、鼻を力一杯殴りつけた。チャップマンは、余計なことを訊かずに喧嘩に応ずる見込みが一番あるのは、乗組員の中でその屈強なアイルランド人だと考えた。その推測はまったく正しいことが証明された。
海面に浮き上がってくるシャチさながらにオコナーは寝棚から飛び出してきた。二人は大声を出して殴り合い、手近の武器を使った。喧嘩がどんなふうに終わったかについては、二説があった。チャップマンの自慢話によれば、彼は半分空のウイスキーの瓶でオコナーの頭を強打して、相手を伸ばした。キアロン船長によれば（そして、ほかのすべての目撃者によれば）、オコナーはチャップマンの眼の辺りに頭突きを喰らわせて、彼を見事に倒した。チャップマンは夥しく血を流しながら船内の病室に運ばれたが、その途中、あのアイルランド人は「クイーンズベリー・ルール（十九世紀の英国のクイーンズベリー侯爵が作ったボクシングのルール）」を破ったと怒鳴った。二人は傷の手当てをしてもらったあと、キアロン船長から罰金として半日分の給料を差し引くと言われた。そして船長は、おまえはえらい問題を起こしたとチャップマンに大声で言った。
そのあと、滑稽な場面が続いた。
キアロン船長――「なら、おまえはとうとう、自分より強い者に出会ったわけだな？」
アンソン――「フェアに闘い、クリーンズベリー侯爵のルールに従って奴を殴ったあと、奴は私の顔に頭突きを喰らわせた。この船の誰も彼もフーリガンだ」
キアロン――「なら、この船でちゃんとしてるのは、おまえだけってわけか？」
アンソン――「そうとも」
翌日の払暁、顔の左側に切り傷と、ひどい打撲傷のある司厨長助手は、キアロン船長のところに早朝の紅茶を持って行くように命じられた。チャップマンは船長のキャビンのドアをノックし、一方の手に紅茶のトレー、もう一方の手に二つの大きな爆弾の入った背嚢を持って、中にすっと入った。チャップマンは前もって、自分は「この船で故国に運んでもらうための特製爆弾を手に入れるつもり」だということをキアロンに話しておいた。彼は今、石炭爆弾を船長の手に握らせ、こう説明した。「自分はシティー・オヴ・ランカスター号を破壊するつもりだと言ったら、敵は同意した」。キアロンは気の弱い男ではなかったが、それでも、自分のベッドで十ポンドの高性能爆薬を、肉挽き器にかけられたような顔の男に手渡されると、怯《ひる》んだ。彼は直ちに抜錨して母国に戻ろうと言った。チャップマンは、爆弾は熱しさえしなければ安全だし、計画を変更するとドイツ側の疑念を招くだけだと主張した。結局船長は、「このままいつものルートをとり、何も起こらなかったかのように振る舞うことに同意した」。いまやすっかり目の覚めたキアロンは金庫を開け、チャップマンの包みの中身を取り出し、二つの禍々《まがまが》しい爆弾を中に押し込み、ドアを素早く閉めた。チャップマンは書類と金を背嚢に入れ、リボルバーを「贈り物」として船長に返した。船長はそのお返しとして、アンソンに、困った時のために、オ・ポルトに住む義理の妹のドリスの住所を教えた。二人は握手をし、チャップマンは黎明の中に出て行った。

キアロン船長が英国の軍事スパイ活動で演じた脇役は終わった。あの英国のスパイは実に見事に自分の役を果たした、と船長は思った。「彼は前科者という評判にふさわしい、真に迫った演技をした」。それはたぶん、さして驚くことではなかったろう。

その日の午後、〈極秘情報源〉は、フリッツが任務を完了したということを認めた、アプヴェーアのリスボン支部からのメッセージを傍受した。その知らせはMI6のラルフ・ジャーヴィス大尉によって、一月二十三日、火曜日の午後五時半にリスボン空港に着いたMI5のロニー・リードに伝えられた。彼は陸軍省運輸部の役人、ジョンソンという名でやってきた。リードの心は沈んだ。もしチャップマンが爆弾を船のどこかに隠したのなら、彼は殺人未遂罪を犯した裏切り者だ。そして、船の燃料庫にある何トンもの石炭を、一つ一つなんとかして調べなければならない。ジャーヴィスの説明によると、キアロン船長はリスボンの海運業事務所でジャーヴィスの何人かの諜報員と会って話したが、船長は「ヒュー・アンソンは英国の諜報機関となんの繋がりもないと強く言った」。リードはそれに対し、船長はたぶん、英国のスパイを守っていて、「諜報機関との関連について絶対に誰にも口外してはならない」という命令に従っているのだろうと答えた。

キアロン船長とロニー・リードは、リスボンのロイヤル・ブリティッシュ・クラブで二人だけで会った。MI5のケース・オフィサーは、船長の浮き浮きとして共犯者めいた表情から、自分の心配が杞憂だったことを、すぐさま悟った。キアロンは、チャップマンが「見事に振る舞った」ということ、船を破壊するという「陰謀」は爆弾を手に入れるための策略だったということ、二つの石炭爆弾は、今、自分の船の金庫にあるということを話し、それをできるだけ早く渡すことができれば実に嬉しいと言った。そしてアンソンは、「この石炭には高性能爆薬が詰まっているが、ロニーに渡してもらいたい」と念を押すように言い、ドイツ側に対する「自分の信望を高めるため」に、MI5は船上で一種の偽の爆発を起こしたらどうかと提案したこともリードに伝えた。

キアロンはまた、自分とチャップマンが、船の進路と船団が攻撃を受けたことをドイツ側に報告しても英国の海運業を危険に晒すことにはならないという点で意見が一致したこと、チャップマンが、話をでっち上げるために大男のアイルランド人の砲手に勇敢にも、わざと殴り倒されたことについても話してから、給仕が見ていない隙に、チャップマンが自分に残したいくつかの名前と住所を記したメモおよびリボルバーをリードに渡した。

リードはターー・ロバートソンに宛て、歓喜の電報を打った。「Zハワレワレニ対シ誠実ニ振ル舞ッテイルト確信」

ロンドンでも、みなほっとした。チャップマンは忠誠心を示したばかりではなく、英国の諜報機関はいまや、これまで見たことのないタイプの手つかずの爆弾を二つ入手もしたのだ。「これこそ、チャップマンがわれわれのために冒す決心をしている危険の典型的なものなのだ」とブリキ眼スティーヴンソンは書いた。チャップマンは、シティー・オヴ・ランカスター号が海で沈没しなければ必然的に二枚舌を疑われ、「おそらく命を落とす結果になる」のを知りながら、破壊工作の任務を遂行しようと申し出たのだ。それでも、彼は一か八かやってみようとした。「ドイツが使っている爆発物の実物を手に入れることは、自分の命を賭けるくらい英国にとって価値があると彼は思ったのだ」

ＭＩ６は事の成り行きにさほど感激しなかった。二つの姉妹機関の関係は、しばしば緊張していた。外国でのスパイ活動を担当するＭＩ６は、国内のスパイ活動を担当するＭＩ５が自分たちの縄張りを侵すのを快く思っていなかった。ＭＩ６はリスボンにおいてシティー・オヴ・ランカスター号の船内で偽の破壊工作を行うのを、「政治的に複雑なことになる」という理由で、すげなく拒絶した。

一般市民の生活ではマーチャント・バンクの行員だったＭＩ６のジャーヴィスは、石炭爆弾は熱によってではなく遅延信管によって爆発するかもしれないと指摘して、哀れなロニー・リードをぎょっとさせた。リードは高性能爆薬に対するロスチャイルド卿のような無頓着な見方をしていなかった。爆弾を荷物に詰めるという考えを捨てた。「帰国する途中、飛行機の中で爆発が起こったなら、飛行機、政治的影響、私自身にとって、はなはだ不幸なことだろう……」

ロスチャイルドは、爆弾を写真に撮り、エックス線で検査し、コルクを詰めた重い鉄の箱に入れ、ホワイトホール、ＡＮＩ（ポルトガル国営通信）気付、「フィッシャー様」宛で、次の英国の船でジブラルタルに送るよう指示した。その小包はジブラルタルでキアロン船長からＭＩ５の諜報員が受け取る。その諜報員は、「ロニーのところから来ました」と言う。ロスチャイルドは一つの点を特に強調した――爆弾は「できるなら手つかずのままにし、鋸で半分に切断しない」で送ること。誰かが高性能爆薬の詰まった石炭の塊を鋸で切断するかもしれないと想像するのは、ロスチャイルドのような人間だけだろう。

第20章 しけた花火

リスボンからマドリッドに向かっている午後の便の飛行機に乗り、後部座席に静かに坐っている、片方の眼のまわりが青黒くなったノルウェーの船員に誰もあまり注意していなかった。彼はオーラフ・クリスティアンソンという名のノルウェー国籍パスポートを持っていた。それには、オスロ生まれの船員と書いてあった。機内にはノルウェー人の一行がいたが、彼らの物静かな同国人は、会話に加わらなかった。実のところ彼は、ノルウェー語をひとことも喋れなかったので、加われなかったのである。

マドリッド空港で、薔薇色の頬をしたずんぐりした小男が、乗客を待っている群衆の中から現われた。「あなたはフリッツ?」と、その男は囁いた。「ええ」とチャップマンは言った、「ジョリ・アルベール」。ホテル・フロリダでチャップマンはロースト・ポークを食べ、一瓶のねばねばしたスペイン産ワインを飲んだ。そして、十二時間寝た。それからの五日間は、何がなんだかよくわからぬうちに過ぎた。チャップマンは、入れ替わり立ち替わりやってきて同じような質問を繰り返す、名の知れぬドイツ人の訪問者の数が数え切れなくなった。ときおり尋問は、彼のホテルの部屋、ラウンジ、近くのカフェで行われた。薔薇色の頬をしたドイツ人は彼に三千ペセタ渡し、衣類、紅茶、コーヒーその他「占領下のヨーロッパでは手に入りにくいほかの品々」を買い溜めするとよいと言った。チャップマンはパリに戻るところだったのである。マドリッドの通りでチャップマンは、にこやかな小さな影に、そっと跡をつけられた。

リスボンで最初に彼に面談した男（のちにMI5がアプヴェーアの将校コンラート・ヴァイスナーだと特定した）が、ホテル・フロリダに再び現われ、チャップマンに同行しパリまで行くと言った。寝台車の個室のコンパートメントにいたチャップマンは、闇の中で列車がガタゴトといくつもの駅を通り過ぎるあいだ、目を覚ましたまま横になっていた――サン・セバスティアン、イルン、アンダイエ、ボルドー。三月二十八日の払暁、列車はケー・ドルセーに入って停まった。プラットフォームで待っていたのは、アルベルト・シェールだった。チャップマンのナント時代の丸顔の飲み仲間、本来のジョリ・アルベールで、彼が最初に見た懐かしい顔だった。二人は旧友のように抱き合い、リュイーン通りにあるアプヴェーアのアパートに車で行くあいだにチャップマンは、ドクトル・グラウマンはどこにいるのか尋ねた。アルベルトは運転手に聞こえないよう小声で、「不興を買って」東部戦線に送られたと言った。

フォン・グレーニングがアプヴェーアを追われた原因は、はっきりしていない。チャップマンはのちに、自分のスパイマスターが「政策」問題でパリ支部の部長と喧嘩をしたこと、大酒を飲むことが、彼を追放する口実に使われたのを知った。フォン・グレーニングはのちに、自分はチャップマンを戻すのにUボートを送りたかったのだが、その案は却下され、激しい言い争いになったと言った。また、アプヴェーアのほかのメンバー同様、ヒトラーに対する忠誠心が疑問視されたということも考えられる。原因がなんであれ、フォン・グレーニングはナントでの地位を奪われ、ロシアにいるかつての部隊、中央軍集団《ヘーレスグルッペ・ミッテ》に戻るように命じられた。

チャップマンはグラウマン博士を「旧友」と考えていたが、グラウマン博士はそれ以上の存在で、庇護者でありパトロンだった。もし誰かがチャップマンをゲシュタポから守ることができるとすれば、それはグラウマン博士だった。彼がいなくなったことは、非常な打撃だった。尋問は続いた。チャップマンをル・ブールジェ空港で見送った空軍大佐と、ガルテンフェルト中尉が、彼が飛行機から飛び降りた時のことと、着地した時のことについて尋問した。二人のあと、名前のわからない、よそよそしい陸軍将校に尋問され、次に文官に尋問された。その男は英国の軍事施設と武器について「約五十」の一連の技術関連の質問を矢継ぎ早にしたが、チャップマンはそのどれにも答えられなかった。チャップマンがグラウマン博士について尋ねるたびに、彼は「東部戦線のどこか」にいるという「曖昧な」返事しか返ってこなかった。とうとうチャップマンは勇を鼓して、グラウマン博士にすぐに会いたい、「ほかの誰にも話しもしないし、ほかの誰のためにも働かない」と言った。その要求と、それに続く怒りの発作は無視された。あるいは、無視されたように見えた。

質問の全体的な調子は物柔らかだったが、執拗だった。チャップマンは晩には「楽しく時を過ごす」ことを許されたが、いつもアルベルトか、少なくとも一人のほかの監視人が付いていた。しかし、自分が貰うべき金の「前払い」を要求すると、あっさり断られた。腹を立てて抗議すると、当座使う一万フランを貰った。それはのちに、ひどくしぶしぶながら、二万フランに増額された。それは英雄の迎えられ方でもなく、彼が望んでいた多額の報酬でもなかった。意見の食い違いの結果、チャップマンはひどく不愉快になった。

チャップマンは尋問者の顔と、知り得たいくつかの名前を覚えた。しかし、彼の精神的エネルギーの大半は、クレスピーニ・ロードで何日も何週間も記憶に焼きつけられた、半分本当で半分架空の話を繰り返しすることに費やされた。その話は決して変わらず、チャップマンは決して口ごもらなかった。もっとも、「何かをした時間を隠しておくのはきわめて重要であり、作り話はあまりに正確であってはいけない」というター・ロバートソンの忠告を頭に置いて、時間と日付は曖昧にしておくように注意したけれども。彼は自分のする話を徹底的に覚えたので、自分でも本当のことだと思うことさえあった。その話がどういうものかが、逐語的な写しからわかっている。

私は二時半頃に、耕された畑に降りました。最初は降下したせいで茫然としていましたが、意識がはっきりすると、畑の端に沿って流れる小川の畔《ほとり》の茂みの下にパラシュートを埋めました。私は肩に紐で留めてあった包みを開き、送信機を取り出し、雷管をポケットに入れました。さほど遠くないところに小さな納屋が見えました。用心しながらその納屋に近づくと、無人なのがわかりました。そこで窓から入り、屋根裏に登り、夜明けまで眠りました。目を覚ました時間はわかりません、腕時計が止まっていたからです。どうやら、降下した際に壊れたようです。私はその納屋を離れ、細い道路沿いに歩いて本通りに出て南の方角に歩いて行くと、ウィズビーチと書いてある標識が見えました。地図を調べると、リトルポートの近くにいるに違いないことがわかりました。村に着くと、鉄道駅の名前が見えました。ロンドン方面行きの列車の時刻表を調べると、その列車の一つが十時十五分にその駅を出るのがわかりました。その列車に乗り、リヴァプール・ストリートに一時十五分前頃に着きました。私は駅のビュッフェに入り、一杯飲み、煙草を買い、そこに数分いてから駅の電話ボックスに行き、ハマースミスの労働者クラブにいるジミー・ハントを呼び出そうとしました。誰だかわかりませんが電話に出た者が、ジミーは六時頃来ると言ったので地下鉄でウェストエンドに行ってからニュー・ギャラリー・シネマに行き、『われらの奉仕するところ』を観ました。着いて早々、ウェストエンドを日中歩き回らないほうがよいと思ったのです。

私は灯火管制の時間になるまで映画館にいてから、クラブにいるジミーに再び電話をかけました。彼は私の声を聞いてひどく驚きましたが、ハイドパークの地下鉄駅で会うことにしました。彼がやってくると、私たちは近くのパブに行き、自分がなんとかジャージー島から逃げ出したこと、また、話すことが山ほどあるのでもっと静かなところに行ったほうがよいと思うということを言いました。私は英国に戻ったことを警察に知られるのを特に心配していました。するとジミーは、若い女と住んでいるサックヴィル街の自分の隠れ家の一つに行ったほうがいいと言いました。私は誰にも自分の姿を見られたくないと言いました。すると彼はその女に電話をし、仕事の仲間が訪ねてきたので、ちょっと外に行ってもらいたいと言いました。その女はジミーが「いかがわしい」仕事をするときは姿を消すのに慣れていたので、変に思われなかったのです。

サックヴィル街のアパートに着くと、私は事情をすべてジミーに説明しました。自分はジャージー島の刑務所にいたとき、ドイツの諜報機関のために働く決心をしたと言いました。また、ドイツの諜報機関は私を非常に厚遇してくれ、英国で任務を遂行したなら相当の額の金をやると約束してくれたことも話しました。私は千ポンド持ってきていて、デ・ハヴィランド工場での破壊工作に成功したなら一万五千ポンド貰える約束をしてくれたとも言いました。それは、ジミーにとって大金を手にし、ドイツ政府の保護のもとで英国から出してもらえる実に貴重な機会でした。私は彼に無線送信機を見せ、それが操作できる場所が必要だと言いました。ジミーは最近、警察がしきりに彼を追っているので、ヘンドンに一軒家を借りようと思っていると言いました。しかし一方、私はサックヴィル街のアパートにいて、じっとしているのが賢明なことに思われました。

私は土曜日にヘンドンの家に行き、日曜日の朝、そこから初めて送信しました。

私はジミーに、デ・ハヴィランド工場での破壊工作用の材料をすぐに手に入れ始めるのがいかに必要なことかを説明しました。私たちは、私が警察に追われるといけないので、あまり外にでないほうがよいということで意見が一致しました。しかしジミーは、私たちが戦前に仕事に使ったゼリグナイトがいくらかセント・ルークス・ミューズに残っていると言いました。

新年になった頃のある日、私はジミーと一緒にデ・ハヴィランド工場に行き、近くの道路から工場全体を眺め渡しました。私たちの主な目的だと思われる三つの場所があるのがわかりました。私たちは夜間に偵察をすることに決め、守衛のいない門から入りました。その門には、わずかな有刺鉄線が付いているだけでした。ボイラー用建物の近くの中庭に、六つの大きな変圧器がありました。塀をよじ登ればそこに達することは可能でした。そして私たちは、変圧器の一つ、もしくは二つの下に爆薬を仕掛ければ、全工場の生産を完全に止めることができることに気づきました。私たちは辺りを見回し、水泳プールの脇にある建物の近くに、もう一つの補助発電所があるのを見つけました。それは高いフェンスに囲われ、中には、明らかに相当の電力を扱う、さらに二つの変圧器が入っていました。私たちは各変圧器の下に三十ポンドの爆薬を置く必要があるという結論に達し、それを二つのスーツケースに詰めることは可能だろうと思いました。

計画実行の夜、私たちは七時頃そこに着き、車を工場の前のガレージの後ろに停めました。近くの店でコーヒーを飲んでから、〈コメット〉の裏の家の庭を這って通り、守衛のいない門の有刺鉄線を潜り抜けました。ジミーはプールのそばの変圧器に向かい、私は発電所の近くの変圧器に取り組みました。私たちは爆薬の各混合物を一時間後に爆発するようにしてその場を去り、デ・ハヴィランド工場から二マイルほど離れたところのバイパスに車を停めました。五十五分後、三十秒間隔で、二回の凄まじい爆発音が聞こえました。爆発が起こった直後、私たちはロンドンに真っ直ぐ帰りました。

破壊工作を行った翌日、私は〈ヘンドン・ウェイ〉で、デ・ハヴィランド工場の系列工場で働いているウェンディー・ハモンドという若い女と会う手筈になっていました。彼女は私に、大騒動があり、工場の人間はその事件を揉み消し、何も起こらなかったと言おうとしていたと話しました。相当の被害があり、何人かが怪我をしたのは確かですが、誰もそれを認めたがりませんでした。

ジミーは私が寝室で送信していたとき、よく一緒にいて、私たちが受け取ったメッセージに非常な関心を持っていました。彼は自分が一万五千ポンド受け取る見込みがあるかどうか知ることに特に関心がありました。そして、あなた方が私を潜水艦で迎えに来ることはできないというメッセージを送ってくると、彼はちょっと喧嘩腰になり、金を受け取る見込みは非常に薄くなったと思いました。彼は私と一緒にリスボンに戻り、金を払ってもらうようにすると言いました。残念ながら、ご存じのように、彼はゼリグナイトを所持していた嫌疑で逮捕され、のちに、彼に共謀者がいないかどうか調べるために、ハマースミス・クラブが急襲されました。彼は一週間ほど拘留されたあと釈放されましたが、私はその後は、彼とあまり接触しませんでした。ジミーは逮捕されたので、私と一緒に来ることができませんでした。英国を出るための二組の書類を手に入れるのは非常に難しかったことでしょう。そこで、もちろん、私は一人で来ざるを得ませんでした。

作り話の大筋から外れないようにするというのは、ごく簡単だった。難しいのは、一見リラックスしているように見せながら実は油断をしないこと、尋問の主眼を先取りし、次の質問を先に予想することだった。ロバートソンはなんと言ったか？　ゆっくり話し、曖昧な答えをし、決して不必要な嘘をつくな。そのルールはクレスピーニ・ロードの居間では大いに結構なものだったが、アプヴェーアの練達の尋問者に仮借なく厳しく質問されると、チャップマンは、真実と嘘を混ぜながら自信がなくなりそうになることもあった。いかにも学者らしいマースタマンは彼に警告した。「スパイの人生はひどく危険なものだが、二重スパイの人生はそれより遥かに危うい。揺れている綱渡りの綱の上でバランスをとっている者がいるとすれば、それは二重スパイだ。たった一回滑っただけで地上に激突して死ぬ」。夥しい数の手が綱を揺らしているので、永遠にバランスをとっていることはできない。

パリで十日間厳しく尋問されたあと、チャップマンはベルリンに行くことになると言われた。その旅で彼はナチズムの中心地に行くことになるわけなのだが、「グラウマンにもっと近くなる」のではないかという気がした。そのことは、アルベルトが彼を脇に呼び、ベルリンで何があろうと、英国でのもっと興味深い経験の詳細は、グラウマンに会った時にするよう取っておく」べきだと言ったことで裏付けられた。アルベルトは、グラウマン博士に自分のことを褒めておいてくれと取り入るような調子でチャップマンに頼んだ。

ベルリン行きの列車は兵士ですし詰めだったが、一等車のコンパートメントがチャップマンと新しい世話係の「ヴォルフ」という将校のために取って置かれていた。一人の陸軍少佐が、予約してあるそのコンパートメントにどうしても坐ろうとすると、ヴォルフは鉄道警察を呼び、その憤激している男を外に出した。男はこの無礼な仕打ちをヒムラーに報告すると怒鳴った。

ベルリン駅からチャップマンは、クーアヒュルステンダム（ベルリンの繁華街）の外れにあるラ・プティット・ステファニーという小さいホテルに車で連れて行かれた。そして、厳しい尋問が続いた。チャップマンは疲れてきた。いわば不安が自信をすり減らし始めた。言い間違いをした。どうやらアプヴェーア本部から来たらしい面接者は、デ・ハヴィランド工場破壊工作で使ったスーツケース爆弾をどうやって組み立てたのかと、さりげなく彼に訊いた。チャップマンは、雷管に繋いだ懐中電灯の二個の電池を粘着テープでスーツケースの右側に固定したと再び説明した。男はそれを見逃さなかった。パリとマドリッドではチャップマンは、電池を左側に固定したと言ったのだ。チャップマンは素早く考えなければならなかったが、ターに教えられた通り、ゆっくりと答えた。「二つのスーツケースを持っていたんです――一組の電池は右側、もう一組の電池は左側に固定したんです」。冷やりとした瞬間は去った。

翌日、背が高くてほっそりした海軍将校がラ・プティット・ステファニーに現われ、自分はミュラーだと名乗り、「フリッツ・グラウマン」名義の真新しいドイツのパスポートをチャップマンに渡した。出生地、ニューヨーク。父の名、シュテファン・グラウマン。それは、チャップマンのかつてのスパイマスターが古巣に戻ってきたことを強く示唆していた。ミュラーはチャップマンに向かい、荷造りをして、あと一時間でホテルを出る用意をするように言った。二人はノルウェーに行くことになっていた。

ブレッチリーでは、暗号解読班はジグザグがヨーロッパを南から北にあちこちと移動するルートを追った。彼らはMI5にチャップマンの新しいパスポートにあるノルウェー語とドイツ語の名前を伝え、シティー・オヴ・ランカスター号の偽の破壊工作で、ドイツのボスたちに対する「彼の株が間違いなく上がった」と告げた。

一つだけ問題があった。爆弾はまだ爆発していず、ドイツ側はチャップマンを疑っているように は見えないものの、苛立ちを募らせていた。「ドイツ側はシティー・オヴ・ランカスター号に最大の関心を抱いていて、破壊工作が実際に行われたかどうか、当然ながら知りたがっている」とマースタマンは警告した。〈ジョージ〉のバーの娼婦アニータは、近くの橋の下に住む文無しの黒人の浮浪者ジャックに二人のドイツ人が近づき、英国船から降りた船員たちについての情報をくれたら二千エスクードやると言われたことを報告した。アプヴェーアは爆弾をシティー・オヴ・ランカスター号の船内に密かに持ち込むためにあらゆるルールを破ったのに、船は依然として無傷だった。カナリスは結果を聞きたがっていた。二十委員会の海軍代表のユーイン・モンタギューは警告を発した。「爆発がなければジグザグがやられる」

シティー・オヴ・ランカスター号の船内で何かの事故をでっち上げる必要があった——そして、しけた花火作戦が生まれたのである。

ロスチャイルド卿は、「どこもまったくなんでもない商船」を爆破することはできないと言われて少々がっかりしたが、「猛煙と一緒にできるだけ大きな爆発音を出す」ことで妥協した。シティー・オヴ・ランカスター号の船内で、さほど大きくはなくとも爆発が起こると考えると、彼の貴族の血が騒いだ。「相当の爆発音というのは、いい考えだ。何も損傷せずにどのくらい大きな音が出せるかは知らない。それは、爆発の起こる場所によると思う」

　ロスチャイルドとリードは一緒になって手の込んだ計画を立てた。シティー・オヴ・ランカスター号が英国のドックに入ると、税関吏のふりをしたリードが、爆発装置を入れたアタッシェケースを持った、やはり税関吏を装った諜報員を伴って船内に入る。「以前にMI5の本部で爆弾の取り扱い方を教えてもらったと思われる」その諜報員は、密輸品を捜査しているふりをして爆弾を燃料庫に置き、導火線に点火し、素早くそこを出るということになった。諜報員は爆発音を聞くと「倒れ、腕に負傷したふりをし、船長に包帯を巻いてもらう」。それから諜報員は、「燃料庫の中で石炭を掻き回しているとシューッという音がし、次に爆発が起こって吹き飛ばされた」と説明することになった。そして乗組員が尋問され、船員の噂話が、あとのことをやってくれる、というわけだった。「破壊工作の話は乗組員の何人かによって敵側に伝わるだろう」、とリードは予測した。

　その作戦には、点火するMI5の諜報員を殺しもせず、石炭を燃やしもせず、船を沈めもせずに大きな音と猛煙を出す特別な爆弾を必要とした。ロスチャイルドは、友人で同僚の陸軍省実験所のレズリー・ウッド中佐に相談した。中佐は、「点火後三分ほどで鋭い爆発音を発し、そのあと赤みがかった煙を出す」のは間違いない爆発物を見つけた。彼はその包みを連絡係にロスチャイルドのところに届けさせた。「同封のものは君の三つの玩具だ。一つは君自身が験すためのもの。家の中では、いけない！　ほかの二つは君の友人が遊ぶためのものだ」

　しけた花火作戦は、ひどく馬鹿げた計画だった。複雑で、危険で、あまりに多くの演技を必要とした（「嘘の怪我に包帯を巻くというのは、ひょっとすると危険な類いの不必要な〝事件〟を起こす」とマースタマンは警告した）。しけた花火作戦は却下された。ロスチャイルドはひどく立腹した。腹癒せに三つの玩具全部を自分で爆発させた。

その代わり、爆弾は船がグラスゴーに着いた時に「発見」され、そのあと、乗組員全員が本格的に尋問されるということになった。行方不明になったアンソンが燃料庫に入るのを見たと言っている船員がいるということにしたのである。「シティー・オヴ・ランカスター号が次にリスボンに行ったときに、間違いなくドイツの諜報員の手先が乗組員に接触しようとするだろうし、船が英国に戻ったときに恐ろしいくらい徹底した捜査が行われたので、航海中に何か妙なことが起こったという印象を受けるだろう（おそらく、ほとんどの場合、酔っ払った船員の話から）。ジグザグの評判を高めるのに必要なのは、それだけである」

まさしくその通りで、船が四月二十五日にロスシーのドックに入ったとき、野戦保安警察の小隊が船内によじ登って石炭燃料庫を捜索し始め、石炭を一塊ずつ海に投げ込んだ。ぽかんとして見詰めていた乗組員は、「石炭の塊が一つずつドックの中に投げ込まれるたびに、彼らはみな体をひょいと屈《かが》める」のに気づいた。とうとう五時間経つと、「炭塵で覆われてひどく汚くなった」一人の将校が「石炭の塊のように見えるものを片手に持ちながら」誇らしげに燃料庫から出てくるのが見えた。それから乗組員全員が尋問されたが、特にリスボンへの航海の様子、司厨長助手ヒュー・アンソンが姿を消した時の事情について詳しく訊かれた。

自己暗示は魔法のような働きをした。かつての船員仲間に変わったところなど何も見なかった船員たちは、アンソンが乗船してきた瞬間から、アンソンがドイツのスパイではないかと疑ったと、いまや断言した。彼らはアンソンの金張りのシガレットケース、札束、「気取った」態度、海上での仕事一般に対する無能ぶり、礼儀正しい振る舞い、「身分不相応な」教育を受けたらしい様子を思い出した。尋問の結果、あらゆる種類の不気味な細かい点が浮かび上がった。自分の犯罪を自慢し、みんなに酒をおごり、〈ジョージ〉のバーから姿を消した。詩を書きさえし、フランス語の本を読んだ。乗組員の一人はチャップマンの詩を取り出し、それを、彼の悪魔のような才気の決定的な証拠にした。「その詩の水準は、乗組員が褒めそやす域には達していない」と尋問者の一人はそっけなく書いたが、シティー・オヴ・ランカスター号の乗組員にとっては、集まった証拠は一つの結論を指していた――アンソンは多言語を操る、高度の教育を受けたナチのスパイで、燃料庫に隠した「悪魔の機械」で自分たち全員を殺そうとした。

「噂を広める刺激」として、乗組員は秘密を厳かに誓わされた。リードが喜んだことには、噂は燎原の火の如くグラスゴー中に広まった。「いまや約五十人の人間がジグザグを敵のスパイと見なし、この爆弾事件のことを知っているが、その話に尾鰭がつくことだろう、それこそまさに、われわれが望んでいることだ」。噂はほかの船員に伝わり、そこから無数のバーに流れ、さまざまな船、ほかの港に届き、そこから海を越えて広まった。シティー・オヴ・ランカスター号の船主の耳にまで達した。船主は顔面を蒼白にして怒った。「彼は諜報員を船に乗せるのを手伝うのに異議はないが、諜報員が爆発物を船に残すというのは少々行き過ぎだと考えている」

一流のドイツのスパイがどんなふうに英国の船の中で破壊工作をしようとしたかの話は、ヨーロッパの最低のバーから、ドイツの最高司令部、FBI、英国政府の最高レベルに達した。ジグザグのファイルの写しが情報大臣のダフ・クーパーに送られ、彼はそれをウィンストン・チャーチルに見せた。クーパーはこう報告した。自分は「ジグザグについて首相と長時間話し合ったが、彼はその事件にかなりの関心を示した」。MI5は、その事件を最優先に扱い、かつ「ジグザグと再び連絡が取れるようになったら」直ちにチャーチルに連絡するよう指示された。

FBI長官ハーバート・フーヴァーも、ジグザグ事件の成り行きを見守っていた。ロンドンのアメリカ大使館に駐在していたFBIの連絡将校、ジョン・A・シンパーマンを通して、リードとロスチャイルドはチャップマン事件に関する「包括的な覚書き」を米政府に送った。「私はフーヴァー氏に、彼らが協力的な態度を示してくれるお返しに、破壊工作の諸面についての情報を伝えることを約束した」とロスチャイルドは書いた。チャップマンは急速に世界的な秘密の星になりつつあった。ワシントンで、ホワイトホールで、ベルリンで、パリで、彼の功績（実際のものであれ想像上のものであれ）が論議され、賞讃された。

〈極秘情報源〉の中の最高レベルのスパイ、ジグザグ＝フリッツが無線交信から不意に、完全に消えたのは、まさにそういう時だった。

第21章 氷前線

シュテファン・フォン・グレーニングは、東部戦線で二度目の仕事をしているあいだに目撃した恐るべき光景について何も話そうとしなかったが、その経験に「深く影響された」。彼は一つの事件のみを回想して話した。彼は共産主義者によって閉鎖された教会を再び開くため、ドイツが侵略した小さな町へ派遣された。そこで、村人が教会の建物に入り、跪いた様子が脳裏に焼きついた。フォン・グレーニングは信心深い男ではなかったが、無情な戦争の真っ最中に、村人の顔に浮かんだ深い敬虔の念に心を打たれた。彼はそれまでの数ヵ月で、数年老けた。髪はいまや灰色で、顔は浅黒く、皮膚はたるんでいた。朝、最初の一杯の酒を飲むまで手は震えていた。不遜な態度はロシアの凍えるような風の中で大方なくなっていた。五十五歳でフォン・グレーニングは、早くも老人に見えた。

しかし軍用外套を着て、オスロ空港の柵の後ろで真っ直ぐに立っている姿は、今でもすぐにわかった。「よく戻ってきた」とフォン・グレーニングは言った。「彼は心底感動しているように見えた」。チャップマンも「親父」を見て、嘘偽りなく嬉しかった。フォン・グレーニングに対する愛情は、これまでの数ヵ月彼を裏切りながら過ごし、これからもそうするつもりであるのにもかかわらず、少しも薄れていなかった。フォン・グレーニングは横にいる海軍の制服姿の丸ぽちゃで禿げかかった男を、ジョニー・ホルスト船長だと紹介した――今度ばかりは本名だった。男は陽気ににやりと笑い、チャップマンがノルウェーに来たことを実にひどい英語で歓迎した。

三人が車で市内に入って行く途中フォン・グレーニングは、チャップマンは間もなく自由に「当然の休みを楽しむ」ことになるが、その前にあと一回だけ尋問を受け、完全な最終的報告書がベルリンに送られねばならないと説明した。

フォン・グレーニングはたった数日前に着いたばかりで、大統領宮殿のそばのグルンネ通り八番地の洒落た「独身者用アパート」に居を定めた。彼はそこでチャップマンが無事に戻ってきたことを祝い、一瓶のノルウェー産アクアヴィットの栓を開けた。パーティーが始まった。モリという名の魅力的な若い女が、最初にやってきた客だった。次に、タフで抜け目のなさそうなペーター・ヒラーというドイツ人が、最後に、長髪でけばけばしい宝石を身につけたマックスというポーランド人がやってきた。チャップマンはオスロでの最初の夜のことをほとんど覚えていなかったが、客たちは「彼に会って喜んでいて、彼が英国で挙げた成果を非常に賞讃した」ように見えた、とりわけフォン・グレーニングはそのように見えたことを回想している。チャップマンがナントのチームのほかの者たちの消息を尋ねると、フォン・グレーニングは曖昧な返事しかしなかった。ヴァルター・トーマスは今ベルリンにいるが、チャップマンの「仲間」としての義務の遂行を継続するために、近々《ちかぢか》オスロに来るとのことだった。チャップマンは内心呻いた。英国のカントリー・ダンスに熱中しているその若いナチは、ひどく陰気で糞真面目な仲間なのだ。ドイツの酒盛りの歌を歌いながらソファーに倒れ込んだ「大酒のみのホルスト」のほうが、よっぽど陽気に見えた。それからほどなく、モリの魅力を巡ってホルストとヒラーのあいだで喧嘩が起こり、チャップマンは酔い潰れた。

翌朝、尋問するほうもされるほうもひどい二日酔いだったにもかかわらず、尋問が始まった。フォン・グレーニングは練達の審問官だった。第一に、彼は被尋問者をよく知っていて、チャップマンの虚栄心を煽ったり、怒りを誘発させたり、誇りを傷つけたりする最上の方法を心得ていた。重い瞼をしたフォン・グレーニングはときおり眠っているように見えたが、チャップマンが油断をしているときに鋭い質問をしては、慌てさせた。尋問は二週間続き、パーティーにいた女で、オスロのアプヴェーア支部の秘書のモリ・シュティルが一語一語記録し転写した。フォン・グレーニングの尋問は仮借がなく入念だったが、チャップマンに対する尋問の仕方には何か違ったもの、スペイン、フランス、ベルリンでの厳しく詰問するという調子とは非常に違った何かがあった。フォン・グレーニングはチャップマンにうまくやってもらいたかったのだ。チャップマンが日時や事実で間違いを犯すと、彼は優しくチャップマンの話を元に戻し、矛盾点を解決し、それから再び尋問を続けた。フォン・グレーニングはチャップマンの味方だったのだ。彼はチャップマンにうまくやってもらいたかったのだ、チャップマンのためにも、自分自身のためにも。

チャップマンは二人の関係に変化が生じたことを感じた。ナントではチャップマンはフォン・グレーニングの善意に頼り、なんとか褒められようとし、注目されると嬉しくなった。二人のその役割が完全に逆転したわけではないが、平等になったのだ。チャップマンはフォン・グレーニングに信用してもらう必要があり、フォン・グレーニングはチャップマンにうまくやってもらう必要があった。二人は口には出さないが奇妙な共犯関係を結んでいた。ときおり、年長の男はチャップマンに対して、ほとんど「哀れなほど感謝している」ように見えた。チャップマンがいなければ、東部戦線の雪解けと血の中を喘ぎながら歩いていただろうから。フォン・グレーニングは「自分の被庇護者が誇らしかった」が、彼に依存してもいたのだ。それが自分の「最上の安全の保障」だとチャップマンは思った。フォン・グレーニングの地位は、チャップマンが姿を消したときに急落した。そして、チャップマンが戻ってきたときに、フォン・グレーニングのアプヴェーア内での株は再び上がった。チャップマンはただのスパイという以上の存在だった。チャップマンはフォン・グレーニングの出世の投資で、「ドイツの諜報機関において彼を〝成功〟させた人物」だった。そして、二人ともそのことを自覚していた。

スパイとスパイマスターが互いに依存し合うというのは、チャップマンとフォン・グレーニングに限ったことではなかった。それはドイツの諜報機関の決定的な欠陥だった。アプヴェーアは組織が分散していたので、個々の将校が自分のスパイ網をコントロールすることができた。ヴィルヘルム・カナリスがすべてを取り仕切る立場にあったが、個々の支部、さらには同一の支部内で個人個人の将校がある程度独立しながら、かつ競争しながら活動していた。英国の諜報機関においては、ケース・オフィサーたちは責任を分け合っていた。なぜなら、自己の利益が自分が使っているスパイの成果と結びついているスパイマスターは、そのスパイをはっきりと公正に見ることができないからである。「絶対的な個人の誠実さと、一切の個人的な思慮を排することが、成功の最初の、そして基本的な条件である」とマースタマンは主張した。それと対照的にアプヴェーアにおいては、各スパイマスターは自分の使っているスパイに過大な期待をし、彼が忠誠心も能力もないという証拠があるにもかかわらず自分の疑念を抑えつけ、彼は忠誠で有能だと信じ続けた。スパイが役に立たない場合でも、あるいはもっと悪い場合でも、スパイマスターは「利己的な理由から、スパイを全然持たないよりは、堕落した、あるいは忠誠心のないスパイを持つほうがよい」という、論理的ではあるが致命的な前提に立って、自らの失敗を認めたがらなかった。

フォン・グレーニングは、あの水色の眼で、チャップマンをはっきりと公正に見たのだろうか？チャップマンは幾度か彼の「じっと注意している表情」に気づき、誰よりも自分を知っているこの男に、自分の作り話は暴かれたのだろうかと、いぶかった。ある同僚は言った。「シュテファンは自分の意見を持っていて、秘密主義だった。人から訊かれなければ、自分の考えていることを言わなかった」。フォン・グレーニングは、自分は嘘をつかれているのではないか、また、破壊工作、英雄的行為、脱出という話はすべて途方もない作り事ではないかと疑ったとしても何も言わなかったし、重い瞼の眼は、はっきりと物を見ようとはしなかった。

チャップマンはオスロの中心部にある大きな木造の快適なホテル、フォルブンズに宿泊することになった。そこはアプヴェーアと空軍に徴発されたのだ。フォン・グレーニングは当座の小遣いとして五百クローネをチャップマンに渡し、「必要に応じ」もっと渡すと言った。報酬は報告書を書き上げ、ベルリンに送り、承認されたら支払われる、とチャップマンは言われた。

チャップマンは初めて、占領下の現実に直面した。彼はフランスでは数人の娼婦、対敵協力者、闇市商人と付き合ったが、ほかのフランス市民とはほとんど接触がなかった。ロンドンでは諜報機関以外で人と話す機会はほとんどなく、あったとしても、厳しく監視されていた。いまや彼は、ナチの支配を不愉快なほど間近から観察することになった。

一九四〇年四月のドイツ軍によるノルウェー侵攻は迅速で壊滅的なものだった。国はいわば打ち首にされ、国王ホーコンはロンドンに亡命した。ヴィドクン・クヴィスリングに率いられたノルウェーのナチが、ドイツの支配下で傀儡政府を作った。ヒトラーはノルウェーに対し、簡単明瞭な野心を抱いていた。予期されるノルウェーへの英軍の侵攻を防ぎ、ノルウェーから搾れるだけ搾り、ノルウェーをナチズムの国に変える。ところがノルウェー人は、脅かされてファシズムの国になるのを拒否した。圧力と脅迫は、あからさまな威圧に変わった。一九四二年の春、ゲッベルスは反抗するノルウェー人に対して宣言した。「彼らはわれわれを愛するようにならなくとも、われわれを恐れるようにはなるであろう」。それに続くゲシュタポ指導のテロ行為によって多くの者がナチを恐れるようになったが、もっと多くの者がナチを憎むようになった。少数の者がナチに協力した。いつであれ、少数の者は敵に協力するのだが。もっと極端な者や野心的な者はノルウェー・ナチ党に入るか、「ヴィーキング連隊」に志願するかした。「ヴィーキング連隊」とはヒトラーが東部戦線で使ったノルウェー部隊である。煮え切らず、無能で、狂信的なクヴィスリングは裏切り者ゆえ、その名前は「売国奴」の意味の名詞にもなった。彼の対極にある活動的なノルウェーのレジスタンス運動は、抗議活動、ストライキ、破壊工作、さらには暗殺を企てた。

対敵協力とレジスタンスの両極のあいだで、大多数のノルウェー人はドイツ人占領者に対し、暗くかつ誇り高い、憎悪の念を持ち続けた。ナチに反対している印として、多くの者が書類留めクリップを襟の折り返しに付けた。書類留めクリップはノルウェー人の発明家が考案したものだった。細い金属をひねった小さなものが団結の象徴、圧政に対して一致協力して立ち上がる社会の象徴になったのである。彼らの怒りは一連のささやかな反抗、無礼な振る舞いになって噴き出した。レストランの給仕は常に同国人から先に注文を取った。ノルウェー人はドイツ人と目を合わせるのを避けようと街路を横切った。バスではすし詰めのときでさえ誰もドイツ人の横に坐ろうとしなかった。その受動的な不服従は占領者のナチをひどく怒らせ、バスの中で席が空いているときに立っているのは違法になった。対敵協力者はその友人、隣人、家族からも忌避され、公然と非難されるのは稀だったものの、社交の場から追放された。レジスタンスのグループは、それを「氷前線」と呼んだ。敵を凍死させることを狙った、ノルウェー社会の集団的な冷たい態度である。

ドイツ人とノルウェー人の対敵協力者は、彼らしか入れないリッツ・ホテルとか、レーヴェンブロイと名前を変えた大きなレストランのような、自分たちだけで付き合うことのできる一握りの場所に、敵意からの避難所を求めた。ノルウェーのほかの場所から隔離されていたそういう場所でさえも、「落ち着かない気持ちがした」とチャップマンは回想している。ノルウェー人はチャップマンをドイツ人だと思い込み、彼を避けた。ノルウェー人はひとことだけで答えるか、チャップマンが「憎悪の壁」と呼んだものの後ろから、あからさまな軽蔑の念をもって見るかした。彼はフランスではそうした敵対的行動をまったく目にしなかった。生来人付き合いのよいチャップマンは、憎まれるとはどういうことかを知るようになったのである。

チャップマンの不愉快な気持ちは、彼のドイツのハンドラーたちも自分を不信の目で見ているという気がしていたので、いっそう強くなった。にやにや笑うジョニー・ホルストは、彼の行くところどこにでもついてきた。親しげではあったが、監視をしていたのだ。フォルブンズ・ホテルに出入りするドイツの役人たちはチャップマンに対して「やや疑いの念を抱いているようで、打ち解けなかった」。彼が諜報作戦について狡い質問をすると、相手は黙っていた。フォン・グレーニングは彼に「完全な自由」を約束した。二人とも、チャップマンの自由は完全からは程遠いのを知っていた。彼が会ったアプヴェーアの役人は、決して名を明かさなかった。彼は一度として、ノルウェーのアプヴェーア本部、クリンゲンバルグ通りにある大きなアパートの建物の敷居を跨いだことはなかった。フォン・グレーニングは、くつろいでいるように、「仕事はしないように」と言ってくれた。チャップマンはそれは褒美だと思っていたが、この強制された余暇は安全対策、彼を遠ざけておく手段であるのが次第に分かってきた。

チャップマンは、ピストルを携行すること、跡をつけられていると感じたら報告すること、決して写真に撮られないことを命じられた。英国のスパイが彼を監視しているのは疑いない、そして彼を標的にするかもしれない、とフォン・グレーニングは警告した。しかし、ドイツ人も彼を監視しているのだ。また、ノルウェー人も。

チャップマンがオスロに来てから数日経ったとき、彼がヴァルター・トーマスとして知っているプレトーリウスが、とうとうやってきた。プレトーリウスはスウェーデン経由で三日間の汽車旅行をしたので汚れていて、髪は乱れ、いつになく不機嫌だった。幼なじみの恋人フリーデリケと結婚したばかりのプレトーリウスは、東部戦線へ送られる将校の訓練をベルリンで受けていた。彼は東部戦線へ送られる代わりにチャップマンのお守りを命じられて憤慨していた。大殺戮の現場から逃れられて嬉しくて仕方がないほどだったフォン・グレーニングとは異なり、プレトーリウスは自分を昔ながらの伝統を引き継ぐ騎士風の武人と考えていた。献身的なナチで反共産主義者だった彼は、「赤軍と戦いたくてうずうずしている」と言い、鉄十字章を貰う決心をしていた（トーマスは「英雄コンプレックス」を持っていたとチャップマンは結論付けた）。ナチのプロパガンダを滔々と弁じるかと思うと、お得意の英国のカントリー・ダンスのステップを踏むプレトーリウスが、またもやいつもそばにいることになった。彼は奇矯で、ユーモアの感覚に欠け、なんとも腹立たしい男だった。わずか数日後、チャップマンは彼を帰してくれとフォン・グレーニングに頼んだ。スパイマスターは、やはりプレトーリウスにうんざりしていたもののどうしようもないと答えた。ベルリンは、帰還した諜報員を尋問している際にその若いナチが同席すること、また、チャップマンの「仲間」として行動することを特に命じたのだ。プレトーリウスはチャップマンにもフォン・グレーニングにも知られずに、独自の報告書を作成していた。

二週間たっぷり尋問が行われたあと、フォン・グレーニングはモリ・シュティールが綺麗にタイプした最終版をブリーフケースに入れて、ベルリンに向かう飛行機に乗った。チャップマンはとうとうくつろぐことができた。自分の運命についてベルリンのアプヴェーア本部で激論が交わされているのも知らずに。アプヴェーアの一派は彼に報奨を与えたがったが、別の一派は彼を消したがった。その際の議論は、戦後に行われたアプヴェーア関係者に対する尋問から、幾分か再構成することができる。フォン・グレーニングは当然ながら、チャップマンを支持する一派の先頭に立ち、チャップマンはパリのアプヴェーアの破壊工作班によって「実行され成功を収めた唯一の破壊工作」を行ったことを指摘した。フォン・グレーニングに猛反対したのは、パリ支部の支部長に新たに任命されたフォン・エシュヴェーゲで、フリッツは「英国側にコントロールされている」か、もしくは食わせ者で、任務を見事に遂行したどころか、「英国に行っても何もせず、自分の行動について嘘をついた」と主張した。

議論は内部の縄張り争いと各人の性格の衝突で複雑なものになった。論議のあいだ、その場に居合わせたアプヴェーアのある将校によると、フォン・エシュヴェーゲは、「これまでなされたことはどれも駄目という考えを持っていたようだ。そのことは誰もが知っていた」。一方、フォン・グレーニングは、『『おれの知っていることを、おれに言うんじゃない』と考えるタイプの一人」と評された。論議は五日間激しく交わされたが、ついに判断が下された、たぶん、カナリス自身によって。アプヴェーアは成功譚を必要としていた——チャップマンが二重スパイであるという証拠は何もなく、英国の新聞記事を含め、彼の話を裏付ける証拠は数多くある。彼は模範的な勇気を示してドイツに奉仕した。したがって報奨を与えられ、祝福され、大事にされ、厳しく監視されるべきである。

フォン・グレーニングは「満面に笑みを湛えて」オスロに戻った。アプヴェーアはチャップマンに十一万ライヒスマルクという額の報奨を与えることにしたのだ。十万は彼の「英国における立派な仕事」に対して、追加の一万はシティー・オヴ・ランカスター号での破壊工作の陰謀に対して。それは彼が最初の契約で約束された十五万ライヒスマルクよりも二七パーセントほど少なかったが、それでも大金で、状況を正確に反映していた。アプヴェーアはチャップマンが真実を語っていることを七三パーセント程度しか信じていなかったのである。いかにも練達の請負い犯罪者らしく、チャップマンは「紙幣」で貰いたいと言ったが、フォン・グレーニングはオスロのアプヴェーア本部にその金は「預けて」あり、チャップマンは「必要なときにそれから引き出す」ことができると答えた。そうしておけば、チャップマンが現金を持って逃亡するおそれは少なくなるとフォン・グレーニングが付け加える必要はなかった。チャップマンはまた、毎月四百クローネの賃金を貰うことにもなった。チャップマンは領収書に署名し、フォン・グレーニングが副署した――彼はいまや、チャップマンのスパイマスターであるばかりではなく、チャップマンの個人銀行家でもあった。

それに続く場面は、チャップマンの武勇談の中で最も奇妙なものだろう。チャップマンによると、それからフォン・グレーニングは「重々しく」立ち上がり、小さな革のケースを彼に渡した。中には、赤、白、黒のリボンの上に、勇気の最高のシンボルである鉄十字章、アイザーネ・クロイツが載っていた。最初、一八一三年にナポレオン戦争中、プロイセンの軍隊に与えられた鉄十字章は、第一次世界大戦でカイザーによって復活し、第二次世界大戦までには、アーリア人の勇気の明確なシンボル、ナチの図像学の中心的なものになっていた。ヒトラー自身、一九一四年に伍長として貰った鉄十字章を誇らしげに人に見せた。ゲーリングは両大戦でそれぞれ一つずつ貰った。十字章の神秘的雰囲気は大変なもので、最も有名な受賞者の絵葉書が印刷され、子供も大人も熱心に蒐集した。フォン・グレーニングはチャップマンの「際立った熱意と成功」を認めたメダルだと言った。ほかのいかなる英国市民も、鉄十字章を貰っていない。

チャップマンはびっくりし、その驚くべき贈り物を密かに面白がった。彼は皮肉な気持ちで思った。「もし、この連中のところに長くいれば、最後には国家元帥《ライヒスマルシャル》になるかもしれない……」

ナチはノルウェーをさらに完全に占領したが、楽しむようにと言われたチャップマンは安逸な生活を送った。「田舎を自由に探検してもいい」とフォン・グレーニングは彼に言った。「ヨット遊びにでも泳ぎにでも行き給え」。チャップマンは言われた通りにした。日中は常にジョニー・ホルストかヴァルター・プレトーリウスを従えて、新しい居住地を探検した。夜には彼らはレーヴェンブロイかリッツに飲みに行った。チャップマンの次の任務は海を渡るものになるかもしれないということが仄めかされた。そこで、「彼が必要なときはいつでもヨットの乗り方を教える」役をホルストは命じられた。ホルストは無線の教官だったが、誘われれば二つ返事でヨットに乗りにでも酒を飲みにでも出掛けた。「その気になったらいつでも授業を延期し」たのである。チャップマンの新しい仲間は不思議な男だった。多くの面で教養があり洗練されていたが、ほかの面ではどうしようもない男だった。彼はデンマーク語とノルウェー語を話し、音楽と海を愛した。大酔したときは（ほとんどいつもそうだった）、喧嘩腰で陰気だった。ほろ酔いのときは（大酔していないときはそうだった）、感傷的になり、涙もろくなった。彼はひどい震顫譫妄《しんせんせんもう》症に罹っていて、両手が激しく震えた。ホルストはアプヴェーアのもう一人の秘書、イレーネ・メルクルというドイツ人の女と情事に耽っていた。メルクルはドイツがノルウェーに侵攻する前は、ノルウェーの第五列隊員だった。「もし英軍がノルウェーに来れば、あの女は銃殺される」とホルストは誇らしげに言った。

　チャップマンが退屈しやすいのを知っていたフォン・グレーニングは、「モールスの技術に磨きをかける」よう忠告した。そこで彼は、ある朝、無線訓練学校に連れて行かれた。それはオスロの大きな邸宅にあった。二階の部屋は個室になっていて、どれもドアには鍵が掛かっていた。訓練を受けているスパイたちは互いの姿を見ないよう、別々の時間に連れてこられ、個室に入ると鍵が掛けられた。チャップマンの電信術がテストされ、「錆びついて」はいるが上手だと評された。それから「急いで出された」。無線機のそばに一人でいられるほどの信用がなかったのだ。

　オスロでの生活は快適に過ぎていった。チャップマンは多くのことを覚えたり、行動することは期待されていないようだった。ライカの元工場長ロトカーゲルという写真家が、チャップマンに写真術を教えるように命じられた。チャップマンは専用カメラとフィルムを与えられた。彼は自分が「専門家と見なされている」のを妙に思った。ときおり、破壊工作について相談を受け、「見事な成果にもとづく助言を与えてもらいたい」と言われた。そして、ドイツからやってきた高官に、誇らしげなフォン・グレーニングによって引き合わされた。「われわれのために、すでにあっちに行ってきた男」として。

ある日チャップマンはフォン・グレーニングに向かって半ば冗談に、「ボートが買いたい」と言った。フォン・グレーニングはそれを一蹴せず、すぐさま札束を取り出した。チャップマンはホルストの協力と助言を得て、エヴァンソンの造船所からスウェーデンのヨールを買った。小さなキャビンの付いた優美な小型帆船で、フィヨルドを航行するには理想的だった。日が経つにつれ、監視態勢は緩んだようだった。ホルストもトーマスも、もはや彼の跡をどこまでもつけるということはなくなった。彼は一人で航行することさえ許されたが、ホルストの忠告に逆らってオスロのフィヨルドに乗り出し、嵐に遭い帆を失い、あわや惨事になるところだった。彼は港に曳航されたが、愚かなことをしたと嘲られるどころか、危機から脱出したことは、ドイツ人のあいだで「彼の株を上げた」ようだった。

チャップマンは敬意をもって遇される自由な囚われ人で、金があり暇だった。幸福であるはずだった。しかし、氷前線が彼の心を冷やした。ノルウェー人の冷たい視線、二重スパイであることによって強められた非現実感が変化をもたらした。ナントでは自分の置かれた状況を利用することで満足していたが、今は、ドイツ人の仲間と偽りの気さくさな付き合い、強奪した贅沢を享受していたので、「真に勇敢で愛国的な国民」であるノルウェー人の蔑むような視線の圧迫感に影響されるようになった。

高級住宅街のスキレベックにあるリッツ・ホテルは、正面が古代ギリシア風、錬鉄製バルコニーが付いたクリーム色の外観で、かつてはオスロの裕福な者だけが使ったホテルだった。ところが今は、占領者と対敵協力者から成る、性質の異なったエリートが好む休息の場になった。毎晩、SS、ゲシュタポ、アプヴェーアの将校が、ヴィーキング連隊の新兵と、クヴィスリング政府のメンバーと混じり合った。

四月下旬のある晩、チャップマンはリッツ・ホテルのマホガニー材で設《しつら》えたバーで飲んでいた。すると、二人の若い女が隅のテーブルで一緒に笑っているのを目にした。その一人が煙草を取り出すと、チャップマンはゆっくりと歩いて行き、火を差し出した。「はいどうぞ《ビッテ・シェーン》」――若い女は首を横に振り、辛辣な軽蔑の眼《まなこ》でちらりと見てから、自分の煙草に火を点けた。チャップマンは彼女を近くで見ると「このうえなく魅力的」なのに気づいた。顔立ちが繊細で、眼が大きく、瞳にはほとんど色がなかった。怯むことなくチャップマンは椅子を引き寄せた。自分はフランス人で、パリの新聞のために記事を書いているジャーナリストだと嘘をついた。彼はカウンターからもっと酒を買ってきた。そして娘たちを笑わせた。ホルストが三人に加わり、ノルウェー語でもう一人の娘に話しかけ始めた。その娘の名前はマリー・ラーセンだった。一方チャップマンは、その娘の金髪の友人を英語とフランス語で惹きつけようとし始めた。とうとう彼女は、自分の名前はダグマールだと話した。ゆっくりと、目に見えないくらいの速さで氷が溶け出した。チャップマンは彼女を夕食に誘った。彼女はにべもなく断ったが、チャップマンはねばった。ついに彼女は折れた。

あとになって初めてチャップマンは、ドイツ人を嫌っている美しい若い女が、どうして市内の最も悪名高いナチの溜り場でわざわざ飲むのだろうと不思議に思った。

騎兵大尉
シュテファン・フォン・グレーニング
(別名グラウマン博士)。
チャップマンを訓練した、
ドイツ貴族のスパイマスター。

白龍騎兵連隊の若き将校としての
シュテファン・フォン・グレーニング。
1914年頃。

陸軍中尉ヴァルター・プレトーリウス
[別名トーマス]。
チャップマンのドイツでの主な世話係――
英国のフォークダンスが趣味の
ナチの狂信者。

フランツ・シュテッツナー
[別名フランツ・シュミット]。
ロンドンで給仕をしながら英国でスパイをした、
ロンドン下町訛りの英語を話したドイツのスパイ。

カール・バルトン[別名ヘルマン・ヴォイヒ]。
ラ・ブルトニエールでの破壊工作の中心的指導者。

陸軍中佐ロビン・「ブリキ眼」・スティーヴンズ。
収容所020の所長。
尋問官、規律にやかましい男、
直感を働かせる素人心理学者。

ヴィクター・ロスチャイルド卿。
貴族、百万長者、科学者、MI5の戦時中の爆発物と
破壊工作部門の部長。ロスチャイルドと
チャップマンは、物を爆破することに
共通の情熱を抱いていることを発見した。

ジョン・セシル・マースタマン。
オックスフォード大学の学者、スリラー作家、
スポーツマン、スパイマスター。
二重スパイ作戦の背後の知識人。

ジャスパー・マスキリン。
ドイツ側を惑わせ欺くために
陸軍省に雇われた職業魔術師。

陸軍少佐ロニー・リード。
BBCの控え目だが優秀な無線技師。
チャップマンの
最初のケース・オフィサーになった。

チャップマンのドイツの無線機を操作するリード。

ダグマール・ラールム。
チャップマンのノルウェーの女友達。
チャップマンによって
MI5に非公式に採用された。

フリーダ・スティーヴンソン。
チャップマンの娘のダイアンを抱いている。
この写真は、ジャージー刑務所にいる
チャップマンに送られたものであろう。

ベティー・ファーマー。
1938年、チャップマンが
オテル・ド・ラ・プラージュで捨てた女。
「おれは行く。けど、いつも戻ってくる」

ラ・ブルトニエールの屋根裏にある落書き。
チャップマンの女友達、
ベティー・ファーマーの似顔絵らしきものが、
その中にある。
たぶん、見習いスパイ自身が描いたものだろう。

ナントのドイツのスパイ訓練所、
ラ・ブルトニエールの屋根裏にある、
人参のヒトラーの戯画。
総統を軽んじた態度をフォン・グレーニングが
積極的に奨励したらしい証拠。

ラ・ブルトニエール。
1942年にシュテファン・フォン・グレーニングが撮ったこの写真は、彼の財布の中に終生入っていた。

1944年に英国に戻ってきたあとのチャップマン。

大物犯罪者で自称「ソーホーの王」ビリー・ヒルと、
ボクサーのジョージ・ウォーカー［右］と一緒に、
ウェストエンドの酒場で飲んでいるチャップマン。

1953年、回想録を新聞に連載しようとして
公職秘密法によって妨害され、
抗議するチャップマン。

SSの正装をしてカメラに向かい、
誇張した演技をしているチャップマン。
実生活では、そういう服装はしなかった。

「顕著な功績」に対して総統から感謝の念を込めてエディー・チャップマンに授与された鉄十字章。
ほかの英国の市民は誰もそのメダルを貰わなかった。

自分のロールスロイスのところでポーズをとっている、派手なチャップマン。『サンデー・テレグラフ』の
名誉犯罪通信員になったチャップマンは、読者に、自分のような人間は避けるようにという警告を発した。

第22章 リッツの若い女

ダグマール・モーネ・ハンセン・ラールムは、ノルウェーの南東にある小さな田舎町アイッツヴォルで生まれた。一八一四年、ノルウェーの憲法が制定された町だった。靴屋の娘のダグマールは堅苦しいところはまったくなく、小さい頃から、地元の噂好きの連中に自分たちの落ち着いた町にはそぐわないほど美しくて独りよがりだと、見られていた。近所の者たちは、彼女は風変わりで、ろくなことにはならないと囁き合っていた。一八一四年以来興味深いことは何も起こらなかったという理由で、ダグマールはアイッツヴォルに住むのを嫌った。それには、もっともなところもあった。彼女はオスロに住む叔母が送ってくれる雑誌を熟読し、その町から逃げ出すことを夢見ながら、針と糸で最新のファッションの服を自分で作ってみようとした。「彼女は若く、世界を探検し、英語を学び、ダンスを覚えたかった」（ビービ・ルーセットゥへのインタヴュー）

戦争が始まる寸前、十七の時、ダグマールはわずかな持ち物をスーツケースに詰めて都会に向かい、首都のホテルの受付係の仕事を見つけた。そして、夜間のモデル教室に通い、滑るように歩いたり腰を回したりする方法を学んだ。彼女は侵攻してきたドイツ軍の切れ目のない列がカール・ヨハン通りを行進してくるのを見てぞっとし、ちょっと興奮したものの、最初はドイツ軍に自国が占領されたことに、ほとんど関心を持たなかった。夜にはフリーデンルンス通りの小さなアパートで美術と詩についての本を読み、精緻な服のデザイン画を描いた。「自分を向上させたかった」のだ。彼女はチャップマン同様、「冒険を欲していた」（ビービ・ルーセットゥへのインタヴュー）。

　彼女は最初の冒険をすぐに悔いた。彼女はずっと年上のヨハンセンという名の男と出会った。彼は世慣れていて洗練されているように見えた。そして彼女は父から二万クローネの持参金を貰い、結婚した。ヨハンセンはダグマールが普通の主婦のように料理をし掃除をすることを期待した。それは、ダグマールの考えていたこととは正反対だった。彼女はヨハンセンのもとを去り、持参金を返すよう訴えたが、夫は拒否した。ダグマールはチャップマンに出会った日、二十一回目の誕生日を親友のマリーと祝っていて、離婚手続きが始まったことに乾杯していたのだ。

　ダグマールはチャップマンの戦時中の大恋愛の相手になるのだが、それほどに不運な出だしの恋愛もないであろう。彼女はチャップマンを魅力的であるのは認めたけれども、敵の侵略者だと思った。彼女は黒檀の長いホルダーでクレイヴンAという銘柄の煙草を吸い、高い踵の靴を履き、流行のきわどい服を着ていたので、チャップマンは単なるプレイガールだろうと思った。二人ともすっかり誤解していたのである。というのも、モデルでドレスメーカーであるダグマール・ラールムは、次第に拡大しつつあったノルウェーのレジスタンス組織網、ミロルグ（「軍事組織」の略号）の諜報員としても密かに活動していたからだ。どちらも知らなかったのだが、チャップマンと「美しく愛らしい」新しい恋人は、同じ側で戦っていたのである。

　チャップマンはたちまちのぼせてしまった。彼は嘘を訂正し、フランス人ジャーナリストというふりはやめ、アメリカで生まれ育ったドイツ人だと言った。彼はダグマールにワインを飲ませ食事をおごり、占領下のオスロが提供しうるあらゆる贅沢を彼女に味わわせた。彼女はもはや自分の服を縫わなかった。彼が彼女の望むものはなんでも買ってやったからだ。二人はフィヨルドで小型帆船に乗り、氷のように冷たい海水の中で裸で泳ぎ、森の中で交わった。いつものことながら、チャップマンの恋と忠誠心は、潮の流れのように変わった。彼は英国に対して忠誠を誓っていたが、ナチにちやほやされて嬉しかった。MI5のスパイマスターたちには忠実だったが、真の友人は、自分が裏切っている当の男、フォン・グレーニングだと思っていた。彼は今でもフリーダと婚約しているのだが、ダグマールに惚れ込んでいた。フォン・グレーニングは二人の熱くなっていく恋愛を眺め、賢明にも認めていた。恋するスパイは扱いやすい存在で、ダグマールは――彼女について彼らはなんの疑念も抱いていなかった――きわめて有用な取引材料になるかもしれなかった。それはMI5がフリーダに対してした計算と、まさに同じものだった。

ダグマールは恋に落ちたように見えたけれども、チャップマンは彼女の中に緊張感とわずかな恐怖心、密かな警戒心のようなものがあるのに感づいていた。ドイツ系アメリカ人だという彼の言葉を彼女が信じていないのは明らかで、なんでそんな奇妙な訛りを身につけたのかと何度も尋ねた。彼女は彼と一緒にノルウェー人が使うレストランに行くのを拒んだ。通りでノルウェー人は、ドイツ人と手を繋いでいるノルウェーの若い女をじろじろ眺めた。彼女は顔を真っ赤にした。噂好きの人間たちは、ダグマールが闇市のアメリカの煙草を吸い、高価な新しい服をみせびらかしていると囁いた。「彼女が素敵な服を着ているので、誰もが彼女はナチだと思った。これが誰もの考えだった――金を持っている者は対敵協力者に決まっている」（ビービ・ルーセットゥへのインタヴュー）。チャップマンはノルウェー人が彼女をそれとなく軽んじているのを目にした。そして、彼女が傷つき、当惑するのを感じ、彼女のために怒りを覚えた。ある晩、レーヴェンブロイでヴィーキング連隊の隊員が、チャップマンたちの聞こえるところで、ダグマールについて棘のある言葉を口にした。次の瞬間、そのノルウェー人は仰向けに倒れていた。そしてチャップマンは、「侮辱と思われる言葉」を吐いたその男を、さんざんに殴りつけた。ジョニー・ホルストがチャップマンを引き離さねばならなかった。ダグマールの言葉の端々から、彼女が「反クヴィスリング」なのははっきりしていたが、陰でノルウェー人が彼女を「ナチの売女《ばいた》」と呼んでいるのを知っていた。嘘にがんじがらめになったチャップマンは、本当のことを話してしまいたかったが思いとどまった。真実が二人を殺すことになるのを知っていたからだ。

状況の危うさは、ある晩チャップマンがフォン・グレーニングのアパートに呼ばれ、高価らしい英国製のスーツを着た、背の高い灰色の髪の男に紹介されたときに、いっそうはっきりとした。男は「ドクトル・ケーニヒ」だと、アメリカ訛りのある見事な英語で自己紹介した。ケーニヒはチャップマンの話を驚くほどよく知っているようだった。彼の至極冷静な態度と「鷹のような」鋭い視線には、人を不安にするような何かがあった。この男は「心理学者のような者」に違いないとチャップマンは結論付けた。前置きもなくケーニヒは、「彼の信頼性を試す目的」で準備したのは間違いない、微に入り細を穿った尋問を始めた。チャップマンは、追われていたのだ。

ケーニヒ――「君は貴重な包みをロンドンのどこに安全に残しておくことができたのかね?」

チャップマン――「ソーホーのイーグル・クラブ」

「そこの誰に預けるね?」

「ミリー・ブラックウッド」とチャップマンは素早く考えて言った。ミリーは実際にイーグル・クラブの持ち主だったが、今では死んでいるので安全なことを、彼は知っていた。

「君は別の諜報員に渡すため、秘密のメッセージをどこに隠すね?」

「電話ボックスか公衆便所」

「無線機をどこに隠したかね?」

「住所は知っていますが、ある家の庭の木のそばで埋めたんです」

尋問者は間を置き、チャップマンをしばらく見つめた。「私は間もなく、ある任務で英国に行く諜報員の責任者なんだ。その諜報員が無線機を必要とするかもしれない」

チャップマンは相手が罠を掛けようとしているのに気づいて、ぎくりとした。もちろん、無線機はホワイトホールの戸棚に仕舞われているのだが、それを埋めるように英国のハンドラーたちに連絡する手立てがなかった。隠し場所のでっち上げた住所を言うこともできたが、もしドイツ側がそれを見つけるために実際に諜報員を送り、何も発見されなければ、彼の作り話は全部ばれてしまう。MI5の誰一人、彼の作り話の欠陥に気づかなかった。フォン・グレーニングでさえ、それを見過ごした。あるいは見過ごすことにした。それは、はったりだろうか？　自分もはったりを掛けようか？　彼は最初、曖昧な返事をし、次に不機嫌になり、自分の無線機をほかの諜報員にやるのは「フェアではない」と文句を言った。「私自身、いつか英国に戻るものと思う」と彼は怒鳴るように言った。それは納得のいく返事とは言えなかった。アプヴェーアは彼のために別の送信機を簡単に見つけることができるだろう。灰色の髪の尋問者は彼を冷たく見た。それは「不愉快な瞬間」だったとチャップマンは、のちにひどく控え目な言い方をしている。

その晩、灰色の髪の男はチャップマンを静かなレストランに連れて行き、彼にコニャックを盛んに飲ませながら、「間を置いては、答えにくい質問をした」。チャップマンは酔ったが、見かけほどは酔っていなかった。その晩が終わる頃には、鷹のような顔をしたその男も言葉が不明瞭になり、「穏やか」になったように見えたが、チャップマンが立ち上がると、男は瞬《まばた》きもせずに彼を見詰め、「君は完全に誠実というわけじゃない」と言った。

チャップマンはその視線を一瞬捉えてから、にやりとした。「それは知ってますよ」

チャップマンが翌朝、グルンネ通りのアパートに戻ると、灰色の髪の訪問者の姿はなく、フォン・グレーニングはご機嫌だった。「博士は君の答えと情報にすっかり満足していた」と陽気に言った。

「君はテストに合格したんだ」

ほかのテストもあった。数日後の晩、チャップマンはダグマールを待ちながらレーヴェンブロイで一人で坐っていた。すると、四十代半ばのノルウェー人の女が横に来て坐り、自分はアンネだと名乗った。二人はドイツ語で喋り始めた。アンネは彼の訛りに言及した。自分はアメリカで育ったとチャップマンは答えた。二人は英語に切り替えた。彼女は英語を完璧に話した。そして小声で、占領、食糧不足、威張ったドイツ兵のことについて不平を言い始めた。彼は丁寧に断った。チャップマンは聞いているだけで何も言わなかった。彼女はチャップマンを夕食に誘った。彼は丁寧に断った。ダグマールがやってくるとチャップマンはすぐに立ち上がり、自分たちはここを出ると言った。数日経った晩、彼はまたもレーヴェンブロイでアンネを見かけた。彼女はひどく酔っていた。チャップマンは目を逸らせたが、彼女はチャップマンに気づき、よろよろと近づいてきて、鋭く囁くように言った。「あなたは英国のスパイだと思う」。その声は隣のテーブルまで聞こえるほど大きかった。チャップマンがその出来事をフォン・グレーニングに話すと、彼はあっさりと言った。「私に任せておくんだ」。チャップマンはあの女はドイツの囮《おとり》捜査員に違いないと思った。だが、ひょっとしたら彼女は本物のレジスタンスのメンバーで、彼の忠誠心を試していたのかもしれない。そして、彼が彼女の正体を暴いてしまったのかもしれない。彼はその女を二度と見かけなかった。

レジスタンスの破壊工作が激しくなった。ある日の午後、チャップマンとダグマールが彼の部屋で紅茶を飲んでいると、物が砕けるような爆発が起こり、ホテルを揺るがした。チャップマンはわずかな手荷物をスーツケースに詰め、ダグマールと一緒に階段を駆け降り、通りの群衆に加わった。群衆はホテルの最上階が炎上しているのを、驚きながらもじっと見ていた。ノルウェーの消防隊がやってきて、水を至る所に撒き、できるだけゆっくりと不器用に消火を始めた。ノルウェー人の群衆は囃し立て喝采した。この光景はマルクス兄弟の脚本に相当するとチャップマンは思った。消防士がのんびりした消火活動を終えた頃には、フォルブンズ・ホテルは焼け落ちていた。ダグマールはチャップマンのそばから姿を消したが、すぐに戻ってきた。「英国人の仕業」と彼女は囁いた。

チャップマンと彼の世話人たちは、別の場所、カペルヴァイエン一五番地に移った。それは北の郊外グラフシンにある隠れ家で、やがてオスロのクレスピーニ・ロードになった。ホルストとプレトーリウスがブラックウェルとトゥースの役を演じた。クレスピーニ・ロードでフリーダが一緒に住んだように、チャップマンはダグマールにそこに住むように促した。最初、彼女は嫌がった。同国人は「囲われ者」として、いっそう彼女をつまはじきするだろう、そして、誰が家賃を払うのか？　チャップマンは笑い、「二人のための金は十分にある」と説明した。ダグマールはその家に入った。

金は確かに潤沢だったが無尽蔵ではなく、チャップマンは驚くべき速さで散財していた。フォン・グレーニングは要求される金を喜んで少しずつ与えた。それどころか彼は、チャップマンにパーティーを開いたり、ダグマールが欲しがるものはなんでも買ってやったり、どんな場合でも勘定を引き受けたりして、できるだけ金を使うように仕向けた。フォン・グレーニングが自分に代わってチャップマンに浪費をさせることには、一つの目論見があった。チャップマンはひとたび金を使い果たしてしまえば仕事に戻らざるを得なくなる。無一文のスパイは、恋をしているスパイ同様、扱いやすい。

いかにもチャップマンらしいが、彼は金がどのくらい残っているのか、まるで知らなかったけれども、フォン・グレーニングの金の処理の仕方に別の面があるのに気づかないほど不注意ではなかった。フォン・グレーニングはチャップマンの金の上前をはねていたのである。チャップマンが例えば一万クローネくれと言うとフォン・グレーニングは承諾し、領収書にサインをさせるが、半額しか渡さないのだ。チャップマンがどれだけ要求しても、フォン・グレーニングは必ずそれより少額しか渡さず、「差額は自分のポケットに入れた」。フォン・グレーニングの株式市場への投資は無残なものだったが、彼はチャップマンの中に、相当の収益のある投資先を見つけたのだ。それも、出世という面だけではなく。それまでチャップマンは、フォン・グレーニングを清廉で、貴族的で、論破できない、自分の精神的な師と見なしていた。いまやフォン・グレーニングは横領者でもあることを暴露したのだ。しかしチャップマンは、自分のスパイマスターに喜んで「着服」させた。どちらの男も何が行われているのか知っていながら、そのことを口にしなかった。二人の暗黙の了解は、共謀の網のもう一本の糸になった。

カペルヴァイエン一五番地は、北欧の童話の挿絵と言ってもよかったろう――道路からずっと離れた、果樹とフサスグリの茂みが点在する広い庭に建つ大きな木造家屋だった。薔薇が屋根まで這い登っていた。「それは快適な場所だった」とチャップマンは回想している。ドアには表札が掛かっていた。「フェルトマン」。ラ・ブルトニエール同様、彼の新しい家は、かつてはユダヤ人のものだった。持ち主はどうなったのだろうと、チャップマンはぼんやり思った。

ヨシュア・フェルトマンとラヘル・フェルトマンは、一九二〇年代にロシアからノルウェーに移住してきた。二人は理髪店を開き、次に衣料店を開き、成功した。一九二七年、ヨシュアはグラフシンに家を買った。ラヘルは子宝に恵まれなかったので甥のヘルマンを養子にし、自分の息子として育てた。近所の者たちは彼らを歓迎した。すると、恐ろしいことが起こった。

フェルトマン一家もほかのすべての者同様、ドイツ軍の侵入を、信じられないという強い気持ちと、深まりゆく恐怖の念をもって眺めた。ヨシュアは人の最善の面を信じようとした、大柄で物静かな男だった。ナチだって人間だ、と彼は言った。最初は、彼の言うことは正しいように思われた。しかし一九四二年の初め、フェルトマン一家は家を出るように手短に命じられた。一家は店の上の部屋に移った。いまや二十四になったヘルマンは、中立国のスウェーデンに避難するよう両親を促した。ドイツ軍はユダヤ人を検挙し始め、恐るべき残虐行為に関する話がヨーロッパから北に伝わり出した。ヨシュアは逡巡した。ヘルマンは父母の逃亡の準備をするため、先に一人で行くことにした。彼はユダヤ人の友人と一緒にストックホルム行きの列車に乗った。国境が近づくと、ナチの兵士が車内に入ってきて、証明書を見せろと言い始めた。ヘルマンの証明書には、彼がユダヤ人であることが書かれていた。彼は走行中の列車から飛び降りた。片腕が折れ、背骨に罅《ひび》が入った。彼はドイツ兵に逮捕されたとき、まだ入院していた。そして、船でポーランドに送られた。

息子の運命を知らなかったヨシュアとラヘルは、まだ迷っていたが、ナチがノルウェーのユダヤ人の小集団の者までを捕らえ始めると、逃亡した。ミルログは二人がスウェーデンに密入国するのを手伝おうと言った。パルチザンのグループが徒歩で二人を国境まで送り、二人が無事に国境を越えるのを見届けるということになった。ヨシュアは持ち物を背負い、一行は出発した。次に何が起こったのかは、正確にはわからない。ひょっとしたら、パルチザンはヨシュアの背負っていた麻袋の中のいくらかの家財が欲しくなったのかもしれない。ひょっとしたら、二人の案内人は対敵協力者だったのかもしれない。チャップマンとダグマールがカペルヴァイエン一五番地に移って間もなく、フェルトマン夫妻の死体がスウェーデン国境の近くの森で発見された。数週間後、二人の一人息子のヘルマンはアウシュヴィッツでガスで殺され焼却された。

一三番地に住んでいた十七歳のライフェ・ミーレは、新しい隣人が移ってくるのを注視していた。彼は土曜日の午前は、ヨシュア・フェルトマンのために使い走りをし、ラヘル・フェルトマンからビスケットを貰った。彼はフェルトマン夫妻が好きだった。「彼らは公正で、勤勉で、真っ正直な人たちだった」（ライフェ・ミーレへのインタヴュー）。そして、ドイツ人を憎んだ。最初、何人かのドイツ人将校が一五番地の家に入ったが、いまや新しい一組の隣人が住むようになった。ミーレはいつも私服姿の二人が英語を話すのを垣根越しに聞いた。彼らは大掛かりなパーティーを開き、そのあとで瓶を並べ、一本一本銃で撃った。時には庭の鼠を撃った。「彼らは肉体的に非常に優れていた。ある日、電話が鳴った。私はその一人が庭の奥から走ってきて、開いている窓からひょいと飛び込んで電話に出たのを見た」。ライフェはわれ知らず感心した。彼はその家の中の誰とも話さなかった。その家に住むようになったノルウェーの女と一度話した以外は。「彼女は非常に魅力的で、私よりそれほど年上ではなかった。一度、彼女と通りで会ったとき、私は彼女を止め、こう言った。『あんたはああいうドイツ人と付き合っちゃいけない』。彼女は辺りを見回し、顔を赤らめて私に囁いた。『私はあの人たちのために働いてるんじゃないのよ』」。彼女の表情には何かがあった――戸惑い、反抗心、恐怖。ライフェはそれを忘れなかった。

　チャップマン、愛人のダグマール、世話係は、殺害されたフェルトマン夫妻から奪った美しい家に落ち着き、ご満悦だった。チャップマンはある晩の家庭的な光景を写真に撮った。居間で彼の上着のボタンを縫い付けているダグマール。顔は恥ずかしそうだ。あるいは意図的にそむけているのかもしれない。酔って意識を失いソファーに横になっているホルストは、片手をズボンの中に突っ込み、昏睡しながら笑みを浮かべている。チャップマンは裏庭での射撃競争でいつも勝った。ホルストが震顫譫妄《しんせんせんもう》症でピストルをちゃんと持つことができなかったからだ。一方、プレトーリウスは裏のポーチで英国のカントリー・ダンスのステップの練習をした。ときおりフォン・グレーニングが夕食をとりにきた。ダグマールはその太鼓腹の訪問者をベルギーのジャーナリストだと聞かされた。

ある朝、フォン・グレーニングがその家に現われ、あと数時間で自分たちはベルリンに向かって発つとチャップマンに伝えた。「破壊工作組織に関係していて、彼の話に関心のある者たち」に会うのが目的だった。その晩、二人はミッテル通りにあるホテル・アレクサンドリアにチェックインし、そこからあるアパートに向かうと、国防軍の制服を着たハウプトマンという男、空軍中佐、私服のSS将校の三人が待っていた。SS将校は傍目《はため》にもわかるくらい酔っていて、会談中、「コニャックの瓶から勝手に飲んでいた」。彼らはデ・ハヴィランド工場と、英国で破壊工作の対象になりそうないくつかの場所、とりわけ「破壊されればアメリカから代わりのものを取り寄せなければならない重要な機械」のある場所について、いくつかの曖昧な質問をチャップマンにした。チャップマンは賢明にも、そうした軍事工場は警備が厳重だと指摘した。三人の男が人を素面にするような返事について考え込んでいるあいだ、ブランデーの瓶がもう一本開けられた。その瓶が空になると、会合は終わった。

フォン・グレーニングは激怒し、「一切のことにうんざりした」。中佐は阿呆でSSの男は酔っ払いだ、と彼は言った。チャップマンも奇妙な会合にやや面食らったが、その会合から一つの有益な情報を得た——上層部は明らかに彼を再び英国にやる計画を立てているのだ。もしそうだとしたら、英国に戻った際、MI5に提供できる何かが必要だ。

チャップマンはフィヨルドでのんびり日々を送っているあいだ、何もしなかったわけではなかった。オスロ周辺を周航しているとき、頭の中に入れて持ってきた調査事項リストの答えを密かに記入していた。彼は英国空軍の標的として適当なものを頭の中に書き留めた——弾薬臨時集積場、エックバルグ地峡にある、空軍がガソリンを蓄えている巨大なタンク、Uボートがドックに入り燃料を補給するいくつかの港。彼は自分の会った役人たちの顔、聞き覚えた名前、ドイツの重要な行政機関の建物の住所、バーにたむろする密告者や対敵協力者の人相風体を記憶した。「すべて、目の前に現われた機会次第だ」とロスチャイルドは彼に言った。チャップマンはゆっくりと、密かに、ドイツの占領下のオスロの地図を頭の中で描いた。

ベルリンから戻ってきたあとのある日の午後、チャップマンとダグマールは小さなヨールの舫《もやい》を解き、アーケシュフース城の影の下から滑り出て、広々としたオスロのフィヨルドに向かった。チャップマンが舵を取ったヨールは、アーケ造船所を過ぎ、ビグドイ半島に向かった。それは、オスロ湾の中に疑問符のように曲がって突き出ている指状の土地だった。チャップマンは港から一マイルほど出たところで錨を下ろし、二人は小石だらけの小さな浜まで海水の中を歩いて行った。そこには、いくつかの無人の漁師小屋以外、何もなかった。

ビグドイはノルウェーの最も厳しく保護されている地区で、一連の所有地に分割された、門が付き、警護されている飛び地だった。いまやそこは、ヴィドクン・クヴィスリングの家だった。チャップマンとダグマールは樹木が密集して生えている一画に登って、そこを抜けた。すると、丘の頂上に通ずる小道があった。頂上には、かつてはノルウェーの百万長者のものだった石造りの巨大な屋敷が建っていた。今は、それはクヴィスリングの私的な砦、行政本部だった。彼はそれをギムレーと名付けた。正しき者の魂が永遠に住むという、北欧神話の館《やかた》にちなんだのだ。チャップマンはダグマールの手を取りながら、その敷地の縁を囲んでいる森に沿って歩いていると、門の付いた入口を護っている機関銃塔の見えるところに出た。その向こうには、リンデンの並木道が屋敷まで続いていた。彼は有刺鉄線のフェンスの高さを頭の中で計り、武装している守衛の数を数えた。

船に戻ると、チャップマンはコニャックの瓶を開け、出発した。そして、船が波の上を疾走して行くあいだ舵をダグマールに渡し、クヴィスリングの所有地とその警護施設の地図を頭の中にスケッチした。ター・ロバートソンは大いに関心を示すだろう。チャップマンは自分の正体をダグマールに告白する気にいつなったのか、また、なぜその気になったのかさえ、説明できなかった。たぶん、それ以上嘘をつくのに耐えられなかっただけなのかもしれない。彼はのちに、「その時は酒に影響されていた」ということを否定した。ということは、彼が少なくともほろ酔いだったことを示唆している。氷前線が一役買ったのは疑いない。ダグマールは「ナチの娼婦」として同国人から追放されていた。本人とチャップマン、ノルウェーのレジスタンスの一握りの者は、ダグマールがそうではないのを知っていたが、同国人から追放されていたことが彼女に及ぼしつつあった影響を、彼は理解できた。チャップマンは、「自分がこのままドイツ人のふりをし続ければ彼女を失う危険を冒すことになる」のを自覚していた。そして、ダグマールを手放さないことが、ほかの何よりも大事なことに思えた。

チャップマンは海岸をずっと下ったところで小さなヨールの錨を下ろした。チャップマンは夕暮れの中でダグマールを両腕で抱きながら、告白した。自分は英国のスパイであること、ドイツ側は自分をドイツのスパイだと信じていること、間もなく、ある任務を果たすために英国に戻るということをダグマールに話した。ダグマールは非常に興味を唆《そそ》られた。チャップマンはドイツ人ではないと、彼女は前々から薄々思っていたのだ。彼女はほっとした。なぜなら、チャップマンがドイツ人ではないとわかったことは、自分自身の動機と感情の縺《もつ》れを解くことになるからだ。彼女がドイツ人だと信じた男にあえて拾われたのは、彼がレジスタンスにとって役に立つ情報を持っているかもしれないと思ったからだが、彼が美男子で、魅力的で、気前がいいからでもあった。いまや彼の本当の姿を知ると、後ろめたさを覚えずに彼を愛することができた。彼女は「英国のためのチャップマンの仕事の詳細」を知りたがったが、チャップマンは知らないほうがいいと言い張った。彼は沈黙を守るよう彼女に言い含めた。彼女は同意し、その秘密を墓場まで持って行った。

このようにしてダグマール・ラールムは、非公式に英国の諜報機関の一員になったのである。「君は役に立つだろう」とチャップマンは彼女に言った。チャップマンは考えた――フォン・グレーニングは彼女に好感を抱いたようだ、彼女は「フォン・グレーニングと二人切り」になり、彼に自由に話させるあらゆる機会を見つけるのだ、彼女はオスロのアプヴェーアのほかのメンバーに関する情報を集めるのを助けることもできるのだ。

チャップマンがダグマールに告白したというのは、「誠実な行為」だったが、大変な賭けでもあった。ドイツ人に対する彼女の憎悪は、チャップマンに対する感情同様、本物に見えた。ドイツ側が「甘い罠」として彼女をリッツに行かせたとは、彼は信じなかった。しかし彼には確信がなかった。そこで、一つのちょっとした試験をした。チャップマンはすでに知っていたのだが、アプヴェーアのオスロ本部の場所を彼女に突き止めさせた。もし彼女がアプヴェーア本部を見つければ、それは、彼女が彼を信じている証拠になるだろう。もし見つけなければ、彼はゲシュタポの監獄にいるか、死んでいるかだろう。ダグマールはその挑戦を喜んで受け入れた。

それからの数日は不安な数日だった。チャップマンはわざとダグマールだけがプレトーリウス、ホルスト、フォン・グレーニングと一緒になるようにした。そして、彼らの表情に、彼女が裏切ったことを示す「態度の変化」があるかどうか注意深く見守った。彼は疑念のかけらも見出さなかった。彼女が告白してから二日後、ダグマールは彼が欲しがっていた情報を手に入れたと囁いた。アプヴェーアの本部はクリンゲンバルグ通り八番地で、本部長は袖に四つの輪の付いた海軍将校だった。チャップマンはほっとした。ダグマールはどうやら誠実であるばかりではなく、一級の諜報員の助手、諜報員ジグザグの恐るべき新しい支部にもなるかもしれなかった。

ダグマールはあらゆる種類の興味深い情報に通じているように見えた。そのうえ、重要な「小道具」だった。男が一人で軍事施設の写真を撮っていれば怪しまれるが、若い男がノルウェー人の女友達のスナップ写真を撮るほど自然なことがあろうか？　フォン・グレーニングはチャップマンの二十九歳の誕生日に、自分のアパートでパーティーを開いた。トーマスは彼にラジオを贈り、ホルストは象牙の灰皿を贈り、フォン・グレーニングはヴァン・ゴッホの複製を贈った。ダグマールはケーキを焼き、浮かれ騒いでいる者たちの記念写真を何枚も撮った。その夜、チャップマンはカペルヴァイエン一五番地の屋根裏部屋に登り、組み合わせ煙突の隣の木材の大梁を保護している金属シートをめくり、その中にフィルムを隠した。それは、誰もスパイだとは疑っていない、正体不明の美しいノルウェーの若い女が「密かに手に入れた」、アプヴェーアのオスロ支部チームの完全な写真記録だった。

エディー・チャップマンとダグマール・ラールムのスパイとしての協力関係は、英国の諜報機関とノルウェーの地下運動の関係にやや似ていた。ダグマールは自分がレジスタンス運動と関係があるということを仄めかしたことがあった。それは、その後のいくつかの出来事が証明した。ある晩、二人は大学のそばを歩いていた。そこで学生デモが行われていた。教育制度をナチ化しようという、ごく最近の試みに抗議するデモだった。不意に警察が襲いかかり、学生のリーダーたちを引きずり始めた。ダグマールは連行されてゆく一人の若い男を指差し、あれは地下のレジスタンス・グループ、ヨッシングスのメンバーだと言った。チャップマンはSSの身分証明書をふりかざしながら割って入り、「ダグマールの若い友人を即座に釈放させた」が、その前に「通りのドイツ兵とドイツ将校と大声で言い合った」。

一九四三年七月十日、二人が腕を組んでオスロを歩いていたとき、ダグマールは待っているようにとチャップマンに言い残し、煙草屋に駆け込んだ。数分後、彼女は顔を紅潮させ興奮しながら空手で戻ってきて、ニュースを囁くように伝えた。「連合軍がシチリアに侵攻したの」。その侵攻のニュースはノルウェーのラジオでは放送されず、ダグマールは地下組織を通じてその情報をやっと得たのだ。チャップマンに問われると、「彼女はどの連絡員の名前も明かさずに、その情報は愛国的なノルウェーのヨッシングスから得たものだということを仄めかした」。

それが最後ではないのだが、チャップマンはリッツのバーにいた誰が地下組織のメンバーだったのだろうといぶかった。

第23章 破壊工作コンサルタント

一九四三年の夏の終わり、最初の冷気がフィヨルドを覆うようになったとき、チャップマンはフォン・グレーニングのアパートに呼ばれ、英国での「新しい破壊工作の任務」の契約書を渡された。フォン・グレーニングは机の向こうから紙片を押しやり銀の万年筆のキャップを開けながら、その文書に署名するようにと、チャップマンに穏やかに言った。それは最初の契約と同じようなもので、同額の報酬を約束していた。チャップマンはそれを注意深く読み、「この計画はあまり重要なものではないと思う」し、金はもう十分に持っていると丁寧に答え、その契約書を返した。

フォン・グレーニングは驚き、次に激怒した。凄まじい言い争いになった。フォン・グレーニングは、自分が助けなければ君はまだロマンヴィル刑務所で痩せ衰えているか、もう死んでいるかだと、苦々しげに言った。チャップマンは一歩も引かず、この仕事はあまりにも漠然としている、単なる破壊工作は価値のある仕事ではない、また、報酬が十分ではないと言った。彼が断ったのは、一つには時間を稼ぎダグマールと別れるのを引き延ばすための策略だったが、英国のスパイマスターたちに持って帰れる、もっと明確な任務が欲しかったからでもあった。ロバートソンの指示は明確だった。ドイツ側が何を欲しているのかを見つけよ、そうすれば、彼らが何に不足しているのかがわかる。フォン・グレーニングの権威は、チャップマンに依存していることによって、致命的に弱いものになってしまった。そして、それは庇護者と被庇護者の関係において、その後のことを決定する瞬間だった。いまやフォン・グレーニングは、チャップマンが彼を必要としているよりも、チャップマンを必要としていた。年長の男は怒り、咳き込んで話し、あらゆる種類の罰を科すと脅し、ついには満面に朱を注ぎ、血管が首に浮き上がった。とうとう彼は、君の手当ては削られると言って、チャップマンを去らせた。チャップマンは肩をすくめた。もし自分の収入が減れば、フォン・グレーニングも損をするというわけだ。

「交渉の行き詰まり」は一週間続いた。オスロ支部のほかのメンバー、プレトーリウスとホルスト、さらには秘書たちさえ一人一人チャップマンのところにやってきて、フォン・グレーニングが激怒しているということ、彼が契約書に署名しないと恐ろしい結果になるということを話した。チャップマンは頑として言うことを聞かず、自分は「もっと大きくて良い仕事がしたいので、こんなに漠然としたことは引き受けない」と言い張った。フォン・グレーニングが給料を払うのをまったくやめたとき、チャップマンは怒りの手紙を書き、もしあなたがどうしてもと言うなら、自分はロマンヴィルに戻り、運命に直面する覚悟があると述べた。

フォン・グレーニングは折れた。チャップマンの予想した通りだった。フォン・グレーニングはベルリンに飛び、翌日「上機嫌」で戻ってきた。アプヴェーアの上層部は、チャップマンのために重要な新しい諜報任務を用意していたのだ。そして「多額の報酬が出る」ことになっていた。チャップマンはなぜ英国が海面下の戦いで勝っているのかを探るために、英国に送り返されることになったのである。

戦争が始まってから最初の三年間は、ドイツのUボートは連合軍の船を次々に沈め、赫々《かくかく》たる戦果を挙げた。連携攻撃を行う潜水艦群は、チャップマンも個人的経験から知っていたように、恐るべき正確さで魚雷を命中させ、姿を見せずに、しばしば無傷で逃げ去った。ところが最近、形勢が逆転し、Uボートが驚くべき速さで攻撃され撃沈されていた。ドイツ側はエニグマ暗号が解読されたことを依然として知らなかったのである。英国はある精緻な潜水艦発見方法を開発したので海上からUボートの針路を探り出し、逃げるか攻撃するかの行動をとるのに違いないとドイツ側は考えた。チャップマンの任務は、その潜水艦発見器の正体を突き止め、それがどんなふうに働くのかを知り、写真に撮り、できれば盗み出して持ち帰るというものだった。彼はその報酬として六十万ライヒスマルクと、彼の選んだ通貨に換えた追加の二十万ライヒスマルクが与えられ、占領下のヨーロッパでアプヴェーアの指揮権も与えられることになった。

　それは達成困難な任務にふさわしい、信じられないような大金、賞金だった。また、ドイツ側がチャップマンの能力と忠誠心を信用している明白な証拠だった。最初、彼はためらった。そして、自分はそれに関する技術的なことは何も知らないし、「自分が何を捜すべきかについての指導を必要とする」と言った。その手筈はすべて整っていると、フォン・グレーニングは自分の投資したものから実に驚くべき配当金が生まれるかもしれないと思っている男の機嫌のよさで言った。

　その架空の武器を見つける任務を引き受けるならば、チャップマンはドイツの海面下での戦いの最高機密を知ることになるのだ。その潜水艦発見器とされるものに関して「把握している、もしくは想定上の」すべての情報を含む文書がベルリンから届いた。数日後、彼はホルストとフォン・グレーニングに伴われ、ノルウェーの港トロンハイムに行った。そこで、海軍のアプヴェーアのひどく疑わしげな三人の将校は、英国の潜水艦追跡能力に関して知っているわずかなことを、しぶしぶ説明した。英国は潜水艦を見つけるのに、「反響光線」を用いるある種の抛物線反射鏡を使っているらしいと彼らは説明した。英国の対潜爆雷に使われる雷管にも、標的までの距離を測り、それによって最大限の損害を与えるように爆弾が破裂する装置が内蔵されているようだ。英国の潜水艦探知機《アスディック》（のちの水中音波探知機《ソナー》）がどんなふうに働くのかは自分たちには謎だ。おそらく、「赤外線装置」かテレヴィジョンか、Uボートの排出ガスから発する熱を感じ取り距離を測る技術を使っているのかもしれないと彼らは推測した。

チャップマンは、「この連中はわれわれのUボート探知装置についてほとんど何も知らず」、「二百マイルまで」の距離から日夜、潜水艦を追跡することのできるその秘密兵器について「心底心配している」という印象を受けた。あるUボートは「濃い霧が出ている悪天候の中で攻撃された」。それはこれまで不可能と考えられていたことだと彼らは言った。Uボートの被害は「きわめて甚大」で、しかも増えつつある。将校たちはその装置がどこから来るのかまったく知らないが、「それを作っているかもしれないケンジントンの工廠の住所」はチャップマンに教えた。一同が話しているあいだじゅう、チャップマンがメモをとっていると、海軍の高級情報将校が「絶えず彼を見つめ、彼をどこかで見たことがあると言った」。

オスロに戻るとチャップマンは、占領下のノルウェーのアプヴェーア支部長であるライマル・フォン・ボーニン海軍大佐に呼ばれた。二人が会うのはそれが最初で最後だった。ムンテス通りにあるフォン・ボーニンの立派なアパートで二人は昼食をとった。袖に四本の金の筋の入った海軍の正装をした、頭の禿げかかった将校は、英国の対潜装置は非常に鋭敏なので、エンジンを切って海底にいるUボートを見つけることができると言い、英国は「ある種のX線」を使っているに違いないと推測した。

任務決行は一九四四年三月に決まった。前回同様、チャップマンは必要な装具をすべて持って、英国の辺鄙なところにパラシュートで降下することになった。彼が対潜装置の正体を発見するか、もっとよいことだが、その装置を手に入れるかした場合、イングランド南部の海岸で小さな漁船を盗み、沖に十マイル出ると、彼は「五台の水上飛行機に拾われ、ヨーロッパの沿岸まで連れてこられる」ことになった。アプヴェーアは、チャップマンが戦争の最中《さなか》に簡単に船を盗み、走らせることができると考えたようだ。それは彼らの無知の証拠か、チャップマンの犯罪者としての才能に対する信頼の念の証拠のいずれかだった。あるいはその両方だった。彼はベルゲンに連れて行かれ、三日間、「小さなカッター（一本マストの小型帆船）で羅針盤を使う方法」を港長《こうちょう》から教わった。

しかしチャップマンを戦時の海に放り出す準備は、ほんの少し違った戦闘が始まったために中断した。またもや縄張り争いで、今度はドイツの最高司令部内のものだった。十二月に空軍の高級将校がベルリンからやってきて、「まさしくチャップマンは空軍がある任務に送ろうと探しているタイプの男だ」と言明した。空軍は有名な英国人スパイのための独自の計画を持っていた。同時に、誇大妄想も抱いていた。アプヴェーアと競う、二つ目の計画が明らかになった。ドイツのUボートが新しい発見装置によって苦しめられているように、英国の夜間戦闘機は秘密の新テクノロジーを使って空中戦で勝っているらしいのだ。これまで知られていなかったレーダー装置を搭載した英国の飛行機が撃墜された。地上に激突したためその装置を復元するほどの部品が残っていなかったが、危険な新兵器に直面していることをドイツ空軍に警告するだけの部品は十分に残っていた。問題のテクノロジーは、たぶんアメリカが考案したレーダー装置AI10（機上レーダー、マーク10）だったろう。それは一九四三年の末から、英国の戦闘機と爆撃機、特にモスキートで使われた。「もし君がその装置の写真もしくは設計図を手に入れることができたなら、どんな多額の報酬も多過ぎることはないだろう」とチャップマンは言われた。

数ヵ月前はチャップマンは、深い疑念の対象だった。ところがいまやナチ・ドイツが守勢に立っているので、彼はアプヴェーアの人気者になり、海軍と空軍の両方から口説かれ、「どちらも自分たちの依頼する任務を先にしてもらいたい」と思っているようだった。フォン・グレーニングはその縄張り争いに介入した——海軍の任務を先にする（海軍がその作戦の費用を持つ）。夜間戦闘機のレーダーは補足的目的になる。

チャップマンはその技倆が実際に試されることになった。諜報活動の名誉講師のように、彼は選ばれた秘密工作員の聴衆を相手に、「破壊工作方法の一種の名誉コンサルタント」として、架空のデ・ハヴィランド工場襲撃を模範的な例にあげてセミナーを行った。彼はそれまでは無線機を操作するのを禁じられていたが、二人の若いアイスランド人、ヒャルティ・ビョルンソンとシグルズル・ノルドマン・ユリウソンに電信術を教えることになった。ドイツ軍はアイスランドが連合軍の大陸侵攻の際に足掛かりになるだろうと思っていた。そこでアプヴェーアは、アイスランドのスパイ網を作り始めた。ビョルンソンとユリウソンは、グヴズブランド・ヒルダルという人物にデンマークで諜報員になるよう誘われた。ヒルダルはやや風変わりなアイスランド人の獣医で、「スパイ活動をするよりも人工授精を行うことのほうに関心を抱いていて、その分野では専門家だったが、スパイ活動では門外漢だった」。ヒルダルがビョルンソンとユリウソンを誘ったということは、彼が試験管だけを扱っているべきだったことを示唆している。なぜなら、その二人はスパイの素質がなかったからだ。二人は芯からスパイになる気があったのだが、驚くほど頭が鈍くもあった。二人が最も基礎的な無線技術を習得するまで、数週間の集中訓練が必要だった。

ラ・ブルトニエールに最後に残っていた者たちも散りぢりになり始めた。フォン・グレーニングとプレトーリウスの関係はそれまでも決して友好的なものではなかったが、次第に悪化していった。神経症的で気難しいプレトーリウスは、自分が心から願っている軍人としての英雄的将来を、オスロに自分をわざと引き止めておくことによって奪っていると、フォン・グレーニングを非難した。そして、自分をほかのどこかに転属させてくれと上層部に何度も働きかけた結果、とうとう望みを達した。プレトーリウスは新しい任務に就いて喜んだ。その新たな地位は、恐るべきナチの戦争遂行機構と通常結びついているものでも、ましてや古来のチュートン民族の英雄と結びついたものでもなかった。プレトーリウスは、英国の民族舞踊には人の心を癒す肉体的、文化的効果があると、ずっと前から確信していた。どうやってか彼は、ドイツ当局にそのことを納得させ、国防軍のダンス教師に任命されたのである。

あの若いナチはどこに行ったのかとチャップマンが訊くと、フォン・グレーニングは嫌悪感をあらわにして言った。「奴は英国にいる時に覚えた剣の舞いやリールなんかを軍隊に教えてドイツ中を回っている」。フォン・グレーニングは面白がってはいたが、驚いてもいた。自分の補佐をダンス・フロアで使うという決定は、ドイツの最高司令部が馬鹿者に牛耳られている証拠だった。数週間後プレトーリウスは、自分が軍隊にダンスを教えているところの写真を送ってきた（残念ながら、その写真は残っていない）。チャップマンがトーマスとして知っていた男は苛立たしくて衒学的な仲間だったが、楽しい奇矯さに溢れていた。チャップマンはほんの少しがっかりした。ナチのダンサーが白いスーツとダンス用の靴をスーツケースに詰めてくるくる回りながら、自分の人生から永遠に去ってしまったことに。

晩になると、チャップマンとフォン・グレーニングは二人だけで、将来のことを計画した。それは諜報活動の詳細ではなく、嫌な時代に旧友同志が元気を出そうとして一緒に立てる計画だった。二人はパリにクラブかバーを作ることで意見が一致した。チャップマンが支配人になり、ダグマールが女主人になる。戦争が終われば店は「活動を続けるための格好の場所になるだろう」とフォン・グレーニングは言った。二人ともそれが単なる空想なのを知っていた。プレトーリウスがいなくなると、フォン・グレーニングはリラックスし、もっとあけすけに物を言うようになった。彼はもはや、奉じてもいない盲目的愛国主義を公言することも、ナチズムに対する自分の気持ちを隠すことも必要はないと思ったらしかった。「ヒトラーはもはや軍事作戦の指揮権を持ってはいない」と彼は言った。「それは完全にドイツの参謀幕僚の手にある。軍の指令書には、『私、ヒトラーは命ずる……』と、もはや書かれていない」。そして、自分はいつもチャーチルを崇敬してきた、また、毎晩ベッドでBBCを密かに聞いていると打ち明けた。第三捕虜収容所《シュタラーク》で何人かの英国の将校が銃殺されたという報告があったとき、彼はおおっぴらに「不快感を表明」した。さらに、「反ヒトラー的考えを公然と口にし」さえした。そして、ヨーロッパのユダヤ人大量殺戮を嫌悪していることをチャップマンに語った。彼の妹のドロテーアが、一人のユダヤ人の少女を養女にし、ガス室送りになることから救ったことを洩らした。

フォン・グレーニングは昔気質のドイツの愛国者で、戦争に勝つことに専心してはいたが、ナチズムのおぞましい行為には断固として反対していた。そうした態度はアプヴェーア内部では珍しくはなかった。ヴィルヘルム・カナリスは、ナチ党に忠実である者よりは自分に忠実である者を任命するようにしていた。そして早い段階から、彼とアプヴェーア内部のほかの者がヒトラー暗殺を積極的に企てていた証拠がある。カナリスはアプヴェーアにユダヤ人を雇ったり、ユダヤ人が逃亡するのを助けたりした。また、ドイツ側の意図を明かす情報を連合国側に伝えていたと信じられている。アプヴェーアとSSの激しい対立は、カナリスは積極的な反逆者ではないとしても敗北主義者であるという非難の声が高まった中で、次第に強まっていった。アプヴェーアの部長は実際の指揮権を奪われ、間もなくナチの信奉者たちと衝突し、悲劇的な結末を迎えることになる。

出発の日が近づくと、チャップマンとダグマールも計画を立てた。船の中で彼が告白して以来、ダグマールは「彼がいつかは自分を置いて英国に戻ることを覚悟していた」。二人もまた、将来をあれこれ空想した。二人がパリで開くクラブ、生まれる子供たち、戦争が終わったならば訪ねる場所を想像した。チャップマンはダグマールに、君は僕が英国に行ったあとも僕の諜報員として活動しなくてはいけないと言った。アプヴェーアのさまざまなメンバーとの接触を保ち、常に、「あとになって興味深いものになるかもしれない情報に十分に気を配らなくてはいけない」とも言った。さらに、英国が彼女に接触するように手配する、そうしても安全だとわかったらすぐに、しかし、「合言葉として彼女のフルネーム――ダグマール・モーネ・ハンセン・ラールム――を言わずに近づいてくる者を決して信用してはいけない」とも言った。君は英国の諜報員として働いているのだから報酬を貰うべきだ、とチャップマンはもったいぶった口調で言った。

チャップマンはフリーダの面倒を見てくれとMI5に頼んだように、今度はダグマールが恙《つつが》なく暮らせるように手を打ち始めた――フォン・グレーニングを通し、追って知らせるまで、毎月六百クローネが彼の口座から彼女に支払われる。ダグマールがドイツの庇護のもとにある限りは、チャップマンの忠誠心は変わらないだろうから。ホルストが適当な住居を探すように命じられた。その結果ダグマールは、トゥーレンス通り四a番地の快適で小さなアパートに住むことになった。チャップマンにはいまや、相争っている二つのそれぞれの諜報機関に庇護されている、二人の女がいることになった。

一九四四年三月八日、ノルウェーに来てから十一ヵ月後、チャップマンはベルリンに行く飛行機に乗った。それはパリから英国に行く途中の最初の滞在地だった。ダグマールと別れたのは、彼にとっては辛かった。チャップマンの将来は不安定だったが、あとに残したダグマールは無数の危険に晒されていた。チャップマンは非公式の英国諜報員として雇われ密かに金を貰っていたが、表面上、ドイツのアプヴェーアに「抱えられて」いた。もしチャップマンの裏切り行為が発覚すれば、彼女もドイツ側に疑われるだろう。もしドイツが戦争に負ければ、ノルウェー人は彼女が「敵側と親しくした」という理由で報復しようとするかもしれない。ダグマールは泣いたが、怖くはないと言い張った。もしノルウェー人が自分を嘲れば、「人のことに構うな」と言ってやる。もし、故郷のアイッツヴォルの口さがない女たちが台所で舌打ちをしながらひそひそ話がしたければ、そうすればいい。チャップマンとダグマールは約束を交わした——彼女は約束を守り、彼は彼女のもとに帰ってくる、いつの日か。

フォン・グレーニングとチャップマンは飛行機でベルリンに向かいながら、任務の詳細について検討した。彼の暗号は前と同じように、ANTICHURCHDISESTABLISHMENTARIANISM（反キリスト国教制度廃止論者）というコード・ワードにもとづいた、「二重転置暗号法」にした（チャップマンはドイツの受信係の人生を楽にする男ではなかった）。送信の日時は、第一次世界大戦中の唄、『懐かしい英国《ブライティー》に連れて帰ってくれ』の歌詞の断片——「リヴァプールでもリーズでもバーミンガムでも構わない……」にもとづいた式を使って決めることになった。残ったのは、彼が英国側にコントロールされていず自由に活動していることを示す、コントロール信号の語句を決定することだけだった。チャップマンはすでにそれを決めていた。自由なメッセージにはDAGMARという語が常に入ることになった。それは、最初の任務の際に使ったFFFFFのサインと同じだった。フォン・グレーニングはパリとベルリンに連絡した。「もしメッセージに〝ダグマール〟という語が含まれていなかったら、諜報員は英国のコントロールのもとに動いている」

チャップマンのコントロール信号に暗号化されていたのは、アプヴェーアに対する警告だった――もしダグマールの身に何かが起これば、一切ご破算だ。

第24章 リュテシアでの午餐会

ジグザグは姿を消し、死んだものと思われた。アプヴェーアのリスボン支部が「ベルリンの要求でフリッツヒェンのために隠れ家を見つける」よう頼まれたことを〈極秘情報源〉が報じたとき、短いあいだだが希望が湧いた。しかし、その要求はそれきりで、フリッツヒェンについての言及はそれ以上なかった。ブレッチリーの無線傍受班と暗号解読班は、チャップマンの動向を知ろうと電波を丹念に調べた。チャーチル自身、彼が再び姿を現わしたならば教えるように要求した。しかし、何もなかった。チャップマン自身からの連絡もなく、ドイツの諜報員「フリッツ」が依然として活動していることを示す情報も〈極秘情報源〉から得られず、占領下のフランス中に広がっているSOE、すなわち特殊作戦執行部のスパイ網から、チャップマンを目撃した例も報告されなかった。ナント支部は閉鎖されたらしく、フォン・グレーニングの名前はもはやアプヴェーアの無線交信に現われなかった。おそらくチャップマンは尋問に耐えられず自白したのだろう。おそらくシティー・オヴ・ランカスター号を爆破することができなかったので疑念を招いたのだろう、あるいは英国の土竜《スパイ》に裏切られたのだろう。マースタマンもロバートソンも感傷的な人間ではなかったが、チャップマンが処刑される前に耐えたことを考えると、思いに沈んだ。

凍えるように寒い、ある春の日の朝、アイスランドの岩だらけの海岸でアザラシのハンターが、

「外見も行動も怪しい」三人の男を見つけた。彼らはアザラシのハンターには見えなかったし、事実、アザラシを獲ってはいなかった。そして、雪の降る零下一〇度の夜明けに、とぼとぼ歩く正気の人間など考えられなかった。ハンターは地元の保安官に通報した。保安官は近くに駐在していたアメリカの司令官に連絡した。司令官は調査するために捜索隊を「荒野」に派遣した。彼らは三人の男をたちどころに発見した。それはよいことだった。というのも、三人は凍死寸前だったからだ。不運な小人数の一行の指導者はドイツ人で、ほかの二人はアイスランド人だった。アイスランド人は「自分たちは何も悪いことはしていないと、がらがら声で言い張った」あと、自分たちの名前はビョルンソンとユリウソンだと認めた。

ドイツ人のエルンスト・クリストフ・フレスニウスは、海運研究所のために気象学上の情報を収集しているのだと言い張ったが、愚鈍なビョルンソンが無線送信機とペダル式発電機を近くの洞窟に隠したことを自白するのに長くはかからなかった。三人ともロンドンの収容所020に船で送られた。そこでスティーヴンズは、フレスニウスを「鈍感な家来」と張り合わせて、真実をすぐに引き出した。わずか数時間のうちにスティーヴンズは、三人組が軍隊の動きを監視して報告するために送られてきたことを知った。それは、ドイツ側が「アイスランドが大陸侵攻の基地として使われるのではないかと心配している」ことを裏付けていた。

そこまでは、事件は予想通りだったが、ビョルンソンとユリウソンが、自分たちがノルウェーのスパイ学校で訓練されたと話し始めると、スティーヴンソンは急に関心を示し、注意を払った。オスロの無線教官は「謎めいた人物で、かなり大きな甲高い声でひどいドイツ語を話し、胡麻塩の夏用のスーツを着、二本の歯が金歯で、個人用ヨットで楽しんでいる」と彼らは言った。そうした歯と服装の好みを併せ持った人物は世界に一人しかいなかった。チャップマンの写真を見せられると、ビョルンソンとユリウソンは、二人の無線教官はその人物だと、躊躇することなく言った。二重スパイの担当班は欣喜雀躍した。冷淡で厳しいマースタマンでさえ、リフォーム・クラブの僧院めいた部屋から、「旧友」の帰還を歓迎した。ジグザグはMI5のレーダーの中に再び飛び込んできたのだ。しかし、スマートな新しいスーツを着、個人用ヨットを持った彼は、一体、何をしているのか？

チャップマンが最後にベルリンに行ってから、首都は繰り返される猛爆によって叩きのめされた。彼がフォン・グレーニングと「瓦礫の山」のあいだの通りを車で通ったとき、ベルリンは以前の面影をほとんどとどめていなかった。辺りは洩れたガスと煙と不敗物の悪臭に満ちていた。「都市全体が燻《くすぶ》っていた。ポンペイの廃墟さながらだった」とチャップマンは回想している。ベルリン市民の顔には、「諦めと苦悩」が刻まれていた。

チャップマンとフォン・グレーニングは、フリードリヒ通りにあるメトロポール・ホテルにチェックインした。そして、缶詰の肉の粗末な食事をしてから、爆弾で破壊されたベルリン銀行とカイザーホーフ・ホテルの残骸の前を通って空軍本部に車で運ばれた――それはライプツィガー通りにある、巨大なコンクリートの一枚岩的建物だった。その六階で空軍大尉が英空軍飛行機の電気機器の破片を並べた。その中には計器盤を据えつけたスクリーンが入っていた。敵はそれを使って「われわれの夜間戦闘機と爆撃機の位置をいとも容易に確認」できるらしい、と彼は説明した。情報将校はどこにそうした機械があるのかについてごく漠然とした考えしか持っていなかったが、軍需品製造会社の「ハマースミスのコサーズ社」を探ってみるか、それとも、英国の戦闘機工場を見つけ、盗むか賄賂を使うかしてその装置を手に入れたらどうかとチャップマンに言った。

またもチャップマンは、自分の犯罪者としての才能が高く評価されているのに気づいた。「ドイツ人は私がかつての仲間の助けを借りてそれをやり遂げる明敏さを持っていると信じ切っていた」。そのうえ役人に会うたびに、チャップマンの英国での任務の範囲が広がった。彼はもう一人の将校に引き合わされたが、その将校の説明によれば、英国のある飛行場の爆撃機は特定のドイツの都市を爆撃するよう命じられていると空軍司令部は信じているのだった。付随的任務として、チャップマンか彼の仲間の一人がケンブリッジシャーの空軍基地をスパイし、爆撃の予定を確かめるようにと命じた。ヴァイスという名の文官が、「無線で操縦されるロケットと飛行爆弾」について四時間に及ぶ講義をチャップマンにした。英国を爆撃し、ついには降伏させることを目的にした、その操縦士のいない恐るべき爆弾のことをチャップマンが聞いたのは、それが初めてだった。いまやあらゆる国が、戦火のフィナーレとしてその兵器を使う競争をしている、とヴァイスは説明した。チャップマンの仕事は、英国が飛行爆弾をもう作り出したかどうか、そして使用する時期を探り出すことだった。

その夜、チャップマンとフォン・グレーニングはフリードリヒ通りのホテルの窓から地下鉄の駅を眺めた。それは通りの向こう側にまだ建っている唯一の建物、「瓦礫の海の中の孤島」だった。ベルリン市民の疲弊した顔、市内の恐るべき残骸、チャップマンの使命にかけられた途方もない期待から、二人の男は同じ結論に達した――ドイツは敗北に直面していて、目前に迫った連合軍の大陸侵攻の前に潮の流れを必死で変えようとしている。フォン・グレーニングはもはや「ドイツが負けること」を予期しているという事実を隠そうとはせず」、「自分の金の多くを価値のある品物」――敗北のあとの騒然とした状況の中で簡単に移動させることのできる品物――に換え、ブレーメンの自分の屋敷に溜め始めたと打ち明けた。飛行爆弾は最後の無謀な賭けだが、ナチのプロパガンダ機関はいまだに全面的勝利を予告している、とフォン・グレーニングは言った。「もし奴らの兵器が成果を挙げなければ」と彼は冷静に言った、「反動は凄まじいものだろう」。

チャップマンとフォン・グレーニングはパリに行き、待機を命じられた。チャップマンはまたもやグランド・ホテルに泊まり、フォン・グレーニングはブールヴァール・ラスパイユにあるSS本部のリュテシアに泊まった。苦しいほどの宙ぶらりん状態が続いた。遅れているのは「空軍が適当な飛行機を見つけることができないか、見つける気がないかのせいだ」とフォン・グレーニングは苛立たしげに言った。チャップマンはパリの通りを歩き、市民の意欲も精神も荒廃した都市を見た。フランス人たちは、連合軍がドイツ兵士も一般市民も無差別に爆撃して殺すことに次第に憤るようになり、連合軍の目睫に迫った侵攻にほとんど熱意を示さなかった。市民たちはカフェで小声で言った。「ドイツ人のもとでの暮らしのほうが、家なしになるよりましだ」

四月中旬、チャップマンはブリュッセルから飛ぶこと、という通告があった。チャップマンとフォン・グレーニングは急遽、列車でベルギーに行った。すると、「夜間戦闘機に迎撃される危険があるので」飛行は中止になったことを知らされた。二人はがっかりしてパリに戻った。五月に新しい動きがあった。チャップマンはドイツ空軍が爆撃をしているあいだにプリマスの近くに降下せよと告げられたが、またしてもその計画は中止になった。連合軍の大陸侵攻はいつ始まってもおかしくないが、とフォン・グレーニングはチャップマンに言った、「もし君がその前に英国に降下すれば、君の最初で一番大事な任務は、大陸侵攻の日と場所を知ることだ」。フォン・グレーニングはドイツが結局は戦争に負けると思ってはいたが、占領下フランスの大方のドイツ人同様、ドイツの海峡の防衛態勢は「いかなる攻撃をも退ける」ことができる、と相も変わらずのんきに確信していた。

そうした緊張に加え、チャップマンに新しい「尾行者」が付くことになった。それはリュテシアにいるクラウス、もしくはクラウスナーとして知られている若くて華奢な男だった。フォン・グレーニングはチャップマンにこう警告した。同性愛者のクラウスはパリの暗黒街に頻繁に出入りし、スパイキャッチャーとして優れているという評判があり、ドイツの防諜組織の中で誰よりも数多くの敵の諜報員を罠に掛け、「何気ない質問をするのが巧み」な人物だ。ほかのどのドイツの将校とも同じように、クラウスにもチャップマンにさせる仕事があった――すでに英国に住みついているスパイにカメラと金を渡すという仕事が。

ある晩、夕食のあとでクラウスは、英国のスリラー作家デニス・ホイートリーを知っているかと、さりげなくチャップマンに訊いた。チャップマンは会ったことがあると答えた。「彼は英国の諜報機関で働いているのかい?」とクラウスは尋ねた。

チャップマンは腹を立てたふりをした。「知っているわけがないだろう?」チャップマンはクラウス同様、ホイートリーがジョン・ベヴァン中佐の指揮下で欺瞞戦術を立案する最高機密の中枢「ロンドン管理部」の重要メンバーになったのを知らなかった。

ある日曜日の朝、チャップマンはピガール広場で、ロマンヴィルにいた、かつての仲間の人質を見かけた。アマルーという若いアルジェリア人だった。その晩アマルーは、カルティエ・ラタンのル・ルフュージュというカフェで、チャップマンが刑務所から出てから数ヶ月後に釈放されたと話した。なぜかはわからないが、そもそもなんで逮捕されたのかもわからない。チャップマンがアントニー・ファラマスの消息を訊くと、アマルーは悲しげに肩をすくめた。ファラマスはチャップマンが出てから数ヵ月後、刑務所から連れ出された。彼が生きているのか死んだのか、誰も知らない。

ファラマスはその時、マウトハウゼン強制収容所にいた。ブーヘンヴァルト強制収容所では、彼は飢え、貧弱な衣服を身にまとい、底が木の靴を履いて凍え、殴られ、倒れるまで仲間と一緒に奴隷労働をさせられた。「もし自分が死んだら」と彼は回想している、「自分の遺体は泥の中を外まで引きずられてある場所に投げ出され、あとでそこに火葬ワゴンが遺体を取りにくるだろう」。ファラマスは

「余命はほぼ半年」と計算したが、その時、自分にはわからない理由で別の列車に乗せられ、オーストリアのオーバーエスターライヒ州にあった巨大な強制収容所、マウトハウゼンに移送された。

そこの状況はブーヘンヴァルトよりもひどかった。ファラマス自身の言葉によるとまさしく「殲滅強制収容所、墓場」だった。マウトハウゼン＝グーゼンの複合強制収容所はすべての強制収容所の中で最も恐るべきものとして作られた。ここで「第三帝国の敵」や知識人その他は致死的労働によって殲滅された。病気、暴力、残虐行為、ガス室が彼らを容赦なく死に追いやった。五万六千人以上がブーヘンヴァルト強制収容所で死亡し、約三十万人がマウトハウゼン強制収容所で死亡したものと思われる。労働をさせられていた者の何人かは自ら死を求めた。マウトハウゼンの石切り場で働いていた骨と皮ばかりの「奴隷」は、監視人がよそを向いている隙に重い石を見つけ、それを抱えて断崖から身を投げた。脚には潰瘍が出来、体の中は病気だらけのトニー・ファラマスのようなほかの者は、命が尽きるのを無気力に待っていた。チャップマンが友人の身に何が起こったのか考えていたとき、ファラマスも疑念に苦しめられていた。「いつも私は疑問に思った――なぜなのだ？　なぜこんな野蛮なことが行われるのだ？　こうしたことの意味は一体なんなのだ？」

チャップマンがアマルーに会ってから数日後、クラウスは何気ない調子で、カルティエ・ラタンのル・ルフュージュに行ってみたいかとチャップマンに訊いた。チャップマンは唖然とした。彼は「懸命に考え」た。自分はカフェまで跡をつけられたのだろうか？　自分の正体を明かすようなことをアマルーに言ったのだろうか？　友人のことを尋ねたことで、自分やファラマスをいっそう危険な立場に置いてしまったのだろうか？　アマルーは密告者なのだろうか？　チャップマンはル・ルフュージュではなくリドに行こうと言った。不愉快な「意味ありげな」微笑がクラウスの顔に一瞬、浮かんだ。

その後間もなく、ダグマールから一通の手紙が届いた。それには彼女が「楽しく過ごしていて、ある親衛隊少佐に出会った」と書いてあった。それは彼女がまだ金を貰っていて、疑われていないことを意味する合言葉だった。チャップマンは手紙がすでに開封されていることに気づいた。

六月六日、連合軍は海上から北フランスにこれまでで最大の規模の侵攻を開始した。オーヴァーロード作戦（通称「ノルマンディー上陸作戦」）は、ダブル・クロス・チームによって実行された欺瞞作戦、フォーティテュード作戦によって助けられた。何ヵ月ものあいだB1Aの二重スパイは、大陸侵攻はパ＝ド＝カレーを目標にしているという偽情報をドイツ側に流していた。連合軍はノルマンディーに殺到し、敵に不意打ちを喰らわした。それは戦時中、最も成功した欺瞞作戦の一つである。

Dデーは、チャップマンの任務も含め、すべてを変えた。チャップマンは「信じがたいこと」も達成できるとMI5は信じるようになった。アプヴェーアの一部には、チャップマンが奇蹟を起こすことができるという考えが生まれたようだった。連合軍が侵攻してきたあとの極度の興奮状態の中でドイツのスパイ指導者たちは、フリッツをノルマンディーの敵の上陸拠点に密かに送り込み、前線の背後で活動させることさえ検討した。その際、「彼の好む服を着せ（従軍牧師の服はどうかと提案された）、好きなだけの金を持たせ、ほかの諜報員も協力させる」ということにした。ベルリンからは、「陸軍を支援するために海軍が沿岸の都市を砲撃する際に」船と船のあいだでの交信に使われる暗号をチャップマンに手に入れさせよという指令が来た。その計画はチャップマンほどの機略縦横の人物であっても、従軍牧師に変装し、血みどろの戦闘の真っ最中に敵船まで泳ぎ着き、最高機密の暗号を盗み出すのは難しいという指摘があって、中止になった。

その代わりチャップマンは、もしドイツ軍が退却したならパリに残って第五列のチームを訓練するということになった。彼は二人の女性志願者にモールス信号を教え始めたが、二人はその作業にまったく不向きであるのがわかった。一人はモニカという興奮しやすいイタリア人のバレエ・ダンサーで、もう一人はギーゼラという元タイピストだった。チャップマンはモニカの靨《えくぼ》に惹かれたが、自分は半狂乱のドイツ軍の官僚的組織の中に一人置き去りにされるのではないかと疑い始めた。

フォン・グレーニングも気が滅入っていた。彼はチャップマンに、君は「もうどこかにやられることはない」と確信していると言ったが、ほかにも心配する理由が彼にはあった。アプヴェーアはもう存在していなかった。アプヴェーアの将校が反ナチ活動に関係しているという新しい証拠が出たため、ヒトラーは断固たる措置を講じた。彼はカナリスを呼びつけ、諜報機関が「バラバラに」なるままにしたと非難した。カナリスは、ドイツが戦争に負けかけているのだから、それも驚くには当たらないと言い返した。ヒトラーは即座にカナリスを解任し、名ばかりの地位に追いやった。アプヴェーアは廃止され、その活動はヒムラーのもとのSSの国家保安本部に吸収された。フォン・グレーニングは自由主義的なカナリスのもとでではなく、SSの外務局長ヴァルター・シェレンベルクの管理のもとで働くことになった。

憂鬱になったフォン・グレーニングは、自らスパイの任務を引き受けることさえ考え、ドイツ軍が退却した場合はあとに残り、第五列を調整するためフランスの骨董品のセールスマンのふりをしようと言った。チャップマンはその計画を「ブランデーの飲み過ぎ」のせいだとした。チャップマンはフォン・グレーニングを元気づけようと、二人のパリ滞在の記念として彼の誕生日に小さな象牙の彫像を贈った。

六月にドイツは、ずっと前から怖れられていたカウンターパンチを放った。ロンドンに最初の「飛行爆弾」、V-1（VはVergeltungswaffe「報復兵器」の頭文字である）を発射したのだ。「恐るべき破壊が惹起されるだろう、爆発の半径四千メートル以内の何物も生き延びないのだから」とフォン・

グレーニングは予言した。その破壊力は、仮にチャップマンが英国に戻ったとしても、すべての発電所が倒壊しているので無線機が使えないほどのものだろう。十三日、飛行爆弾による集中攻撃が行われた最初の日、フォン・グレーニングとチャップマンは損害の報道を聞くためにBBCにラジオのダイヤルを合わせた。フォン・グレーニングの顔は暗くなった。爆撃はニュースの最後で報じられ、ヒトラーの新兵器に対する言及は「ほんのわずか」で、平然たるものでさえあった。「数少ない死傷者」が出た。アナウンサーは嘘をついていたのだが（その後の九ヵ月で六千人以上の英国市民がV－1の爆撃で死ぬことになる）、それは見事なプロパガンダだった。フォン・グレーニングはそのニュースを一蹴したが、もし、飛行爆弾の効果のほどが正確にわからなければ、それは「失敗」だったということにもなりうるのを認めた。

またもやスパイマスターたちが突如活動を開始し、飛行機一機が「チャップマンが自由に使える」状態だというメッセージがベルリンの新しいボスたちから来たとき、自分の助けがなければドイツは負ける、とチャップマンはついに確信した。彼は六月二十七日にオランダから飛ぶことになった。不意に慌しくなった理由は、飛行爆弾作戦にあった。英国のプロパガンダの「濃霧」のせいで飛行爆弾の激しい集中攻撃の効果がよくわからなかったので、ドイツは信頼できる地上の目撃者を必要としたのだ。チャップマンの新しい任務はV－1がどの程度の損害を与えたのかを調べ、その詳細を気象情報と気圧の値と一緒に送り返すことだった。北フランスにある発射台の砲手が正確に狙いを定めて飛行爆弾を発射させることができるよう、着弾地点を特定し、かつ損害の程度を調査する任務が彼に与えられた。

豪華な鏡板の嵌まったリュテシア・ホテルの部屋で、フォン・グレーニングはチャップマンの任務を点検した。彼の仕事を優先順にするとこうなる――英国のUボート追跡装置の詳細を知る。夜間戦闘機に使われている装置を見つけて盗む。V－1の正確な爆発時間と与えた損害を報告する。気象情報を伝える。英国にあるさまざまな米空軍基地の所在地を調べる。各空軍基地がドイツのどの都市を標的にしているのかを調べる。自分の仲間の一人を使って、それらを監視させ、二台目の無線機を使って報告させる。

　チャップマンの多様な任務が非常に複雑だったということは、ドイツの諜報機関が次第に必死になり、本当に目覚しい現状打破のみが戦争の趨勢を変えうることを自覚していた事実を反映していた。ドイツ側は自分たちの全スパイ網が寝返ったことも知らずに、英国には積極的に活動している何人かの諜報員がいると信じていた。その中には高く評価されている者もいた。だが、チャップマンほどに困難で危険な任務を果たすよう求められた者はいなかった。フリッツは神話的なほどの地位を獲得していて、ドイツの最高司令部の上層部の何人かは、この一匹狼の英国スパイはドイツの勝利に寄与してくれると空頼みして、意気揚々としていた。

　その高遠な目的のためにチャップマンは、ドイツが与えうる最高の諜報活動装備を支給された。その中には、ヴェッツラーの超小型カメラ、ライカのカメラ（名は明かされていない、英国にいる諜報員に渡すもの）、ライツの距離測定器と露出計、六本のフィルムが入っていた。チャップマンが英国で前に使った無線機を掘り出すという話は、もはや出なかった。彼はいまや、アンテナ、ヘッドフォン、五つの検波用鉱石、モールス信号送信機のベークライト製電鍵《キー》が付いた二台の真新しいセットを持つことになった。自衛用に、そしておそらく自殺用に、チャップマンはコルトのリボルバーと七発分の弾薬、および白い液体と数個の錠剤の入ったアルミニウム製のガラス瓶を渡された。その液体と錠剤は「何か具合の悪いことが起こったなら役に立つ」、即効性の毒薬だった。最後にチャップマンは、さまざまな額面の使用済みの六千ポンドの札（今日の約二十万ポンド）がいくつかの封筒に収めて入っているカンヴァス地の嵩張った袋を受け取った。チャップマンが一九三〇年代にウインドー破りをしていた頃以来、見たことのない額の金だった。身元を隠すため、二通の偽手紙を携行することになった。一通はロンドンのセント・ルークス・ミューズのジェームズ・ハント氏宛で、もう一通は「ベティー」という署名があり、「無害なお喋り」ばかり書いてあった。

アプヴェーアはまとまりに欠け、多くの面で失敗した組織であったかもしれないが、その将校たちが人をもてなす精神と、ある場にふさわしい行動感覚を持っていたのを否定することはできない。フォン・グレーニングはドイツを出て行くスパイ番号V－6523のフリッツのために、リュテシア・ホテルで送別午餐会を開くことにした。連合軍がパリに迫っていたが、フォン・グレーニングの賑やかな世界には、パーティーを開く時間がいつでもあったのである。

一九四四年六月二十五日、有名なドイツのスパイ兼英国の二重スパイは、占領下のパリのSS本部での午餐会の主賓になった。出席者はフォン・グレーニング、不気味なクラウス、タイプ室の二人の魅力的な秘書、フォン・グレーニングの友人で、ブレーメンからやってきた情報将校だった。鏡板の嵌まった個室の食堂で、料理とワインが所狭しと並んでいるテーブルを囲み、一同はチャップマンの健康を祝って乾杯し、幸運を祈った。チャップマンでさえ、その午餐会は「非現実的」に感じられた。メイン・コースの途中で電話が鳴り、彼は受話器を渡された。電話をかけてきたのはSS上級将校で、チャップマンの無事を個人として祈り、「二本のコニャックと煙草をパーティーに」届けた。フォン・グレーニングはほろ酔い気分で立ち上がり、別れのスピーチをした。彼はチャップマンの過去の功績を褒め称え、その任務が「戦争に大きな影響を与える」ことを予言した。フォン・グレーニングがグラスを挙げ、チャップマンの今後の「勝利」を祈ったとき、その声にほんのかすかな皮肉の響きがあっただろうか？　チャップマンは、クラウスが午餐会のあいだじゅう、例の人を不安にする「薄笑い」を浮かべていたのに気づいた。

送別会で大いに飲んだ一同は、ブールヴァール・ラスパイユの舗道にぞろぞろと出た。フォン・グレーニングと、装備の入っている革の大きなスーツケースを持ったチャップマンは、待機中の車に乗った。「リュテシアのチーフたちの姿を最後にチラリと見たのは、一同が正面玄関の石段に立ち、走り去る私たちの車に手を振っていたときだった」

第25章 帰還した蕩児の悪党

六月二十九日の朝、Dデーから三週間後、風の吹きすさぶ中でケンブリッジシャーに夜明けが訪れた。私服の男が一人、革の大きなスーツケースを頭に載せてバランスをとり、罵りの言葉を口にしながら、覚束無い足取りでシックス・マイル・ボトム・ロードを歩いている姿が見受けられた。チャップマンはなんともひどい気分だった。それまでの二十四時間、酒食を供され、高射砲の標的になり、ほぼ四千フィート上空を飛んでいる飛行機から放り出された。そして、パラシュート用オーバーオールの上に吐き、イースト・アングリアの固い道路に頭をぶつけた。そして今、農夫の妻に金切り声を立てられた。その女は犬をけしかけると脅した。

数時間前、フォン・グレーニングと握手をしたあとでチャップマンは、オランダのユトレヒト近郊のスステルベルフ空港で、ドイツのユンカース88の後部座席に固定された。爆撃機の操縦士は二十《はたち》そこそこの爽やかな顔をした若者だった。チャップマンが前に飛んだときの操縦士ガルテンフェルトは、「目に見えない」フォッケ＝ヴルフに乗っていて撃ち落されたらしかった。それは、信頼感を強めるようなニュースではなかった。真夜中少し前に爆撃機は離陸し、わずか五十フィートの高度で北海を横断し、「昇ってくる月の光に直接照らされないようにして」海岸沿いに飛んだ。

海岸を越えると、ユンカースは夜間戦闘機と高射砲の砲列の攻撃を受けた。操縦士が攻撃を避けようとして四千フィートまで旋回しながら上昇し、また急降下するとエンジンは悲鳴を上げた――

チャップマンの胃は飛行機が旋回するたびに揺れたが、高射砲の炸裂弾が尾翼に当たると、また急に揺れた。

パラシュートの降下地帯の上空に来ると、チャップマンはハッチから闇の中に転がり出て、強風を受けながら、恐ろしい十数分間、地上に向かって漂い降りて行った。その間、無線機とカメラ一式の詰まっている大きなスーツケースに必死になってしがみついていた。ケンブリッジ上空のどこかで、厄介な荷物をしっかり抱きかかえながら、胃の中に残っているリュテシアの午餐会で食べたものを吐いた。

チャップマンの二度目の着地は、最初の時よりもひどかった。彼は風の中で激しく揺れながら生け垣を辛うじて避け、ケンブリッジとニューマーケットのあいだの田舎の道路に勢いよく着地し、その衝撃で気を失った。十五分間、意識を失って横になっていたあと、よろよろと立ち上がった。足元がふらついていたが、パラシュートのベルトを切り、オーバーオール、手袋、膝当て、ベルト、塹壕掘削用具をパラシュートに包み、生け垣の下に隠した。ふらふらしながら、近くの農家のドアをノックし、戸口に出てきた女に、たった今、不時着陸したところだと説明した。女は彼の私服をチラリと見て、ドアをバタンと閉めた。チャップマンは後から散弾銃で撃たれるのではないかと怖れながら、震える脚で、できる限り速く歩いた。それは、彼の望んでいた歓迎ではなかった。

チャップマンは小自作農地の家で、勇を鼓して再び試してみた。今度は、対応は前より親切だった。彼は一番近い警察に電話をした。夜勤の警官が電話口に出た。警官はゆっくりと正確に「詳細」を書き取り始めた――氏名、出生地、生年月日、既婚か独身か……

「苛々した」チャップマンは、すぐさま署長に連絡し、英国の二重スパイが着地したと伝えるように警官に指示した。「馬鹿なことを言うんじゃない」と警官は電話口で言った。「さっさと寝るんだ」

腹を立てたチャップマンは怒鳴った。「この前も、誰もが同じことを言った。ウィズビーチの警察署に電話するんだ。みんな私のことを覚えているだろう」

ついに、眠っていたロニー・リードが電話のベルでベッドから起こされた。「エディーだ」と、聞き慣れた甲高い声が言った。「戻ってきたんだ、新しい仕事で」

二時間後、チャップマンは収容所020に戻っていて、ブリキ眼スティーヴンズのキラキラ光るモノクルに映った自分の姿を眺めていた。二週間前に〈極秘情報源〉は、「活動は可能かどうか」を訊いている、パリからベルリンに送られたメッセージを傍受していた。発信者はフォン・グレーニングだった。B1Aは警告された。もしフォン・グレーニングが元の仕事に戻ったのなら、たぶんジグザグも再び姿を現わすだろう。パリにいる一人の諜報員が、リュテシア・ホテルでチャップマンの人相書き通りの英国人を見かけたという報告をした。「痩せぎすだが筋骨逞しく、純粋の冒険家タイプ」の英国人を。

そして今、スティーヴンズが喜んだことには、悪党本人が目の前にいて、「大いに己惚れながら」、自分が生き延びた、信じられないような話をし、占領下のノルウェーで過ごした「素晴らしい時間」について語っているのだ。「勇敢で冷酷なチャップマンは、やはり冷酷なドイツの雇い主たちを満足させたのだ」とスティーヴンズは書いた。「彼は想像を絶する試煉を生き延びた。どうやら彼は正体を現わさずに一番の大酒飲みに対抗でき、誰にも負けずに厳しい暮らしを送ることができたようだ」

チャップマンは一時間ほど会話を交わすと「有益な報告ができないほど疲労」したが、一応の尋問でさえ、「彼が厖大な量の最重要情報を提供してくれる」ことを示唆した。チャップマンはメイフェアのヒル通りにある隠れ家に寝かされることになったが、疲労困憊して眠りに落ちた。しかしスティーヴンズはそのまま起きていて、考えたことを書き留めた。ブリキ眼は全諜報機関の中で最も感傷とは縁遠い将校だったろうし、チャップマンは彼が最も軽蔑した三つのカテゴリーの人間、すなわち、スパイ、イカサマ師、「道徳的に堕落した人間」の中でも上位に来る男だった。しかしブリキ眼は、この不思議な青年に感銘を受けた。感動さえした。「この件の際立った特徴は、チャップマンの勇気である。だが、この話にはそれ以上の何かがある。というのも、チャップマンはドイツ側の厳しい尋問に、計り知れない臨機応変の才で立ち向かったからだ。彼は祖国に非常な貢献をしたし、これからもするだろう。その返礼として、チャップマンは国に優遇される価値があり、彼の犯罪が許される価値がある」。この件に関係するMI5のすべての将校に、ジグザグを「われわれが多くの恩恵を受けている帰還した友人、また、なんの疑いもかけられず、まったく監視もされずに帰還した友人として迎え」なければならないという全体的指示を通達した。

翌朝、チャップマンは海軍・陸軍クラブに車で連れて行かれた。そこで、ター・ロバートソンとロニー・リードと再会し、たっぷりとした朝食をとった。二人の歓迎ぶりは、嘘偽りなく心からのものだった。リードは友人が「無事に戻ってきて、ライオンのように吼えている」のを見て、とりわけ喜んだ。チャップマンはスパイマスターたちに心の中を打ち明けた。それは二年間で二度目だった。しかし今度は、彼の話はラ・ブルトニエールから持ち帰った、うろ覚えの事実の支離滅裂な話の連続ではなく、訓練された諜報員のする、詳細で、正確で、細部まで覚えている話だった。彼はアプヴェーアの上級将校が写っている未現像のフィルムと、オスロ支部が無線交信に使ったコード・ワードと、さまざまな鉱石検波器の周波数を書いたライスペーパーを渡した。そして自分が会った人物、見た場所、爆撃の標的になりうることを確認した、さまざまな機密扱いの軍事施設について詳細に話した。以前の報告は曖昧でとりとめがなかったが、今度の観察は入念で、正確で、ドイツ占領軍の完全な姿を捉えていた——オスロのSS本部、空軍本部、アプヴェーア本部の場所、タンクの車庫、Uボートの信号センター、空軍供給基地、海軍造船所、ドイツの師団標識、対空砲防御施設。彼は記憶を頼りに、ビグドイにあるヴィドクン・クヴィスリングの屋敷の地図を描き、「ヨット遊びをしているときに、その家を見るためにわざと船を浅瀬に乗り上げさせた」ことについて話した。

朝食後チャップマンは、収容所020の精神科医、ハロルド・ディアデン博士の診察を受けた。最初、チャップマンは「肉体的には疲労しているが精神的にはまったく健全」だと診断された。最初、チャップマンの話を聞いていた者は、事実を誇張していると思う傾きがあったが、チャップマンの口から情報が次々に出てくるにつれ、一切の疑念が雲散霧消した。「すべての証拠は彼の潔白を肯定的に、決定的に証明しているように思われる」とスティーヴンズは書いた。「もし彼が、前回母国に戻ってきたときに果たした任務に関して少しでも真実を明かしたなら、ドイツ側が彼に自由を認めるなどということ、ましてや、彼に厖大な額の金を払ったり、彼を今度もう一度派遣したりするなどということは考えられない」

彼が真実のすべてを語っているかどうかを調べるのに、一つの簡単な方法があった。MI5は彼がビョルンソンとユリウソンの訓練に関わったことを知っていたが、本人は二人のアイスランドのスパイが捕まったことを知らなかった。もし彼がそのアイスランド人についての情報を訊かれぬ先に進んで提供するならば、「それは彼の正直さを証明する第一級のものになるだろう」とスティーヴンズは書いた。チャップマンはまさにその通りのことをし、二人のスパイについて、容貌、二人が受けた訓練などの詳細を話した。それは、彼の尋問者がすでに知っていたことと、ぴったり符合した。「そのことは、チャップマンが真摯に行動していることを十分に示していると思う」とスティーヴンズは書いた。チャップマンの言うことは真実だった。彼が持ってきた自殺用の毒薬も本物だった――パリのラロッシュ社の作った青酸カリと、その液状のものも。「その唯一の安全な処理法は、下水に流し、よく洗い流すことである」と、ＭＩ５の科学部門は結論付けた。

チャップマンが真摯に行動していることを示すもう一つの証拠は、彼が持ってきたライカのカメラとアプヴェーアの資金千ポンドは英国にいるもう一人のドイツのスパイのためのものだと、彼が明かしたことだった。そのスパイは「この国で活動している最も貴重な課報員の一人だと彼らが疑いもなく信じている男」だった。チャップマンのドイツのスパイマスターたちは、彼がそのスパイの名を発見しないよう気を配った。だが、ＭＩ５は知っていた。そのスパイの名前は、ブルータスだった。

ロマン・ガルビー＝チェルニャフスキ別名アルマンド・ヴァレンティは、一九四一年にドイツ軍に捕らえられるまで、フランスで反ナチの地下組織を動かしていた、ポーランド軍の戦闘機の操縦士だった。彼は刑務所に八ヵ月入れられていたが、ドイツ軍は彼を転向させたと信じ、英国に第五列を作らせるために「逃亡」することを許した。ガルビー＝チェルニャフスキは英国の当局に出頭し、今では、二重スパイ「ブルータス」として活動し、見事な成果を挙げていた。

しばらく前からガルビー＝チェルニャフスキのドイツのハンドラーは、追加の金と、もっとよい写真機材を送ると約束していた。〈極秘情報源〉はチャップマンが英国に着地する少し前に、フリッツがブルータスのドイツの暗号名「フーベルト」に渡す「金とライカ」を託されたという、パリとヴァイスバーデンのあいだのアプヴェーアのメッセージを傍受していた。チャップマンが自分は運び屋の役をしていると告げたとき、ＭＩ５がすでに知っていたことを裏付けただけだったのである。

それはチャップマンが「安全」である新たな証拠だった。しかし、ジグザグからブルータスにカメラを渡すことは、大きな頭痛の種になった。それは、偽情報の一つではなく二つの別々の流れを「演出」し、相互に関連付けることを必要とする。そして、二人の諜報員は、その後は別々に活動することができなくなる。「ジグザグはブルータスと一緒に行動するようにという指示を与えられ、それを実行しているように思わせねばならないだろうが、それを避けるのは、きわめて難しくなるだろう」

チャップマンの任務の幅が驚くほど広いということは、ドイツ側をまたもや騙す機会を増やすが、MI5は慎重だった。「チャップマンがわれわれを裏切るとは誰も一瞬たりとも考えてはいないが、もし彼をなんらかの欺瞞のために使うとすれば、彼が裏切り行為をしないということに少しの疑念もあってはならない」

細心なスティーヴンズを心配させた二つの面がチャップマンの場合にはあった。グラウマン博士とチャップマンが呼んでいる、彼のドイツのスパイマスター、フォン・グレーニングに彼が忠誠心を持っていることと、チャップマンがダグマール・ラールムと関係を持っていることだった。

チャップマンとフォン・グレーニングの友情はこの何ヵ月かで強まり、英国に対するチャップマンの忠誠心は、彼に対する愛情によって弱まっているかもしれない。「チャップマンがグラウマンと非常に密接に結びついていて、グラウマンを高く評価していることを常に念頭に置いていなければいけない」とスティーヴンズは書いた。「彼はグラウマンを反ナチで自由主義的な考えの持ち主だと見なしている」。チャップマンはグラウマンが批判されるとすぐさま弁護し、グラウマンは「非常に有能な男で、慎重で臨機の才があるが、使える部下が少ないという不利な状況にある」と主張した。チャップマンはまた、グラウマンの妹がユダヤ人の子供を養子にしたということも指摘した。MI5の中の皮肉屋は、本当だとしても、それは「将来に対する一種の保険」に過ぎないのではないかといぶかった。

スティーヴンズはフォン・グレーニングとチャップマンがぐるだという可能性についても考えなければならなかった。チャップマンの性格には、よくわからない、変わりやすいところがあった。日和見主義者と節操のある人間が一つになっているのだ。スティーヴンズはこう見た。「チャップマンは理解しにくい人間で、彼の忠誠心の何パーセントかは依然としてドイツに捧げられている。もしドイツが戦争に勝っていたら、彼はきっとドイツにそのままいただろう。彼は英国ではなんの社会的地位もないが、ドイツでは殺し屋のあいだで受け入れられている。チャップマンの心の動きを判断するのは容易ではない。彼は好き勝手に振る舞えるドイツでの贅沢な生活と、まだ警察を恐れなければならない、ここでの扱われ方とを比較するに決まっている」。そうした疑惑を、ロンドン警視庁公安部の部長で、MI5との連絡を担当する上級警官だったレン・バートも抱いていた。彼はチャップマンの過去の記録を調べた結果、「ジグザグは良心の咎めなどなく、得になると思えば相手構わず脅迫し、何か得られると思えば敵側に寝返るのさえ辞さない男だと確信」し続けた。

謎はすぐには解けなかった。チャップマンを監視し、フォン・グレーニングとの関係を探らねばならなかった。そして彼を慎重に扱う必要があった。MI5はナチのハンドラーたちのような気前のよさには敵わなかったが、なんとかやってみようとした。「われわれは彼の食事にシャンパンを出すことはしないし、またできもしないとしても、それは、われわれが競わねばならない類いのものだ」

もっとずっと心配だったのは、チャップマンとダグマール・ラールム（あるMI5の将校は「お定まりの女友達」と言って嘆いた）との関係だった。忠誠心がまだ試されていないこの女に、自分が二重スパイであることをジグザグが打ち明けてしまったのは、スティーヴンズの見解では「ひどい失態」だった。彼女がチャップマンをいつ裏切って致命的な結果を招くかわからなかった。もしフォン・グレーニングが、自分が裏切られていることに気づけば、チャップマンがドイツ側に送るどんなメッセージも、当然ながら、その反対と解釈されるだろう。そうなるとジグザグは、敵に偽の情報ではなく本当の情報を与えることになる。

ダグマールは自分に忠実であるばかりではなく、独り立ちの練達のスパイで、芯からの反ドイツ主義者だと、チャップマンは大声で何度も言い張った。彼はどんなふうに彼女に言い寄ったか、彼女に真実を告げる前に、どんなふうに何ヵ月も自問自答したかを話した。「彼女は〝身持ちの悪い女〟などではない」と彼は言い張った。「そのうえで彼女にカフェで初めて会ったとき、ドイツ側が彼女を〝もぐり込ませた〟のではないということを確信した」。もし彼女が自分をドイツ側に密告したならば、「自分に対するドイツ人たちの態度の変化に直ちに気づいたことだろう」。もしドイツ側がダグマールか彼を疑えば、彼らは彼女に無料《ただ》のアパートを提供したり、毎月の手当てを支給したりはしないだろう。チャップマンはダグマールを「完全に信頼」していた。しかし、チャップマンの英国のハンドラーにとっては、「その女を英国政府のために非公式に使う」ということは、予想外の歓迎すべからざる厄介事だった。

チャップマンの尋問者たちは、彼が「機会があるごとにダグマール・ラールムについて話したがる」のに気づいた。彼はその話題に何度も戻り、「彼女の経済的立場を確かなものにし」、戦争が終わったなら、彼女の汚名をそそぐことを約束したと強く言った。「彼の目的の一つは、彼女がドイツを裏切ったことを明言することによって、彼女を同国人のあいだに戻すことである」。チャップマンの恋情は本物のように見えたが、ＭＩ５はフリーダ・スティーヴンソンのことを忘れていなかった。彼女は今でも英国の諜報機関によって暮らしを支えられていたのである。「ＺＺが今では後悔しているのは疑いない、ある種の約束があった。もし帰ってきたなら、フリーダと結婚するという約束が」と、チャップマンを尋問した、ある懐疑的な人物は記している。

切り札としてチャップマンは、連合軍がシチリア島に上陸したことを、どんなふうにしてダグマールがノルウェーの地下組織から知ったかということ、また、彼女がどんなふうにしてレジスタンス運動と関係するようになったかということを話した。彼女の誠実さについて、それ以上によい証拠があるだろうか？　ＭＩ５は、そうは見なかった。英国の諜報機関はノルウェーの中心的レジスタンス・グループであるミロルグと接触を保っていたが、その組織は非能率的、非効率的で、情報を外に洩らす傾向があると見ていた。ダグマールがどうやらミロルグの一員で、チャップマンの正体を彼らに話したかもしれないということは、事態をいっそう複雑にしただけだった。ダグマールは一つの秘密組織のために働いていて、かつ別の組織と結託していて、第三の秘密組織から金を貰っている。英国の観点からすれば、その女性には「求婚者」が多過ぎて不安だった。「ダグマールはノルウェーの地下運動と接触していて、同時に英国の諜報員に信頼されている、そして目下、ドイツの諜報機関からの金で暮らしている」

スティーヴンズはチャップマンに対する信頼の念は薄らがなかったが、慎重に行動するように彼を促した。「私は勇敢な男に対する賞讃の念に欠けていると思われたくはないが、この不思議な人物について警告を発せざるを得ない。ドイツでは彼はドイツの諜報機関から賞讃され、下にも置かない扱いを受けている。したがって、何年か経つうちに、彼が多くの面でイギリス人を嫌うようになり、ドイツ人を賞讃するようになったとしても不思議ではない。実際、彼のスパイマスター、グラウマンに対しては賞讃の念以上のもの、真の愛情がある。彼の目下の野心は、戦争が終わったならば、ダグマール・ラールムとパリに落ち着くことだ。チャップマンの忠誠心はどこにあるのか？　個人的に言えば、それは微妙なバランスを保っていると思う」

ター・ロバートソンを含め、チャップマンの支持者たちは、彼はすでに自分の忠誠心を完全に示したと指摘した。しかしそれと対照的に、彼の犯罪歴、フォン・グレーニングに対する愛情、そして今、またしても、もう一つの縺れた恋の問題があった。長時間話し合ったあと、スパイマスターたちの意見は一致した。「戦時の防諜の歴史の中で最も魅力的ないくつかの章」の最終章があるだろう。

チャップマンは気概を試す、もう一つの機会を与えられることになった。

六月三十日、着地してから二日後、チャップマンはフォン・グレーニングに宛てて、最初の無線メッセージを送った。傍《かたわ》らでロニー・リードがそれを満足げに見ていた。「硬着地。シカシ万事ＯＫ。モット良イ場所ヲ物色中。木曜日ニマタ連絡。ダグマール」

第26章 蟻地獄《ドウードルバッグ》

非常に長いあいだ激しい空襲を経験していた英国は、ヒトラーの飛行爆弾に対する心構えが出来ていた。ナチの宣伝機関は、祖国に対する爆撃に復讐をし、ついには英国の抵抗を無力にする新兵器が出現することを、早くから警告していた。一九四四年の初め、ドイツは自国の諜報員たちに、身の安全のためにロンドンから出るように指示し始めた。粗末な弾道誘導装置の付いたジェット・エンジンで飛ぶ最初のロボット爆弾が、六月十三日の夜、ロンドン上空に飛来した。それぞれ千八百ポンドの爆薬を搭載した爆弾が毎時四百マイルほどで飛んだ。それは毒虫のようなブーンという音を立て、燃料が尽きるとその音は不意に止み、爆弾が地上に落下するまで不気味な静寂があり、続いて爆発音がした。

飛行爆弾は最初は一つか二つずつ飛来したが、やがて群れを成して飛来するようになった。六月十五日の夜、二百十七発の飛行爆弾が英国に撃ち込まれた。そのうち四十五発がロンドンの中心部に落ちた。どこに落ちるのかわからず、撃ち落すのが難しいV－1は、市民生活を恐ろしいほどに不安定なものにした。地上にいる者は、頭上のエンジン音に立ち止まって不安な気持ちで耳を澄まし、不意に静かになるのを待った。英国人は、いかにも英国人らしく、その恐るべき兵器に対する恐怖心を和らげようと、コミカルなニックネームをつけた――「蟻地獄《ドウードルバッグ》」。

その爆弾は闇雲に飛んだが、それはドイツ側にとって長所でもあり短所でもあった。爆弾がどこに落下したのか誰も報告せず、自信をもって狙いをつける手段がなかったのだ。ロンドンでは一つのパターンがあるのがわかった。ドイツの砲手はロンドンの中心部を標的にしているらしいのだが、爆弾の大半は、トラファルガー広場から二、三マイル離れたところに落下した。ジョン・マースタマンは当然ながら、こう推理した。「ドイツ側は実験にもとづいた調整によってのみ狙いを正確に定め、所期の結果を得ることができるということ、また、彼らのデータはもっぱら、わが国からの報告によらねばならないということは明らかだった」。もしその報告に手を加えることができれば、V－1を被害がさほど出ない場所に向けることが可能になるわけだった。

チャップマンが飛行爆弾について報告する使命を帯びて英国に戻ってきた頃には、基本的な欺瞞計画がすでに立てられていた。もし二重スパイが、ロンドンの北西に落ちた爆弾の数を誇張し、南東に落ちた数を少なく報告すれば、発射台のドイツ人は当然ながら、爆弾が飛び過ぎていると思い、射程距離を縮めるだろう。飛行爆弾はすでに目標の手前に落ちているが、慎重に偽の報告を次々に送れば、飛行爆弾はさらに南東に逸れ、人口の密集したロンドンの中心部から離れて田園地帯の畑と森に落ちるだろう。しかし、この種の欺瞞に限度があるのは明らかだった。「もしセント・ポール大寺院に爆弾が当たった場合、爆弾はイズリントンの映画館に落ちたと報告するのは無用であり有害である」、なぜなら、ドイツ側はたちまち真相を知り、二重スパイの信用がなくなるからだ。二十委員会は「諜報員を危険に晒すことなく欺瞞の有効な手段を決め」ねばならないと、マースタマンは命じた。

軍の諜報機関の実際的な考えを持っている者たちにとっては、その計画は明確で論理的だったが、ロンドン市民の何人かの命は救うものの、ほかの人間の命を奪うかもしれない策略を正式に認めよと英国の内閣を説得するのは、非常に難しかった。政治家たちはやや奇怪な議論を展開した。もし飛行爆弾がわが国のこれまで無傷だった新しい場所に向けられると、公衆の士気が損なわれるだろう、なぜなら、ロンドンの中心部の爆撃された地区に住む者は惨害とともに「生きる術《すべ》」（あるいは、死ぬ術）を学んでいて、新たに爆撃されても立派に対処できるから。大臣たちは「ロンドンの中心部に対する攻撃の向きを変えるという……恐るべき責任」を負うのをためらった。大臣たちの懸念にもかかわらず、欺瞞計画は進行した。

集中爆撃は激しさを増した。六月末までには、六百六十発のV－1がロンドンに落下した。ドイツ側はチャリング・クロス一帯を狙っているようだったが、爆撃の中心点は、ロンドン南部のダリッジ駅になる計算になっていた。英国人によって「ガルボ」という暗号名を付けられた有名なスペインの二重スパイ、ファン・プホールは、ドイツのスパイマスターたちに、爆弾が落下する場所についての正確な情報を提供しようと申し出ていた。「私は毎日観察をし……あなた方が発射の際の過ちを修正することができるよう、爆弾が当たった事物に関する正確な報告を無線で知らせる仕事を引き受けましょう」。ガルボは報告文を、いかにもナチらしい熱意の籠もったものにした。「自分たちが負けていることを決して認めようとしない、このひどく意気地のない国民をあなた方が脅《おびや》かすことができるのを確信しております」

ドイツ側はもっと情報をしきりに欲しがっていた。そしてジグザグが爆弾の被害を調べるようにという特命を帯びて戻ってきたということは、正確な情報に不足していることがドイツ側の弱みであることを如実に示していた。チャップマンはまた、ベルリンが新兵器を信頼していて、「彼のドイツのマスターたちは、その兵器がロンドンと南岸を瓦礫の山にしたと信じ込んでいる」という証拠を持ってきたのだ。

チャップマンは七月一日、爆弾の落下地点、時間、被害を偽って初めて報告した。彼はひと月のあいだ、偽情報を間断なく次々に送り続けた。二重スパイたち――とりわけジグザグとガルボ――は、「北西ロンドンの実際の爆発事件を報告する際、その事件が起こった時間として、南東ロンドンで事件が起こった実際の時間を報告する」よう、注意を払わねばならなかった。「もしそれが巧みになされれば、敵は南東ロンドンに落ちた爆弾を北西ロンドンに落ちたものと思い、そこに狙いを定めることが望める」。ドイツ側には、自分たちはいつも標的を越して撃っていると思い込ませなければならなかった。空軍情報部に配属されている才気煥発な物理学者、レジナルド・ジョーンズ博士は言った。「われわれは通常より長い飛行距離の爆弾の正確な落下地点を教えたが、その際、その落下した時間を実際に目標に届かなかった爆弾の落下した時間にした」。敵が目標を修正した場合、敵は「平均距離を短くする」だろう。そういうわけで最終の偽情報は、ジグザグの無線機で送られる前に、入念に調べねばならなかった。それはすべて時間がかかった。「いつも相当の時間差があるということが、受信者にわからないようにするのが肝要である」と、チャップマンのハンドラーは書いた。一か八かの賭けだった。もしチャップマンの嘘が見抜かれてしまえば、ドイツ側は彼の報告を額面通りには受け取らず、こう読むだろう――真実の反対と。そして、爆弾の飛行距離を短くする代わりに延ばすだろう。ジグザグは飛行爆弾を標的から逸らす代わりに、われ知らず標的に導くことになるかもしれない。

チャップマンの信頼性を高めるために、ロンドン中のさまざまな「蟻地獄」の被害現場の写真が撮られ、彼がそれをリスボン経由でドイツに送る、ということになった。しかし空軍情報部はそれに反対した。「われわれはそれを認めることはできない。なぜなら、それは敵にとって相当の価値があるからである。また当然ながら、敵にとってなんの価値のないものは、ジグザグ自身のためにはならないだろう」。それが二重スパイを使う際の本質的なジレンマだった。正確に見えるが、なんの害もない情報をいかにして送るか。

チャップマンは気圧計の値と一緒に毎日の気象情報を送るよう指示されていた。チャップマンは国の安全を脅かすことなしにそうした報告を送ってもいいのどうか、MI5は二十委員会に訊いた。考えてみれば、チャップマンは気圧計を買うだけの金はたっぷり持っているので、気圧計の値をドイツ側に送らない口実がなかった。当局はしぶしぶながら同意した。チャップマンは気圧計の値を送ってもよいが、「わずかな間違いを含める」ことになった。

チャップマンの偽メッセージは断片しか残っていない。MI5は、もし南ロンドンの住民が自分たちがロンドンの中心部を護るために犠牲にされていたことを知った際の反響を気遣い、交信記録を入念に破棄したのである。オスロのドイツ課報機関は、チャップマンの暗号化されたメッセージを毎朝受信していた。パリはそれを毎晩受信していた。最初は受信状態は貧弱で切れぎれだったが、チャップマンが盛んに文句を言ったあとで、よくなった。「交信がうまくいっていないという不平以外、送信はもっぱら、飛行爆弾の落下の時間と場所に関する報告から成っていた」とチャップマンのケース・オフィサーは報告した。〈極秘情報源〉には、飛行爆弾に関するチャップマンの報告が疑惑の目で見られたことを仄めかすものはない。彼の英国のハンドラーたちは喜んだ。「ジグザグ・ルートは爆弾被害の欺瞞計画にとって不可欠のものと考えられた」

その計画が果たして成功したのかどうかについては、いまだに論議されている。少なくとも、ドイツ側は射程距離を修正したことはなく、飛行爆弾は目標には届かず郊外と田園に落ち、確かに人を殺し建物を破壊したが、その規模はずっと小さくなった。チャップマンは「ドイツ側にずっと信頼されていた」とジョン・マースタマンは書いた。マースタマンは爆撃されるとはどういうことか知っていた。彼はリフォーム・クラブの理髪店の床に目を覚ましながら横になって、頭上を飛ぶ「蟻地獄」

の音に耳を澄まし、不意の静寂の中で、次の「蟻地獄」で自分は死ぬのだろうかと思いを巡らした。「私は誰にも劣らぬくらい爆撃が怖かった」と彼は認めている。しかし、ドイツの宣伝機関が予言したような「瓦礫の山」は出現しなかった。セント・ポール大寺院、リフォーム・クラブ、マースタマン自身すべて、「蟻地獄」の猛攻撃を生き延びた。そして、生き延びたのは、ある程度、モールス式符号で嘘をドイツの無線機で叩いて送った一人の二重スパイのおかげなのである。

マースタマンは大喜びだった。「欺瞞作戦はまさしく本物の勝利だった……何万という人命を救ったのだ」

七月二十五日、飛行爆弾欺瞞計画は一時中止になった。いくつかの夕刊紙がどこに爆弾が落ちたのかを示す地図を載せ始め、欺瞞計画を脅かしたのだ。しかし、いずれにしろ、アメリカから運ばれてきたレーダーでコントロールされる対空砲列が、大量のV－1を撃ち落し始めたのである。そして一ヵ月後、V－1の脅威は事実上無力になった。飛行爆弾は六千百八十四人の市民を殺したけれども。

チャップマンはドイツのハンドラーたちに、「見つければ高額の報酬を約束されている秘密装備」を探しに行くと言った。チャップマンが金銭ずくであること同様、すぐに退屈するということはよく知られていた。彼がもっと儲かる標的を探しに行くという言葉は、ドイツ側の疑念を掻き立てなかったようである。

チャップマンは隠れ家で、言われた通り「航空省が伝えたいと思ったメッセージを打ちながら」ひと月過ごしたが、次第に落ち着かなくなってきた。「もし、この状態が続くようなら、彼はわれわれを裏切るかもしれない」と、彼のケース・オフィサーは書いた。「彼はねじれた心を働かせ、もっと金が儲かる方法を考え出すだろう、それでほぼ確実に、警察の注目するところになる。彼がまだわれわれの監督下にあるうちに逮捕されたら、ひどく具合の悪いことになる」。いつものことながら、チャップマンのリビドーは絶えず発散させる必要があった。ある晩リードは彼のお供をして、コーク街の悪名高い、女を拾うバーに行き、彼に二十ポンド札を渡した。「好きな女を拾え！　だが、三十分で戻ってこい」

チャップマンは逮捕されるといけないので、まだロンドンの通りを一人では歩けなかった。ロンドン警視庁は記憶力が優れていたのだ。MI5は、チャップマンに関するロンドン警視庁の記憶は、もう消えたかどうか懸命していた。「彼のこれまでの功績は、彼が行ったとされているさまざまな際立った犯罪を十分に帳消しにするものだと思う」と、MI5の法律家の一人でロバートソンの補佐であるジョン・マリオットは書いた。「私も同意する」とターは書いた。法律上は、すでに裁かれ有罪となっていなければ赦免されることはない。その代わり、エディー・チャップマンを起訴することに関心を抱いている国中の警察は、内相が「そのような訴訟が起こされないことを望んでいる」ということを、ロンドン警視庁公安部を通してはっきりと告げられた。それは、実質的には特赦だろう。「どんな訴訟も起こされてはならない、少なくとも、事前にわれわれに相談することなしには」とMI5は主張した。だがチャップマンは、彼の過去が綺麗に拭われたことを知らされていなかった。起訴の脅威は役に立つ引き綱だった。

スパイのチーフたちは、ジグザグをどう使ったら一番いいかについて論じ合った。チャップマン自身はフランスに戻ることを志願し、「ドイツ軍が撤退したあとに残されているかもしれないドイツの地下運動組織を一掃する」のを手伝うことができると言った。その考えは却下された。チャップマンは嘘の情報をドイツに流している、英国におけるきわめて貴重な二重スパイなのだ。「戦争のこの段階でジグザグをドイツに戻すというのは問題外である」と、彼のハンドラーたちは決めた。ロニー・

リードは彼をRACクラブに昼食に連れて行ったが、彼がなんの罪の意識もなく矛盾したことを考えているのに一驚した。チャップマンはダグマールへの愛を一気にまくし立てるかと思うと、「自分がロンドンに戻ってきていることを、なんとかフリーダに手紙で知らせたい」と言うのだ。リードはメッセージを伝えることには同意したが、「今、非常に忙しいので数日のうちに連絡する」と彼女に言うようにチャップマンに助言した。もっと心配だったのは、チャップマンが自分の冒険を「自伝」として書くということを口にしたことだった。MI5はその考えを即座に退け、「彼がドイツやわれわれのためにした仕事について戦争の最中《さなか》に暴露するのは不可能だし、おそらく、戦争が終わっても当分のあいだ不可能だろう」ということを指摘した。それでもチャップマンは、「まだ鮮明に覚えているうちに」そうしたことを書きたいと不機嫌そうに答えた。彼は「自分の昔の犯罪活動」の思い出だけを書くと約束した。MI5は納得しなかった。

チャップマンはUボート艦隊が攻撃を受けやすいことをドイツが懸念している十分な証拠を持ち帰った。ターはこう結論付けた。「ジグザグの興味を掻き立て」敵を迷わせる最上の方法は、「対潜装置についての偽情報」を送って、そうしたドイツの懸念を利用することである。新しい計画が立てられた。チャップマンはドイツのハンドラーたちに、自分は新しい潜水艦発見装置を製造しているイングランド北部の工場を見つけたが、工場の機械は「間断なく稼動している」ので、その装置は手に入れられなかったというメッセージを送る。そして「工場の事務所から文書と写真を盗み出す」ことができたと言う。その文書の内容は無線で送り、写真はリスボン経由で送ることができる。言うまでもなく、両方ともでっち上げである。

英国は〈極秘情報源〉と伝統的なスパイ活動を通して、ドイツ海軍がUボートの損失の増加に動揺していること、ある新兵器が使われているに違いないと思って恐怖に襲われていることを知っていた。海軍情報部のユーアン・モンタギューが言ったように、「Uボート撃沈の数の増加は、ほかの装置、とりわけマークXXIV水雷のおかげであり、また、ウルトラを使ってUボートの信号を傍受し解読した結果である」。水中戦争で非常に重要な働きをした英国の兵器は、Uボートの無線交信を傍受し解読した能力だった。しかし、もしドイツ側が何かほかの新しい強力な水中兵器が使用されていると信じているなら、その恐怖を強め、広めねばならない。MI5は欺瞞作戦でいつも使う手で、嘘を混ぜながら、できるだけ真実に近い情報を流すことにした。

英国の駆逐艦、フリゲート艦、コルヴェット艦には、ちょうどその頃、「ハリネズミ」と呼ばれた装置が付けられた。それは潜水艦に接触すると爆発するモルタル爆弾だった。〈極秘情報源〉は、ドイツの諜報機関が「商船の船員の不注意な話」から「ハリネズミ」について知ったことを明かした。彼らがその兵器についてすでに何かを知っているのだから、そのわずかな情報に大量の偽情報を追加することができるわけだった。「われわれはその設計と構造の詳細を明かすことはできないが、射程距離と効果を誇張することはできる。そして、もっと重要なのは、実際に命中しないニアミスでも爆発する近接自動電波信管がその兵器に付いているとドイツ側に思わせることである」。その「近接自動電波信管」はひとたび潜水艦を発見すると、ほかの対潜爆雷をも爆発させる。もちろんそんなものは存在しなかったが、海軍諜報機関は、大したものではない「ハリネズミ」を、恐ろしいほどに獰猛な野獣に思わせることによってドイツ軍の士気をいっそう弱め、Uボート艦隊が船団を攻撃するのにもっと慎重になることを期待した。一番大事なのは、Uボートの艦長たちは、英国海軍は自分たちを海底まで追い詰める、ロケットで推進する装置を持っているという恐怖に駆られれば、深く潜行しなくなるだろうということだった。彼らが海面に近ければ近いほど撃沈しやすくなる。

チャップマンは次のようなメッセージを言われた通り送った。自分はその「近接自動電波信管」のことを聞いたことがある、それは通常の対潜爆雷よりも小さく、深く潜行するUボートを攻撃するためにコサー社によって開発されたものだ。そのメッセージに対する反応は勇気づけられるものだった。「ドイツ海軍に情報を伝えたあと、アプヴェーアはジグザグを大いに褒め、もっと詳細な情報を送るよう執拗に要求してきた」。チャップマンは、「コサー社によるすべての秘密兵器の製造は、現在、セント・ヘレンズ（イングランド北西部の都市）で行われている」と嘘の報告をし、自分はもっと情報を収集するために北に向かうと告げた。烏賊《スクイッド》（対潜水艦臼砲）作戦の舞台が整ったのである。

海軍本部が細部について検討しているあいだ、チャップマンは楽しんで過ごすように言われた。諜報員ジグザグに「取り入る」価値が依然としてあったのだが、チャップマンと英国の諜報機関のあいだがはっきりと悪くなり始めた。その理由は、戦争とはほとんど関係がなく、すべて個性に関するものだった——複雑な諜報活動の基本的要素の一つに。

ジグザグの工作活動でのロニー・リードの役割は、彼がフランスにおける情報連絡将校として米軍に配属されたとき、唐突に終わった。リードの名声はこの二年間で高まったが（それにつれて口ひげも伸びた）、フランスを初めて見るという「素晴らしい経験」をぜひともしてみたかった。しかしチャップマンにとっては、リードがフランスに行くというのは大打撃だった。二人の男は互いに意気投合するようになり、無線機の上に屈《かが》みながら、不安な思いで何時間も過ごした。リードが出発する日、チャップマンは去ってゆくケース・オフィサーに、薄葉《うすよう》紙で包んだ小さな包みを渡した。中には、革のケースに納められたチャップマンの鉄十字章があった。それは賞讃と友情をごく自然に表わす贈り物だった。リードは深く感動した。

ター・ロビンソンはリードに代わるジグザグのケース・オフィサーとして、リードとは大違いの男、チャップマンの好みではまったくない男を任命した。それは、滅多にないことではあったが悲惨

マイケル・ライド

な誤った判断だった。

マイケル・ライド少佐はきびきびした几帳面なプロフェッショナルで、道徳的清廉さについて過度に敏感で、ユーモアのセンスに欠け、飲酒問題を抱えていた。公認会計士の祖父と父を持ったライドは、サー・ジョーゼフ・ボールの一人娘と結婚した。ボールは悪名高い政界のフィクサーで、MI5調査部の部長だった。ボールは戦争が勃発する直前に義理の息子を諜報機関に入るように仕向けた。そして、三年間ライドはレディングの地方保安連絡将校として、退屈きわまりないデスクワークをしていた。昇進してB1Aに入ったばかりのライドは、犀利で、気難しく、説教好きだった。ライドは素面の時は魅力的とも言えたが、酔うと必ず相手を不愉快にした。ライドとチャップマンは会った途端、互いに嫌い合った。チャップマンの忠誠心はこんがらがったものだが、いまや皮肉なシンメトリーが生じた。彼は親友であるドイツのスパイマスターを母国に対する義務から裏切らねばならないのだが、その際に自分の味方であるべきはずの男は、間もなく不倶戴天の敵になるのである。

ライドは、自分の野卑な新しい被庇護者を厄介者、持てあまし者と見なし、ケース・オフィサーになってから数時間のうちに、チャップマンをできるだけ早く英国の諜報機関から追い出すのを自らの目標にした。

第27章 破滅しつつある《ゴーイング・トゥ・ザ・ドッグズ》

戦争が徐々に終結に向かっていたとき、英国の諜報機関は将来を考え、自分たちのスパイ網を新しい角度から見るようになった。戦時の諜報活動は汚れ仕事で、ＭＩ５に自分の居場所を見つけたいかがわしい人物はチャップマン一人というわけではなかった。しかし勝利が目睫に迫ってくると、諜報機関の一部の者は、チャップマンのような悪党のいる場所が諜報機関の中にありうるのだろうか――あるいは、なくてはならないのだろうか――と疑問に思うようになった。

チャップマンの新しいケース・オフィサー、ライド少佐が、いまや付き切りの連れだった。それは二人にとって拷問だった。馬鹿騒ぎをするペテン師と、その貴族的な「シャドー」ほど相性の悪いパートナーはなかったろう。チャップマンは機会があるごとに町に出たがった。ＭＩ５の費用で。彼が英国に着いたときに貰った八十ポンドの小遣いと五十枚の衣料購入クーポンは数日でなくなった。チャップマンはもっと金をくれと訴え、自分は先月、英国にパラシュートで降りたときにはスーツケースに六千ポンド入れてきたことを指摘した。ライドは、十ポンド紙幣は時代遅れで使えないと、ぴしゃりと言った。チャップマンは「驚いて不快な顔をした」が恥じ入りもせず、自分が持ってきた残りの現金を渡してもらいたいと言い張った。ＭＩ５は金がソーホーのカジノの持ち主やバーテンの手にどんどん渡っていくのを「いささかの懸念を抱いて」見ていた。

ライドは憤然としながら彼の跡をつけた。「私はかなりの退屈を覚えながら、また、ジグザグを楽しませるためにかなりの金を使いながら、彼と一緒に非常な時間を費やした」と苦情を言った。ライドは強い酒を飲むのは嫌ではなかった。それどころか、その反対だった。ただ、エディー・チャップマンのような相手とは飲みたくなかったのである。

八月初旬、ライドはター・ロバートソンと会い、ジグザグの工作活動について話し合い、できればそれを終わりにしようとした。チャップマンは「目下、ひどく不満」に見えると、ライドは報告した。チャップマンは金遣いが荒く、気難しく、なんともいかがわしい。「彼はプロの拳闘家の悪い仲間と付き合っていて、一緒になって馬鹿騒ぎをして」いて、「いつも美女と一緒だ」――それはライドを苛立たせたようだが、非難よりは嫉妬を仄めかしているように思われる。ケース・オフィサーのライドは、報告をこう締め括った。「ジグザグの工作活動はできる限り早く終わりにしなければならない」。ライドはたちどころに上司に叱責された。ジョン・マースタマンは、「早く」は「遅く」という言葉に置き換えねばならないとし、それにターも同意した。チャップマンの工作活動は、終わりにするのが「都合がよい」場合にのみ終わりにすべきである、ということになった。感情を傷つけられたライドは引き下がった。しかし、今度はチャップマンを目の敵にし、できる限り多くの攻撃材料を集め始めた。

ロバートソンはチャップマンを自分のクラブに連れて行った。すると、チャップマンはライドに対する怒りに燃えていて、「自分の工作活動に対する扱い」に強く抗議した。チャップマンは将来の計画について訊かれると、「その問題については、あまりはっきりした考えを持っていないようだった」とターは報告した。チャップマンは、クラブを作るとか、パブを経営するとか、戦争が終わったらMI5のために働くとか、曖昧な話はしたが。「彼はひどく落ち着かないが、われわれの指示でキーを叩くという、かなり単調な仕事をしている限り、それは変わらないだろう」

チャップマンとライドの関係は危機的な状態になったかもしれないが、ほかの点では、ジグザグの工作活動は非常にうまくいっていた。ドイツ側はこれまで通り彼をすっかり信頼しているように見えた。八月初旬、フォン・グレーニングは、カメラと金を仲間のスパイに渡す方法を提案するようにというメッセージをチャップマンに送ってきた。そして、イースト・アングリアの飛行場で爆撃機の編成を監視することができる「適当な人物」を探すよう彼に指示した。航空省は後者では欺瞞工作をするのを認めなかった。そこでチャップマンは行き詰まり、「自分がその目的に使おうと思っていた友人たちは刑務所に入っている等の理由で使えない」ので、まだ適当な人物を物色中だと答えた。

英国はUボートを発見し破壊する新しい強力な兵器を持っているとドイツ側に思い込ませる烏賊《スクイッド》作戦は、次の段階に進んだ。欺瞞工作は二つの形をとった。第一は、水中の対潜「近接自動電波信管」（もちろん、存在しない）を見せる目的の「盗み出した」写真だった。その写真はリスボンを経由してドイツ側に「密輸」されねばならない。本物の対潜爆雷の「ハリネズミ」を、長さが一フィート半の物差しに並べて写真に撮った。その物差しはわずか六インチのものであるかのように工作されていた。その結果、「ハリネズミ」は実際の大きさの三分の一に見えた。チャップマンはドイツ側に、自分はリスボン行きの商船の船員を買収し「麻薬の運び屋《ミュール》」になってもらい、写真を「エプソム塩の缶に入れたコンドーム」に隠し、船員には麻薬を密輸しているのだと信じさせることにした、と告げた。実際にはただ、リスボンのMI6が「郵便屋」を務め、缶に入っている偽造写真を、船員のふりをした自分たちの諜報員の一人がドイツ側に渡した。ドイツ側の反応は期待通りだった。「アプヴェーアは写真を受け取ったあと、その信管に関する詳細をしきりに知りたがった」とユーイン・モンタギューは書いている。

ジグザグは言われた通りにした。モンタギューは海軍情報部の優秀な科学アドバイザーであるジェフリー・J・ゴリンの助けを借り、テディントンの海軍省研究実験所の水中音響学の専門家A・B・ウッド教授から、コサー社の爆薬工場の科学者フレミングに当てた偽手紙をでっち上げた。その中でウッドは、新しい極秘の対潜装置の長所を褒め称えた。チャップマンはドイツのハンドラーたちに、自分はその手紙をコサー社のマンチェスター支社の事務所で見つけ、写し取ったと伝えた。そして、その偽手紙の一字一句を無線で送った。

親愛なるフレミング

君は最新のスクイッドの試験の結果を聞いて、私同様喜ぶものと確信する。

プラス、マイナス十五フィートの標準的なずれは、旧式の音響測深方法の目覚ましい改善だ。唯一残念なのは、われわれが現在標的としているものがもっと速くならないことだ。この戦争において敵が出せる速度は十三ノットがせいぜいだろうが、われわれは常に「一歩」先んじていなければならない、できれば二歩!

スクイッドMk Jインジケーター制御装置に直結させる、標準遠隔操作対潜爆雷信管(ウォーカー艦長の提案による)の同封した写真は気に入ってくれると思う。

また近々《ちかぢか》マンチェスターを訪れたいと思っている。そして、この三年間、非常に実りのあった二人の論議を再びするのを楽しみにしている。

草々

A・B・ウッド
教授

ウォーカー艦長も、「Mk Jインジケーター制御装置」も存在しなかった。また、十五フィートのずれで潜水艦を発見し、十三ノットの速度で追跡できる対潜爆雷も存在しなかった。しかし、フレミングという人物はいた。イアン・フレミングである――将来のジェームズ・ボンドの創造者で、当時、海軍情報部に勤務していた。フレミングは、ドイツのUボートの艦長たちのあいだに深刻な不安を掻き立て、潜水艦をできるだけ海面に近く航行させることを狙った、その欺瞞に一役買ったのかもしれない。ユーイン・モンタギューは、作戦は成功したと明言した。「その情報をドイツ海軍がどう判断したかはわからなかったが、アプヴェーアの行動から判断すると、それは非常に効果的だったに違いない」

烏賊《スクイッド》作戦が成功したにもかかわらず、ライドはその成果をできる限り過小評価した。「私自身は、その写真がベルリンに届く見込みはあまりないと思う」と彼は書いた。「海軍省がこの工作活動を推し進めるようわれわれに強いなければ、われわれはこの工作活動に決着をつけ、相応の額の報奨金を与えたうえで、できるだけ早くジグザグと手を切るべきであると私は確信している……」。ライドはこれまで以上にチャップマンを追放しようと決心していたようだが、カメラをブルータスに渡す準備をしているとき、その機会が訪れた。ジグザグが、印を付けた小包に入った金とカメラを鉄道駅の携帯品預かり所に置くことが決まったが、その受け渡しの手配をしている最中に、チャップマンの忠誠心に対する疑念を仄めかす無線メッセージが届いたのだ。ブルータスのドイツのハンドラーはそのメッセージで、こう書いていた。ブルータスにフリッツと直接接触してもらいたくない、フリッツは「すっかり信頼できるというわけではない」から。それは、一人のスパイマスターが別のスパイマスターの諜報員の信頼性を疑うという、内部抗争の反映に過ぎなかったのかもしれないが、それはライドにとっては、ドイツ側が「ジグザグの誠実さに疑いを抱いている」と明言するのに十分な証拠だった。

ライドはさらにこう書いた。ドイツ側の疑念は、ダンカン・サンズがV－1について議会でした、広く報じられた演説によって、いっそう強まったかもしれない。サンズは飛行爆弾についての戦時内閣委員会の委員長を務めた大臣だった。サンズは爆弾の被害を受けたロンドンの地区について重要な詳細を、うっかり洩らしてしまった。「ジグザグが送ったメッセージは、ダンカン・サンズが最近議会でした演説と比較されれば、非常に深刻な食い違いを示す。そのためチャップマンの工作活動が駄目になるおそれがある」。さらに、ダグマールの問題があった。「ジグザグはオスロに残した女友達を通して正体を暴かれてしまうかもしれない」とライドは書き、チャップマンの信頼性を徐々に、しかし執拗に損なっていった。「チャップマンが戦争後もMI5のために働き続けるかどうかという問題が論議されたとき、ライドは一蹴した。「彼の私生活がこれから先も今の仕事にふさわしいものであるとは考えられない」。ライドはまた、チャップマンの価値はフォン・グレーニングとの関係に依存していて、その繋がりは戦争が終われば無価値のものなると指摘した。

ライドの策謀に気づかなかったチャップマンは、儲けになる新しい気晴らしを見つけた。昔の犯罪者仲間と接触したことで、南ロンドンのドッグレースが「八百長」なのを知った。何匹かの犬は、その持ち主の黙認のもとに、抗癲癇薬のルミナールを少量加えたミートボールを食べさせられた。弱い催眠薬であるルミナールは、犬が（たいていは本命）かなりの距離を走ってから、やっと目に見える効果が出た。犬のスピードが落ちるのである。チャップマンは報酬を出して、犬が薬を飲まされたときに情報を貰うように手配し、二番目の本命に大きく賭け、いつもかなり儲けた。そして、それを情報提供者と山分けした。

一九四四年八月のある晩チャップマンは、ドイツに送信することになっている約束の時間に数時間遅れて隠れ家に現われ、ドッグ・レースに行っていたと、さりげなく言った。「ジグザグ自身、破滅しつつある《ゴーイング・トゥ・ザ・ドッグズ》」と彼のケース・オフィサーは、実に適切な二重の意味の文句が使えて嬉しがり、得意になった。チャップマンは、「あらかじめ不正に工作してあるレースの勝ち犬に賭けて大儲けしている」とライドは報告した。そのことで難詰されるとチャップマンは憤然とし、自分はただ、仲間から得た情報で利益を得ているだけで、そのやり方は諜報活動と大差はないと言い張った。もちろん、ライドはそのようには見なかった。「賭け屋から巻き上げるために他人の不正行為を利用するというのは、望ましい仕事とは見なせない」と彼は蔑んだ。

マースタマンとロバートソンは、しぶしぶながら、また強い圧力を受けながら、チャップマンが間もなく「目的をすっかり果たした」ことになるという事実を受け入れた。しかし二人は、彼をそのまま見放すことには乗り気ではなかった。チャップマンは「非常に立派に、勇敢に仕事をした」、もしチャップマンの工作活動を終わりにするなら、「彼に相当の額の金を与えて」、ちゃんと面倒を見るべきだ、とターは主張した。ロバートソンはチャップマンに対していつも物のわかった叔父のような態度をとっていたが、合法的な仕事をして、まっとうな暮らしをするように彼を説得することはできないだろうかと考えた。チャップマンはこう告げられた。「もし何か店を持ちたいのなら、われわれが資金面で助けることは不可能ではないだろう」。彼は乗り気のように見え、ウェストエンドでクラブを持つか、フリーダとダイアンのそばにいるためにサウスエンドのホテル（シップ・ホープ・ホテルが売りに出ている、と彼は言った）を経営するかしたいと言った。これほどに長い犯罪歴のある者が免許を受ける店舗を開くというのは「金の無駄」である、なぜなら、警察は「彼が事実上の持ち主だと知れば、すぐにそれを閉鎖するだろうから」とライドは公言した。チャップマンをホテル経営者にする唯一の手段は、地元の警察署長に警告し、事情を説明することだろう。「もし後者が、ジグザグの過去の経歴にもかかわらず、ホテルがちゃんと運営されている限り、彼の事業に公正なチャンスを喜んで与えるなら、ジグザグがホテルを経営してもいいだろう」。ライドは、どんな署長もそんな提案に同意するとも思えないし、チャップマンがごたごたを起こさないとも思えないと言った。「もし、彼がドッグ・レースで儲けることを考えているなら、彼を財政的に援助することができないのは自明である」

ライドが予言した通り、チャップマンは昔よく行った場所――シム＝シャム・クラブ、ナイト・ライト――に出入りするようになり、昔の暮らし方に戻った。犯罪者仲間に惹かれる気持ちが次第に強くなったが、諜報員として何年も活動しているうちに、彼は変わった。彼が第一に忠誠を誓っていたのは英国であり、いまやその一員になった「秘密結社」だった。チャップマンの諜報員としての日々は間もなく終わるとライドが仄めかすと、彼は不機嫌になり、「もし自分の尽力が必要でなくなれば、アメリカ人に当たってみる」と言った。

内務大臣の非公式の「赦免」のおかげで安全な身になったチャップマンは、さらに自由にロンドンを歩くことを許された。ライドが舌打ちをしながら、見守りながら、証拠を集めながら、一定の距離を置いて跡をつけたけれども。スパイ・マネージャーは自分のスパイを積極的にスパイしていたのである。「私はジグザグがあるノルウェー人のところに歩いて行き、ノルウェー語で話しかけるのを見たし、彼がはなはだ好ましからざる仲間のあいだにいて、あるドイツ系ユダヤ人にはドイツ語で、フランス人にはフランス語で話しかけているのを見た。また彼が、犯罪歴があるのがわかっている男と、この数ヵ月間にパリにいたことがはっきりするに違いない話し方で、パリの状況について話し合っているのを聞いた」。チャップマンは自分の功績についての回想録を書きたがっている、とライドは上司に報告した――もう間もなく生来の威張り屋が顔を出し、チャップマンはいかがわしい友人たちに自慢話をすることと思う。「私がその場に居合わせたなら、そういう軽率な言動を抑制することができるが」とライドは書いた、「私がいないときに、そうした会話がどんな形をとるのか、わからない」。

ライドはまたも上から抑えられた。チャップマンの個人的行動がなんであれ、彼は相変わらず信頼されている貴重な人物なのだ。「戦争はいつなんどき終わるかも知れず、ドイツとの接触はすべてなくなり、彼の工作活動は自然死を遂げるだろう」。もしそうなれば、チャップマンを如才なく、寛容の精神をもって去らせなければならない、また、「この工作活動を終わりにするのは、彼の不名誉にはならない、戦況がそうさせるのだ」と彼に言う必要がある。

ライドは愚痴をこぼし、陰謀を企んだ。「ジグザグのような性格の人物の場合、避けられない深刻な保安上の危険がいくつかあるのが次第にはっきりとしてきた」。ジグザグは、ライドが思っていたより「消す」のが難しいことがわかった。窮地に追い込まれそうになるたびにチャップマンは、またもや真価を発揮して立ち直った。フォン・グレーニングは支援のメッセージを送り続けてきて、もっと情報を要求した。「海軍省の対潜戦争部門から出される、毎月の対潜報告書の最新版を手に入れるように……非常に重要」。フォン・グレーニングはフリッツの仕事ぶりを繰り返し褒めた。「報告は総じて非常に興味のあるもの」

九月八日、ドイツはパリとロンドンに最初のV－2を発射した。V－2は、V－1とはまったく違ったものだった。液体酸素とアルコールを燃料とした初期の弾道ミサイルであるそのロケット爆弾の飛行距離は二百マイルで、V－1の十倍の速度で飛び、円錐頭《ノーズコーン》に一トンの高性能爆薬を積んでいた。チャップマンはフランスにいたときその兵器のことを知り、「前のものより大きく、燃料費が非常に高く、構造が非経済的で、無線操縦のロケット」について英国の諜報機関に警告していた。フォン・

グレーニングは、新型爆弾の落下地点について調べるようチャップマンに指示した。「爆発の場所と時間についてのデータを送り続けるように。爆発は今ではさらに頻繁だろうか?」。V−2の攻撃はしばしば壊滅的なものだったが——ロンドン南部のウルワース百貨店に落ちた一発の爆弾で百六十人が死んだ——チャップマンはその被害を控え目にした返事を送った。「ガス工場とガスの本管が爆発したという噂は聞いたが、原因についての情報はなし。調査中」

チャップマンはフランスにいたときベルリンの空軍本部を訪れたが、その際、英国の夜間戦闘機のレーダー装置の破片を見せられ、破片には製造番号が付いているのに気づいた。彼はフォン・グレーニングに、そうした製造番号の完全なリストを送信してくれと頼んだ。間違いなくその装置を盗み出すことができるようにという名目で。しかし実際は、ドイツ側が何を回収したのかを空軍省に伝えるためだった。さらに、チャップマンが苛立っている様子を見せれば、フォン・グレーニングは懸念するだろうということになった。チャップマンは怒りに満ちたメッセージを送り、自分は十分な支援を受けていない、至急必要な追加の金を送れと訴えた。そして、ドイツの諜報機関は戦争が終わったあとも自分を援助してくれるつもりなのかと、あからさまに訊いた。

チャップマンは知る由もなかったのだが、彼がフランスにいないうちに、ヒトラーはアプヴェーアの残存組織を解体してしまったのだ。七月二十日、ドイツ将校クラウス・フォン・シュタウフェンベルクは、ヒトラーの「狼の巣」の会議室に、アタッシェケースに入れた時限爆弾を置き、ヒトラーの暗殺を謀り、失敗した——「狼の巣」はプロイセンのラステンブルクにあった東部戦線のヒトラーの司令部だった。時限爆弾は樫のテーブルの太い脚の脇で爆発したために、総統は爆風をまともに受けずに済んだと思われる。チャップマンなら、そんな初歩的間違いは犯さなかったろう。七月二十日の暗殺失敗のあと、ドイツ陸軍の五千人の軍人が逮捕された。その中にはカナリスとその主任副官ハンス・オスターが含まれていた。二人は裁判にかけられ、反逆罪で有罪になり絞首刑に処された。フォン・グレーニングは陰謀には関わらなかったようだが、反ナチの考えを持った旧派のアプヴェーア将校だったので、疑われていたのは間違いない。

チャップマンの苦情に対するフォン・グレーニングの反応は、数日のギャップがあってから届いた。それは奇妙で、かつ不思議なほど感動的なメッセージだった。自分の世界が崩壊しているにもかかわらず誇り高い男の言葉だった。

戦争トイウ事態ハ君ノ帰還ニ影響スルコトハナイ　ソノウチニ君ノ案ヲ聞カセテモライタイ。何ガ起コロウト君ニアラユル援助ヲスル。家ニ帰ッタ、家ハ爆弾デ破壊サレタ、ソウデナケレバモット早ク返事ヲシタダロウ。グラウマン

貴族の地位の高さの象徴である、ブレーメンの立派な五階建てのフォン・グレーニングの代々の家は、連合軍の爆撃機によって倒壊した。その時、家は無人だった。料理人、お抱え運転手、従僕、庭師、女中、その他の召使は、ずっと前に一時解雇されていた。金塗りの馬車は盗まれ、家族用の車は徴発されていた。フォン・グレーニングが蒐集した絵画、骨董品、陶器、銀器、その他の貴重な美術品——彼の立派な相続財産の残り——は屋根裏部屋に仕舞ってあった。その全部が破壊された。瓦礫から救い出した唯一の貴重品は、白龍騎兵連隊の戦死した仲間たちの名前が彫ってある、焼け焦げた銀の皿一枚だった。

第28章 工作活動終了《ケース・ディスミスト》

チャップマンは、特権的暮らしが爆撃によって残骸と化した場所に坐って、何もかも忘れようと大酒を飲んでいる旧友の姿を想像した。彼はフォン・グレーニングの窮状に心を痛めた。「悪イ知ラセニ同情　飲ミ過ギナイヨウニ。仕事ヲシニ　マンチェスターニ行ク。北東海岸デ拾ッテモラウノハドウダロウ？　ジミー　アルイハ私自身ガフランスニ行クノニソナエ　フランスデノ隠レ家ノ住所ト　無線ノ可能性ヲ教エテクレナイダロウカ。フランスノ金モ必要。ダグマール」

フォン・グレーニングのメッセージは、「何が起ころうと」チャップマンと諜報活動を続ける計画を示唆していた。連合軍は、戦争が終わったあとでも戦い続けるナチのレジスタンス・グループがドイツに出現する危険を鋭く意識していた。事実、ヒムラーに煽動されて、筋金入りのSSの狂信者は、占領された場合にドイツでゲリラ活動を続けるために、「人狼部隊《ヴェーアヴォルフ》」と呼ばれたパルチザン組織をすでに作っていた。ライドはグレーニングのメッセージで、チャップマンの工作活動《ケース》が違った様相を呈したことを、しぶしぶ認めた。そのメッセージは、ドイツのスパイマスターが「戦後に関する計画を持っている」ということ、および、「グラウマンがドイツが完全に最終的に崩壊したあとも仕事を続けるつもりなのかどうか」知るために、チャップマンの「工作活動を継続させることに非常な意味がある」ことを示していた。もしチャップマンが「ドイツ側に、北海のどこかで迎えを寄越させる」ことができれば、待ち伏せして襲うことができるかもしれないと、ライドは報告した。

約束通り翌日フォン・グレーニングは、撃墜した英空軍の飛行機の装備のすべての製造番号の完全なリストを送ってきた。それは「言葉、数字、ピリオド、ダッシュ」の集まりで、またしても貴重な情報だった。航空省は機械のさまざまな断片を特定する仕事に取りかかった。海軍情報部のモンタギューは大喜びした。「ドイツ側は入手している極秘情報を諜報員に話したのだ……さらに、ドイツ側が気づいているとは、事実われわれが知らなかったいくつかの点が、それにはある。〈極秘情報源〉からでさえ、その点についてはわからなかった」。だが、夜間戦闘機に関してドイツ側が知ったことにもとづいてもう一つの欺瞞作戦を立てるという案が出されたが、「ドイツ側は真実にごく近いことを知っているので、この段階ではわれわれはそれに手を加えることはできない」という理由で却下された。

ライドは憤激した。チャップマンはまたしても逃げてしまったのだ。そして、いっそう悪いことに、ロバートソンはその不愉快な青年と報奨について話し合い、「ZZがドイツから受け取ったものを、われわれの資金から補うべき」かどうか決めるようにライドに指示した。金はどんどんなくなりつつあった。「われわれはジグザグを公正に遇すべきだと、私は今でも主張する」とターは書いた。「彼はわが国のために多大な貢献をしたのだから」。五千ポンドという額が提示された。それは、「われわれが彼に負っているものの支払いとしてであり、われわれのためにしてくれた仕事を、ドイツが彼の仕事を評価しているのと同じくらいわれわれが評価しているということを、ジグザグに印象づけるためである」

ある晩、チャップマンはライドと気詰まりな会話をしている際、諜報機関から「公正に取り扱われたい」と思っているとと言った。

「君の考えを教えてもらえまいか」とライドは歯のあいだから押し出すように言った。

「そう、ドイツは私がここに戻ってくるとき、六千ポンドくれた」とチャップマンは答えた。ライドはそれに対して言った。「君が持ってきた六千ポンドのうち、千ポンドは別の人間のためのものなのだから、君はドイツから五千ポンド貰ったことになる」

ライドは、自分がこんな人物と報奨金の額について言い争わねばならないのは信じがたい思いだった。そして、チャップマンは最初の任務の時の金をまだ持っているのだから、ありがたく思うべきだと指摘した。「その議論にジグザグは納得したようには見えなかった」。チャップマンは、これまでのところ自分の工作活動に「英国政府は二百ポンドくらいしか使っていない」ということを、ぶっきらぼうに指摘した。

「君はそのことを喜ぶべきだと思うね」とライドは、できるだけもったいぶって言った。しかしチャップマンは、「全然納得しなかった」。話し合いは刺々《とげとげ》しくなって行き詰まり、二人はいっそう反感を抱き合った。

ドイツ側はずっと気前がよいように見えた。チャップマンは「少なくとも六千ポンド、パラシュートで送る」ように求めるメッセージを送った。その返事の中でドイツ側は、パラシュートではなくリスボン経由で金を送る、たぶん、写真を届けてきた「信頼できる船員」を介してと言った。しかし、それは不可能だとわかったので、ドイツ側は金を飛行機で送ると約束した。「そうした約束はたいてい空しい」とライドは言い、同時に、チャップマンの活動に終止符を打つもう一つの機会が出来たと思った。

過去においてアプヴェーアは、諜報員に英国の偽造通貨を持たせる場合が多かった。それは倹約手段だったのだが愚かな手段だった。なぜなら、何人かのナチのスパイは贋札を使おうとして捕まったからだ。「ジグザグの工作活動を終わらせる際、ドイツに対する彼の信頼の念を失わせるのが重要だと思う」とライドは書いた。「この工作活動に対するジグザグの唯一の関心は、それから得られる金である。もしわれわれがその金を受け取ることができ、それが偽造であるのを彼に証明することができれば、彼がグラウマンとその他の者に疑いもなく抱いている非常に強い尊敬の念を失わせるのに大いに役立つだろう……もしその金が実際に偽物であるなら、ジグザグは口にするのも憚るようなメッセージを送り、この工作活動を自分で終わりにするだろう」

とかくするうちにチャップマンはフォン・グレーニングにメッセージを送り、金を持ち帰ってくる運び屋を見つけにリヴァプールのドックに行くと言った。

ライドは一文も払わずにチャップマンをお払い箱にしたかった。二度と戻ってこられず、諜報機関からもう何も要求せず、スパイとしてまた働くことのないようなやり方で追い出したかった。そのためには、彼の信用を失墜させることが必要だった。ただ一つの大失態で、チャップマンは破滅するだろう。結局ライドは、チャップマンの最も親密な味方を通して、一つではなく二つの失態を発見した――新たにホームレスになった貴族フォン・グレーニングと、新たに釈放された囚人ジミー・ハントによって。

ライドはチャップマンとフォン・グレーニングの親密な関係に関心を抱いていた。「ジグザグはいつもグラウマンのことを褒めそやし、〝親父〟に対して愛情に近いものを表明している」。しかしこの場合、相互の賞賛の念以上の何か、チャップマンが隠しているとライドが感じている、フォン・グレーニングについての何かがあった。ライドは道徳家ぶった男でスノッブだったが、嘘を嗅ぎつける直感的能力を持った有能なスパイでもあった。

ある朝、チャップマンが隠れ家で朝のメッセージをドイツに送信したあと、ライドは巧みに話を「グラウマン博士」のほうに持っていき、「ドイツ側は君がコントロールされて活動していると疑っているのだろうか」と言った。チャップマンが答える前にライドは、声に出して考えているかのように続けた。「もしグラウマンがそう疑っていたとしても、その疑念を明かすことは考えられない、なぜなら、この工作活動をできるだけ長く続けるのが、彼の個人的利益になるのだから」。チャップマンは「一瞬もためらわずに」同意した。

「グラウマンは私の最良の保証さ」と彼は付け加えた。

「どういう意味だね？」とライドは訊いた。

「グラウマンはこの工作活動で大儲けしたのさ。例えば、こっちが六千ポンド要求すると、グラウマンはおそらく一万二千ポンド引き出し、差額はポケットに入れるだろう」

チャップマンが身を滅ぼすようなことを明かしているのに、ライドは徐々に気づいた。もしチャップマンがフォン・グレーニングと組んでドイツのスパイマスターたちから金を横領しているなら、チャップマンが、自分は英国のために働いているのだと打ち明けたことも考えられる。もしそうなら、フォン・グレーニングは貪欲と野心のゆえに、敵のスパイであるのがわかっているスパイと一緒になって母国を裏切っているのだ。この金銭上の結託は、とライドは書いた、「チャップマンが英国のわれわれとの繋がりについてグラウマンに話したのではないか、という疑念を強める」。

ライドの表情を見たチャップマンは、話題を変えた。「ジグザグは私が何を考えているのかを完全に知っているが、それを認めようとしない、というのが私の印象だった。私が前に抱いていた疑念は強まった」

ライドは、ジグザグとフォン・グレーニングの共謀から生じるかもしれない危険は限られているのを認めた。なぜなら、フォン・グレーニングは私欲ゆえにチャップマンの秘密を守るだろうから。

「グラウマンがジグザグの正体に気づいているのが本当だとしても、グラウマン以外の人間がそのことを知っているということは、まずあり得ないので、今のところ、ほとんど危険はないと思われる」。しかし、ライドの作戦にとってもっと重要だったのは、もしチャップマンがドイツのスパイマスターに真相を話したという事実を英国側に言わなかったとするなら、それは重大な国家安全上の侵害、彼が嘘をついた証拠だった。ライドは有頂天になった。「それは、ジグザグがこの重要な情報をわれわれから隠していたということを示すであろう。そして、何かを隠している者に工作活動をさせるのは、われわれの原則に反する」

もしチャップマンがフォン・グレーニングに、自分が英国の諜報機関のために働いていることを話したとすれば、ほかの誰に秘密を洩らしたのか？　その問いに対する答えは、すぐに出た。

チャップマンは信頼できないという、その新しい証拠をどう利用したらよいかライドが考えているときに、ジミー・ハントが偶然とどめの一撃を加えた。十月下旬のある晩、ライドの補佐のライセンというMI5の将校がチャップマンのアパートをなんの前触れもなく訪れると、乱痴気騒ぎの光景を目にした。チャップマンはパーティーを開いていたのだ。昔のいかがわしい仲間と、現在のいっそう怪しげな仲間が居間のテーブルを囲み、それぞれ酔っ払っていた。その中にはボクサーのジョージ・ウォーカー、フランク・オーエンズというフリーランスのジャーナリスト、その他雑多なソーホーの暗黒街の住人がいた。ライセンが部屋に入ると、長期刑に服していた者特有の蒼白い顔をした大柄の男がよろよろと立ち上がった。ジミー・ハントだった。チャップマンのかつての犯罪者生活で非常に重要な役割を果たし、次に、MI5が作り上げた架空のスパイとして第二の人生を歩んだ男。

「あんたはエディーを仕事に連れに来たんだと思うね」とハントは言って、物知り顔ににやりとした。ライセンは驚いたことを「非常に大勢のほかの者」に悟られまいとしながら、当たり障りのない返事をした。ハントが暗に何を言おうとしたのかは明らかで、「口にした〝仕事〟の性質が何かをハントが知っていたのは確実」だとライセンは思った。チャップマンは単に秘密を洩らしただけではなかった。釈放されたばかりの泥酔した元囚人に洩らしたのだ。そうすることによって、彼はおのが首を皿に載せて差し出したのだ。

ライドはそれを知って大喜びし、復讐心に燃えながら証拠を揃え、とどめを刺そうと手ぐすねを引いた。まるで敵のスパイを消すかのように冷酷に。チャップマンはこれまで数多くの尋問者と対決してきた。ブリキ眼スティーヴンズ、プレトーリウス、フォン・グレーニング、デルンバッハ、デザイナー・コートを着た、ロマンヴィル刑務所の美人。彼はゲシュタポ、アプヴェーア、MI5の尋問に耐え抜いた。オスロのバーの囮捜査員、パリの詮索好きなSSのスパイキャッチャー、スパイのふりをしている無数の諜報員はすべて、彼の正体を暴こうとした。しかし最後に彼を罠に掛けたのは、ホワイトホールの会計士だったのだ。

ライドの弾劾の仕方は見事だった。「ジグザグはわれわれとの関係について完全な沈黙を守る必要があることになんの考慮も払っていないのではないかと、私は長いあいだ思ってきた」と彼は書いた。ハントに秘密を洩らしたことによってチャップマンは、「最も基本的な秘密保持の規則を破った」。予謀の悪意をもって、ライドは告発の準備を着々と始めた――チャップマンは、MI5によって公認されていない人物、ダグマール・ラールムに真相をすでに打ち明けた。そして、ドイツのスパイマスターとぐるになっていると思われる。チャップマンはMI5から金を引き出そうとし、八百長のドッグ・レースで賭けをし、プロの犯罪者との付き合いを続けた。ライバルの諜報機関で働くかもしれないと脅した。また、シャンパンを飲み、身持ちの悪い女たちと関係を持つというライフスタイルを維持するために、大金をわれわれに使わせた。チャップマンがうまくやることに利害関係のあるのが明らかなフォン・グレーニングは別とし、ドイツ側はチャップマンの忠誠心について確信が持てず、また、ダンカン・サンズの演説は、いずれにせよ彼の信頼性を弱めた。そしてついに、致命的なことだが、彼は英国の諜報機関のためにした仕事について、悪名高い犯罪者に自慢した。「ジグザグのこの行為は、もちろん、間違いを犯した彼の工作活動を終わりにし、彼を厳しく非難する第一級の口実となる」とライドは嬉しそうに言った。「すごぶる疑わしい友人に打ち明けるという、ジグザグの軽率な言動によって引き起こされた一触即発の状態に鑑み……われわれは彼を解雇すべきだろう。その際、彼は契約に自ら違反したということ、今後は、彼が将来どのようなトラブルに巻き込まれても、われわれからの援助を期待することはできないということを説明して」

また、チャップマンはほかの誰のためにも諜報員として働いてはならない、ということになった。「ジグザグがアメリカ政府、フランス政府、あるいはほかのどの政府でもあれ、接触を試みようとすることに、われわれは強く反対するということを肝に銘じさせねばならない」。ライドの見解では、チャップマンはもう一ペニーでも受け取ってはならなかった。「私は彼にこれ以上金を払うことに反対である。一度そうすると、さらに要求されることになるからである……いまやジグザグに対し、こう言える。君はもはや金銭上、法律上の援助を期待することはできない、われわれは君が警察から追われることのないようにしてやった、しかも君は、われわれの援助なしには手に入れられなかった大金を手にしている。そして今、君はわれわれをひどく失望させた」

ライドは、チャップマンなしにジグザグの名でドイツ側と交信を続けるのはやめたほうがよいと主張した。彼の無線技術を真似ようとするのは「相当に危険」である、「なぜなら、ジグザグは独特の〝文体〟を持っているので」とライドは論じた。チャップマンの工作活動はきっぱりと終わらせ、チャップマンが捕まったとドイツ側に信じ込ませればよい。「ドイツ側に関する限り、ジグザグは今、運び屋と接触しに出掛けている。彼が二度と送信しなければ、彼は逮捕されたと思うだろう」

チャップマンにとってきわめて不利なライドの報告を受けたMI5のチーフたちは、同意するほかはなかった。海軍省もしぶしぶながら折れた。烏賊《スクイッド》作戦は依然として継続中だったが。「私は」とマースタマンは書いた、「彼の工作活動は今、終わりにすべきであり、ジグザグには一文《いちもん》も払うべきではないと感じる。このことにつき、ロンドン警視庁に連絡すべきであると思う」。ター・ロバートソンは反対しなかった。「われわれは即刻終わらせるべきである」。一九四四年十一月二日、チャップマンは公職秘密法の文書を渡された。彼はどういうことになるのか知らずにそれに署名した。それにはこう書いてあった。「今次の戦争中あるいは戦後、私が従事した仕事に関連した事実を明かした場合……それは投獄に値する罪であることを了承致します」。チャップマンに猿轡《さるぐつわ》を嵌めたあと、MI5は彼を解雇した。

ライドはチャップマンをお払い箱にする役を任され、それを「できるだけ厳しく」果たした。チャップマンの言動の過ちについてこっぴどく叱り、もしも、戦争中に自分のしたことについて人に明かせば起訴されるだろうと警告したあと、ヒル通りのアパートから追い出した。ライドは勝利を収めて意気揚々とし、寛大な気持ちなど抱かずに脅して、MI5からチャップマンを派手に追い出した。「君はいまや自立しなければならないことを悟るべきだ、また、もしわれわれに接触しようとしたなら、こちらは君を拘禁すべきか、別なやり方で始末すべきか考えざるをえない」

チャップマンは英国の諜報機関のために何度も命の危険を冒した。連合軍の戦争遂行にとって計り知れぬ価値のある情報をもたらし、ドイツの諜報機関の上層部に入り込み、V兵器がロンドンの中心部に対する攻撃を逸らすのに貢献した。当時ドイツの情報将校は、存在しない対潜兵器についてジグザグが書いた文書を熟読していた。彼はナチの財源から七千ポンド（現在の二十三万ポンド）引き出し、英国政府にはほとんどなんの財政的負担をかけなかった。しかし彼はまた犯罪者で、使い捨ての人間で、多くの人間の目から見れば、英雄として賞揚するにはまったくふさわしくない人物だった。そしてとうとうＭＩ５が、再び自分たちに迷惑をかけるなら「始末する」と言われるような男になったのだ。

ジグザグの工作活動は終了し、三十歳でチャップマンのスパイとしての人生は不意に、永久に終わった。その晩ライド少佐は自分のクラブで仲間の将校と夕食をとりながら、エディー・チャップマンの没落を、静かに自己満足に浸りながら振り返り、こう結論付けた。「われわれが監禁しないのを、ジグザグはありがたく思うべきだ」

しかし、ブリキ眼スティーヴンズはジグザグを違ったふうに見た。チャップマンは最低の人間だったが、戦争が彼の中の最高のものを引き出した。何年ものちにスティーヴンズは書いた。「フィクションはエドワード・チャップマンの実話の魅力と信じがたさに匹敵するスパイ小説を生み出していないし、おそらく、これからも生み出さないだろう。戦争のみが彼に美徳を与えた、そして、その美徳は戦争のあいだしか続かなかった」。ドイツではシュテファン・フォン・グレーニングが、彼の諜報員であり友人である人物からのメッセージを空しく待っていた。ナチが退却したとき、彼は変わることなく耳をそばだて、希望を持っていた。ヒトラー体制が崩壊したときも同様に耳をそばだてていた。

チャップマンはお払い箱になったことに当然ながら、また気質から言って、憤激してもよかったかもしれない。しかし実際は、ＭＩ５の恩知らずの別れの告げ方は、彼をついに自由にしたのである。彼はもはや、ドイツの諜報機関にも英国の諜報機関にも縛られてはいなかった。彼は前者からは金と勲章を貰い、後者からは非公式の恩赦を貰った。ほかのどんなスパイも、両方の側からそのような報奨を貰ったことなどない。MI5はもし彼が自分の体験を明かしたなら厳しく報復すると脅したが、彼はいつの日か自分がその体験を語ることになるのことはわかっていた。

チャップマンは自分にとって一番よい世界に戻った。戦争が終わりかけていた頃の英国には、犯罪が溢れていたからである。彼は昔の手づるを通してビリー・ヒルと接触するようになった。ヒルはナイトクラブの経営者で、「ソーホーの王」と自称した暗黒街のボスだった。彼は儲けになる闇市を開き、みかじめ料を取り立てて戦争中を過ごしていた。チャップマンの見るところでは、彼は「なかなか威勢がよくて気骨のある悪《わる》」で、理想的仲間だった。グレーハウンドに薬を飲ませて金儲けをするというのは、まったくの気晴らしだった。新しい金儲けの手段が招いていた。チャップマンとヒルはパートナーを組んだ。

自国のために働くことから解放されたチャップマンは、心情に関わる事柄を、またも自由に追うことができるようにもなった。またしてもロマンティックな探求を思い立ったのである。今度の対象はダグマールでもなく（彼女はオスロで待っていた）、フリーダでもなく（彼女は相変わらずMI5から給付金を貰っていた）、元の妻のヴェラでもなく、〈ジョージ〉のバーのポルトガル人の娼婦アニータでもなかった。チャップマンは六年前にオテル・ド・ラ・プラージュで置き去りにした若い女、ベティー・ファーマーを見つけようと決心したのである。ひょっとしたら、彼女は死んでいるかもしれなかった。結婚し、どこかに行ってしまったかもしれなかった。しかしチャップマンは、もしベティーを見つけることができれば、そして彼女が許してくれれば、償いがしたいと思っていた。

チャップマンはかつての自分の世話係だった二人の元警官、ポール・バックウェルとアラン・トゥースに連絡し、協力を求めた。彼はまた、ジョウイ・ベイカーという私立探偵も雇った。ベティーを見つけるということはチャップマンの執念になり、ほかのあらゆる考え、あらゆる女を彼の頭から追い出してしまった。「私の心を一番占めているのは、私が逮捕される前にホテルの窓から飛び出たときに見たのが最後の女、ベティーを見つけようという欲求だった」。バックウェルとトゥースは、一九四三年にベティーがマン島のホテルにいたことを突き止めたが、彼女のその後の行方を追うことはできなかった。ベティーの家族は、彼女はロンドンの近くの工場で働いていると思っていた。ある友人は、ベティーはスピットファイアの操縦士と付き合っていたが、その操縦士の飛行機はマーゲートの沖で撃墜されたと話した。

チャップマンはベティー・ファーマー探索の「頂上会議」を開いた。高級なバークレー・ホテルで昼食をとりながら(チャップマンは相変わらず金遣いが荒く、気前がよかった)、二人の元警官は、戦時の英国の混乱した状況の中で一人の女を探すのは難しい、とりわけ写真がないと、と説明した——「ここに彼女に少しでも似た女はいないかね?」。チャップマンは食堂を見回した。昼食時の常連客である、初めて社交界に出る女性、近衛兵、銀行家、ギャング連がいた。彼は、隅のテーブルの席に向こう向きに坐っている、金髪のすらりとした女を指差した。そして、「あの女は」と言った、「後姿が彼女にそっくりだ」。その瞬間、女が振り向いた。

「なんてこった!」とチャップマンは叫んだ。「あれは、まさしくベティーだ。失礼する、諸君」

最後まで思慮深かったバックウェルとトゥースは、ジャージー島の法廷で最後に見た男に肩を叩かれて驚いたベティー・ファーマーの指から落ちたコーヒー・カップの残骸を給仕が掃いているあいだに、そっと姿を消した。チャップマンは椅子を引き寄せた。

「おれは行く」と彼はベティーに言った——戦争が始まる前の遥か昔——「けど、いつも戻ってくる」。

その後

戦争が終わると、二重スパイのチームは密かに解散した。それが存在していたということは、極秘情報に携わった者以外には、数十年知られなかった。やがて英国の諜報機関の暗がりから少数の者が現われて、それについての話をして脚光を浴びたが、ほとんどの者はそうはしなかった。

トミー・「ター」・ロバートソンはスパイ・ゲームをやめて、ウスタシャーで羊の飼育場を経営して余生を過ごした。二重スパイ作戦のこの「本当の天才」は、クラリッジ・ホテルで開かれた奇妙な儀式で、ハリー・トルーマンからの米国殊勲賞と、ペータル二世からのユーゴスラヴィア王冠国王勲章を受章し、英国政府からは、極秘なので詳細は明かせない仕事に対して大英帝国勲位勲章を授与された。義務観念に縛られていたジョン・マースタマンは、ターの早期引退を「MI5が蒙った最大の損失の一つ」と見なしたが、ロバートソンは羊の世話をして、すっかり満足していた。彼はタータンチェックのズボンを穿くのはやめたが、パブで見ず知らずの者に話しかけるのは続けた。一九九四年にターが死んだとき、生涯、聞き上手だったスパイマスターに対する墓碑銘として、短い詩が贈られた。

明るい微笑を絶やさず、お喋りをしようと
ちょっと立ち止まる者は幸せだ。
こんなことは言わない者は幸せだ——

「君はその話を今日、二度したよ」

人の話を聞くよりも講釈をするのが好きだったジョン・セシル・マースタマンは、ナイト爵を授けられ、大英帝国勲位勲章を受章した。彼はオックスフォード大学、自分のクラブ、クリケット、ミステリー小説に戻った。そしてウスター学寮の学寮長になり、一九五七年、オックスフォード大学の副学長（英国では実質的な学長。学長は名誉職）になった。一九五七年、『四人の友人事件』という、もう一つの探偵小説を書いた。チャップマンという男が重要な役割を演ずるその小説は、犯罪者の心はどういうものかを論じている。「犯罪が行われる前にその犯罪を考え出し、その手口を予見し、それを事前に防ぐ！　まさにそれは勝利だ」。彼は製造会社の重役になり、いくつかの主要なパブリック・スクールの理事を引き受けた。お偉方の中の有力者だったのである。「この奇妙な世界の中で善きものはすべて、特権を与えられた人々から生まれているのである」と彼は主張した。

しかし一九七〇年、マースタマンは生まれて初めて、二重スパイの組織に関する本を出版して、支配階級と別行動をとった。彼は戦争直後、ＭＩ５の内部の者だけに読ませる、二重スパイに関する話を書いたが、密かにその一部を取って置いた。一九六〇年代のスパイ・スキャンダルは英国の諜報機関の士気を失わせたが、マースタマンは文句の付けようのない成功譚を書くことによって、諜報機関の自信をいくらか取り戻させようと決心した。ＭＩ５の最高責任者ロジャー・ホリスと首相のアレック・ダグラス＝ホウムは、その刊行を許可しなかった。そこでマースタマンは『一九三九年から四五年までの二重スパイ組織』をアメリカで出版した。アメリカでは公職秘密法によって、その出版を禁じることはできなかった。ＭＩ５のマースタマンの元同僚の何人かを含め、支配階級の多くの者は憤激した。ジョン・マリオットは彼と二度と口を利かなかった。一九七二年、英国政府は折れ、論議を呼びそうないくつかの個所を削除するという条件で同書は出版された。「なんと不思議なことだろう」とマースタマンは書いた、「これまでずっと支配階級を支持してきた私が、八十歳で反逆者として成功するとは」。

ほかの者もその例に倣った。ユーイン・モンタギューは、ミンスミート作戦についての話『存在しなかった男』を出版した。それは、連合軍はシチリア島ではなくバルカン諸国かサルデーニャ島に侵攻するつもりだとドイツ側に信じ込ませるのに成功した欺瞞計画だった。当時、海軍の法務官だったモンタギューは、一九五六年の映画『存在しなかった男』に脇役として出演さえした。

戦時中チャップマンの世話係だったポール・バックウェルは諜報部隊で大尉になり、アラン・トゥースは野戦保安警察の上級下士官にとどまった。

ロニー・リードは戦後、MＩ５の上級技術顧問の仕事を引き受けた。そして一九五一年から五七年まで、バージェス事件、マクリーン事件、フィルビー事件を含め、英国にいるソヴィエトのスパイの捜査を担当した防諜部門の最高責任者になった。リードは公式には一九七七年に引退したが、上級顧問としてMＩ５に残るように要請された。のちに、戦時中の無線の活躍に関する決定版と言うべき学術論文を書いた。それは第二次世界大戦における英国の情報局の公式記録の付録として発表された。リードは非常に控え目な人間だったので、その論文に自分の名前を載せなかった。リードは一九九五年、七十八歳で死んだ。第三帝国に貢献した功でフォン・グレーニングからチャップマンに授与され、さらにリードに友情の記念としてチャップマンから渡された鉄十字章は、今でもリード家にある。

ロスチャイルド卿のヴィクターは、戦時中の爆薬の仕事に対してジョージ十字勲章を授けられた。そして、ケンブリッジ大学の動物学科の一員になり、マーガレット・サッチャー政権の安全保障担当の顧問になった。彼が学生時代にケンブリッジ使徒会（一八二〇年にケンブリッジ大学に出来た一種の秘密結社。創設時の会員が十二名だったので、そう呼ばれる。正式名は「ケンブリッジ懇親会」）の会員で、KGBのスパイ、ガイ・バージェスとアントニー・ブラントと繋がりがあったので、ケンブリッジのスパイ一味の「五番目の男」と言われた。彼はその疑惑を憤然として否定し、一九八六年、英国の諸新聞に公開状を載せた。「私はソヴィエトのスパイではないし、スパイであったこともない」

チャップマンの最後のケース・オフィサーだったマイケル・ライドは戦後すぐにMI5を去り、一族が経営する公認会計士の事務所に入った。しかしすぐに酒浸りになって仕事を辞め、惨めなアルコール中毒患者になっていった。結婚したがうまくいかず、二度目に結婚したときは、二人の幼い子供を残して家を出た。ライドはパブで、かつて蔑んだ男エディー・チャップマンの工作活動で自分が果たした役割を自慢したが、誰も信じなかった。

テレンス・ヤングはアルネムの戦いに生き残り、映画製作者として大成功し、最初と二番目のジェームズ・ボンドの映画、『ドクター・ノオ』と『ロシアより愛をこめて』（この小説ではロシアのスパイがボンドを殺し、暗号化の機械を盗もうとする）の監督をした。世界で最も有名なスパイは、たぶん、ヤング自身にもとづいているのだろう。「ショーン・コネリーはテレンス・ヤングの物真似をしていただけだ」とキャストの何人かは評した。

魔術師のジャスパー・マスキリンは、戦後、文字通り消えてしまった。本人はひどく不本意だったのだが。彼はなんの勲章も貰わず、自分の考え出した欺瞞作戦は公式に評価されず、北アフリカ作戦の公式の記述には、ほとんど出てこない。彼の魔術ショーの観客は次第に減り、催し場は淋しい所に次第に移って行った。失意のうちに魔術を諦めてケニヤに移住し、自動車教習所を作って成功し、マウマウ族の反乱分子を弾圧する作戦に参加し、一九七三年に死んだ。

シティー・オヴ・ランカスター号の船長レジナルド・キアロンは、戦時中、さらに五隻の商船の船長を務めた。そして、戦争に貢献した功績で大英帝国勲位勲章と、ロイズ戦功章を受賞した。海は彼を絶えず引き込もうとしたが、失敗した。一九四八年、不沈のキアロンは地中海に単独のプレジャー・クルーズに出掛けたが、その後、「ハイファ湾で難破船の残骸に乗って漂流している」ところを発見された。そしてシティー・オヴ・ランカスター号（ランカストリアン号と改名された）が解体されたのと同じ年、一九五四年に引退した。

一九四五年からロビン・「ブリキ眼」・スティーヴンズは、ハノーファーの近くのバート・ネンドルフにある軍部・情報部合同詳細尋問センター（CSDIC）を取り仕切っていた。それは英軍が北西ドイツを占領してから作られた秘密刑務所で、収容所020のドイツ版だった。ブリキ眼は連合軍がドイツに侵攻した際に捕まえた数多くの情報将校とスパイから自白を引き出す任務を負っていた。囚人の中には、ヒムラーの助手のヴァルター・シェレンブルクと、エルンスト・カルテンブルンナーがいた。カルテンブルンナーはハイドリヒの跡を継いで国家保安本部の長官になった（スティーヴンズによると「極悪人」だった）。のちにブリキ眼は、自白させるために残酷な手段を用いたとして告発されたが、どの罪でも無罪になった。彼は自分を告発した者を「変質者、そのほとんどは性病に罹っていて、病的な嘘つき」だと罵った。

シュテファン・フォン・グレーニングは米軍に逮捕され、ブレーメン郊外の捕虜収容所に入れられた。家を失った彼は、米軍の兵士が来たとき、妹のドロテーアと、彼女が養女にしたユダヤ人の娘と一緒に住んでいた。フォン・グレーニングを刑務所に連行する途中、米軍の兵士が道に迷ったので、彼は上流階級のアクセントの完璧な英語で道案内をした。彼は月に一枚の葉書を親戚に出すことを許された。それまでいつも、召使に自分のリンネル類にアイロンをかけさせていた男は、いまやハンカチと練り歯磨きをくれと懇願する始末になった。彼は半年後に釈放されたが、ひどくうんざりしたことには、配給手帳を貰い、それで食べていくには仕事に就かねばならないことがわかった。彼は家族の友人を介してブレーメン博物館の名目だけの勤め先を見つけたが、滅多に博物館に顔を出さなかった。

金はすっかりなくなってしまったかもしれないが、フォン・グレーニングは名前を生き甲斐にし、最後まで「自分の階級に忠実に」暮らした。彼はインゲボルクというずっと年下の女と結婚した。彼女は働いたが、彼は働かなかった。何時間もソファーに横になり、借りた本を読んだ。フォン・グレーニングは戦争のことは滅多には話さなかった。エディー・チャップマンは捕まり、スパイであることがばれ、処刑されたと彼は信じていた。そして、ラ・ブルトニエールの写真を、いつも財布に入れていた。

フォークダンスを愛したヴァルター・プレトーリウス、別名トーマスは逮捕され、バート・ネンドルフに移されてブリキ眼スティーヴンズに尋問された。スティーヴンズは収容所の囚人を「どいつもこいつも嫌らしい」と思ったが、プレトーリウスには好印象を抱いた。おそらく、彼の英国かぶれがブリキ眼の露骨な盲目的愛国主義と一致したのであろう。プレトーリウスは数ヵ月尋問されたあとで釈放された。「彼はドイツの諜報機関の常任の役人として長期間、おそらく立派に奉仕したのであろう」と判断されて。プレトーリウスは西ドイツのゴスラーに居を定め、教職とダンスに戻った。

一九四五年五月五日、米第四一機甲部隊はマウトハウゼンとグーゼンの強制収容所を解放したが、地獄の光景を目にした――骸骨のような人間が、打ち捨てられた死の工場の中を、よろよろと歩いていた。憔悴した亡霊の中に、アントニー・ファラマスがいた。彼は片肺と七本の肋骨を失っていた。体はジフテリア、猩紅熱、壊疽、赤痢に苦しめられていた。しかし、ともかくも、すぐに顔を赤らめた繊弱なジャージー島の少年は生き延びた。英国に戻ると、英国空軍の病院で治療を受け、十六ポンドの現金を貰って退院した。そして、週に二ポンドの手当ても貰うことになった。彼はジャーナリストのフランク・オーエンズを通してエディー・チャップマンと会う手筈を整えた。オーエンズは二人の「ぎごちない」再会を目撃した。

「おまえは死んだと思ったよ」とチャップマンは言った。

「おれもさ、ときどき」

「どんな具合だった?」

「あんまりよくはなかった」

「おまえがどうやってるか、いつも心配してたよ」

「おまえについても、よくそう感じたさ、エディー。そうして、おまえがうまくやってるかどうか考えてた。おまえは確かに危ない橋を渡ってたからな」

気まずい沈黙があった。

「どこに行ったんだい?」とチャップマンは尋ねた。

「いろんな場所さ、あんまりひどいんで、エディー、おまえのしてることを独逸人《ジェリー》どもに明かそうかと思ったことさえあった。でも、ああいう豚野郎に得をさせるよりは黙っていたほうがいいと思ったのさ」

またも長い沈黙があったあと、チャップマンが言った。「なあ、トニー、おれがいなかったなら、おまえはそんな苦労をしなくて済んだんだ」

ファラマスはチャップマンを裏切らなかったし、チャップマンは、一つには、ファラマスを守ろうとしてドイツ側の信頼の念を繋ぎ止めた。二人は近くのパブに行き、大いに酔った。「何百万という人間が、ただのひとことも発せずに死んだんだ」とチャップマンは思いに沈んで友人に言った。「おれたちは、少なくとも生き残って、自分たちの話ができる」

ファラマスはのちに苦しい経験を語った回想録を書き、映画のエキストラの仕事を見つけた。そして、痛ましいほどに皮肉な配役だが、映画『コルディッツ物語』で戦争捕虜の役を演じた――コルディッツ収容所の囚人たちも苦しんだかもしれないが、ファラマスほどではなかった。

ファラマスはハリウッドに移住した――最後はクラーク・ゲーブルの執事になった。

ダグマール・ラールムはチャップマンが戻ってくるのを空しく待った。その間、ノルウェーでは凄惨な復讐が行われた。ヴィドクム・クヴィスリングはギムレーの屋敷で逮捕され、反逆罪で裁判にかけられ、銃殺隊によって処刑された。ノルウェーのレジスタンスの二人のメンバーがフェルトマン夫妻殺害の容疑で裁判にかけられたが、釈放された。ダグマールの生まれ故郷のアイッツヴォルの隣人たちは、陰で囁き合い、彼女を「ドイツ人の売女《ばいた》」と呼んだ。彼女はそれを聞いたが、何も言わなかった。彼女は戦争中、自分が英国の諜報機関を助けたということを、隣人たちにも家族にも言わなかった。彼女は金棒引きの女たちから逃れるために、周遊船スタヴァンゲル・フィヨルド号の看護婦助手の仕事に就いた。その船はオスロ、ニューヨーク、ノヴァ・スコシアのあいだを航行した。ダグマールもチャップマンも海を愛するようになっていて、ダグマールは彼と同じように「いつも落ち着かなかった」。彼女は次に書店で働き、その後は美容師になり、最後は会計士になった。ダグマールは相変わらず最新の流行の服を着、クレイヴンAの煙草を吸った。彼女は結婚もせず子供も持たず、容貌も衰えることがなかった。年老いてからも化粧をし、豹の皮の帽子をかぶった。ある時、彼女が鏡の前で一人で踊っている姿を姪は見た。一九九九年にダグマールがパーキンソン病で死んだとき、姪は手紙の入っている箱を見つけた。それは、航空便用の何枚もの便箋に、英語で丹念に書いたものだった。それはどれも、エディー・チャップマンに宛てたものだった。どれも出されていなかった。ダグマールの姪は全部焼却した。

フリーダ・スティーヴンソンは、待っても意味がないのを知っていた。そして、それは正しかった。彼女は速記のタイピストになり、一九四九年、五歳年下の銀行員と結婚した。四年後、新聞雑誌販売店の店員になり、最初の夫と別れ、アバークロンビーという裕福な自動車修理工場の持ち主と結婚した。諜報機関は、追って通知があるまでフリーダは毎月五ポンド受け取るという協約書を注意深く破棄し、それに関する言及をファイルからすべて削除したが、フリーダは死ぬまで、ロンドンの協同組合から小切手を貰い続けたであろう。それは、チャップマンがMI5との取り決めの成果だった。ファラマス同様、彼女は生き延びる人間だった。

エディー・チャップマンとベティー・ファーマーはバークレー・ホテルで何時間も話し、その後間もなく結婚した。それは幸福な、長続きした結婚だった。その後五十年、チャップマンの目が多かれ少なかれ絶えずあちこちに動きはしたが。彼は何度も家を出たが、そのたびに戻ってきた。娘のスーザンが一九五四年十月に生まれた。

ジグザグは真っ直ぐな道を行かなかった。戦後、ロンドンのウェストエンドのいかがわしい世界に戻った。そこでは益体《やくたい》もない者たちが彼を歓迎した。一九五〇年代に、彼は金《きん》を地中海で密輸した。チャップマンは、ビリー・ヒルが以前は掃海艇だった発動機付きヨット、フラミンゴ号を買ったとき、自分も金を出し、悪党たちと共にモロッコに航行し、八十五万箱の煙草を買って密輸し、追放されたサルタンを誘拐するという滑稽な計画に関与した。その計画は、悪党の乗組員たちが波止場で乱闘騒ぎを起こしてタンジールから追い出されたときに駄目になった。彼らは『サンデー・クロニクル』の記者に執拗に追われたが、記者を船の中に招き入れてから、キャビンに閉じ込めた。フラミンゴ号はトゥーロン港で火災を起こした。おそらく保険金目当てだったろうが、チャップマンの破壊工作の腕がなまっていないのではないかと思われた。その後間もなく、ヒル一味は郵便局のバンを襲い、二十五万ポンドを奪って逃走した。一九六〇年代に、エディーとベティー・チャップマンはアフリカの黄金海岸《ゴールド・コースト》に移った。チャップマンは複雑怪奇な建設契約に巻き込まれた。買収の調査が行われたが、その時までには彼は英国に戻っていた。

ブリキ眼スティーヴンズは怪しんでいた。「チャップマンが再び犯罪に巻き込まれて（必然的なことだ）法廷に立ち、戦時中、極秘の機関で働いていたという理由で寛大な処置を求めたらどういうことになるだろう？」。彼は間違いなくその事態を目にした。チャップマンは次の二十年間に何度となく法廷に現われたが、刑務所に戻ることはなかった。彼は一九四八年に偽造通貨を使用した廉で起訴されたとき、名前は伏せたが「陸軍省の高官」からの人物証明書を提出した。それにはこう書いてあった。彼は「この前の戦争に従事した最も勇敢な者の一人である」。それを書いたのがロニー・リードであるのは九分九厘確かである。MI5は借りをすっかり返していなかったのだ。一九七四年に、ニュー・フォレスト（イングランド南西部ハンプシャーの森林地区）にあるウォータースプラッシュ・ホテルで開かれたダンスパーティーの際に、チャップマンはある男の頭をグラスで殴ったとして訴えられたが、またも無罪になった。その喧嘩はテレサ・チンという若い女を巡ってのものだった。チャップマンは法廷で述べた。「私は戦時中の活動のために素手での格闘の訓練を受けました。ですから、パブの喧嘩でグラスで自分を守る必要はなかったのです。素手でその男を殺すこともできたでしょう」。彼は放免されると、一杯おごろうと陪審員に申し出た。

チャップマンは相変わらず、ゆすり屋、放蕩児、こそ泥と付き合った。彼はロールスロイスを運転し、毛皮襟のコートを羽織った。新聞は彼を愛した――「エディー・チャップマン、紳士悪党」。彼はしばらくのあいだ、『サンデー・テレグラフ』の「名誉犯罪通信員」でさえあった。「同紙の読者に対して彼は、自分のような人間に注目されるのを警戒するようにと言った」（『ザ・タイムズ』のチャップマンの死亡記事）。一九六〇年、犯罪を重ねた昔の日々が懐かしいかどうか、ある記者が彼に訊いた。「少しね」と彼は物思いに沈んだように言った。「後悔はしていない。自分のしたどんなことにも疚《やま》しさを感じていない。自分は正直な悪者だったと考えるのが好きだね」

ジョン・マースタマンはこう書いたことがある。「ときおり人生で、自分がしなくてはならない何か、それをする際に他人の判断ではなく自分の判断を信頼しなければならない何かがあると人は感じる。ある者はそれを良心と呼び、ある者はそれを単なる頑固さと呼ぶ。どう呼ぶかは人の自由だ」。手短に言えば、戦争はチャップマンの中から頑固な良心を引き出した。彼の悪徳は彼の美徳と同じくらい極端なもので、その人生の終わりまで、彼が天使の側にいるのか悪魔の側にいるのか、欺く人間たちを欺いたのか、自分のドイツのスパイマスターと契《ちぎり》を結んでいたのかは、はっきりしなかった。彼は一九七七年に八十三歳で死んだ。彼は天国に昇ったのかもしれない。あるいは、反対の方角に行ったのかもしれない。おそらく、今でもジグザグに進んでいるのだろう。

チャップマンは戦時中の自分の功績について書いた本を出版しようとしたが、ジョン・マースタマンと同じように、ＭＩ５に阻まれた。彼は削除版の回想録を書いた。それはフランスの新聞『レトワール』に載り、一九五三年に『ニュース・オヴ・ザ・ワールド』に載ったが、チャップマンが国家機密に触れる領域にさ迷いこむと政府の法律家が介入した。彼は五十ポンドの罰金刑に処され、同紙のその版はすべてパルプにしなければならなかった。二度目の出版の試みはＤ通告（機密情報の報道を禁ずる政府通告）によって妨げされた。やがて、ゴーストライターが書いた、半フィクションの回想録、『エディー・

チャップマン物語』が一九五四年に出た。それは彼がドイツにいたときの話で、MI5での彼の仕事の話ではなかった。「エディー・チャップマンについての真実は何か?」と、ある新聞は問うた。「もし彼の言っている、こうした驚くべきことが真実なら、どうして彼は逮捕され、国家を裏切った者として有罪にされないのか?」

ついに一九六六年、チャップマンはもう一つの版、『エディー・チャップマンの実話』の出版が許可された。それは、詳細にはわたらないがMI5の彼の仕事に触れたもので、不出来な映画『トリプル・クロス』の原作になった。監督はテレンス・ヤングで、クリストファー・プラマーがチャップマンとして主演した。この映画は真実とは遠い。チャップマンは失望した。チャップマンは自分で当然と思えるほどには世に認められなかった。チャップマンはヒトラーを暗殺して初めてそのレベルで世に認められることができただろう。いずれにせよ彼は金持ちになり、一時はアイルランドに城を持ち、デ・ハヴィランドのモスキート製造工場から程遠くないハートフォードシャーに健康道場《ヘルス・ファーム》を開いた。

一九七四年、とあるロンドンのバーで、チャップマンはレオ・クロイチュにばったり出会った。ラ・ブルトニエールでチャップマンに射撃の仕方を教えた、歯なしのドイツ人のプロボクサーである。レオはチャップマンに、彼がいつもグラウマンとして知っていた男の本名を明かし、グラウマンことフォン・グレーニングが戦争を生き延び、今、ブレーメンに住んでいると教えた。チャップマンはフォン・グレーニングに手紙を書き、その中で彼は、ナント、パリ、オスロで一緒に過ごした日々を懐かしく思い出した。彼は自分が報奨金で買ったノルウェーのヨールがどうなったのか知っているかと旧友に尋ね、また、ダグマール・ラールムを覚えているかどうか訊いた。そして、「彼女は今では結婚していると思う」とノスタルジーを込めて書いた。チャップマンは自分の財産について説明し、手に入れたアイルランドの古城の写真を同封し、こっちに来て泊まるようフォン・グレーニングを招いた。「私たちはなんと楽しい思い出を交換できることでしょう……あなたが城が好きだったのを覚えています」

おそらく、それは最も賢明な誘い方ではなかったであろうが、エディーはフォン・グレーニングがもはや裕福な男ではないとは知る由もなかったのだ。

スーザン・チャップマンは一九七九年、シェンリー・ロッジで結婚した。それはエディーとベティーが所有していた三十二部屋の健康道場だった。その日の結婚式の客の中に、初老の近眼のドイツ人紳士がいた。彼はイギリスの古い童謡を朗誦して子供たちを喜ばせた。パーティーが終わると、エディー・チャップマンとシュテファン・フォン・グレーニングは腕を組み、思い出にとっぷりと浸りながら逍遥した。ベティーは、スパイとそのスパイマスターのあいだの強い絆に驚き、感動した。「二人は兄弟のようだった」（ベティー・チャップマンへのインタヴュー）。結婚式の最後の客が去ると、笑声と歌声が庭から漂ってきた――『リリー・マルレーン』のかすかな旋律が。

ヒフハハハ

著者あとがき

『ナチが愛した二重スパイ』を出版してから数週間後、私はロンドン駐在のドイツ大使ヴォルフガング・イシンガーから電話を貰った。「あなたのご本を読み終わったところです」と彼は言った。「あなたはエディー・チャップマンがドイツ空軍の飛行機でイギリス海峡を越え、英国にパラシュートで降りたことを書いていらっしゃいますね。その時の飛行を指揮したのが私の父だとお知りになれば、ご興味を抱かれるのではないかと思ったのです。父も操縦士のフリッツ・シュリヒティングも、まだ大変元気です」

シュリヒティングは鉄十字章を授与された、背の高い、内気な操縦士で、一九四二年、フォッケ＝ヴルフ偵察機の操縦をしていた。一方、カール・「チャーリー」・イシンガーは彼の部隊指揮官で航空士だった。イシンガーは「二十八くらいの小柄でがっしりとした青年で、落ち着いた青い眼をしていた」とチャップマンは書いた。チャップマン自身は、その二人とも死んだと信じていた。「乗組員全員、六回目の出撃で英国上空で撃墜され死んだ」と彼は書いた。

操縦士と航空士が戦争を生き延びたばかりではなく、まだ健在だと知って、私はフリッツ・シュリヒティングに、ドイツのデトモルトにある彼の自宅で会うことになった。八十四歳で、魅力的で人を手厚くもてなすかつての操縦士は、数十年前ではなく、先週、ル・ブールジェの飛行場の滑走路に降り立ったかのように、あの日のことを覚えていた。

「私たちはヴェルサイユ近郊のシャトー・デュ・ビュックに駐屯していた、第一二三偵察飛行中隊

フリッツ・シュリヒティング。1942年、チャップマンを乗せて英国に飛んだ飛行機の若き操縦士。

に属していたのです。私たちは英国上空で夜間飛行を行い、爆撃の効果を写真に撮り、標的を定めるのに協力しました。それは危険な仕事でした。私は八十人以上の同僚を失いました。撃墜されるまでの平均飛行回数は四十回くらいでした。私は合計八十七回飛びました。

ある日、私の部隊指揮官のゴビン少佐がチャーリー［イシンガー］と私に、君たちは特別任務に選ばれたと言いました。そして、私服でパリに行くようにと言いました。私たちは英国人のスパイと、そのハンドラーたちにレストランで会い、夕食をとりました。私たちは彼を、私と同じ〝フリッツ〟としてしか知りませんでした。ずっとあとになって彼の本名を知りました。彼は楽しい、よい仲間でした。私たちみんな意気投合しました。

私たち一同は数週間後、ル・ブールジェ飛行場で会い、私は彼を飛行機のところまで案内しました。チャップマンはごく平静のように見えました、いろいろ質問はしましたが。イギリス海峡を越えているとき、私たちは歌を歌いました。チャップマンが飛び降りる準備をしている際、具合の悪いことが見つかりました。彼のパラシュートのコードがちゃんと結ばれていないのがわかったのです。そのまま飛び降りれば、彼は墜死していたでしょう。チャーリーは合図をし、チャップマンはハッチを開けました。彼は大きな背嚢を背負っていましたが——何が入っていたのかは知りませんでした——飛び降りたとき、それは床の穴につっかえてしまいました。彼はもがきましたが、背嚢は外れませんでした。そこで、チャーリーが座席から出て、軍靴で彼の背中を強く押しました。

それから四ヶ月、私たちはチャップマンの姿を見ませんでしたが、彼の任務が成功したということは聞きました。誰もが彼に大いに満足していました。彼が英国のために働いているとは誰も思いませんでした。私たちはパリでまた彼に会いました。それは素晴らしい再会でした。チャップマンはチャーリーと私に二つの包みをくれました。中には、彼が戻ってくるときにマドリッドで買ったチョコレートの大きな箱と、一ポンドのコーヒーが入っていました。それは代用品ではなく、本物のコーヒー豆でしたので、私たちは大喜びしました。

チャップマンの任務が終わったあと、私たちはそれぞれ褒美として、特別に彫刻を施した銀のゴブレットを貰いました。私は今でも大事にしています。チャーリーは今も親友です。彼は現在九十七歳で、健康は優れませんが、二人は今も会い、私たちがイギリスのスパイを英国に降下させた、あの特別な夜を思い出すのです」

1942年にチャップマンを乗せて英国に飛んだドイツ空軍の飛行機の指揮官カール・「チャーリー」・イシンガー中尉が、第123偵察飛行中隊の隊長アーミン・ゲーベル少佐に報告しているところ。

チャップマンの過去から現われたのは、上品なドイツ空軍の操縦士だけではない。彼らは新しい神話や思い出を付け加えたが、そのうちのあるものは愛情に満ち、あるものは、まったくそうではない。ある老女が洗練された声で『ザ・タイムズ』社に電話をかけてきた。そして、名は告げずに、怒りを含んだ調子ではっきりと言った。「あの男はまったくのくそったれよ。私の会った一番ハンサムな男。でも、大のくそったれ」。それだけ言って、女は電話を切った。ノルウェーでは、チャップマンがひどい扱いをした女たちの一人が、やっと英雄として認められた。ノルウェーのメディアはチャップマンの話を取り上げ、全国紙『夕刊《アフテンポステン》』（現在は朝刊も発行している）は次のような見出しで一面記事にした。「彼女はドイツの協力者として死んだが、実は英国のスパイだった」。ダグマールは戦後、戦争犯罪法廷に引き出され六ヵ月投獄された。彼女は、形式的に有罪になる代わりに自分の罪を認めることに合意したということが明るみに出た。同国人に罵られ除《の》け者にされたダグマールは、チャップマンとの約束を守り、英国諜報機関との繋がりを決して明かさなかったのである。

チャップマンの友人のジョン・ウィリアムズは、二人が初めて会ったときのことを回想している。その時シェンリー・ロッジは、健康道場というまっとうなものに生まれ変わる前で、バーとルーレット台の付いた田舎のクラブとして経営されていた。「私はシェンリーの堂々たる正面玄関に着いたが、屋敷の屋根から物凄い騒音が聞こえてきただけだった。私がエディーに会ったのは、その屋根の上である。エディーはヴィッカーズの機関銃をストラップで体に固定し、半マイル先の二本の樫の木のあいだに垂らしたシーツを撃っていた！」。もう一人の知人であるジャーナリスト、ピーター・キンズリーは、『ナチが愛した二重スパイ』が『ザ・タイムズ』に連載されたあと、同紙に手紙を書いた。「エディーは自分のことが公表されるのを喜んだことだろう。彼は『私はＭＩ５のスパイだ』と大きく書いたＴシャツを着るべきだったと、彼の旧友たちは言っていた。私が最後に彼に会ったとき、彼は毛皮を盗んだ際にアーミンの白毛皮（戴冠式の際のローブに使われる）を兎の毛皮だと思って無視してしまい、一財産作り損ねたという話をした。彼はまた、ドイツのオーペアの少女に、自分は郵便局の電話技師だと思い込ませ、壁の金庫から金を盗んだ話をした。さらに、ある時、所得税調査官が来ると、自分は心臓が弱く『ストレスに耐えられない』という医者の証明書を見せた。十分後、彼はロールスロイスに乗って、雨の中をバス停で待っている調査官の前を通り、彼に向かってちょっと手を振った」

私は、一九八〇年代にシェンリー・ロッジの近くに住んでいた、戦時中の勲章を蒐集していたブライアン・シンプソンから、悲嘆に暮れた手紙を受け取った。シンプソンは共通の友人からチャップマンの冒険について聞き、鉄十字章を売ってもらえまいかとチャップマンに訊いた。チャップマンは数週間後、間違いなくドイツのメダルを差し出した。それどころか、二つのメダルを差し出し、もう一つはヒトラー自身から貰ったと言った。取引が成立した。エディー・チャップマンは金を受け取り、喜んだシンプソンはメダルを受け取った。二十年後に本書を読んだその蒐集家は、自分が騙されたことに気づいた。もちろんチャップマンは、自分の鉄十字章を何年も前にロニー・リードにやったのである。シンプソンの持っていたのはレプリカだったのだ。「ご著書を読んでショックを受けました」とシンプソンは書いた。「今になると、最後に笑ったのはエディーのようです。妻も、彼がヘルマン・ゲーリングから貰ったという宝石付きの小さな短剣を差し出されました。妻は断りました」。チャップマンは言うまでもなく、ゲーリングを見たこともなかったのである。

セクション B1A の責任者、トミー・「ター」・ロバートソン。シーフォース高地連隊のタータンの細身のズボンを穿いていたので、「パッション・パンツ」という綽名がついた。

次々にチャップマンのかつての仲間、元恋人、犠牲者が過去から現われて、自分たちの話を付け加えた

1980年10月、ホテル・サヴォイで、かつてのMI5のハンドラーたちと再会したエディー・チャップマン。後列右から3人目がチャップマン。後列左から3人目がトミー・「ター」・ロバートソン。前列左から3人目がロマン・ガルビー・チェルニャフスキ(二重スパイ「ブルータス」)。

――いくつかは真実であり、いくつかはチャップマンの自己神話化の遺産である。だが、驚いたことに、エディー・チャップマンについての真実を本当に知っている唯一の人物が現われたのである――エディー・チャップマン本人が。

独立の映画製作者ジョン・ディクソンは、一秒たりとも放映されていない、チャップマンが自分の人生について語った六時間に及ぶ映画フィルムを持っていると電話をしてきた。ディクソンは一九九六年、チャップマンが死んだ前の年に、ドキュメンタリーを作る目的でその映画を撮ったのだが、ドキュメンタリーは実現しなかった。彼は、いつの日かチャップマンの話が誰かほかの者によって語られるだろうと思い、フィルムを保管していたのだ。そして、私に見せてやろうと言った。

ソーホーの小さな試写室に坐り、墓の向こうから現われたチャップマンに初めて会うというのは、私の人生において最も不思議な経験の一つだった。映画が作られたとき、チャップマンは老いていてすでに病気だったが、依然として活力に満ちていた。彼は肱掛椅子にもたれるようにして坐りながら野生的な魅力を発揮し、回想し、煙草を吸い、くすくす笑い、ウィンクし、カメラに向かってふざける。彼はパラシュートで英国に降下したこと、フォン・グレーニングと付き合ったこと、デ・ハヴィランド飛行機工場で偽の破壊工作をしたこと、ジャージー島、フランス、リスボン、オスロで暮らしたことについて語る。彼の犯罪の手柄が、わざとらしい誇りとともに回想されている。

しかし、彼の言葉には告別の調子がある。それは後世に向かって話し、記録を正し、ある場合には歪曲している男の最後の遺言である。チャップマンは八十二になっても相変わらず恥知らずの嘘つきだからだ。例えば、ある個所で彼は、一九四三年に、ウィンストン・チャーチルに会いに連れて行かれ、首相がガウン姿でベッドに坐っているときに、一本のブランデーを分け合ったと言っている。それは大した話だが大嘘である。

チャップマンはＭＩ５がその記録を公開したり、自分の戦時中の活動がいつの日か明るみに出たりするとは、まったく想像していなかっただろう。エディー・チャップマンはおのが死が迫っていたが、相変わらず自分のルールに従って行動していた——作り話をし、相手の目を真っ直ぐに見つめ、相手のポケットから財布を掏り取る、にやにや笑う悪党。

ベン・マッキンタイアー

二〇〇七年四月

謝辞

本書の執筆に際し、五ヵ国の数十人の方が、調査の手助け、インタヴュー、助言、写真、文献、回想録の入手に協力して下さった。英国では、ベティー・チャップマン、トニー・ファラマス、国立公文書館のハワード・デイヴィスとヒュー・アレグザンダー、見事な家系調査をして下さったメアリー・ティーヴィオット、貴重な歴史上の専門知識によってご教示下さったM・R・D・フット教授とコールダー・ウォルトン、軍事情報博物館記録保管所の故トニー・ウィリアムズ大佐、軍事公文書リデル・ハート・センターのキャロライン・ラム、国立海洋博物館のドゥーニア・ガルシア＝オンティヴェロス、王立海軍潜水艦博物館のジョージ・マルコムソン、ロンドン警視庁記録管理部のデイヴィッド・キャパス。アンドレアおよびエドワード・ライド、ソファイアおよびチャールズ・キトソン、マージャリー・バリー、キャロライン・エルトン、ニコラス・リード、チャールズ・チルトンは全員、さまざまなケース・オフィサーのより完全な姿を描くのに協力して下さった。ジャージー島では、英国ラ・モワ刑務所長スティーヴン・ガイ＝ギベンズおよび裁判所副記録係ポール・マシューズに対し、非公開の刑務所、警察、裁判所記録を見ることを許可して下さったことを感謝する。ジャージー歴史公文書館のリンダ・ロメリルとスチュアート・ニコル、およびジャージー島の『イヴニング・ポスト』のジャン・ハドリーとジョン・ギューガンに感謝する。ノルウェーでは、『アフテンポステン』のアルフ・マグヌッセンが、ビービ・ルーセットゥ、ライフェ・ミーレ、ハーラル・ナス（彼はチャップマンが隠したフィルムを探す際、自宅の屋根の一部を鉄梃《かなてこ》で壊すことを親切にも許して下さった）を通してダグマールの思い出を辿るのに非常に力を貸して下さった。アメリカでは、アン・キャメロン・バーリンが米国国立公文書館で有益な予備的調査をして下さった。ドイツでは、フライブルクの連邦公文書館・軍事公文書館で調査をして下さったペーター・シュタインカンプと、暖かくもてなして協力して下さったペトラおよびインゲボルク・フォン・グレーニングに感謝する。また、ナントのラ・ブルトニエールの所有者ジョルジュおよびカロリーヌ・ブノワにも感謝する。

秘密組織としては、きわめてＭＩ５は開放的だった。これまで機密扱いだったファイルを閲覧させてくれただけではなく、追加材料を探す際にも協力してくれた。そして、名前を記されるのを好まないほかの方々にも感謝する。どなたか、ご自分でおわかりだろう。私は心から感謝する。

『ザ・タイムズ』のロバート・トムソン、キース・ブラックモア、アン・スパックマン、ボブ・カーウィン、ダニエル・フィンケルスタインとすべての私の同僚は協力的で寛容であった。マイケル・エヴァンズは特に専門知識を大いに生かして助けてくれた。デニス・リーヴズは写真を見つけるのにいくつかの奇蹟を演じた。

ブルームズベリー社のマイケル・フィッシュウィックとトラム＝アン・ドウンは大変楽しい練達の協力者で、ケイト・ジョンソンの原稿整理は例によって見事で、数多くの不備から救って下さった。残っているかもしれないすべての誤りは、どれも私の非妥協的性格のせいである。

最後に、いつものことながら、ケイト・ミューアの支援、忍耐心、優れた編集者としての判断に心から謝意と愛情を表する。本書は、彼女に捧げられている。

訳者あとがき

「これは実に瞠目すべき本であり、事実にもとづいた、魅惑的で、ぞくぞくするような冒険譚に満ちている。調査は入念で、語り口も素晴らしい。第二次世界大戦、スパイ活動、ロマンス、陰謀、人間の心の隠された部分に興味のある読者に、本書をどんなに強く推しても推し過ぎることはないだろう」と、クレイグ・ブラウンは『ナチが愛した二重スパイ――英国諜報員「ジグザグ」の戦争』（原題 *Agent Zigzag – The True Story of Eddie Chapman: Lover, Betrayer, Hero, Spy*）を評して『メール・オン・サンデー』（二〇〇七年一月二十八日付）に書いている。また、『シアトル・タイムズ』の書評欄担当編集長のメアリー・アン・グインは、二〇〇七年十二月十九日付の同紙に次のように書いている。「私は何十冊というフィクションとノンフィクションのスパイ・スリラーを読んできたが、『ナチが愛した二重スパイ』よりも優れたスパイ実話を読んだことはない。これは一人の魅力的な英国の犯罪者が、英国の最も優秀な二重スパイに変身した物語である」

ブラウンとグインがこのように激賞している本書は、フランスと英国がドイツに宣戦を布告した一九三九年から始まる。その年の二月、エドワード・チャップマンは徒党を組んでダイナマイトで次々と金庫の鍵を爆破し金を盗んだ廉で逮捕され、保釈中にジャージー島に高飛びするが捕まり、ジャージー島の刑務所に入れられる。一九一四年にイングランド北部に生まれたチャップマンは、薄汚いパブを経営する飲んだくれの父親の倅《せがれ》で、ろくな教育も受けずに十四歳で働きに出て、十七歳で近衛歩兵第二連隊に入るが無許可外出の廉で営倉に入れられ、軍隊を解雇される。その後は、バーテン、映画のエキストラ、マッサージ師などになるが、やがて空き巣、詐欺、ひったくり等の犯罪を重ねたのち、金庫破りの一味に加わったのだ。チャップマンはジャージー刑務所から一九四一年に釈放される。ところが、一九四〇年にはジャージー島はドイツ軍に占領されていた。チャップマンは友人の理髪店の手伝いをするが、電話線切断という破壊工作の嫌疑をかけられ、ジャージー島を占領していたドイツ軍に友人と一緒に捕まり、パリの要塞に収容されてしまう。ドイツ系ユダヤ人を父に持つ最初の妻からドイツ語を少し習っていたチャップマンは、ドイツ軍に捕まる前に、島から出たい一心でドイツのスパイになることを申し出ていたのだが、たまたま「二重スパイ」を物色していたドイツの諜報機関に拾われる。それからのチャップマンの数々の冒険はジェームズ・ボンドそこのけで、英国の作家ウィリアム・ボイドは、それをこう評している。「チャップマンの戦時中の功績は小説にはならないであろう――小説にしたならば誰も信じないだろうから」

本書はこのように、ドイツではフリッツヒェンと呼ばれ、英国ではジグザグと呼ばれていた諜報員チャップマンの信じがたい冒険を描いたものだが、二重スパイ特有の複雑微妙な心理も丁寧に辿られていて、単なる冒険譚に終わっていない。

著者ベン・マッキンタイアーは一九六三年に生まれ、ケンブリッジ大学で学んだ、ノンフィクション・ライター、コラムニストである。『ザ・タイムズ』のワシントン支局長、パリ支局長を務めた。現在までに六冊のノンフィクションを発表しているが、いずれも綿密な調査と巧みな語り口で高く評価されている。ちなみに本書は二〇〇七年度コスタ賞（旧ウィットブレッド賞）伝記部門の最終候補作品になった。マッキンタイアーの作品は、藤川芳朗訳『エリーザベト・ニーチェ――ニーチェをナチに売り渡した女』（白水社）と、北澤和彦訳『大怪盗――犯罪界のナポレオンと呼ばれた男』（朝日新聞社）がすでに紹介されている。最新作は、イアン・フレミングの生誕百年に合わせて出版された *For Your Eyes Only: Ian Fleming and James Bond*（二〇〇八年）である。

「著者からひとこと」にあるように、チャップマンに関する国立公文書館のファイルが二〇〇一年に「解禁」になったこともあり、二〇〇七年、『ナチが愛した二重スパイ』とほとんど同時に、ニコラス・ブースの『ジグザグ』（Nicholas Booth, *ZigZag – The incredible wartime exploits of double agent Eddie Chapman*）が出版された。チャップマンの晩年について、同書によって少し補足しておく。チャップマンは本書にもある通り、一九六一年にロンドン北部に健康道場《ヘルス・ファーム》を開いた。最初は、撮影所に近かったためもあり、ロバート・ミッチャムやロジャー・ムーアなどの有名な俳優が来たり、中東からも客が来たりするという具合に繁盛したものの、多才なチャップマンも事業の才能はなかったらしく、チャップマン夫妻は一九九四年に健康道場を百万ポンドで売却することにした。ところが、買い手は手付け金を払ったあと破産してしまい、管財人が介入し、事務弁護士が令状を発したものの、チャップマン夫妻は、その後一文も手にしなかった。そのショックでチャップマンの健康は目に見えて衰えたという。また、英国のために命を賭したにもかかわらず、チャップマンは英国政府から報償としての年金を貰うことができなかった。チャップマンは晩年、ロンドンのセント・オールバン近くの老人ホームに入った。ただ、友人が集まると、ベッドに横になったままで、あるいは野球帽をかぶって椅子に坐って、カリスマ的雰囲気を漂わせながら「手柄話」をしたものだと、チャップマン夫妻の友人、キャロル・ベルは言っている。ブースの『ジグザグ』によってもう一つ付け加えると、チャップマンのノルウェーでの恋人ダグマールは、六十代に入ってからチャップマンと文通して互いに往時を懐かしみ、チャップマンが一九九七年十二月十一日に心不全で死ぬ直前に、英国にチャップマンを訪ねたらしい。事実とすると感動的な話である。

本書を訳すに際し、次の方々に大変お世話になった。厚く御礼申し上げる。原著者ベン・マッキンタイアー、ノルウェー語専門家・青木順子氏、早稲田大学教授アントニー・ニューエル氏、早稲田大学教授・岩田駿一氏（マラルメ研究家）、駿河台大学講師・細野豊氏（メキシコ現代詩翻訳家）、アイスランド大使館・長谷川明子氏、白水社編集部・藤波健氏。

二〇〇八年十一月

高儀　進

※　原書の注は割愛したが、本文の理解に必要なもののみ割注の形で挿入した。

訳者略歴
一九三五年生
早稲田大学大学院修士課程修了
翻訳家
日本文藝家協会会員

主要訳書
D・ロッジ「大英博物館が倒れる」
「交換教授」
「どこまで行けるか」
「小さな世界」
「楽園ニュース」
「恋愛療法」
「胸にこたえる真実」
「考える…」
「作者を出せ!」
J・ランチェスター「フィリップ氏の普通の一日」
R・マーティン「ベートーヴェンの遺髪」
P・パーカー「越境」
M・フレイン「スパイたちの夏」
P・ピアス「シェイクスピア贋作事件」
B・ウリー「本草家カルペパー」
R・ムーアハウス「ヒトラー暗殺」
D・C・ラージ「ベルリン・オリンピック 1936」

ナチが愛した二重スパイ
英国諜報員「ジグザグ」の戦争

二〇〇九年 二 月一五日 第一刷発行
二〇〇九年 四 月二〇日 第二刷発行

訳者 © 高《たか》儀《ぎ》 進《すすむ》
発行者 川村雅之
印刷所 株式会社 理想社
発行所 株式会社 白水社

東京都千代田区神田小川町三の二四
電話 営業部〇三(三二九一)七八一一
編集部〇三(三二九一)七八二一
振替 〇〇一九〇-五-三三二二八
郵便番号 一〇一-〇〇五二
http://www.hakusuisha.co.jp
乱丁・落丁本は、送料小社負担にてお取り替えいたします。

誠製本 株式会社

ISBN978-4-560-02642-7

Printed in Japan